西北大学"双一流"建设项目资助
教育部区域与国别研究中心
西北大学中东研究所 编

世界历史文摘

2019年第1期
总第1期

中国社会科学出版社

图书在版编目（CIP）数据

世界历史文摘. 2019年. 第1期：总第1期／西北大学中东研究所编. —北京：中国社会科学出版社，2019.12
　ISBN 978-7-5203-5619-0

Ⅰ.①世… Ⅱ.①西… Ⅲ.①世界史—文集 Ⅳ.①K107-53

中国版本图书馆 CIP 数据核字（2019）第 246528 号

出 版 人	赵剑英
责任编辑	耿晓明
责任校对	万文华
责任印制	李寡寡

出　　版	中国社会科学出版社
社　　址	北京鼓楼西大街甲 158 号
邮　　编	100720
网　　址	http://www.csspw.cn
发 行 部	010-84083685
门 市 部	010-84029450
经　　销	新华书店及其他书店
印　　刷	北京明恒达印务有限公司
装　　订	廊坊市广阳区广增装订厂
版　　次	2019 年 12 月第 1 版
印　　次	2019 年 12 月第 1 次印刷
开　　本	710×1000　1/16
印　　张	26.5
字　　数	396 千字
定　　价	108.00 元

凡购买中国社会科学出版社图书，如有质量问题请与本社营销中心联系调换
电话：010-84083683
版权所有　侵权必究

编 委 会

顾问委员会（按姓氏拼音排序）：
陈志强　郭小凌　侯建新　胡德坤　李红岩
钱乘旦　沈志华　王铁铮　武　寅　于　沛

学术委员会（按姓氏拼音排序）：
白建才　陈　恒　高　岱　郭子林　哈全安
韩东育　何志龙　黄　洋　焦　兵　金寿福
李剑鸣　李世安　梁茂信　梁占军　刘德斌
马瑞映　孟钟捷　汪朝光　王立新　王晓德
王新刚　谢国荣　徐再荣　晏绍祥　杨共乐
俞金尧　张广翔　张倩红　张勇安　周祥森

主　　编：黄民兴
执行主编：韩志斌
执行编辑：闫　伟
责任编务：张玉友

发 刊 词

《世界历史文摘》即将发刊。

那么,什么是"世界历史"呢?

首先,"世界历史"是"世界"的历史。那么,什么是"世界"呢?从历史上看,不同地区、不同时代的民众对"世界"有自己的看法。对于远古的先民来说,"世界"就是他们进行游猎、采集、游牧、农耕生活的范围,是他们所熟知的山脉、河湖、平原、沙漠、生物、星辰和神祇。对于地中海的民族来说,"世界"就是地中海周边的地区,古代的"世界七大奇迹"实际上都分布在这一地区,尽管他们对遥远的中亚、南亚和东亚也有模糊的了解,甚至有一定的贸易和民族交往。同样,中国人眼中的"世界"是以黄河流域为中心的。中国即"九州",为世界的中心,皇帝即天子;周边的"四海"是"四夷"居住之地,再往外的"四荒"几乎无人居住。随着贸易、文化交流的不断发展和移民、民族迁徙、战争的持续进行,不同民族之间的交往也不断深化,表现在丝绸之路的发展、大帝国的建立、世界宗教的兴起和文明圈的形成上。

然而,作为这里所说的"世界历史"真正形成是在资本主义兴起之后,正如马克思在《〈政治经济学批判〉导言》中所说的:"世界史不是过去一直存在的;作为世界史的历史是结果。"[①]马克思和恩格斯在《费尔巴哈》中进一步提示:"各个相互影响的活动范围在这个发展进程中愈来愈扩大,各民族的原始闭关自守状态则由于日益完善的生活方式、交往以及因此自发地发展起来的各民族之间的分工而消

[①] 《马克思恩格斯选集》第 2 卷,人民出版社 1995 年版,第 28 页。

灭得愈来愈彻底，历史就在愈来愈大的程度上成为全世界的历史。"①

其次，"世界历史"是人的历史，人是"世界历史"大舞台的主角，而人从职业来看可以划分成诸多类型：

政治家：如梭伦、西塞罗、秦始皇、居鲁士大帝、明治天皇、华盛顿、斯大林、丘吉尔、西乡隆盛、甘地、苏加诺、孙中山等；

军事家：如孙武、汉尼拔、萨拉丁、成吉思汗、帖木儿、拿破仑、纳尔逊、库图佐夫、巴顿、朱可夫等；

宗教家：如琐罗亚斯德、释迦牟尼、摩西、耶稣、穆罕默德等；

商人、企业家：如范蠡、王安、皮尔·卡丹、亨利·福特、松下幸之助、乔布斯等；

思想家：如老子、孔子、墨子、亚里士多德、苏格拉底、黑格尔、培根、霍布斯、洛克、笛卡尔、斯宾诺莎、伏尔泰、卢梭、孔德、马克思等；

科学家：如欧几里得、毕达哥拉斯、花剌子模、祖冲之、徐霞客、李时珍、哥白尼、牛顿、达尔文、孟德尔、门捷列夫、居里夫妇、爱因斯坦、钱学森等；医学家：如华佗、孙思邈、李时珍、希波克拉底、盖伦、拉齐、伊本·西拿、弗洛伊德、巴斯德、南丁格尔等；

发明家：如鲁班、蔡伦、毕昇、阿基米德、伽利略、瓦特、法拉第、伏特、爱迪生等；

文学家：如荷马、但丁、歌德、拜伦、莎士比亚、雨果、萨迪、泰戈尔、托尔斯泰、高尔基、曹雪芹、鲁迅等；

艺术家：如达·芬奇、米开朗琪罗、罗丹、毕加索、凡·高、齐白石、徐悲鸿、梅兰芳等；

旅行家、探险家：如张骞、法显、玄奘、伊本·白图泰、马苏迪、郑和、哥伦布、麦哲伦、库克等；

除了上述"名人"外，推动历史前进的还有大批默默无闻的普通人：农民、手工业者、产业工人、服务员、学生、士兵等等。

这些就是构成历史前进的"合力"，他们塑造了不同民族、国家

---

① 《马克思恩格斯选集》第2卷，人民出版社1995年版，第28页。

历史演变的多姿多彩。

最后,"世界历史"是人写的历史,也就是史学家写的历史。前面所说的,实际上就是历史研究领域的史前史、民族史、地区史、全球史以及政治史、军事史、宗教史、商业史、思想史、科学史、技术史、文化史、社会史、交往史等,当然这个序列可以继续扩大,如环境史。换言之,它们是"客观"的历史。

然而,所有历史书都是根据人所记录的史料和考古资料,由传统的史官和历史学家所撰写的。我们可以大致列出中外历史上一批熠熠生辉的名人:

中国:孔子、司马迁、班固、刘知几、杜佑、司马光、郑樵、黄宗羲、章学诚、梁启超、陈寅恪、顾颉刚、钱穆、郭沫若等;

伊斯兰世界:泰伯里、伊本·赫勒敦、杰巴尔提、阿卜杜·阿齐兹·杜利、菲尔多西、米尔扎·阿斯塔拉巴迪、艾哈迈德·卡斯拉维、阿什格帕夏·扎达、艾哈迈德·焦达特帕夏和福阿德·萨兹金等;

西方国家:希罗多德、塔西佗、爱德华·吉本、汤因比、费正清、白鸟库吉、阿诺德·约瑟夫·汤因比、詹姆斯·哈威·鲁滨逊、贝奈戴托·克罗齐、奥斯瓦尔德·斯宾格勒、费尔南·布罗代尔、勒芬·斯塔夫罗斯·斯塔夫里阿诺斯等。

显然,不同的历史环境、家庭背景、个人教育、学术基础、思想派别、引用资料等等,决定了即使是同一个主题在不同历史学家的笔下也会呈现出别样的情调,从而使"客观"的历史具有"主观性"。如此,世界历史的作品才会五彩斑斓,引人入胜!

以上所列人物包括了中国,不过,本刊的选文范围依然按照我们传统的世界史概念而限于外国(中外关系除外)。

在中国的当今,研究世界历史的重要性无论多么强调也不过分,此处不再赘言。作为一本初出茅庐的《世界历史文摘》,我们衷心希望为中国世界史研究的大厦添砖加瓦,略尽绵薄!

黄民兴

2019 年 11 月 25 日

目 录

全文转载

欧美史（栏目主持：刘磊、王子晖）

超越冷战史：美国冷战宣传研究的新趋势 …………… 翟 韬（1）

美国国家身份的重塑与"西方"的形成 …………… 王立新（18）

跨国史视野下的美国民权运动研究 …………… 谢国荣（62）

爱德华·希思对大西洋联盟政策的调整与英美
　　关系重构 …………………………………… 梁 军（75）

近代早期西班牙帝国的殖民城市
　　——以那不勒斯、利马、马尼拉为例 …………… 朱 明（111）

从挂毯图像到性别史研究
　　——浅析15—16世纪法国挂毯艺术中的女性新
　　　形象 ……………………………………… 汤晓燕（136）

亚非拉史（栏目主持：白胜洁、张玉友）

港口犹太人贸易网络与犹太社会的
　　现代转型 …………………………… 张倩红　艾仁贵（161）

"雷纳尔之问"与美洲"发现"及其后果之争 ……… 王晓德（190）

英属东非殖民地的昏睡病防治及其
　　影响 ………………………………… 赵晓红　李鹏涛（228）

日本知识分子对西安事变的评论
——以与"中国统一化论战"的关联为中心 …… 汪　力(245)

古代中世纪史(栏目主持:刘金虎)

数字人文框架下《德意志人物志》的群像描绘与
类型分析 ………………………………………… 王　涛(270)
"王在法下"抑或"王在法上":中西学术视阈下的王权
与法律关系研究 ………………………………… 王　栋(298)

史学理论与史学史(栏目主持:柏悦)

历史语言学、考古学与希腊人种族起源研究 ……… 徐晓旭(319)
晚期古代和中世纪早期史研究中的新价值取向 …… 侯树栋(343)

论点摘编

欧美史

核武器、美苏关系与冷战的起源 ………………… 赵学功(368)
美国威尔逊政府对华政策转变探源 ……………… 马建标(369)
冷战与艾森豪威尔政府和平利用原子能计划 …… 刘子奎(371)
美国历史协会与美国史学专业化的发展 ………… 张艳玲(371)
略论20世纪中后期英国工党修正主义 …………… 阎照祥(373)
从概念变化的视角理解19世纪俄国革命运动 …… 姚　海(374)
"气候—危机"模式再探 …………………………… 周小兰(375)
再论法国大革命的财政起源 ……………………… 熊芳芳(377)

亚非拉史

全球史视野下的土耳其革命与变革 …………………… 昝 涛(379)

殖民时期法国对塞内加尔同化政策评析 …张 弛 沐 涛(380)

中东城市化、市民心理危机与社会稳定 …张 丹 车效梅(381)

冷战时期古巴"革命的国际主义"对外政策探析 … 孙若彦(382)

二战后巴西日侨社会乱象及其原因 …………………… 杜 娟(382)

权威重构与明治维新 …………………………………… 杨栋梁(384)

明治维新时期日本近代国家转型的契约性 …………… 刘 轩(385)

论日本明治时期的民族平等意识及其变异 …………… 许晓光(387)

津田左右吉"东洋文化史观"的形成 …………………… 徐兴庆(388)

古代中世纪史

雅典民主政治发端之论争 ……………………………… 晏绍祥(391)

远征·漂泊·返乡 ……………………………………… 欧阳晓莉(392)

古埃及王权成因探析 …………………………………… 郭子林(393)

中世纪欧洲工资劳动者收入与饮食消费水平的

　　变化 ………………………………………………… 徐 浩(394)

圈地运动的先声:中世纪西欧大垦荒 ………………… 侯建新(394)

史学理论与史学史

人写的历史必须是人的历史吗? ……………………… 王晴佳(397)

传统事例史的兴衰与近代早期西方史学的转变 …… 徐 波(398)

海登·怀特与半个世纪以来的英美史学理论

　　研究 ………………………………………………… 金嵌雯(399)

阿杜·博亨与非洲史研究 ……………………………… 张忠祥(400)

篇目推荐

欧美史 ……………………………………………………（402）

亚非拉史 …………………………………………………（406）

古代中世纪史 ……………………………………………（409）

史学理论与史学史 ………………………………………（410）

全文转载·欧美史

超越冷战史：美国冷战宣传研究的新趋势

翟 韬

摘 要：美国冷战宣传史研究的起始阶段基本把冷战时期美国对外宣传看作冷战的产物，即发源于冷战，服务于冷战。21世纪以来，美国冷战宣传史研究出现"超越冷战史"的趋势，学者们试图探究冷战宣传在前冷战时代的起源以及不属于冷战政治的逻辑和历史机理，认为无论是美国冷战宣传的理念、措施、媒介，还是其机构建制和工作伦理，乃至冷战宣传的历史作用，都有着非常多的前冷战时代的成分和不同于冷战政治的逻辑，因此应该从20世纪整体视野出发予以研究。"超越冷战史"的学术趋势从一个侧面反映了历史研究中"长时段"的回归和对外宣传史研究视角的更新。

关键词：对外宣传；心理战；冷战；长时段；自由国际主义

美国冷战宣传史研究发端于冷战终结后，20余年来发展迅速，已经成为近年来美国外交史和冷战史研究最强劲的领域之一。该领域最初是作为冷战外交史的分支发展起来的，近年来出现三个新趋势。一是文化转向，宣传活动不仅被视为对外关系行为，还是一种文化表达，即把对外宣传作为文化现象加以研究，解读其发生的文化情境和文化意义。二是空间范围的扩展，该领域最初局限于研究美国对苏联东欧的心理战，现在已经扩展到研究美国对第三世界、盟国的宣传以及心理战，同时关注美国与宣传对象国之间的互动以及对象国的反宣传。三是时间范围的延伸，即把冷战宣传置于更长的历史时期考察，在冷战之前和冷战之外的历史中寻找冷战宣传的根源，而不是把冷战宣传仅仅视为冷战政治和东西方对抗的产物，这个趋势可以被称为"超越冷战史"。目前已经有学者对美国冷战宣传史研究的起源与发展进行了回顾，但缺乏对最新趋势的系统梳理和深入解读。① 因此，本文聚焦于"超越冷战史"的学术趋势，探讨冷战宣传史研究如何超越冷战史的学术视野。

一 作为冷战史分支的美国冷战宣传研究

对冷战时期美国对外宣传的研究，从一开始就是一个纯粹的冷战史研究分支。冷战宣传研究兴起的原因和问题意识是：冷战为什么以苏联改革失败、苏联东欧社会主义阵营解体的方式终结？② 这种问题意识催生了美国对苏联东欧心理战研究，其核心议题是，在杜鲁门总统和艾森豪威尔总统时期（1945—1961），美国如何对苏联和东欧进行意识形态宣传，以至埋下此后社会主义阵营意识形态混乱的种子。③ 围绕这一核心问题，国际学术界对冷战宣传史的研究主要集中在以下四个方面。

第一是对外宣传理念和措施及其演变。学者们指出，冷战初期美国对社会主义阵营乃至对外整体宣传理念的变化是：从通过发动心理战挑动民众"起义"，转变为以文化渗透为手段实现"和平演变"；具体措施和宣传主题则是，从疯狂攻击苏东国家社会制度（所谓"解放战略"和"真相运动"），转变为正面宣传美国资产阶级生活方式（"人民资本主义"）。1952 年之后，美国在隐秘战线实施所谓

---

① 翟强：《国际学术界对冷战时期美国宣传战的研究》，《历史研究》2014 年第 3 期；Kenneth Osgood and Brian C. Etheridge, "The New International History Meets the New Cultural History: Public Diplomacy and U. S. Foreign Relations", in Kenneth A. Osgood and Brian C. Etheridge, eds., *The United States and Public Diplomacy: New Directions in Cultural and International History*, Leiden, Boston: Brill, 2010, pp. 1 – 25.

② Kenneth Osgood and Brian C. Etheridge, "The New International History Meets the New Cultural History: Public Diplomacy and U. S. Foreign Relations", p. 7.

③ Walter L. Hixson, *Parting the Curtain: Propaganda, Culture, and the Cold War, 1945 – 1961*, Hampshire and London: Macmillan Press Ltd., 1997, pp. xv, 230 – 231.

"解放战略",即引导苏东人民"起义",推翻共产党政权,赢得"解放";在公开战线的宣传攻势则是所谓"真相运动"(Campaign of Truth),疯狂攻击苏联和社会主义阵营的种种政治与社会问题。在1956年匈牙利事件中,面对东欧民众"起义",美国政府没有付诸实际援助,标志着"解放战略"的破产。后来,随着冷战局势的缓和,美国开始以"人民资本主义"为口号,积极传播美国文化和生活方式。这集中体现在1959年美国在莫斯科博览会上的宣传活动,传播美国大众文化和优越的生活条件,成为这一时期美国对外宣传的核心主题。① 历史学家希克松认为,正是这种和平演变战略,导致后来社会主义阵营的混乱。据他考察,在1989—1991年的苏东剧变过程中,苏联和东欧民众更感兴趣、真正渴望的是美国在20世纪50年代极力推销的消费主义和所谓"美国梦",而非西方政治体制。②

第二是对外宣传媒介和形式。在学者们看来,美国在冷战时期的宣传包括三种类型:一是狭义的宣传,多采取诸如广播、新闻发布、报纸刊物、电影等"快媒介",追求立竿见影的效果;主要针对大众;侧重于单向灌输意识形态;目的在于塑造对美国自身有利的国外舆论和心理状态。这类宣传(propaganda)又被称为"信息外交"(information diplomacy),在冷战语境下经常与"心理战"互换。③ 二是广义的宣传,除了上述活动之外,还包括"文化外交"(cultural diplomacy),多采取诸如教育交流、文化艺术交流和海外图书馆项目等"慢媒介"方式,传播效果一般较慢,主要针对精英人物。有学者认为,上述两种类型的宣传都服务于美国国家形象建构与传播,因而可

---

① 美国对苏联和东欧宣传政策研究的主要代表作有:Walter L. Hixson, *Parting the Curtain*; Scott Lucas, *Freedom's War: The American Crusade against the Soviet Union, 1945 – 56*, Manchester, UK: Manchester University Press, 1999; Lowell H. Schwartz, *Political Warfare against the Kremlin: US and British Propaganda Policy at the Beginning of the Cold War*, BasingstoKe: Palgrave Macmillan, 2009.

② Walter L. Hixson, *Parting the Curtain*, pp. 230 – 231.

③ Kenneth Osgood, *Total Cold War: Eisenhower's Secret Propaganda Battle at Home and Abroad*, Lawrence, Kansas: University Press of Kansas, 2006, p. 8;国内学者于群把冷战宣传称为"心理宣传",参见于群主编《新冷战史研究:美国的心理宣传战和情报战》,上海三联书店2009年版。

以统称为"公共外交"①。三是通过外交行动和对外宣示进行的宣传，学者奥斯古德提出一个颇具新意的观点：一些重大的政策倡议和外交行动本身不是宣传，但会产生宣传效果，影响到相关国家民众和精英的心理。②

第三是对外宣传机构和制度。国际学术界主要关注两大对外宣传机构：一是从外交部门"独立"出来的专门的宣传部门——美国新闻署；二是设立在国家安全委员会之下的心理战和对外宣传协调机构，包括杜鲁门政府的心理战略委员会和艾森豪威尔时期的行动协调委员会。③ 这两大机构反映了美国对外宣传从临时设置走向制度化和常设化，从隶属于外交部门（国务院）走向专业化，从多个部门各自为政到重视"顶层设计"这三个趋势。④ 有学者指出，美国冷战初期是以塑造和影响苏联人的观念和心理为核心目标来组织国家对外政策的，因此宣传和心理战成为艾森豪威尔时期国家安全体制的一大"组织性概念"（organizing concept）。⑤ 因此，当时学界普遍认为，尽管早在威尔逊和罗斯福总统时期就成立了战争宣传机构，但是，直到杜鲁门和艾森豪威尔时期，美国和平时期对外宣传的基本制度和机构框架才基本奠定，特别是艾森豪威尔时期具有决定性作用。⑥

第四是对外宣传在美国冷战战略中的地位。国际学术界普遍认

---

① Justin Hart, *Empire of Ideas: The Origins of Public Diplomacy and the Transformation of U. S. Foreign Policy*, Oxford and New York: Oxford University Press, 2013, pp. 5 – 6.

② Kenneth Osgood, *Total Cold War*, p. 5.

③ 研究相关制度机构的代表性作品有：Shawn J. Parry – Giles, *The Rhetorical Presidency, Propaganda, and the Cold War, 1945 – 1955*, West Port, Connecticut and London: Praeger Publishers, 2002; Kenneth Osgood, *Total Cold War*; Nicholas J. Cull, *The Cold War and the United States Information Agency*, New York: Cambridge University Press, 2008.

④ 据学者总结，冷战初期宣传制度机构沿革经历了一个从新闻宣传时期、军事化宣传时期，到制度化宣传时期的转变过程。Shawn J. Parry – Giles, *The Rhetorical Presidency, Propaganda, and the Cold War, 1945 – 1955*.

⑤ Kenneth Osgood, *Total Cold War*, pp. 78 – 88; Shawn J. Parry – Giles, *The Rhetorical Presidency, Propaganda, and the Cold War, 1945 – 1955*, pp. 140 – 145.

⑥ Shawn J. Parry – Giles, *The Rhetorical Presidency, Propaganda, and the Cold War, 1945 – 1955*, pp. xvii – xviii; Kenneth Osgood, *Total Cold War*, pp. 46 – 104.

为，对外宣传是冷战初期美国国家安全战略的核心组成部分，它不仅是最为重要的冷战手段之一，甚至是冷战的代名词。奥斯古德认为，作为总体战，冷战包括政治、军事、经济和文化宣传四个维度，是全方位、总体性竞争，而文化宣传是最能体现冷战"总体战"性质的维度。① 所谓"总体冷战"（Total Cold War）的说法，实际上赋予了文化和宣传活动以极高的地位。希克松也指出，冷战的实质是其"冷"的方面，即在没有硝烟的文化舆论战场上的争夺，冷战中的意识形态斗争比军事对抗更加决定性地影响了冷战的进程和结果。② 奥斯古德更是指出，"心理战本质上成了'冷战'的同义词"③。

总之，传统美国冷战宣传研究是一个典型的冷战史分支领域。外交史家吉诺—赫克特评论道，该研究领域集中在1945年之后，大家似乎都同意在成立一个正式机构（如美国新闻署）负责向海外传播美国文化之前，美国对外文化传播和宣传就没有历史可言。④

二 美国冷战宣传研究的转变

美国冷战宣传研究在取得众多成就的同时，也逐渐暴露出一些问题。在研究对象上，主要集中在苏联和东欧国家，很少涉猎其他国家。在研究方法上，相关成果主要把冷战宣传作为冷战政治史和外交史的延伸，着力论证宣传与冷战战略的关系，阐发与结论单一，观点和视角经过多年重复阐发已经了无新意。在研究视野上，相关研究基本集中在冷战初期，缺乏长时段眼光，未能向前和向后延伸。

造成这种现象的原因在于，美国冷战宣传研究过于执着地把对外宣传史与传统冷战史捆绑在一起。这种缺陷，突出反映在该领域代表作《总体冷战》一书的立意上，作者代表的是一种共识：从宣传对

---

① Kenneth Osgood, *Total Cold War*, pp. 1–11.
② Walter L. Hixson, *Parting the Curtain*, pp. xii, xv, 223, 226.
③ Kenneth Osgood, *Total Cold War*, p. 35.
④ Jessica C. E. Gienow‐Hecht, "Shame on US? Academics, Cultural Transfer, and the Cold War: A Critical Review", *Diplomatic History*, Vol. 24, No. 3, Summer 2000, p. 493.

于国家安全和冷战战略的重要性这一角度界定宣传的历史作用。有学者总结到，美国冷战宣传研究从一开始就竭力论证其与美国外交决策的关系，以体现自身研究的重要性和正当性，这样就使得该领域带有明显的传统政治史烙印。① 过分注重对外宣传与冷战战略的关系，导致相关研究局限在总体战视野下，把对外宣传单纯解读为一种服务于冷战的战略手段，从而忽视了宣传问题更为久远的历史文化渊源和内涵，束缚了冷战宣传研究的进一步发展。

鉴于上述问题，美国冷战宣传史研究界在多个方面进行了反思，并尝试作出突破，其中比较重要的一个趋势是所谓"超越冷战史"，即不再把冷战时期的宣传活动只看作服务于冷战的宣传战，而是追溯冷战宣传在冷战前的历史根源，探究冷战宣传的理念和措施有别于东西方对抗的逻辑和机理，跳出冷战框架来看待冷战时期美国的对外宣传活动。"超越冷战史"成为新的研究趋势，是由三大史学潮流共同推动的结果。

第一是冷战史学界对冷战史研究观点单一、视野狭隘的不满。以冷战史研究为主力的美国外交史学界在进行自我批判时就有学者指出，主流冷战史研究"缺乏长期历史眼光和对长期历史趋势的把握"②。2010年出版的《剑桥冷战史》是迄今为止反映最新研究进展的冷战史代表性著作。③ 在前言和导言中，主编之一文安立写道："我们需要把冷战置于更长时段和更大地理范围的背景中，置于未演进完毕的诸多历史趋势组成的网络中。首先最重要的是，我们要把冷战置于20世纪更广阔的历史中和全球视角中。我们需要把冷战斗争与长时期的政治军事进展联系起来……同时更需要研究冷战斗争是如

---

① Kenneth Osgood and Brian C. Etheridge, "The New International History Meets the New Cultural History: Public Diplomacy and U. S. Foreign Relations", pp. 6 – 7.
② 牛可:《超越外交史：从冷战史批判运动到新冷战史的兴起》,《冷战国际史研究》第17辑，世界知识出版社2014年版。
③ Melvyn P. Leffler and Odd Arne Westad, eds., The Cambridge History of the Cold War, New York: Cambridge University Press, 2010.

何与更广阔的社会经济和知识史趋势联系起来的。"① 书中若干章节明显体现了"超越冷战史"的趋势，如第 1 卷第 2 章"意识形态与冷战的起源，1917—1962"；第 1 卷第 22 章"非殖民化、全球欠发达世界与冷战，1919—1962"；第 2 卷第 24 章"冷战与 20 世纪的社会经济史"；等等。

第二是美国国内史与外交史研究的融合趋势。目前学界的共识是，国家是广义文化建构的产物，国际关系也是文化共同体之间的关系，因此，外交史研究必须重视国家的历史和文化，而不能仅仅把外交政策视为对外部因素的反应。② 美国外交史专家麦克马洪呼吁国内史与外交史的结合，主张将美国对外关系史视为美国国家历史的一部分而不仅仅是国际（关系）史的一部分。③ 宁科维奇也总结到，世纪之交外交史研究的一个新进展就是一些著作开始关注对外关系中的国内文化问题。④ 以上趋势自然影响到冷战宣传史研究，如有学者以形象宣传为切入点，研究美国黑人民权运动与冷战之间的关系。⑤ 由于美国国内史分期与外交史分期并不完全重合，一些历史事态在战前并未演进完毕，而且战前有很多国内因素持续影响到战后，所以自然不能以二战结束或冷战开始割断战前与战后的联系。况且，国内因素本身就有别于冷战格局的两极对抗逻辑。这些都蕴含了"超越冷战史"的学术动力。

第三是美国外交史研究的"文化转向"。由于"文化转向"的主

---

① Odd Arne Westad, "The Cold War and the International History of the Twentieth Century", in Melvyn P. Leffler and Odd Arne Westad, eds., *The Cambridge History of the Cold War*, Vol. 1, Origins, New York: Cambridge University Press, 2010, p. 2.

② 王立新:《试析全球化背景下美国外交史研究的国际化及其文化转向》,《美国研究》2008 年第 1 期。

③ Robert J. McMahon, "Toward a Pluralist Vision: The Study of American Foreign Relations as International and National History", in Michael J. Hogan and Thomas G. Paterson, eds., *Explaining the History of American Foreign Relations*, New York: Cambridge University Press, 2004, pp. 35–51.

④ ［美］弗兰克·宁科维奇:《范式失落:文化转向和美国外交的全球化》,《冷战国际史研究》第 1 辑, 世界知识出版社 2006 年版, 第 129 页。

⑤ Mary L. Duziak, *Cold War Civil Rights: Race and the Image of American Democracy*, Princeton: Princeton University Press, 2000.

旨是"更认真地对待观念的作用,更认真地对待人们借以对外部世界做出理解和行动的观念框架"①,因此,"文化转向"天然地包含了摆脱传统政治史范式的意味,从而促使冷战宣传研究向外延伸至"多个面向、多个层次",跳出冷战政治斗争和两极对抗的逻辑。更为关键的是,重视文化和意识形态因素本身就意味着一种深广贯通的学术视野。从韩德最早提出的国家伟大思想、种族等级观念和反对激进革命等三大意识形态,②到文安立对于冷战史中意识形态范式的呼吁和展望,③再到文安立在《全球冷战》中对"自由帝国"的研究,④都反映出学者们对冷战长期历史根源的重视。由于文化观念和意识形态是历史上长期积淀形成的,并非冷战时期突然出现的,因此一旦从意识形态角度审视宣传问题,就有可能超越传统冷战史的狭隘视野,从更长的历史视角探究宣传的起源、功能和性质。

三 "超越冷战史"的新趋势

如上所述,许多冷战史研究者不再把冷战时期发生的历史现象完全看作是为了遏制苏联而发生的"冷战史",而是试图在冷战之前的历史中以及东西方对抗的逻辑之外寻找冷战时期美国对外宣传的根源,从长时段探究美国对外宣传更为深远的历史文化内涵。这一潮流主要体现在以下三个方面。

(一) 对冷战宣传政策的新解读

学界的新近研究表明,美国对苏联东欧的所谓"解放战略"以及正面宣传美国形象的"人民资本主义"宣传运动,其实并不完全是

---

① [美] 弗兰克·宁科维奇:《范式失落:文化转向和美国外交的全球化》,《冷战国际史研究》2006 年第 1 期。

② [美] 迈克尔·亨特:《意识形态与美国外交政策》,褚律元译,世界知识出版社 1992 年版。

③ Odd Arne Westad, "The New International History of the Cold War: Three (Possible) Paradigms", *Diplomatic History*, Vol. 24, No. 4, Fall 2000, pp. 552 – 556.

④ [美] 文安立:《全球冷战:美苏对第三世界的干涉与当代世界的形成》,牛可等译,世界图书出版公司 2014 年版,第 1—35 页。

对冷战的反应，而是有着冷战之前、甚至19世纪的文化历史根源。

首先，"解放战略"的渊源之一是历史上美国人对俄国的认识和观念。威尔逊总统对于沙俄和苏俄秉持同一观念：应区分俄国人民和统治者，俄国政权并不代表俄国人民，美国应该与俄国人民结盟，共同对抗沙皇和布尔什维克。这正是鼓动人民推翻政府的"解放战略"的思想基础。

其次，"解放战略"也受到19世纪末20世纪初美国在俄传教士宗教和种族观念的影响。传教士一直梦想着把东正教俄国改造为新教国家，即便十月革命之后，仍然幻想把无神论的苏联改造为宗教国家。这种传教士的热情被冷战初期的中央情报局高官、美国驻苏联大使、心理战略委员会主席、美国在欧洲的隐蔽组织领袖乃至凯南等人所继承。此外，传教士的种族观念对"解放"政策的制定者也有影响，历史上美国传教士把俄国人视作白人，这使得他们热衷于帮助"白人兄弟"。这种观念体现在"解放战略"中，就是希望通过舆论宣传和心理影响，把苏联和东欧民众从东方（黄种人）"专制"模式中拯救出来。"解放"和"真相"宣传运动有着布道般的狂热性，并得到美国民间社会的广泛参与，这绝不是冷战所能解释的。①

最后，"人民资本主义"也不仅仅是因应20世纪50年代冷战局势变化而进行的策略调整，其根源可以追溯到20世纪上半期美国国内政治经济与社会状况。大体说来，以下国内因素与冷战背景共同塑造了"人民资本主义"这个"新的美国景象"。宣传中强调"人民"，是回应美国民众对19世纪下半叶国家工业化以来出现并一直存在的社会问题，尤其是底层人民的贫困问题的关切，宣传战后"丰裕社会"显然是一个很好的回应。宣传中强调"资本主义"，也是在回应工商业界关心的问题：美国企业家由于大萧条而失去信誉和名声，又由于"新政"当中国家对企业的管制而失去某些经济利益，他们关心如何挽回损失。而宣传美国的"资本主义"特性——自由企业制度

---

① David S. Foglesong, "Roots of 'Liberation': American Images of the Future of Russia in the Early Cold War, 1948 – 1953", *The International History Review*, Vol. 21, No. 1, 1999, pp. 57 – 79; David S. Foglesong, *American Mission and the "Evil Empire": The Crusadef or a "Free Russia" since 1881*, New York: Cambridge University Press, 2009, pp. 1 – 107.

以及美国是一个以经济成就和消费主义为导向的国家，显然也是对企业界关心问题的有力回应。"人民资本主义"强调物质特性而非政治价值，也是因为战后初期种种社会思潮对于美国政治自由这一特质丧失的忧虑。由于麦卡锡主义践踏自由、少数族裔和妇女未能享受完全政治自由等原因，政治上的自由主义已经不能完全代表美国特性，在这种情况下强调美国经济特性，显然更合适。①

（二）冷战宣传制度和机构研究的新进展

冷战框架下的研究通常认为，杜鲁门和艾森豪威尔时期奠定了美国和平时期对外宣传的基本制度和机构框架，而新的研究表明，美国冷战宣传制度的创立，很大程度上是19世纪末以来一直行进中的国家形态演进过程的自然延伸，冷战宣传机构制度及其工作伦理也部分来自于两次世界大战之间民间机构的理念和做法，以及当时的政治思潮和政治文化。

冷战宣传机构是1890年以来美国国家形态演进，特别是新政和二战时期出现的"规制型国家"（regulatory state）的直接产物。伴随着1890年到1945年美国从世界第一经济大国上升到世界霸主，美国国家机器历经"促进型国家""合作型国家"和"规制型国家"三个阶段，呈现出越来越向民间领域扩张的态势。前两个阶段美国政府频繁采取的方式，是创造条件促进国家与私人部门合作进行经济文化事务管理。然而，面对复杂严峻的大萧条和第二次世界大战，这种方式已经难以为继，因此，政府开始建立官方的经济和文化机构来履行依靠私人机构和民间社会无法完成的任务。在这种情况下，国务院文化关系司和战争信息署成立，成为国家力量主导的文化机构。1945年之后，表面上看，由于战争结束，文化宣传机构面临动力不足、奄奄一息的困境，是冷战使其获得再生动力；但实际上，战后民主党的执

---

① Andrew L. Yarrow, "Selling a New Vision of America to the World: Changing Messages in Early U. S. Cold War Print Propaganda", *Journal of Cold War Studies*, Vol. 11, No. 4, 2009, pp. 3–45; Andrew L. Yarrow, *Measuring America: How Economic Growth Came to Define American Greatness in the Late Twentieth Century*, Amherst and Boston: University of Massachusetts Press, 2010, pp. 1–143.

政者继续着规制型国家的逻辑和罗斯福的执政理念,对于民间社会和私人团体主导文化事务并无信心,一直试图在和平时期保护政府的文化宣传机构,这是战后美国文化宣传机构得以存续的主要历史动力,只不过正好赶上冷战的契机而得以全面复兴。① 因此,从这个角度上说,战争信息署和国务院文化关系司是冷战时期美国新闻署和国务院文化外交和公共外交机构的先驱,奠定了战后美国公共外交的基础,它们在指导原则、宣传策略和人员构成方面都有着连续性。② 也就是说,美国和平时期对外宣传机构制度的基础早在战前和二战中就已经奠定。

美国冷战宣传机构的工作伦理也与两次大战之间的政治思潮和民间机构的理念与实践密切相关。美国政治文化的一大原则就是对国家权力的高度不信任,认为文化和经济事务属于民间和社会范畴,政府应该少管甚至不管。一战后,社会舆论曾强烈批评一战期间美国联邦政府设立官方宣传机构——公共信息委员会(Committee of Public Information, CPI),指责该委员会对外传播片面信息,对内操纵民意,违背了美国人一直信奉的政府不得从事文化宣传的自由主义传统。社会舆论还强烈批评政府控制媒体、干预文化和教育活动等会导致权力的过度扩张和腐败,认为繁荣的私人企业和强大的公民社会才是文化和教育繁荣的基础。③

这种批判浪潮很大程度上影响了美国政府当时的对外宣传工作。"美国之音"广播就是在这种氛围下于1942年创立的,因而其创立者不愿意把自己的工作说成是"宣传",而是用传播所谓"真相"、新闻报道、公开信息这样的工作伦理来标榜自己。④ 与此同时,两次大战之间以卡内基基金会为代表的民间机构则是在批评一战宣传的氛围中积极运作,声称传播文化不是为了操纵国外民意,而是传播民主和美国价值观,促进国家间的互相理解与世界和平,为世界带来现代性和秩序。卡内基基金会的这种工作伦理和其民间机构的身份深深影响

---

① Emily Rosenberg, *Spreading the American Dream: American Economic and Cultural Expansion, 1890 – 1945*, New York: Hill and Wang, 1982, pp. 161 – 235.

② Justin Hart, *Empire of Ideas*, p. 104.

③ Sarah Ellen Graham, *Culture and Propaganda: The Progressive Origins of American Public Diplomacy, 1936 – 1953*, London and New York: Routledge, 2015, pp. 7 – 8, 17 – 42.

④ Sarah Ellen Graham, *Culture and Propaganda*, pp. 81 – 111.

了美国第一家正式的官办文化机构——1938年成立的国务院文化关系司的工作哲学和机构目标。文化关系司认为自己的使命是促进各国之间的相互理解，传播自由主义文化；而且它试图与国务院的政治和外交目标拉开距离，声称文化交流的"高尚"目的不能被政治目的所玷污，同时强调自身是联络美国政府与民间社会的一个环节，从而有意淡化自己的官方身份。①

正是两次大战之间的这种社会思潮和政治文化决定性地塑造了文化和外交部门的工作伦理，而这种影响一直持续到战后。国务院文化外交机构一直认为自己负有文化交流的使命，这实际上与冷战意识形态斗争、两极对抗的政治目标有很大冲突。美国对外公共关系到底是宣传还是传播事实，文化外交到底是双向互惠交流还是单向输出美国文化，类似的争论一直伴随着对外宣传实践。1953年美国新闻署成立，对外宣传的工作目标基本上被冷战"驯服"，被定位在服务于冷战目的。但是，上述工作哲学和张力仍持续地体现在美国公共外交的话语和实践之中，前文所言所谓"真相"和"文化交流"的宣传口号即是明证，这正是对外宣传深受两次大战之间社会思潮和民间机构影响的结果。②

（三）对对外宣传历史地位的新判断

新近研究认为，冷战时期的宣传不仅仅是冷战战略的核心要素和美苏意识形态斗争的产物，也是20世纪美国主流外交意识形态——自由国际主义的产物和表现。

美国对外宣传和公共外交的诞生被认为与整个20世纪美国崛起为世界霸权的过程密切相关，是伴随美国自身实力和国际地位的提升而出现的解决外交问题的新方式。换言之，美国开展对外文化宣传活动，是为了应对20世纪前半期出现的新的外交挑战，其中包括：20世纪以来美国逐渐上升为全球霸权过程中愈来愈重要的国家形象问

---

① Sarah Ellen Graham, *Culture and Propaganda*, pp. 42 – 81; Frank Ninkovich, *The Diplomacy of Ideas: U. S. Foreign Policy and Cultural Relations, 1938 – 1950*, New York: Cambridge University Press, 1981, pp. 8 – 35.

② Sarah Ellen Graham, *Culture and Propaganda*, pp. 202 – 207.

题；通讯革命造就的大众政治和信息社会给外交工作提出的新课题；非殖民化运动和第三世界的兴起所引发的美国所谓"管理"全球事务的难题；与德国和苏联进行的两场总体战。①

早在二战之前就已经存在的上述四重挑战，促使美国从20世纪30年代就开始运用非传统外交方式——形象塑造和理念传播，开展针对拉丁美洲和中国的文化宣传活动，这便是国务院文化关系司建立的背景。② 及至太平洋战争爆发，为了应对总体战，美国政府成立战争信息署。学界通常认为，二战结束时战争信息署被裁撤、其职能并入国务院，标志着对外宣传的衰落，后来冷战爆发才挽救了对外宣传机构，使其重生并急速扩大；但是有的学者认为，实际上这意味着对外宣传和文化关系被外交部门正式接受，成为对外决策部门中的一项正式职能，其标志就是美国国务院设置负责公共事务的助理国务卿职位。相关学者认为，二战之前美国政界很少有人认为对外文化宣传是外交事务，但是战争结束之后，外交部门反而接受了这些职能，将其纳入总体外交战略之中，并把其永久地固定在外交体制内（至今仍如此），这本身就标志着对外宣传和文化事务地位的巨大提升，基本奠定了对外宣传在外交政策中的地位。③

除了应对冷战局势之外，美国决策者也运用对外宣传和文化外交，来应对剧烈变化的第三世界和非殖民化浪潮。对非西方国家的重视，推动了美国心理战略委员会的建立和后来的宣传活动。④ 有学者因此总结到，对外宣传并非仅仅具有两极对抗和意识形态斗争的功用，它还肩负着更大的历史使命和外交任务：以扩展文化影响的方式构建美国"非正式帝国"，即不占领领土而实现无形控制，公共外交实际上是一种帝国战略、一种"解毒"之后的殖民主义。⑤ 这样，学界从一个更为宏观的视角——构建美利坚帝国——来看待对外文化宣传问题，超越了"美国对外宣传根源于总体战"的传统解释模式。

---

① Justin Hart, *Empire of Ideas*, p. 8.
② Justin Hart, *Empire of Ideas*, pp. 15 – 71.
③ Justin Hart, *Empire of Ideas*, pp. 103 – 106.
④ Justin Hart, *Empire of Ideas*, pp. 142 – 178.
⑤ Justin Hart, *Empire of Ideas*, pp. 2 – 3, 8 – 9.

沿着上述思路，美国对外文化宣传活动与20世纪美国外交的"自由国际主义"理念紧密地联系在一起。自由国际主义起源于威尔逊的对外理念和政策，后被罗斯福发展，也为大多数冷战时期的总统所信奉，对后冷战时代美国外交也有着极为深远的影响。"自由国际主义"意即"自由主义"和"国际主义"的结合，前者代表着美国改造世界的原型版本——自由主义，后者代表着美国卷入世界事务的程度和方式——国际主义。① 美国处理20世纪对外关系的主流思潮和主要实践就是在这种理念指导下开展的，这意味着大规模卷入国外事务，用美国的经验和模式系统改造外部世界，包括经济援助、民主改造、兴办文化事业等。自由国际主义主张用美国主导的国际组织、国际规则、经济援助和文化传播来改造世界，与后世的"新保守主义"凭借单边主义武力推行民主的理念大相径庭；自由国际主义积极主张对外干预和运用美国的实力与文化，也区别于不寻求改造世界而只作为"世界榜样"的孤立主义传统。

有学者指出，旨在向海外传播信息与理念、以非传统方式实现美国对全球控制的对外宣传与文化外交活动，正是自由国际主义理念在对外政策领域的直接产物。② 一方面，建立对外文宣机构是一项国际主义政策，是美国国家机器的延伸，也是美国国际角色的扩展。对此，资深共和党参议员、对国际主义持强烈批评立场的塔夫脱，把二战期间的宣传机构——战争信息署——看作美国快速扩展全球角色的标志予以强烈抨击。③ 另一方面，更为重要的是，美国对外宣传机构是自由国际主义理念的积极践行者。对外宣传机构所进行的活动，与战后成立的联合国这样的集体安全组织、世界银行等经济组织、国际开发署等对外援助机构的总体精神是一致的，都是美国卷入世界事务、寻求用自身经验和理念改造世界的举动，都是建设自由主义国际

---

① 王立新：《踯躅的霸权：美国崛起之后的身份困惑和秩序追求（1913—1945）》，中国社会科学出版社2015年版，第83页。
② Justin Hart, *Empire of Ideas*, pp. 9, 20; Frank Ninkovich, *U. S. Information Policy and Cultural Diplomacy*, New York: Foreign Policy Association, 1996, pp. 46–59.
③ Justin Hart, *Empire of Ideas*, p. 102.

秩序的努力。①

事实上，美国对外文化宣传活动，的确起源于战前自由国际主义开始大行其道的时代，很多对外宣传的重要做法和理念均来自自由国际主义。哈特指出，至少从20世纪30年代对拉美的"睦邻政策"和20世纪40年代初对华的"文化试验"开始，罗斯福就寻求对这两个地区进行自由国际主义式的文化传播和基于美国价值观的改造。② 宁科维奇也曾指出，国务院文化关系司在战前建立的部分原因即是基于自由国际主义精神，而其之所以能够顺利实现从半官方机构向正式官方机构自我定位的转变，并非服务于战争和冷战，最主要原因是它愿意参与自由国际主义指导下的战后世界秩序规划。③ 也有学者指出，作为美国文化外交的重要组成部分的富布赖特教育交流项目产生的主要根源，也是来自战后自由国际主义的另类版本——民族全球主义。④ 即便在冷战时期美国针对苏联东欧的"解放战略"，实际上也是一种自由国际主义的产物。上述已提到，"解放战略"深受威尔逊主义

---

① Emily Rosenberg, *Spreading American Dream*, pp. 228, 231 – 232; Frank Ninkovich, *The Diplomacy of Ideas*, p. 86.

② Justin Hart, *Empire of Ideas*, pp. 20 – 23, 41 – 55.

③ Frank Ninkovich, *The Diplomacy of Ideas*, p. 139.

④ 根据勒波维奇的研究，战后美国文化外交某种程度上最重要的组成部分——富布赖特教育交流项目（Fulbright Program）的起源和背后的逻辑不是冷战逻辑。传统观点认为，对外宣传和包括富布赖特项目在内的文化教育交流活动都属于为了实现冷战事业的文化攻势，是最终通向对苏文化攻势的一个前奏，是冷战文化外交攻势的一部分。但是，勒波维奇认为，富布赖特项目实际上起源于二战与冷战之间（1945—1947）一种稍纵即逝的自由国际主义版本——民族全球主义，而非由冷战两极格局所塑造。二战结束的时候是美国历史上最"高光"的时刻之一，美国的全球霸权和反法西斯战争的胜利同时到来，而且很重要的是彼时还没有苏联的全面挑战，美国人的道德优越感和自信达到历史顶点。富布赖特项目就反映了当时的这种社会心理，项目背后的预设是："历史终结"了，美国的价值观和发展模式已经无可争辩地成为人类最优秀的榜样，所以美国绝对不需要改变自身，而只需要让美国的价值观通过教育交流的形式传遍全世界，人类就会实现和平；而这项工作也不需要特别地努力，只要政府推动美国与其他国家开展教育交流，美国的价值观和理念就会传播到全世界，世界和平就会指日可待。因此，作者认为富布赖特项目的预设和理念绝对不是为了回应冷战而产生的，不是由冷战特点所塑造、遵循冷战轨迹而发展的，因为当时还没有出现苏联针锋相对的"现代性"版本，富布赖特项目背后的理念反映了"单极"时代美国精英对于美国文化力量一种近乎盲目的自信，而并非两极对抗逻辑的产物。参见 Sam Lebovic, "From War Junk to educational exchange: The World War Ⅱ Origins of Fulbright Program and the Foundations of American Cultural Globalism", *Diplomatic History*, Vol. 37, No. 2 (Apr. 2013), pp. 280 – 312.

（即自由国际主义的原始版本）对俄政策理念的影响，两者共同体现了长久以来美国按照自身形象重塑和改造世界的冲动。① 战后美国试图用宣传和文化外交与第三世界建立情感和文化纽带，以图改造第三世界，建立美国主导的国际秩序，也体现了一种较为典型的自由国际主义。因此，哈特指出，因为对外宣传是自由国际主义的产物，② 而非仅仅是总体战的产物，所以有没有二战和冷战的敌人，美国都会运用对外宣传和文化外交手段传播美国形象和价值观，扩展美国影响，③ 实现美国主导的自由主义国际秩序。

结　　语

综上所述，冷战时期美国对外宣传并非全部是由冷战逻辑规定的历史，相反，其对外宣传受到很多非冷战因素的影响和推动，无论这些因素是来自当时还是之前。美国对苏联心理战政策中除了政治因素之外，还有历史、宗教和种族因素在起作用；"人民资本主义"既是服务于冷战意识形态斗争的宣传运动，也是美国社会对于自身身份和社会问题焦虑的表达；冷战宣传机构中的自由主义工作伦理来自于美国的政治文化，并在相当程度上与冷战逻辑不同；而冷战宣传从整体上起源于美帝国形成和自由国际主义外交政策，尤其是应对非殖民化进程和第三世界兴起等问题，远非冷战逻辑所能涵盖。在这里，文安立的话切中要害，"冷战是一个历史时期，或者是一个国际体系，而非仅仅是一种双边的冲突或者一段外交史"④。

"超越冷战史"的上述趋势体现了史学研究"长时段"的回归。⑤

---

① David S. Foglesong, "Roots of Liberation: American Images of the Future of Russia in the Early Cold War, 1948 – 1953".
② Justin Hart, *Empire of Ideas*, pp. 9, 20.
③ Justin Hart, *Empire of Ideas*, pp. 5 – 6, 36, 108 – 109.
④ Odd Arne Westad, "The New International History of the Cold War: Three (Possible) Paradigms".
⑤ ［美］乔·古尔迪、［英］大卫·阿米蒂奇：《历史学宣言》，孙岳译，格致出版社2017年版。对于这个趋势的评论，见张旭鹏《长时段的回归与历史学的未来》，《文汇报》2017年8月4日。

外交史家宁科维奇指出："冷战压倒一切的局面……使得美国对外关系史的研究成为显学……但是国际关系史的兴起是有一个代价的，因为18世纪、19世纪的外交史被忽视了，造成的结果是冷战史很快就变得好像是一个建立在游艇上的摩天大楼。它全力倾注于相对晚近的事件，影响和削弱了更具长期性的一些发展变化，而现在回顾起来这些发展变化的重要性毫不逊于冷战。"① 具体到美国对外宣传研究领域，奥斯古德和吉诺—赫克特也多次指出，冷战宣传研究过于集中在冷战时期，而忽略了冷战前的时代。② 吉诺-赫克特还指出，建立诸如美国新闻署等文化宣传机构是政治趋势的反映，而不是反过来，建立机构引领和造就了政治趋势。③ 其言下之意是，战后文宣机构的建立并不是对外宣传历史的起点，历史的起点在于之前那些造就了宣传机构的政治趋势。美国冷战宣传研究"超越冷战史"的趋势恰恰能够克服这种弊端，它试图追溯冷战宣传的战前根源，将其放在整个20世纪的长时段进行考察，把这个相对狭小的领域嵌入美国外交主流思潮发展演变的长期过程，甚至放在19世纪末以来美国国内史的发展脉络中加以解读，揭示出美国对外宣传史更为重要的历史意义和历史作用，很大程度上提升了该领域的学术价值。

（原载《历史研究》2018年第5期；翟韬：首都师范大学历史学院副教授。）

---

① ［美］弗兰克·宁科维奇：《范式失落：文化转向和美国外交的全球化》，《冷战国际史研究》2006年第1期。
② Kenneth Osgood and Brian C. Etheridge, "The New International History Meets the New Cultural History: Public Diplomacy and U. S. Foreign Relations", p. 6; Jessica C. E. Gienow - Hecht, "The Anomaly of the Cold War: Cultural Diplomacy and Civil Society Since 1850", in Kenneth Osgood and Brian C. Etheridge, eds., The United States and Public Diplomacy, p. 31.
③ Jessica C. E. Gienow - Hecht, "Shame on US? Academics, Cultural Transfer, and the Cold War: A Critical Review", p. 493.

美国国家身份的重塑与"西方"的形成

王立新

摘　要：自18世纪末期以来，美国人在界定自身文化身份时将欧洲视为美国的对立面和文化"他者"，信奉的是"美国例外"论；在思考美国的地缘政治特性时，把欧洲视为威胁，奉行的是远离欧洲纷争和排斥欧洲影响的大陆主义。一战后，美国精英逐渐用突出美欧文化同源性和一致性的"西方文明"叙事取代"美国例外"论，用强调美欧休戚与共的"大西洋共同体"观念瓦解大陆主义，从而完成了美国文化与地缘政治身份的重塑。二战后，美国利用这一新的国家身份观念，把实施马歇尔计划和建立北约解释为保卫"西方文明"和"大西洋共同体"，从而维护美国自身文化存续与国家安全的重要步骤，成功地将美国与西欧凝聚成文化、意识形态与安全共同体，最终打造出一个新"西方"。

关键词：美国国家身份；西方；美国例外论；大陆主义；西方文明；大西洋共同体

"西方"无疑是当代国际关系中出现频率最多的词汇之一，与"东亚""中东""第三世界"等词语并列，成为观察、理解和分析国际政治的重要概念。当代意义上的"西方"通常指由西欧人建立的一组国家，包括西欧诸国、美国、加拿大、澳大利亚和新西兰。这组国家具有共同的历史文化传统，相似的政治、经济、社会制度以及发达的经济，信奉以自由民主、市场经济、个人主义为核心的"西方价值观"。同时，这组国家在外交和安全问题上相互协商、共同行动，并结成了以北约为中心的安全同盟（澳大利亚和新西兰虽然没有加入北约，但通常采取与北约协调一致的安全政策，并支持北约的军事行动）。概言之，当代语境下的"西方"指的是由美国领导的发达资本主义国家共同体。

这一共同体并非自古就存在的，而是在冷战初期形成的。作为反映欧洲人世界观的重要概念，"西方"的含义在历史上也经历了漫长的演变过程。在古代，"西方"仅仅是一个地理概念，指罗马帝国的西部。基督教大分裂之后，"西方"被赋予了一定的宗教含义，指"拉丁罗马教会"，与"东方正教会"相对。殖民主义兴起后，与欧洲征服对象——"东方"相对的并不是"西方"，而是"欧洲"，白种人居住的欧洲被认为代表着"文明"和"进步"，优越于"野蛮"和"落后"的"东方"，因此有权对"东方"进行"教化"和殖民。19世纪中期，俄罗斯知识分子用"西方"指称经历了启蒙与革命、完成工业化、实现经济发展和社会进步的西欧，"西方"开始被赋予文化与政治意涵。随着欧洲内部的分裂和冲突，俄罗斯人发明的"西方"这一概念在19世纪晚期逐渐取代"欧洲"，被西欧人所接受，成为界定和描述西欧诸国文化与政治身份的核心术语。直到一战前，"西方"仅是指西欧国家，主要是英法两国，美国人并不认为自己是"西方"的一部分。甚至直到珍珠港事件前，多数美国人仍然把美国与欧洲对立，坚信"美国例外"，主张孤立主义。德国更是英法的宿敌，并相信德意志"文化"优越于英法所代表的西方"文明"。直到二战后，美国和德国才最终加入"西方"，成为"西方"的一部分，其标志是以北约为支柱的大西洋同盟的形成和联邦德国加入北约。①

在"西方"含义演变和当代意义上的"西方"形成过程中，美国的加入无疑是最重要、最关键的一步。传统的研究主要从冷战初期地缘政治和意识形态对抗的视角理解美国加入"西方"、构建大西洋同盟的过程，把美国放弃对欧洲的孤立主义、加入欧洲力量结构和组建北约视为

---

① 关于"西方"含义的演变，可参见［德］贾斯帕·特劳奇：《"西方"的发明》（Jasper M. Trautsch, "The Invention of the 'West'"），《德国历史研究所学报》（Bulletin of the GHI）第53期，2013年，第89—102页；［丹麦］戴维·格雷斯：《从柏拉图到北约：西方观念及其反对者》（David Gress, From Plato to NATO: The Idea of the West and Its Opponents），自由出版社1998年版。

对苏联威胁的反应和冷战背景下遏制苏联共产主义的战略。这一解释无疑是有道理的，但并不充分。因为按照地缘政治逻辑，苏联毕竟与美国相距遥远，对欧洲的威胁并不意味着对美国的威胁，在20世纪30年代后期也曾出现希特勒威胁整个西欧的局面，当时美国却拒绝干预欧洲的局势。二战后的苏联虽然是一个强大的意识形态对手，但美国可以采取在国内清剿共产党同情者、加强西半球的防御、把共产主义挡在国门之外的政策，或采取"离岸平衡"的战略，而不必通过与欧洲结盟、在欧洲驻扎常备军的方式来抵制共产主义的威胁，美国在一战后正是这样做的。按照地缘政治和意识形态的解释，随着苏联作为美国地缘政治威胁和意识形态对手的消失，大西洋同盟应该解体，一些学者在冷战终结时也是这样预测的。[1] 但北约不仅在苏联解体后长期存在而且不断扩大，至今也没有解散的迹象。这表明单纯从地缘政治和意识形态对抗的视角来理解大西洋同盟的形成是不够的。实际上，纯粹的地缘政治算计和对共产主义的恐惧也无法在二战结束后短短的几年间说服天然具有孤立主义倾向、长期反对美国卷入欧洲事务的美国民众支持美欧关系的革命性变化，特别是让美国承担起保卫西欧诸国的重任，毕竟共产主义已经存在多年，苏联的威胁也并非迫在眉睫。因此，还需要从更广阔和更长远的视野来看待美国加入"西方"的问题。实际上，北约成立之前，美国人就已经认识到美国与西欧各国是具有共同文明传统的休戚与共的共同体，而这种认知是自一战以来美国精英重塑美国的文化与地缘政治身份的结果。美国决策者之所以能够突破民众孤立主义思想的束缚、同西欧结成军事同盟在很大程度上得益于美国国家身份的重塑，正是这种重塑逐渐改变了美国人对美欧之间文化与利益关系的理解，并为冷战初期美国构建大西洋同盟打造了情感和心理基础。

---

[1] 代表人物是著名的国际政治学家肯尼思·沃尔兹。沃尔兹在苏联解体后宣称："从历史和均势理论我们得知，赢得胜利的同盟在战争结束的翌日便会解体，如果是决定性的胜利就更会如此。……北约（的解体）还没有到按日计算的时候，但是已经可以按年计算了。"［美］肯尼斯·N. 沃尔兹:《正在形成的国际政治结构》（Kenneth N. Waltz, "The Emerging Structure of International Politics"），［美］迈克尔·E. 布朗等编:《无政府状态的危险：当代现实主义与国际安全》（Michael E. Brown, et al., eds., *The Perils of Anarchy: Contemporary Realism and International Security*），马萨诸塞大学出版社1995年版，第73—74页。

自 18 世纪晚期以来，美国人在界定自身文化身份时一直强调美国文化的独特性，信奉将欧洲视为文化"他者"的美国例外论；在思考自身安全的时候，则把欧洲视为危险的来源和美国安全的威胁，实行的是远离欧洲和排斥欧洲的大陆主义和孤立主义政策。不过，从美国加入一战开始，美国精英逐渐用讲述美欧文化同源性和一致性的"西方文明"叙事取代"美国例外"思想，用强调美欧休戚与共的"大西洋共同体"想象瓦解了以欧美对立为核心的大陆主义地缘政治叙事，并在冷战初期通过把保卫"西方文明"和"大西洋共同体"与美国自身文化存续和国家安全联系起来，论证美国援助欧洲和建立北约的正当性，成功地将美国与西欧凝聚成文化、意识形态与安全共同体，最终打造出一个新"西方"。本文尝试考察这一过程，为理解"西方"的形成提供新的维度。①

另外，本文并非对"西方"形成的政策史研究，而是把大西洋同盟的建立和"西方"的形成视为长期的话语建构的过程，因此没有讨论相关国家的决策过程和战略考量，而是集中考察美国精英如何发明新的身份叙事重新阐释美欧关系，以及如何利用这些新叙事来论证建立大西洋同盟的正当性。换言之，本文是关于大西洋同盟建立的话语政治研究而非政策过程研究。

---

① 已有历史学者和国际关系学者从思想史或建构主义的视角考察"西方"含义的演变、"西方"的概念和话语在国际关系中的作用以及冷战初期美国如何利用"西方文明"叙事把德国纳入西方阵营，这些著作给笔者以启发并构成本文写作的知识基础。但这些研究还未能从美国国家身份转换和塑造的角度关注美国的"西方化"过程及其与大西洋同盟构建之间的关系。相关著作主要有：[丹麦] 戴维·格雷斯：《从柏拉图到北约：西方观念及其反对者》；[澳] 杰辛塔·奥黑根：《国际关系中西方的概念化：从施本格勒到萨义德》(Jacinta O'Hagan, *Conceptualizing the West in International Relations: From Spengler to Said*)，帕尔格拉夫—麦克米伦公司 2002 年版；[英] 阿拉斯泰尔·邦尼特：《西方观念：文化、政治与历史》(Alastair Bonnett, *The Idea of the West: Culture, Politics and History*)，帕尔格拉夫—麦克米伦公司 2004 年版；[美] 帕特里克·杰克逊：《教化敌人：德国重建与西方的发明》(Patrick Thaddeus Jackson, *Civilizing the Enemy: German Reconstruction and the Invention of the West*)，密歇根大学出版社 2006 年版；[意] 马科·马里亚诺编：《界定大西洋共同体：20 世纪中期的文化、知识分子和政策》(Marco Mariano, ed., *Defining the Atlantic Community: Culture, Intellectuals, and Policies inthe Mid – Twentieth Century*)，劳特里奇出版社 2010 年版。

一 例外论、大陆主义与美欧之间的对立

与世界大多数国家不同，美国的种族和族群构成异常复杂多元，不同族群之间没有共同的血缘和经历。美国立国时间较短，缺乏英法和中国那种贯穿古今的悠久文化传统。美国甚至缺乏从祖先那里继承的稳定的国土，其疆域曾多次发生变化，并不断有大量新移民涌入。因此，美国需要不断地进行自我解释和自我发现，构建国家身份成为一个永远无法完成的"文化工程"。早在独立战争时期，来自法国的纽约居民埃克托尔·克雷弗克曾提出一个著名的问题："美国人，这个新人究竟是怎样的一种人呢？"① 这就是关于美国文化身份与国民特性的所谓"克雷弗克之问"。"克雷弗克之问"此后不断地被美国历史学家、政治家，甚至小说家和诗人提出和回答，几乎每一代美国人都会讨论这一问题。历史学家托马斯·哈茨霍恩曾感叹说，"美国人远比其他国家的人更关心自己的国家身份，花更多的时间来向自己解释自己"②。

早期美国移民主要来自西欧，英法等国在北美从事的殖民和定居活动塑造了北美社会的面貌，美国与欧洲特别是西欧在文化、习俗和价值观等方面有很多相似性。但是，这一现在看来显而易见的事实却长期遭到美国人的否认。在整个19世纪，美国人并不承认美国与欧洲在文化上的亲缘性和相似性，而是强调美国制度和文化的独特性。在一战前，美国占主导地位的文化身份叙事是美国例外论。例外论的主要思想之一就是美国与欧洲的不同，甚至对立。根据这种例外思想，新旧大陆在价值观、政治制度、行为方式等方面是截然不同的，

---

① ［美］J. 埃克托尔·克雷弗克：《一个美国农场主的信及其对18世纪美国的更多描述》（J. Hector St. John de Crèvecoeu, *Letters from an American Farmer and more Sketches of XVIII th Century America*），［美］艾伯特·斯通（Albert E. Stone）编辑整理，纽约达顿公司1981年版，第69页。

② ［美］托马斯·L. 哈茨霍恩：《对美国性格的新解释》（Thomas L. Hartshorne, "Recent Interpretations of the American Character"），［美］杰斐逊·B. 凯洛格、罗伯特·H. 沃克合编：《美国研究资料》（Jefferson B. Kellogg and Robert H. Walker, eds., *Sources for American Studies*），格林伍德出版社1983年版，第307页。

美国是一个崭新的国家，是对欧洲的否定和超越，代表着人类发展的新方向。历史学家伊恩·蒂勒尔言道，"'欧洲'与'美国'的二元对立是美国例外思想得以形成的熔炉"①。

埃克托尔·克雷弗克在1782年回答他提出的那个著名问题时也是把美国与欧洲相对照，强调美国人是与欧洲人不同并超越了欧洲的"新人"，这一新人"把一切古老的偏见和习惯丢在一边，从他们所拥有的新的生活方式中，从他们服从的新的政府中，也从他们所处的新的地位中接受了新的见解和习惯"②。克雷弗克还把欧洲与美国相对立：欧洲代表暴政、堕落、等级制、贵族制、贫穷、压迫、不宽容、财富向少数人的过度集中；而美国代表自由、尊严、平等、民主、繁荣、机会、宽容、勤劳和财富的公平分配。克雷弗克声称：北美是一个"新大陆"，是一个"现代社会"，与欧洲"截然不同"，"这里没有贵族家庭，没有宫廷，没有国王，没有主教，没有教会领地，没有极少数显赫人士享有的隐形权力，没有雇佣成千上万工人的大工业，没有昂贵的奢侈品"。简言之，美国是"目前世界上最完美的社会"，是"自由的避难所"和"贫穷痛苦的欧洲人的收容所"③。

与欧洲旧制度和旧生活方式决裂是革命一代人共同的抱负，他们决心在新大陆建设一个新社会。由于在文学、艺术和科学方面的成就无法与欧洲相比，美国建国一代主要强调美国在政治制度、个人权利、阶级关系、社会生活等方面不同于欧洲，并将这些方面视为美国社会独特性和优越性的标志。在美国人心中，欧洲盛行暴虐的君主制，自私的君主剥削大多数人民，普通人缺乏改变自己命运的机会；美国则奉行共和主义，正在进行公民自治的伟大试验，政府的目的是

---

① [澳]伊恩·蒂勒尔：《"美国例外论"究竟是什么?》(Ian Tyrrell, "What, Exactly, is 'American Exceptionalism'?")《星期》(*The Week*) 2016年10月21日。http://theweek.com/articles/654508/what-exactly-american-exceptionalism, 2017年4月5日。
② [美] J. 埃克托尔·克雷弗克：《一个美国农场主的信及其对18世纪美国的更多描述》，第69—70页。
③ [美] J. 埃克托尔·克雷弗克：《一个美国农场主的信及其对18世纪美国的更多描述》，第37、67页。

促进公共福祉。欧洲存在严格的社会等级、对个人自由的压迫以及沉重的债务和税收负担;而美国是一个平等的社会,各级政府致力于保护公民的自由,没有严重的贫富分化和阶级压迫。欧洲是一个矫揉造作、腐败、堕落的社会;美国则是一个淳朴、纯真、充满朝气的社会。杰斐逊在1787年12月20日给麦迪逊的信中强调,美国的政府是"清廉公正的",欧洲的政府是"腐败堕落的",美国人主要从事农业,欧洲人主要生活在城市,美国不能走欧洲的道路,否则会像欧洲那样"腐败"和"相互腐蚀"①。杰斐逊还反对美国人去欧洲留学,认为年轻人到欧洲学习有种种弊害:"喜欢欧洲人的奢侈和挥霍,轻视自己国家的俭朴;会深深迷恋欧洲贵族的特权,厌恶本国穷人享有的与富人的平等地位;会对贵族政治或君主政治特别偏爱",乃至"回到自己的国家后会成为一个外国人","失去知识,失去道德,失去健康,失去好的习惯,失去幸福"②。

伴随着美国向西挺进,美国在北美大陆建设一个新文明的意识越来越强烈。大陆扩张和西进运动是一个越来越远离欧洲以及把欧洲影响逐出北美大陆的过程。在19世纪中期的浪漫主义者看来,美国的建立就是与欧洲的决裂,就是把欧洲乃至整个人类的过去都抛在后面,去建设一个崭新的国家。浪漫主义者约翰·奥萨利文称美国的诞生是"一个新的历史的开端",美国"与其他任何国家都不同","与其他任何国家过去的历史几乎都没有关联",美国"与过去分离而只与未来相连","注定是代表未来的伟大国家"③。

历史学家无疑是美国国家特性和身份意识的主要阐释者。在一战前,特纳的边疆假说是对美国国家特性和文化身份最有力、影响最大的阐释。用美国著名的思想史家雷·比林顿的话说,特纳的理论是对

---

① [美]乔伊斯·阿普尔比、特伦斯·鲍尔编:《杰斐逊政治文集》(Joyce Appleby and Terence Ball, eds., *Jefferson: Political Writings*),剑桥大学出版社2004年版,第363页。
② [美]乔伊斯·阿普尔比、特伦斯·鲍尔编:《杰斐逊政治文集》,第247—249页。
③ [美]约翰·奥萨利文:《未来的伟大民族》(John L. O'Sullivan, "The Great Nation of Futurity"),《美国民主评论》(*The United States Democratic Review*)第6卷,第23期,1839年,第426页。

克雷弗克之问"最广为接受,同时也引起激烈争论的回答"①。特纳强调美国制度与文化的独特性,认为美国的文化和制度不是欧洲的复制和延续,而完全是崭新的现象,是对新大陆出现的独特条件和环境,特别是西部荒野做出反应的产物。他断言美国的民主制度不是来自欧洲而是在美国西部锻造出来的。"我们的民主制度史既不是仿效别人的,也不是简单借用的。它是政治有机体的器官在对付变化的环境时发生演变和适应的历史,即一种新的政治物种的起源史。"② 特纳1914年在华盛顿大学毕业典礼致辞时更进一步指出:

> 美国的民主不是诞生于理论家的梦想,不是从苏珊·康斯坦号带到弗吉尼亚的,也不是从五月花号带到普利茅斯的,它来自美国的森林,每当它接触到新的边疆的时候都会获得新的力量。③

特纳的边疆假说一经提出,就得到广泛的接受。到20年代,美国历史学会已经变成"一个大的特纳协会","从20世纪初到20年代结束这一时期,边疆假说实际上是美国史学无可置疑的圣经"④。用理查德·霍夫斯塔特的话说,"在美国人关于美国历史的看法中,边疆命题居于支配地位"⑤。特纳边疆假说的影响远远超出史学界,经济学、政治学和地理学开始关注边疆的作用,美国文学领域也产生一大批关于中西部边疆的作品,普通民众对美国制度与文化的理解也受到边疆理论的影响。

大体而言,从美国建国到卷入一战的一个多世纪的时间里,美国

---

① [美]雷·艾伦·比林顿:《边疆如何塑造了美国性格》(Ray Allen Billington, "How the Frontier Shaped the American Character"),《美国遗产》(American Heritage)第9卷,1958年第3期,第4页。

② [美]弗雷德里克·J.特纳:《美国历史上的边疆》(Frederick J. Turner, The Frontier in American History),亨利·霍尔特公司1920年版,第205—206页。

③ [美]弗雷德里克·J.特纳:《美国历史上的边疆》,第293页。

④ [美]雷·艾伦·比林顿编:《边疆命题:对美国历史的有效解释?》(Ray Allen Billington, ed., The Frontier Thesis: Valid Interpretation of American History?),罗伯特·克里格公司1977年版,引言第2页。

⑤ [美]理查德·霍夫斯塔特:《特纳与边疆神话》(Richard Hofstadter, "Turner and the Frontier Myth"),《美国学人》(The American Scholar)第18卷,1949年第4期,第433页。

一直试图通过否定与欧洲的文化联系、突出欧美之间的差异和对立来构建美国的文化身份与国家认同，欧洲被视为美国的文化"他者"和对立面。正如美国著名历史学家丹尼尔·布尔斯廷所言，在美国，一直到20世纪初，"'美国'与'欧洲'与其说是两个严格的地理名词，不如说是两个逻辑上截然相反的对立物"，正是"与'欧洲'之间的简单对立培育了笼统的美利坚主义（Americanism）概念"①。

与例外主义文化身份观相关联的是大陆主义地缘政治思想。大陆主义把美国的地理位置、制度特征和国家理想融合在一起，包含以下三方面思想：第一，浩瀚的大西洋把西半球与欧洲分隔开来，并构成难以逾越的地理障碍，使新旧大陆分属不同的地理和政治体系，美国的利益集中在西半球。第二，欧洲是一个充满暴政和不断爆发战争的凶险之地，是对美国乃至整个西半球安全的威胁，美国必须避免卷入欧洲的事务，同时也要防止欧洲介入和干涉美洲的事务。第三，美国是一个大陆国家，北美大陆是上帝留给美国进行伟大共和试验的舞台，美国应该占领除加拿大以外的整个北美大陆，并在此建立一个与欧洲不同的独特的美利坚文明。② 大陆主义具有很强的地理决定论色彩，培育了一战前美国人的国家安全观念和对外关系思想，包括"美洲体系"思想、互不干涉原则、西半球观念、"天定命运"思潮，而这一切都构成孤立主义的思想基础。

"美洲体系"思想认为，无论在地理上还是在政治上，美洲和欧洲都分属不同的体系，实行不同的制度，因而有不同的利益。潘恩在鼓吹独立的小册子《常识》中提出北美是一个大陆，而英国是几个岛屿，"显而易见它们是属于不同的体系的，英国属于欧洲，北美属于它本身"③。杰斐逊在1811年9月16日给克莱门特·凯恩斯的信中

---

① [美]丹尼尔·J. 布尔斯廷：《美国与欧洲的形象》（Daniel J. Boorstin, *America and the Image of Europe: Reflections on American Thought*），子午线图书公司1960年版，第19—20页。

② 有学者把美国大陆主义概括为三个方面：地理决定论、在政治和社会领域与欧洲相分离以及在对外事务中独立行动。[美]查尔斯·维威尔：《美国大陆主义：一种扩张理念（1845—1910）》（Charles Vevier, "American Continentalism: An Idea of Expansion, 1845 – 1910"），《美国历史评论》（*American Historical Review*）第65卷，1960年第2期，第333页。

③ [美]托马斯·潘恩：《常识》，马清槐等译，商务印书馆1982年版，第29页。

谈道，美洲作为"两面都被广阔的大洋与地球另一半隔离开来的""半球"，因为"不同的气候、不同的土壤、不同的产出、不同的生存方式以及在当地的种种联系和责任"而"具有不同的利益体系"，不能"屈从于地球另一半微不足道的利益、法律、规则、情感和战争"①。杰斐逊在1813年12月6日给亚历山大·亨伯特的信中再次强调，"欧洲各国属于地球上单独的部分，它们的地理位置使其采取截然不同的制度。……美洲有自己的半球，它必须有自己单独的利益体系，这一体系绝不能从属于欧洲的利益"②。

从"美洲体系"思想衍生出来的就是互不干涉原则。既然欧洲与美洲分属不同的体系，那么新旧大陆奉行的国际关系准则也是不一样的，欧洲的制度和原则不能强加给美洲，美洲各国也不会介入欧洲的事务。杰斐逊在1823年10月24日给门罗总统的信中提出南北美洲有一套与欧洲不同的利益和制度，"欧洲力图成为专制主义的居所，而我们则努力使我们的半球成为自由的家园"，因此"我们首要的、根本的行为准则应该是绝不卷入欧洲的纷争，我们第二条准则是决不允许欧洲干涉大西洋这边的事务"③。门罗总统在1823年以国家政策的形式阐述了美洲体系和互不干涉的原则。詹姆斯·波尔克总统在1845年12月又重申门罗宣言的原则，称"美洲体系"和"欧洲体系"是不一样的，欧洲体系奉行的是"力量均衡"的原则，而美洲体系坚持主权、独立与平等的原则。美国"从未卷入欧洲国家国内的纷争，……从未试图通过阴谋、外交或武力来传播我们的政府形式"，因此"有权要求本大陆也同样免于欧洲的干涉"，"今后没有我们的同意，任何欧洲国家不得在北美大陆的任何地区开拓或建立殖民地或

---

① ［美］H. A. 华盛顿编：《托马斯·杰斐逊文集》（H. A. Washington, ed., *The Writings of Thomas Jefferson*）第6卷，剑桥大学出版社2011年版，第13—14页。
② ［美］安德鲁·A. 利普斯科姆编：《托马斯·杰斐逊文集》（Andrew A. Lipscomb, ed., *The Writings of Thomas Jefferson*）第14卷，美国托马斯·杰斐逊纪念学会1903年版，第22页。
③ ［美］阿德里安娜·科克、威廉·佩登合编：《托马斯·杰斐逊生平和著作选》（Adrienne Koch and William Peden, eds., *The Life and Selected Writings of Thomas Jefferson*），兰登书屋1944年版，第708页。

领地"①。门罗主义背后的思想是新旧大陆的对立。

从大陆主义还发展出"西半球观念"。18世纪晚期到19世纪流行的西半球观念的核心是"认为西半球各民族有特殊的关系,是相互联系的整体,这使他们与世界其他地区,特别是欧洲相分离"②。西半球的整体性首先体现在地理空间上的一体性及其与欧洲的隔离。拉美各国独立后,这种整体性或统一性被政治制度的相似性、安全利益的一致性所充实。西半球各国被认为拥有相似的反对欧洲殖民主义的经历和不同于欧洲君主制的共和制度;在地缘政治和安全领域,西半球各国都面临来自敌视共和制度的欧洲帝国的威胁,因此美洲各国之间在安全上应该是天然的盟友。门罗主义实际上把西半球视为安全上休戚相关的整体,相信美国的安全边界不是北美大陆,而是整个西半球,欧洲对西半球任何国家的控制都是对美国的威胁。这种"西半球观念"成为后来泛美主义的思想基础,直到1915年12月,美国国务卿罗伯特·蓝辛在第二届泛美科学大会上仍然强调"地理上的孤立""相似的政治制度"和"共同的人权观念"使西半球国家结为一体。③

"天定命运"论是19世纪中后期美国最流行的地缘政治叙事。"天定命运"论把北美大陆描绘成上帝委托给美国人进行共和试验的实验室,因此注定为美国所占领。1811年,约翰·昆西·亚当斯在给父亲约翰·亚当斯的信中称,"整个北美大陆似乎注定被上帝交给一个民族来居住,说同一种语言,实行具有共同的宗教与政治原则的制度,适应共同的社会风俗和习惯"④。"天定命运"思想最集中的表达是约翰·奥萨利文就英美俄勒冈争端在1845年12月27日的《纽

---

① 《詹姆斯·波尔克首个年度咨文》("James K. Polk's First Annual Message"), http://www.presidency.ucsb.edu/ws/? pid = 29486,2017年4月7日。
② [美] 阿瑟·P. 惠特克:《西半球观念的起源》(Arthur P. Whitaker, "The Origin of the Western Hemisphere Idea"),《美国哲学学会会刊》(Proceedings of the American Philosophical Society) 第98卷,1954年第5期,第323页。
③ [美] 约翰·巴塞特·穆尔:《美国外交的原则》(John Bassett Moore, The Principles of American Diplomacy),哈珀兄弟公司1918年版,第400页。
④ [美] 沃尔特·A. 麦克杜格尔:《应许之地、十字军国家:1776年以来美国与世界的相遇》(Walter A. McDougall, Promised Land, Crusader State: The American Encounter with the World since 1776),霍顿·米夫林公司1997年版,第78页。

约晨报》发表的文章。奥沙利文称，美国"不断扩张并占有整个北美大陆"是美国的"天定命运"，"这个大陆已经由上帝赐予我们来进行托付给我们的自由和联邦自治政府的伟大实验"，在上帝的保佑下，美国人会"毫无畏惧地履行上帝赋予我们的神圣职责"①。另一位"天定命运"论鼓吹者、曾担任科罗拉多领地总督的威廉·吉尔平称，密西西比河流域"是上帝为人类挑选出来的最宏伟壮丽的居所"，"作为一个整体交给美国人是上帝至高无上的恩赐"②。

"天定命运"论把美国向西扩张和拓殖的过程视为驱逐欧洲殖民主义影响和远离欧洲干扰的过程，移民越涌向西部，边疆越向西流动，美国的核心地区距离欧洲越遥远。就此而言，"天定命运"论与门罗主义在思想上实际上是相通的：都相信欧洲的影响是对美国利益和安全的威胁。

更重要的是，在"天定命运"论鼓吹者看来，美国向西扩张是为了在密西西比河流域建立一个不同于欧洲的新文明，丰富的资源、广袤的土地、越来越多的移民的涌入和美国"优越"的政治制度使北美大陆成为新文明的中心和新秩序的舞台，将在人类历史上发挥独特的作用。威廉·吉尔平1846年在联邦参议院发表演讲，称"征服这块大陆"是"美国人民不可让渡的命运"，美国通过建设这块大陆来完成上帝交给美国的如下"不朽的使命"：

> 把自治的原则付诸实践；……为人类生活建立新秩序；解放受奴役的人们；让衰老的民族重新焕发生机；把黑暗改造成光明；……确定人类未来的命运；将人类的事业带到最高点；使停滞不前的民族获得新生；让科学的发展臻于完美；为人类增添新的辉煌荣耀；让永久和平装点人类的历史；把整个世界联合成一个社会大家庭；消解专制的魅力，提高博爱的荣耀；解除人类背

---

① [美]朱利叶斯·W. 普拉特：《"天定命运"的起源》（Julius W. Pratt, "The Origins of 'Manifest Destiny'"），《美国历史评论》第32卷，1927年第4期，第796页。

② [美]威廉·吉尔平：《核心黄金区：北美的谷物、畜牧和黄金区》（William Gilpin, *The Central Gold Region: The Grain, Pastoral and Gold Regions of North America*），索尔和巴恩斯公司1860年版，第119页。

负的沉重诅咒，把（上帝的）赐福带到全世界。①

19世纪后期的大陆主义者把墨西哥湾和加勒比海视为"美国的地中海"，主张建立横跨北美大陆和贯穿南北美洲的铁路，在中美地峡修建运河，打通北美与亚洲和太平洋之间的海上通道，控制欧洲与亚洲之间的贸易，把美国建成一个大陆帝国。②

大陆主义把北美大陆和西半球视为国家战略的中心和美国发展的舞台，把关注的焦点从大西洋转向北美大陆，特别是美国西部。但其主题仍然是跨大西洋关系，背后的思想是新旧大陆的对立。用路易斯·哈茨的话说，早期美国人相信，美国之真正美好的前景"在于摆脱一个只能给美国社会注入糟粕的颓废的'旧世界'"③。大陆主义通过新旧大陆的对立来构建美国的地缘政治身份，实际上是把大西洋视为阻止欧洲干涉美洲的"护城河"，相信只要西半球安全，美国就安全。通过界定美国在世界上的地位和安全边界，大陆主义成为整个19世纪美国地缘政治信条和国家安全政策指南。正是在此基础上，美国在一战前长达一个多世纪的时间里在对欧关系中一直奉行孤立主义原则。联邦国会众议员乔治·本德1940年的一句话浓缩了这一原则："坚决让欧洲远离美洲，让美洲远离欧洲"，"把我们国家的命运与欧洲国家的命运相分离"。他称这一直是"我们对外关系的基石"④。

威尔逊试图超越大陆主义和孤立主义，扩大美国安全的含义和范围：安全不应该是大陆主义所坚持的西半球安全，而是民主制度的安全。威尔逊在对德宣战咨文中虽然谈到了德国无限制潜艇战践踏美国

---

① ［美］威廉·吉尔平：《北美人民的使命》（William Gilpin, *Mission of the North American People*），J. B. 利平科特公司1873年版，第124页。
② ［美］查尔斯·维威尔：《美国大陆主义：一种扩张理念（1845—1910）》，《美国历史评论》第65卷，1960年第2期，第327页。
③ ［美］路易斯·B. 哈茨：《美国的自由传统》（Louis B. Hartz, *The Liberal Tradition in America: An Interpretation of American Political Thought Since the Revolution*），哈考特和布雷斯公司1955年版，第286页。
④ ［美］乔治·H. 本德：《1940年的挑战》（George H. Bender, *The Challenge of 1940*），纽约1940年版，第93页。

的中立权利，造成美国人的生命和财产损失，但并没有把德国视为美国国土和西半球安全的威胁，而是突出普鲁士专制制度的邪恶，把德国描绘成民主制度、人类权利和世界秩序的敌人，威胁到比北美大陆和西半球范围要大得多的世界共同体和人类文明。威尔逊谈论较多的是"国际安全"（international security）和美国在捍卫国际共同体福祉中应该扮演的角色，而不是"国土安全"。在威尔逊看来，稳定的国际秩序是保卫美国国家安全的最可靠途径，也就是说，"让民主在世界上享有安全"（威尔逊在对德宣战咨文中提出的战争目标）就是让美国在世界上享有安全。亨利·鲁斯1941年2月在他那篇《美国世纪》的雄文中详细讨论了这种安全观。他指出，"国土防御"这个词本身"充满欺骗和自我欺骗"，实际上已经过时了，美国的安全是指民主制度的安全，而不仅仅是国土的安全，既然希特勒的目标是消灭民主制度，那么美国实际上已经处在战争之中了，"不是为了保卫美国的领土"，而是"为了捍卫，甚至在全世界促进、鼓励和激发所谓的民主原则"[①]。

但是，威尔逊等人试图突破大陆主义界定的国家安全观念、把美国安全从保卫国土扩大到保卫民主的努力遭到强烈反对。国会在一战后拒绝让美国加入国联，拒绝向法国提供安全保障。美国人心中的国家安全就是北美大陆和海外属地的安全，两次世界大战之间美国占主导地位的国家安全观念又回到了大陆主义，即：西半球的安全就是美国的安全，大西洋作为天然的地理屏障可以继续保障美国享有"免费的安全"，避免卷入欧洲事务是美国安全的最佳保障。有"美国外交史学之父"之称的耶鲁大学历史系教授塞缪尔·比米斯在1936年的著作中赞扬"大陆地位一直是美国在世界上的力量之所在，美国外交的成功一直基于大陆政策，今天美国的利益也依赖于这一地位和政策"[②]。《纽约时报》的编辑汉森·鲍德温在1939年夏天仍坚称"我

---

① [美]亨利·R. 鲁斯：《美国世纪》（Henry R. Luce, "American Century"），《生活》（Life）第10卷，1941年第7期，第62页。
② [美]塞缪尔·弗莱格·比米斯：《美国外交史》（Samuel Flagg Bemis, *A Diplomatic History of the United States*），亨利·霍尔特公司1936年版，第809页。

们的大陆和半球坚不可摧,任何军事进攻都不可能获得优势"①。

不仅如此,一战的经历还使美国人相信,对海外贸易的依赖也会使美国卷入战争。大陆主义者主张应该减少美国与欧洲和亚洲的贸易,在美洲建立自足的经济体系,专守大陆防御。参议院共和党领袖罗伯特·塔夫脱声称,"从贸易的观点来看,这个国家几乎可以自给自足"②。

比尔德是两次大战之间大陆主义最有力的鼓吹者。在1940年出版的《为美国提出一项外交政策》一书中,比尔德这样概括其大陆主义外交思想:美国的利益集中在美洲大陆,美国应该致力于在美洲建立一个美国人独有的、弘扬美国遗产的美利坚文明;不干涉欧洲和亚洲的冲突与战争,同时抵制欧洲和亚洲强国对西半球的干涉以及将其制度传播到西半球和在西半球建立帝国的野心。③ 在安全领域,比尔德认为美国军队的责任就是"保卫国土和家园""免遭外来的侵略",而不是维护民主和国际共同体的安全,"国防意味着保卫美国的遗产——这个大陆上的土地、人民和制度",最多扩展到夏威夷和运河区。④ 在贸易领域,应该致力于在西半球建立封闭的贸易圈,减少对出口和对外投资的依赖,以免为了保护海外投资而卷入国外的战争。比尔德称:"实现美国安全与繁荣的最佳手段是最有效地利用美国的物质资源和技术,同时尽可能减少对出口的依赖。"⑤ "美国企业扩张的边界应该在美洲大陆内,而不是想象中的印度或莱茵河、多瑙

---

① [美]汉森·鲍德温:《不可战胜的美国》(Hanson Baldwin, "Impregnable America"),《美国信使》(*American Mercury*)第47卷,1939年第187期,第267页。

② [美]《罗伯特·塔夫脱1941年5月17日的广播讲话》("Robert Taft's Radio Address"),小克拉伦斯·E. 旺德林编:《罗伯特·塔夫脱文件集》(Clarence E. Wunderlin, Jr., ed., *Papers of Robert A. Taft*)第2卷,肯特州立大学出版社2001年版,第248页。

③ [美]查尔斯·A. 比尔德:《为美国提出一项外交政策》(Charles A. Beard, *A Foreign Policy for America*),阿尔弗里德·科诺夫公司1940年版,第12页。

④ [美]查尔斯·A. 比尔德:《我们关于国防的困惑》(Charles A. Beard, "Our Confusion over National Defense"),《哈珀杂志》(*Harper's Magazine*)第164卷,1932年第981期,第257页。

⑤ [美]查尔斯·A. 比尔德:《国内的门户开放》(Charles A. Beard, *The Open Door at Home: A Trial Philosophy of National Interest*),麦克米伦公司1934年版,第213—214页。

河和维斯瓦河。"①

比尔德反对国际主义者的外交观念，认为国际主义者把国际政治视为独裁与民主、专制与自由之间的对立并追求通过促进民主来实现持久和平，是极端错误的。比尔德提出，大陆主义者拒绝对其他民族进行道德评价，"没有制度、意识形态、道德或宗教方面厚此薄彼的歧视"；相信美国没有能力，即使是出于最良好的愿望，解决其他国家棘手的问题，包括"把和平强加给欧洲和亚洲、确保在这些地区建立民主和爱好和平的政府"②。美国政策的目标应该是"确保当前地理家园的美国人民生命的安全"，而不是国际共同体的安全，"美国陆海军的规模也应该根据这一政策而不是其他标准来决定"③。

两次世界大战期间，美国军方占主导地位的安全思想是大陆主义：相信战争的根源是经济因素，美国可以自给自足，发展西半球自足的经济体系，不需要依赖可能导致战争的对外贸易；美国参加一战是不必要的；传统的不卷入欧洲纷争的政策仍然是可行的；西半球是美国的安全防线，美国应该避免承担海外义务，专守大陆防御。④

例外论和大陆主义反映了一战前占主导地位、在两次世界大战之间仍被广泛信奉的美国人关于自身文化特性、地缘政治地位和美欧关系的看法：美利坚文明是与欧洲不同的独特的文明，是在北美大陆和西部边疆锻造和发展起来的，在这一过程中欧洲的影响是微不足道的；美国是一个大陆国家，其安全和利益的中心在北美大陆，西半球是美国国家安全的地理范围；美国与欧洲在文化、政治与安全上是对立的，欧洲是危险和威胁的来源，为此必须把美洲与欧洲相隔离，不卷入欧洲的纷争，同时防止欧洲对美洲的干涉；大西洋作为天然的屏障构成阻止欧洲干涉和进攻美国的"护城河"。

---

① ［美］查尔斯·A. 比尔德：《为美国提出一项外交政策》，第34、151页。
② ［美］查尔斯·A. 比尔德：《为美国提出一项外交政策》，第152页。
③ ［美］查尔斯·A. 比尔德：《国内的门户开放》，第261页。
④ ［美］马克·A. 斯托勒：《从大陆主义到全球主义：斯坦利·恩比克将军、联合战略研究委员会和二战期间军方对美国国家政策的看法》(Mark A. Stoler, "From Continentalism to Globalism: General Stanley D. Embick, the Joint Strategic Survey Committee, and the Military View of American National Policy during the Second World War"), 《外交史》(Diplomatic History) 第6卷，1982年第3期，第304页。

从美国卷入一战开始，例外论和大陆主义逐渐遭遇到挑战。美国社会出现关于美国文化特性与地缘政治身份的新叙事——"西方文明"和"大西洋共同体"。这两大叙事的出现和传播导致美国人对美欧关系的认识和自我理解发生深刻变化。

二 "西方文明"的发明与美国文化身份的重塑

以边疆理论为代表的美国例外论否定美欧之间的制度与文化联系，把美利坚文明视为与欧洲文明截然不同的新文明。但是，到二战结束的时候，存在一个由古至今延续下来的"西方文明"、美国和西欧同属于"西方文明"的观念已经成为美国社会不证自明的常识，美国的文化身份被彻底重塑。

"西方文明"这一概念是由俄罗斯知识分子提出来的。在19世纪中期关于俄罗斯国家特性和身份的争论中，一派主张俄罗斯应该向英法等西欧国家学习，通过工业化和民主化实现俄罗斯的富强，这些人被称为"西化派"；另一派反对俄罗斯向"西方"学习，强调斯拉夫文明的独特性和优越性，是"西方"，即日耳曼—拉丁文明的对立面，这一派被称为"斯拉夫派"。斯拉夫派认为俄罗斯应该远离欧洲，保持斯拉夫文明的本质；西化派认为俄罗斯应该加入欧洲，即"西方"。受这场争论的影响，关于"西方"的观念被逐渐建构出来。1854年的克里米亚战争又强化了俄国（此时被视为"东方"）和英法（被视为"西方"）之间在文化和意识形态上的对立，"西方文明"被界定为俄罗斯的对立面，被越来越多地与工业主义、资本主义、进步和启蒙联系在一起，而这些也恰恰是斯拉夫派拒绝的。① 随着俄罗斯和"西方"的区分越来越流行，以白种人和基督教为核心的"欧洲文明"概念逐渐被"西方文明"概念所取代，"欧洲"逐渐成为一个单纯的地理概念。奥斯瓦尔德·施本格勒在1918年出版的《西方的没落》中这样说道：

---

① ［德］贾斯帕·特劳奇：《"西方"的发明》，《德国历史研究所学报》第53期，2013年，第91—93页。

> "欧洲"一词应该从历史中剔除出去、历史上没有"欧洲"这一（文化）类型。……正因为"欧洲"一词以及由该词引出的复杂观念导致我们的历史意识逐渐地把俄国与西方视为一个统一体，而这是毫无根据的。……"东方"和"西方"是包含真正历史的观念，而"欧洲"是毫无意义的。①

施本格勒还提出世界是由多种文化形态组成的，每种文化都是一个有机体，都有一个产生、发展、成熟和衰亡的过程，这一过程大约持续1000年，人类的历史就是各种文化形态兴衰的历史。他认为人类历史上曾经出现过八种文化形态：埃及、巴比伦、中国、印度、墨西哥、古典、阿拉伯和西方，② 其中西方文化诞生于公元10世纪易北河和通古斯河之间的平原上，即日耳曼人的核心地带，成熟之后不断西移，其中心从农业的北方转向19世纪晚期的城市，如伦敦、巴黎、柏林和纽约，已经进入其最后阶段——文明阶段，正在衰落，其标志是怀疑主义、物质主义、科学主义的兴起以及城市化、庸俗的大众民主、富人统治以及官僚化，其根源在于心灵不再驱动肉体。施本格勒所说的"西方文化"指的是西欧—美国文化（West‑European‑American culture）。③ "西方文化"和"西方文明"概念伴随该书的畅销得到广泛传播。④

从更宏大的历史背景来看，"欧洲"和"白种"的身份认同逐渐被"西方"所取代与20世纪初白种人的危机有关，包括：俄国在日俄战争中的战败、英国与有色人种日本的结盟以及反对欧洲殖民主义和白人至上主义的运动的兴起。在这一背景下，"白种"（whiteness）与"欧洲文明"不大适合继续充当西欧人的身份标签，西欧人需要

---

① ［德］奥斯瓦尔德·施本格勒：《西方的没落》（Oswald Spengler, *The Decline of the West*）第1卷，阿尔弗里德·科诺夫公司1926年版，第16页，注释1。
② ［德］奥斯瓦尔德·施本格勒：《西方的没落》第1卷，第18页。
③ ［德］奥斯瓦尔德·施本格勒：《西方的没落》第1卷，第3页。
④ 1918年《西方的没落》第一卷出版，8年内售出10万册，成为当时的畅销书，并很快被译为法语、西班牙语、意大利语、俄语和阿拉伯语，1926年被译文英语。1919年甚至被称为"施本格勒年"。［美］H. 斯图尔特·休斯：《对奥斯瓦尔德·施本格勒的评价》（H. Stuart Hughes, *Oswald Spengler: An Estimate*），纽约1952年版，第89页。

发明新的身份，于是接受了"西方"这一概念。抛弃"白种"和"欧洲"、采用"西方"的过程也是逐渐放弃以种族和自然属性来界定人群，转而采用从文化与政治的角度对人群和共同体进行区分的过程，即"去种族化"的过程。在这一过程中，"西方文明"的概念开始风行。①

当"西方文明"的概念于19世纪中晚期在欧洲流行的时候，美国并不认为自己是"西方文明"的一部分。如前文所述，自建国以来，美国在制度和文化上长期把欧洲视为自己的对立面，强调美利坚文明的本土性、独特性和优越性。但是，从20世纪初开始出现的一系列事态使美国人逐渐意识到美欧之间在制度和文化上的同源性和相似性，开始把美利坚文明视为"西方文明"的一部分，美欧对立的思维方式逐渐瓦解。这些事态包括：大西洋两岸在政治、经济与文化等方面的联系越来越密切，英法两国的民主化导致美国和西欧的政治制度逐渐趋同，一战、大萧条和二战展示了美国与英法等国的相互依赖和安全利益的一致，美国与广大非西方世界的接触（包括非欧裔移民进入美国）凸显了美国与西欧之间的共同性。特别是一战成为美国重塑其文化身份的起点。

一战期间美、英、法三国协同作战的经历不仅使美国人意识到三国利益和制度的一致性，而且战时美国政府也有意强调三国共同的政治制度、意识形态乃至文化传统，以动员民众支持美国加入协约国一方作战以及巩固战时团结。无论是美国政府还是媒体都把与德国的战争描绘成民主与独裁、文明与野蛮、正义与邪恶之间的较量，都宣称美国和协约国是在为自由、民主和个人权利而战。英法也把这场战争描绘成民主、自由和进步的西方与军国主义的、独裁、反动的德国之间的战争。这成为美国和协约国解释一战起源和协约国战争目标的标准图式。在这一过程中，自由、民主、进步和资本主义被"发明"为英、法、美的共同传统，也成为"西方文明"的核心特质；欧洲和美国的历史被重新阐

---

① ［英］阿拉斯泰尔·邦尼特：《从白种到西方："种族衰退"与英国的西方观念（1890—1930）》（Alastair Bonnet, "From White to Western: 'Racial Decline' and the Idea of the West in Britain, 1890 – 1930"），《历史社会学杂志》（*Journal of Historical Sociology*）第16卷，2003年第3期，第323—325页。

释,美利坚文明不再是对欧洲历史和传统的背离,而是发源于西欧的"西方文明"的最新代表和最新阶段。英美主导的盟国在解释二战起源和性质时大体也使用这一话语。因此有学者把这种解释称为"协约(盟)国历史解释图式"(Allied scheme of history)。①

集中体现这一历史解释的是战时和战后在美国精英大学广泛开设的讲授西方文明的核心课程。美国参战后,美国陆军部发起"学生陆军训练团"项目,即在大学校园里征召士兵,毕业后开赴欧洲战场,美国数百所大学大部分男学生都穿上军装在学校里接受军事训练和思想教育。根据陆军部专门负责此事的教育与特别训练委员会的要求,"战争问题"课程(War issues course)是训练团的必修课,课程的内容是讲述"战争的远因和近因以及战争双方各国通过政府形式、哲学和文学所体现的思想冲突",目的是"通过让训练团的成员理解战争的性质和我们为之战斗的事业对文明的极端重要性来提高其士气"②。陆军部要求该课程必须是一个跨学科的课程,由来自历史学、政治学、经济学、哲学和现代文学等多个学科的教师共同策划和讲授。该课程讴歌英法美所代表的自由民主制度,突出三国共同的文化传统。

一战结束后,一些大学感到"战争问题"课程这种跨学科的、旨在培育公民意识和公民责任的必修课在和平时期应该继续开设,"战争问题"课程被改为"当代文明"课程或"西方文明"课程,其中影响最大的是哥伦比亚大学的"当代文明"课程。从1919年开始,"当代文明"成为哥伦比亚所有大学新生必修的一年制核心课程。从1929年开始,"当代文明"改为两年制的核心课程,第一年重点讲授"塑造了当代文明特性的欧洲制度与思想",第二年"学习欧洲制度与思想对美国的影响、这种影响在国际关系中的地位以及美国对当代

---

① 关于协约(盟)国历史解释图式,可参见[美]詹姆斯·库尔斯《西方文明,我们的传统》(James Kurth, "Western Civilization, Our Tradition"),《校际评论》(*The Intercollegiate Review*)第39卷,2003年第1—2期,第7页;诺曼·戴维斯:《欧洲史》(Norman Davies, *Europe: A History*),纽约:牛津大学出版社1996年版,第40页。

② [美]弗兰克·埃德洛特:《学生陆军训练团战争问题课程最后报告》(Frank Aydelotte, *Final Report of the War Issues Course of the Students' Army Training Corps*),美国陆军部1919年版,第42页,https://archive.org/stream/finalreportofwar00unit #page/42/mode/2up/search/civilization,2018年1月17日。

文明的独特贡献"①。

"当代文明"课程虽然也涉及其他文明，但主要内容是西方文明的历史、成就和影响，提供了一个关于西方文明演进、美国是西方文明一部分的"宏大叙事"（grand narrative）。哥伦比亚大学是进步主义史学的中心，而进步主义史学按照生物进化论的模式来阐释人类历史，把欧洲历史视为直线演进的过程，同时还强调历史研究、教学和书写为现实服务，试图通过对历史事实的选择和排列来构建一个关于西方文明的宏大叙事。用詹姆斯·鲁滨逊的话说，"历史的主要功能"是"解释我们自己的文明何以采取目前的形式"，这需要"对过去的记录重新进行拣选"，"去掉不相关的和不重要的"②。这种辉格式的史学思想直接塑造了哥伦比亚大学"当代文明"课程的历史叙事模式，欧洲历史被描绘成一个理性主义、科学和自由理念与制度直线演进的过程，这一过程起源于古希腊，经过中世纪一直到现代欧洲，并从现代欧洲传播到全世界，对世界其他地区产生巨大影响。欧洲被解释为当代思想和行为方式的来源，是现代性的发源地，而美国是现代性的最新发展。鲁滨逊的学生、哥伦比亚大学教授卡尔顿·海斯在1932年出版的流行广泛的"西方文明"课程参考书中，这样描述欧洲的历史：

> 两千多年以来，欧洲一直是我们一个连续不断的高级文明的所在地，我们把这一文明称之为"西方文明"，这一文明又演变为包含美洲大陆和欧洲的独特文明，后来又对"东方"的各种独特文明产生巨大影响，远远超过"东方"各文明对它的影响。③

哥伦比亚大学的"当代文明"课程作为蓝本被其他高校借鉴，产

---

① 哥伦比亚学院当代文明课程组编：《西方当代文明导论：文献汇编》（*Introduction to Contemporary Civilization in the West: A Source Books*）第1卷，哥伦比亚大学出版社1946年版，第vi页。

② [美] 詹姆斯·哈维·鲁滨逊：《文明的磨难》（James Harvey Robinson, *The Ordeal of Civilization: A Sketch of the Development and World-Wide Diffusion of Our Present-Day Institutions and Ideas*），哈珀兄弟公司1926年版，第4页。

③ [美] 卡尔顿·J. H. 海斯：《现代欧洲政治和文化史》（Carleton J. H. Hayes, *A Political and Cultural History of Modern Europe*）第1卷，麦克米伦公司1933年，第vii页。

生广泛的影响。到二战后初期，美国大多数精英大学都开设了"当代文明"或"西方文明"通识教育课程，并已经影响到美国中学的历史教育。查尔斯·比尔德1934年在美国历史学会社会科学委员会的报告中提出，"美国文明的所有方面——智性的、审美的和伦理的——一直是欧洲或'西方'文明的一部分"，中学的社会科学教育应该让学生"更详尽地了解西方文明的演进"，"重点是生产和分配方式的变化，社会制度、生活方式和伦理观念的演变，民主理想和实践的发展，知识和学术的积累与传播，科学、技术和发明的进步以及西方文化悠久的共同传统"[1]。

杰出历史学家威廉·麦克尼尔回忆说，20世纪30—60年代，关于西方文明史的课程充斥在美国大学课堂，其根本思想是"无数个世纪以来，人类摸索前行，不断趋近真理与自由，它们体现在现代科学和美国风格的民主之中。……有意义的历史…是理性和自由进步的记录，而其发生地先是希腊、罗马、西欧，然后是美国"[2]。它传达的是这样的思想：美国是"文雅、理性和精致的（西方）世界的成员"，是"西方传统的继承者"，"这一传统追溯到苏格拉底，经历了中世纪和早期现代时期的种种磨难而不死"，在二战和冷战中，西方"在美国的领导下为自由、理想和宽容而战……抵御新的来自东方德国或俄罗斯的暴政"[3]。在麦克尼尔看来，"西方文明"课程"奠定了美国两代大学生和统治精英的思想基础"，"美国人所理解的西方是这些学生在西方文明课程的教室里所听到的、在教科书中读到的、在

---

[1] 《社会科学委员会报告：结论和建议》（*Report of the Commission on the Social Sciences: Conclusions and Recommendations*），纽约1934年版，第11、51—52页，转引自吉尔伯特·阿勒代斯：《西方文明课程的兴衰》（Gilbert Allardyce, "The Rise and Fall of the Western Civilization Course"），《美国历史评论》第87卷，1982年第3期，第709页。

[2] ［美］威廉·H. 麦克尼尔：《为公民服务的历史学》（William H. McNeill, "History for Citizens"），《美国历史协会通讯》（*AHA Newsletter*）第14卷，1973年，第5页，转引自［美］彼得·诺维克：《那个高贵的梦想："客观性"问题与美国历史学界》（Peter Novick, *That Noble Dream: The "Objectivity Question" and the American Historical Profession*），剑桥大学出版社2005年版，第313页。

[3] ［美］威廉·H. 麦克尼尔：《我们用西方指什么》（William H. McNeill, "What We Mean by the West"），《奥比斯》（*Orbis*）第41卷，1997年第4期，第520页。

课程作业和考试中用他们自己语言所表达的西方"①。

"西方文明"概念的提出以及"西方文明"叙事的流行深刻改变了史学界对美国历史的解释,边疆理论受到了批判。自20世纪30年代开始,"西方文明"概念被用于对特纳边疆假说的批判,强调美国民主是西方文明发展的结果而非起源于美国西部的森林。哈佛大学教授本杰明·赖特在1930年撰文指出,"讨论美国民主成长的恰当出发点不是美国的西部而是欧洲的背景",特纳边疆理论的最大缺陷就在于"把美国民主的成长与西方文明的一般进程割裂开来"②。与特纳不同,赖特这样解释美国民主的成长:

> 美国民主运动是沿着欧洲试验和欧洲思想的路线行进的。……我们发展出的制度的大部分重要方面只有通过西方文明的演进才能得到恰当的解释。……美国民主的大部分最重要的原则不是"来自美国的森林",……其基本原则是从苏珊·康斯坦号带到弗吉尼亚的,是从五月花号带到普利茅斯的,是从其后的成千上万艘轮船带到美国的。如果他们带过去的是不同的原则,那么美国将会发展出不同的制度。……在(美国西部)荒远林区进行的种种极端民主试验中,留存下来并对美利坚文明产生影响的都是那些与整个西方世界发展进程最一致的成分。毫无疑问,边疆从来都不是这一过程中的唯一要素,而不过是培育美国民主的全部力量中微不足道的部分。③

1945年12月27日,卡尔顿·海斯在美国历史协会年会上发表主席演讲,对边疆理论进行了全面的批判和清算。海斯认为,特纳

---

① [美]威廉·H. 麦克尼尔:《我们用西方指什么》,《奥比斯》第41卷,1997年第4期,第520页。

② [美]小本杰明·F. 赖特:《美国民主和边疆》(Benjamin F. Wright, Jr., "American Democracy and the Frontier"),《耶鲁评论》(*The Yale Review*)第20卷,1930年第2期,第351页。

③ [美]小本杰明·F. 赖特:《美国民主和边疆》,《耶鲁评论》第20卷,1930年第2期,第365页。

的理论强调边疆的决定性作用和美国"独一无二的特性",特别是美国与欧洲的不同,对美国历史研究和自我理解产生巨大影响,导致美国"越来越强的思想上的孤立主义"和狭隘的民族主义。在海斯看来,在美国已经加入联合国和签署布雷顿森林协定的时代,过去那种严格区分"新大陆"和"旧大陆"、"东半球"和"西半球"的观念已经不合时宜,这种观念不仅不符合基本的历史事实,而且对美国来说是危险的。民族主义过于强调美国与欧洲各国的不同,"其结果就是忽视和掩盖了这些国家文化之间的共性,即它们都属于欧洲文化或'西方'文化,属于一个由欧洲和欧洲的边疆——美洲的遗产、观念和利益组成的共同体"。因此,"美国的边疆是欧洲或'西方'文化的边疆",美国是欧洲文明的"共同后代和培育者,未来很可能是领导者",美国历史课程的改革要更强调"西方文明"而不是"美利坚文明"①。

那么,什么是"西方文明"?在海斯看来,"西方文明"是由下列传统构成的:

> 第一是希腊—罗马传统,在文学和语言、哲学、建筑和艺术、法律和政治观念等方面有丰富的遗产。第二是犹太—基督教传统,包括其深厚的灵性和伦理,它对个人和社会行为持久的潜移默化的影响,它坚定地在个人与民族、自由与权威、慈悲与正义、属于恺撒的和属于上帝的之间做出区分。第三是在以上两大传统共同影响下产生的个人主义、有限国家、社会责任、反抗与革命的传统。第四是扩张、传教和十字军征伐的传统,这一传统……激发了一波又一波稳定地向外扩展欧洲边疆的热潮。②

---

① [美]卡尔顿·J. H. 海斯:《美国边疆:什么的边疆?》(Carlton J. H. Hayes, "The American Frontier: Frontier of What?"),《美国历史评论》第51卷,1946年第2期,第201、206、208、210页。

② [美]卡尔顿·J. H. 海斯:《美国边疆:什么的边疆?》,《美国历史评论》第51卷,1946年第2期,第208—209页。

1947年3月3日,《生活》杂志发布一则启事,宣布将刊登关于西方文化历史演进的系列文章,由哥伦比亚大学教授雅克·巴曾(Jacques Barzun)担任审稿人。启事称:与大多数美国大学一样,《生活》杂志认为不能狭隘地讲授历史课程,而应该对西方文明进行全面的考察。而"我们现代西方文明,在很多方面归功于古典的希腊和罗马,植根于中世纪,最直接地从文艺复兴发展出来。……如果西方人不知道自己将走向哪里,至少可以回顾历史,看一下自己来自哪里。《生活》将试图通过这种方式给美国人提供一种观察历史的视野,美国人需要这一视野来理解自己的过去以便决定美国的未来"①。

"西方文明"概念和关于西方文明的历史叙事无疑为美国人提供了新的视野,告诉美国人从哪里来,他们是谁,要到哪里去,塑造了美国精英的身份意识和世界观:美国和欧洲同属于西方文明,美国是西方文明的继承者和最新代表。用亨利·卢斯的话说,美国是"西方文明所有伟大原则的继承者,其中最重要的就是正义、对真理的热爱和博爱的理想"②。不仅如此,根据这一叙事,美国还是西方文明的领导者,如李普曼所言,"西方文明的主导性力量已经跨过了大西洋,曾经作为欧洲边疆殖民地的美国现在已经成为、在下一代就更加确定无疑地成为西方的地理、经济和政治中心"③。在关于西方文明的叙事中,大西洋被等同于古典时期的地中海,"如果地中海长期是古典文明的内海,那么大西洋已经及时地取代了它成为西方文明的内海"④。而英国和美国被类比为20世纪的希腊和罗马,"罗马对古代世界的意义、英国对现代世界的意义,就是美国对未来世界的意义"⑤。

---

① 《〈生活〉宣布将刊登关于西方文化历史的系列文章》("LIFE Announces a Series of Articles on the History of Western Culture"),《生活》第22卷,1947年第9期,第69页。
② [美]亨利·R. 鲁斯:《美国世纪》,《生活》第10卷,1941年第7期,第65页。
③ [美]沃尔特·李普曼:《美国之命运》(Walter Lippmann, "The American Destiny"),《生活》第6卷,1939年第23期,第73页。
④ [美]西蒙·温切斯特:《大西洋》(Simon Winchester, *Atlantic: Great Sea Battles, Heroic Discoveries, Titanic Storms, and a Vast Ocean of a Million Stories*),哈珀公司2010年版,第19页。
⑤ [美]沃尔特·李普曼:《美国之命运》,《生活》第6卷,1939年第23期,第73页。

到二战结束的时候，我们现在所使用的"西方文明"概念的绝大部分要素都被构建出来并被广泛接受。"西方文明"被追溯到古希腊，经历了罗马时代、文艺复兴、宗教改革、启蒙运动、民主革命、工业革命，一直到20世纪抵御集权主义的进攻，并在美国发展到顶峰；欧洲是西方文明的发源地，而美国成为西方文明的集大成者和最新代表；希腊和罗马所代表的古典文化、基督教和启蒙思想构成西方文明的三大来源；西方文明的历史是自由不断扩展、民主逐渐成长和科技持续进步的历史，其核心价值包括理性、自由、民主、宪政、法治、私人财产、个人主义和宗教宽容。这一新的西方文明叙事是对施本格勒等人关于西方没落的回应：繁荣、先进和强大的美国成为西方文明的最新代表，西方不仅不会衰落，而且代表着人类历史的方向。这无疑有助于化解一战后施本格勒神谕般预言带给西方精英的紧张和焦虑。

毫无疑问，这一关于西方文明的宏大叙事忽视或有意漏掉了欧美历史上与自由和民主成长不一致、甚至相对立的史实和观念（包括阶级压迫、殖民掠夺、宗教迫害和种族清洗以及帝国主义、种族主义和极权主义），或者把这些史实和观念视为对西方正常历史轨道的偏离。

概言之，"西方文明"成为二战后美国思考自身历史地位和国家特性的基本概念以及理解和认识国际关系的主要透镜。在19世纪，欧洲是移民逃离和美国极力躲避的地方，美国是"新迦南"。在一战时期，欧洲是美国拯救的对象，美国是"新耶路撒冷"。而到二战结束的时候，欧洲变成了"新希腊"，美国成了"新罗马"，是欧洲文明的集大成者和最新发展，欧洲与美国不再对立，而成为西方文明谱系的不同阶段。欧洲被认为对美国的政治和文化具有极大的意义，美国卷入欧洲事务不仅必要而且正当。

三 "大西洋共同体"的想象与美国地缘政治身份的转变

一战不仅导致美国人重新思考自己的文化身份，同时也成为美国地缘政治观念变化的起点。战争凸显了北大西洋地区对美国安全与利益的重要性，美国一些战略家开始重新审视美国与西欧的关系以及大西洋对美国的意义，提出与大陆主义截然不同的关于美国地理位置和地缘政治角色的新叙事——大西洋主义，其核心是对"大西洋共同体"的想象。

"大西洋共同体"概念的提出者是20世纪美国最有影响的政治评论家沃尔特·李普曼。李普曼在1917年2月的《新共和》杂志上撰文，提出"在大西洋两岸已经形成把西方世界联结在一起的深度利益之网，英国、法国、意大利，甚至西班牙、比利时、荷兰、斯堪的纳维亚国家和整个美洲就其最深刻的需要和最深远的目标而言，大体上都属于同一个共同体"，即"大西洋共同体"，而美国是这一共同体的一部分。德国已经威胁了这一共同体赖以生存的大西洋海上通道，美国不能继续"袖手旁观"，而应该为这一共同体的安全而战。李普曼还把保卫大西洋共同体与保卫西方文明联系起来，称德国"针对英国、法国和比利时的战争是对一个文明的战争，而我们是这一文明的一部分"[1]。

李普曼提出的大西洋主义带有强烈的地缘政治意涵，"大西洋共同体"成为新发明的重要地缘政治概念。这一概念融合了文化和政治两方面的要素，把美欧之间文化相似性与利益的一致性联结在一起。通过这一概念，美国的安全开始与欧洲的均势挂钩，而这种挂钩恰恰是美国自建国后一直极力避免的。

不过，当时的美国总统威尔逊并不热衷明显带有传统欧洲地缘政治色彩的大西洋主义，威尔逊信奉的是自由国际主义或普世主义，其战后设想是通过建立一个普遍性的集体安全组织（国联）而不是建立一个大西洋联盟来维护美国安全。凡尔赛媾和的结果以及围绕国联问题的大辩论导致美国人产生强烈的幻灭感，加上协约国与美国围绕战债问题的争吵，20世纪20年代的美国人对卷入欧洲事务抱有强烈的警觉。随着大萧条的爆发和法西斯主义的崛起，欧洲再次陷入动荡与危机之中，美国人越来越坚信，美国的安全在于与欧洲分离而不是把美国的命运与欧洲绑在一起。"大西洋共同体"思想在二三十年代

---

[1] ［美］沃尔特·李普曼：《保卫大西洋世界》（Walter Lippmann, "Defense of the Atlantic World"），《新共和》（*The New Republic*）第10卷，1917年第120期，第59、60—61页。

并没有引起美国人的共鸣。

但是，随着欧洲战争阴云的加深，一些美国人又回到1917年，认识到美国与西欧联合的必要性。《纽约时报》记者克拉伦斯·斯特赖特于1939年出版《现在就联合》一书，建议大西洋沿岸的15个民主国家（美国、英国、加拿大、澳大利亚、新西兰、南非、爱尔兰、法国、比利时、荷兰、瑞士、丹麦、挪威、瑞典和芬兰）根据美国的联邦制原则，建立一个大西洋联邦，以阻止希特勒的扩张。在作者看来，有很多"天然的纽带"把这些国家联合在一起：在地理上，这些国家除了少数不重要的例外之外，"都围绕着大西洋这一廉价、优质的交通方式"，大西洋是这些国家的"共同水域"；在经济上，这些国家之间有着密切的贸易和投资关系；更重要的是，这15个国家的制度和文化具有高度相似性：

> 我们15个国家的文化是密不可分的。这些民主国家的文明都是希腊—罗马—希伯来混合体与条顿—凯尔特文化相结合的产物，大体上达到了相同的高度。……把这15个国家联系起来的最根本的纽带是它们相同的国家观。……其共同的基础是把个人视为平等的个体，都遵循民有和民治的自由代表制政府的原则，其目标都是确保最大程度的个人自由。①

该书被译为多种语言，成为大西洋两岸的畅销书，产生了巨大的影响。在北约建立过程中发挥重要作用的美国国务院西欧事务小公室主任西奥多·阿基利斯（Theodore Achilles）回忆说，包括自己在内的很多人阅读这本书，从中获得大西洋团结的理念，"如果没有《现在就联合》，可能就没有北约"②。

---

① [美]克拉伦斯·K. 斯特赖特：《现在就联合》（Clarence K. Streit, *Union Now: A Proposal for a Federal Union of the Democracies of the North Atlantic*），哈珀兄弟公司1939年版，第90—91页。

② [美]艾拉·斯特劳斯：《大西洋联邦主义与大西洋核心国家的扩大》（Ira Straus, "Atlantic Federalism and the Expanding Atlantic Nucleus"），《和平与变革》（*Peace & Change*）第24卷，1999年第3期，第291页。

二战爆发后,法国的投降和德国对英国的进攻复活了"大西洋共同体"的理念。美国重新被想象为受到纳粹德国威胁的更大共同体的一部分,而不再是与欧洲相距遥远的孤立的"山巅之城";大西洋不再是把美国与欧洲隔离开的屏障或区隔美国和欧洲的地理界线,而是一个连接北美和西欧的共同的地理与文明空间;美国也不再是一个大陆国家,而是一个大西洋强国。

1941 年 4 月,李普曼在《生活》杂志上发表《大西洋和美国》一文,重新强调大西洋对美国的意义。李普曼提出,"在自由政府的海权保护下,大西洋两岸和水域一直是人类自由的地理中心",能否控制大西洋"对美国和整个西半球的安全至关重要",因此防止具有扩张和征服野心的强国控制大西洋对岸的欧洲大陆从而威胁大西洋的安全"一直是美国最根本的国家利益"。美国应该承担起自己的使命,在未来扮演古典时代的罗马和现代的英国曾经扮演的角色,即"通过赋予未来世界以法律之下的秩序来为我们自己赢得伟大的和平"①。

反映美国东北部外交精英思想的对外关系委员会也持类似的立场。该会主席弗朗西斯·米勒在 1941 年 7 月的《外交》季刊上撰文,号召美国放弃过时的"半球主义"(hemispherism),重视大西洋,以大西洋而不是以北美大陆为中心来思考美国的战略地位。米勒认为,"三个世纪以来,美国人一直习惯于从大陆的视角来思考他们所生活的世界",相信"西半球广大的陆地是新大陆,扩张意味着向西流动和在土地上定居,在塑造国家政策中发挥作用的政治和军事控制主要局限于控制陆地",而且"门罗主义是关于大陆而不是海洋的"。但是,随着形势的变化,特别是几大事态的汇合导致"美国生活中的这个三百年时期已经结束了",这些事态包括:北美大陆大部分土地已经被定居;航空和航海技术发生了革命性的变化;更重要的是,"一个军国主义力量通过对整个欧洲大陆的征服把西半球置于危险的境

---

① [美]沃尔特·李普曼:《大西洋和美国:为什么以及何时介入》(Walter Lippmann, "The Atlantic… and America: The Why and When of Intervention"),《生活》第 10 卷,1941 年第 14 期,第 86、88、92 页。

地"。"这些事态汇合在一起彻底地改变了美国的地位,需要美国从根本上重新检讨美国的世界观和政策",美国必须意识到"从战略角度来看,美英控制北大西洋是绝对必要的"。不仅如此,控制北大西洋对维护美国自由的生活方式也极为重要:

> 北大西洋地区是我们文明的摇篮,美国生活方式的存续取决于这一文明的存续。一千多年以来,我们的先辈一直致力于在大西洋沿岸建立一个共同的社会。他们用劳动、用信仰,必要时也用武力来建立这一社会。这一文明的基础是关于人类基本尊严的信念,这一信念通过代表制政府表达出来并受权利法案的约束。大西洋已经成为自由的海洋。只要北大西洋仍然控制在我们手中,控制在与我们有共同的精神和物质利益的人的手中,自由,无论是政治自由还是经济自由就会有在世界上继续存在的机会。如果我们失去了这种控制,我们将失去我们的自由。①

伴随米勒的文章有一幅美国地理学会绘制的新地图,新地图把大西洋置于地图的中心,大西洋成为欧洲大陆和北美之间狭窄的共同通道。②

英美领导人签署《大西洋宪章》后,《外交》季刊发表评论称宪章的内容不过是对国际关系中民主信念的重申,并不新鲜,"其真正意义在于签署者的身份和签署的地点","没有什么能比这更戏剧性地证明了在两个国家公众的思想中大西洋的作用已经发生了变化,大西洋不再是障碍、护城河、鸿沟,它是高速通道,是交汇之地,是共同的通衢大道"③。

不过,在珍珠港事件前,大西洋主义在美国仍然是少数人的主张

---

① [美]弗朗西斯·皮肯斯·米勒:《大西洋地区》(Francis Pickens Miller, "The Atlantic Area"),《外交事务》(*Foreign Affairs*)第19卷,1941年第4期,第727—728页。
② [美]弗朗西斯·皮肯斯·米勒:《大西洋地区》,《外交事务》第19卷,1941年第4期,第728页。
③ [美]杰弗里·克劳瑟:《英美的危险》(Geoffrey Crowther, "Anglo-American Pitfalls"),《外交事务》第20卷,1941年第1期,第1页。

和地区性（主要是新英格兰地区）现象，大陆主义的地缘政治观念仍然很有市场，在民众中影响巨大的孤立主义者仍然坚信大西洋是保障美国安全的屏障。美国卷入二战后，大西洋共同体的思想开始广泛传播。

1943年，李普曼出版《美国外交政策：共和国的盾牌》一书，更加详尽和透彻地阐释了大西洋主义的地缘政治思想。李普曼指出，"在19世纪绝大部分时期很好地服务了美国的外交政策在1900年后已经危险地不能胜任了"，但美国"未能调整其外交政策以适应形势的革命性变化"①。美国人民必须意识到，美国的国境线并非就是美国的防御线，美国的大陆界线"从来与美国的防务边界都不一致"，美国需要保卫的地区既包括北美大陆，也包括大西洋共同体。② "在这个世界上存在一个其成员无法被排除、也不能退出的伟大共同体，这个共同体的地理中心就是大西洋大海盆。""大西洋不是欧洲和北美之间的边界，它是被地理、历史和生死攸关的需要联结起来的多国共同体的内海"③。

卢斯创办的《时代》《生活》和《财富》等杂志成为大西洋共同体观念的主要鼓吹者。《生活》杂志把英国比喻成古典时代的希腊，美国是罗马，大西洋就是现代的地中海。1944年6月罗马解放后，《生活》杂志的社论使用了这一类比，称"在恺撒时代，整个地中海世界是罗马统治下的单一共同体。战后'大西洋共同体'同样可以在英国和美国的主导下结成一体，两国的亲缘关系不亚于希腊与罗马的关系"④。

大西洋共同体的观念得到传播后，大陆主义的地缘政治叙事遭到了批判。李普曼在1940年6月的《生活》杂志上刊文猛烈批评大陆主义预设的大西洋作为屏障可以确保美国安全的观念，称过去的地理和历史教科书误导了美国人，"大西洋从来都不是确保我们

---

① ［美］沃尔特·李普曼：《美国外交政策：共和国的盾牌》（Walter Lippmann, *U. S. Foreign Policy: Shield of the Republic*），利特尔和布朗公司1943年版，引言，第vii页。
② ［美］沃尔特·李普曼：《美国外交政策：共和国的盾牌》，第88页。
③ ［美］沃尔特·李普曼：《美国外交政策：共和国的盾牌》，第135页。
④ 《罗马的陷落》（"The Fall of Rome"），《生活》第16卷，1944年第25期，第38页。

远离战争的屏障",而是"高速通道"。美国在1815—1914年享有孤立和安全不是因为大洋的屏障,而是因为这一时期欧洲没有爆发征服世界的大战以及英国对大西洋的控制,"1914年以来英国制海权遭到巨大的挑战,我们光荣孤立的时期也就结束了"①。著名的国际经济学家尤金·斯特利在《外交事务》上撰文也认为过去美国的地理教育误导了美国人,美国人的"西半球情结"(Western Hemisphere complex)应该结束了,必须认识到大洋不是障碍,而是交往的通道。② 罗斯福总统批评美国错误的地理观念,认为美国过去"错误的地理教育"使美国人误以为几千英里的距离可以使美国永远免于欧洲战火的波及,这是一种幻想。对那些世界征服者来说,大西洋根本就不是障碍。③

二战前美国使用的是墨卡托(Mercator)坐标地图,美国被置于中间,两边是大洋,这种地图夸大了大洋的宽度,强化了美国地理孤立的想象。美国参战后,墨卡托坐标地图被放弃,美国国家地理协会从新角度重新绘制地图,新地图将大西洋置于中间,从直观的形象看,大西洋从美国的"护城河"变成了欧美之间的"内海"。美国政府在战时大量分发新地图,新地图出现在《时代》《生活》《财富》《外交》《新共和》《国家地理协会杂志》等当时的主要杂志上。罗斯福在1942年2月23日的炉边谈话中号召美国人重新看地图,称大西洋两岸是一个整体。④ 上千万美国民众聆听了罗斯福的谈话,开始使用国家地理协会的新地图。新地图重塑了大西洋与美国的地理关系,导致大西洋共同体作为一个真实的地理实体在美国人脑海中开始浮现。

---

① [美]沃尔特·李普曼:《美国和世界》(Walter Lippmann, "America and the World"),《生活》第8卷,1940年第23期,第106页。
② [美]尤金·斯特利:《大陆的神话》(Eugene Staley, "The Myth of the Continents"),《外交事务》第19卷,1941年第3期,第481页。
③ 《罗斯福1940年5月10日在第8届泛美科学大会上的广播演讲》("Radio Address before the Eighth Pan American Scientific Congress"),http://www.presidency.ucsb.edu/ws/index.php?pid=15948&st=false+teaching+of+geography&st1=,2018年1月18日。
④ 《1942年2月23日的炉边谈话》("Fireside Chat"),http://www.presidency.ucsb.edu/ws/index.php?pid=16224&st=&st1=,2017年8月22日。

李普曼等大西洋主义者在战后发展了大西洋共同体的观念，把"大西洋共同体"这一地缘政治想象建立在当时已经被广泛接受的"西方文明"概念之上，大西洋共同体成员不仅具有共同的经济和安全利益，而且被认为具有共同的文化传统、制度和命运。李普曼这样说道：

> 美国的天然盟友是大西洋共同体国家，也就是西欧和美洲各国。大西洋和作为大西洋臂膀的地中海把它们联结在一个共同的战略、经济和文化体系之中。……在大西洋共同体毫无争议的成员国家之间存在至关重要的联系，这些联系的基础是这些国家的军事和政治位置、共同的西方基督教传统以及经济、政治、法律和伦理制度，这些制度在各国之间会有变化和差异，但却有共同的起源并被大体相同的历史经历所塑造。①

也就是说，美国的地缘政治身份与文明身份是一体的。福海姆大学历史系教授罗斯·霍夫曼是较早接受并使用大西洋共同体的职业历史学家。他在1945年3月发表《欧洲与大西洋共同体》一文，提出"大西洋共同体"不是虚构出来的，而是长期存在的"巨大的地理、历史和政治现实"，是"西方基督教世界的继承者"②。

同年，新任美国历史协会主席卡尔顿·海斯也呼应李普曼的思想，称美国是"大西洋共同体和作为这一共同体之基础的欧洲文明的共同后代和培育者，未来很可能是领导者"。"与作为其前身和启发者的古代地中海共同体一样，大西洋共同体是现代历史的显著事实和首要因素。……如果我们想避免另一场世界大战的悲剧，确保未来几代人获得自由和民主的赐福，我们就必须再一次寄希望于这一共同体

---

① ［美］沃尔特·李普曼：《冷战》（Walter Lippmann, *The Cold War: A Study on U. S. Foreign Policy*），哈珀兄弟公司1947年版，第24—25页。

② ［美］罗斯·霍夫曼：《欧洲与大西洋共同体》（Ross Hoffman, "Europe and the Atlantic Community"），《思想》（*Thought*）第20卷，1945年第1期，第25、34页。

并加强我们与这一共同体的联系"①。

海斯在二战期间担任美国驻西班牙大使,是著名的天主教徒。海斯的主张表明公共话语已经影响到史学研究。用伯纳德·贝林的话说,"海斯的著名演讲在公共政策评论和专业史学之间架起了桥梁"②。海斯本人也号召美国的历史学者"通过扩大比较研究、强调文化史和社会史同政治史和经济史具有同等重要性"来加强大西洋共同体各国之间的联系和团结。③

大体说来,美国参与一战和二战推动了国内精英重新规划美国的地理空间,重新界定自己与世界的关系,发明新的地缘政治叙事,并因此激发了对美利坚共同体的新想象。地理和空间叙事同历史和时间叙事一样,都是构建现代民族国家认同的重要工具,其作用在于识别疆界、塑造公众的世界观、培育共同体的身份。如果说"西方文明"概念的发明把美国视为自由演进的终点和西方文明的最新代表,从而在时间坐标中重新界定了美国的历史地位和文化身份的话,"大西洋共同体"的想象则把美国界定为跨大西洋空间的重要成员,通过拓展美国的地理空间重塑了美国的地缘政治身份。于是,大西洋两岸异质、多样、历史上曾彼此猜忌和仇恨的国家,被想象成具有亲密关系和兄弟情义的伙伴,欧洲列强不再是美国的敌人和西半球的威胁,相反,成为美国的安全盟友,美国的安全范围也不再局限于西半球,而是整个大西洋世界,和西方文明与大西洋共同体的边界高度重合。美国政治领导人开始频繁使用"大西洋共同体"概念来描述美欧关系和美国的地缘政治利益。④

简言之,到二战结束的时候,主张与西欧各国进行经济、政治、

---

① [美]卡尔顿·J. H. 海斯:《美国边疆:什么的边疆?》,《美国历史评论》第 51 卷,1946 年第 2 期,第 208、216 页。

② [美]伯纳德·贝林:《大西洋史》(Bernard Bailyn, *Atlantic History*: *Concept and Contours*),哈佛大学出版社 2005 年版,第 14 页。

③ [美]卡尔顿·J. H. 海斯:《美国边疆:什么的边疆?》,《美国历史评论》第 51 卷,1946 年第 2 期,第 216 页。

④ 根据笔者对加州大学圣芭芭拉分校"美国总统项目"(American Presidency Project)收录的历届总统公开文件数据库的检索,杜鲁门总统在其公开演讲中共 11 次使用"大西洋共同体"或"北大西洋共同体"的说法。http://www.presidency.ucsb.edu/ws/,2018 年 10 月 7 日。

军事合作以保卫美国安全以及自由、民主和法治等价值观的大西洋主义已经完全取代突出欧美对立的大陆主义。

四 保卫"西方文明"与"大西洋共同体"：冷战与"西方"的形成

"西方文明"与"大西洋共同体"的发明和传播重塑了美国人对自身历史地位、文化特性和地缘政治身份的理解，从根本上改变了美国人对美欧关系的看法，标志着新旧大陆对立观念的终结。美国在二战后对欧洲政策的巨大转变，包括提供援助促进欧洲的复兴以及承担保卫欧洲的责任，都是建立在对美欧关系的认知发生转变的基础上的。战后美欧关系中的重大事件——遏制战略的提出、马歇尔计划的出台和北约的建立——都被描绘成是挽救和保卫西方文明与大西洋共同体的努力，苏联的威胁不仅是对自由生活方式的威胁，更是对西方文明和大西洋共同体的威胁，"西方文明"叙事和"大西洋共同体"想象成为大西洋同盟得以建立的重要话语资源。

（一）遏制战略的出台

遏制战略的提出者乔治·凯南是一位典型的大西洋主义者，凯南在其著名的"长电报"中有18处使用了"西方""西方世界""西方国家""西方大国"等概念。① 在凯南看来，苏联的威胁既是安全与意识形态意义上的，也是文明意义上的。凯南1947年3月在海军学院的演讲以文明和政治的双重语言来论证遏制苏联、保护欧洲的重要性，称放弃欧洲意味着美国要放弃"大部分文化和传统的源泉"，成为一个在文化上"孤独"的国家。② 1947年2月27日，国务卿马歇尔与副国务卿迪安·艾奇逊在白宫会见国会领袖，就美国援助希腊和

---

① 《驻苏代办给国务卿的电报》（"The Charge in the Soviet Union to the Secretary of State"），《美国对外关系，1946》（*Foreign Relations of the United States, 1946*）第6卷，美国政府印刷局1969年版，第696—710页。
② ［美］乔治·F. 凯南：《回忆录》（George F. Kennan, *Memoirs*）第1卷，利特尔和布朗公司1967年版，第318页。

土耳其问题进行沟通,艾奇逊在沟通会上提出,在两极化的世界上美国与苏联之间的对抗就像当年雅典与斯巴达、罗马与迦太基之间的对抗一样,保卫西方文明,包括保卫其神圣的发源地——希腊的重任已经落到美国的肩上,美国承担起这一责任不是为他人火中取栗,而是保卫自由本身。① 在接下来的记者吹风会上,艾奇逊重申了这一论调。知名媒体人汉森·鲍德温在 3 月 2 日的《纽约时报》上对此评论称,"只要莫斯科的政府掌权,就不可能与西方文明坚持两千年的价值观有真正的和持久的妥协","只有美国具有维护西方文明的能力",美国"是未来命运的关键要素,凭借美国自己的力量就可以阻止西方文明的衰落,避免回到虚无主义和黑暗时代"②。杜鲁门在 10 天后的国会演讲中虽然没有使用"西方文明"这一概念,而是用普遍主义的意识形态语言——极权主义与自由制度的二元对立来论证美国对抗苏联的正当性,但在其心中自由制度就是西方文明的传统。杜鲁门还在演讲最后称:"如果我们拒绝援助希腊和土耳其,那么将无论对东方还是西方都将产生深远的后果"③。五年后,一向瞧不起杜鲁门的丘吉尔赞扬前者勇敢地从英国手中接过援助希腊的重任,遏制苏联的扩张,"对拯救西方文明贡献最大"④。杜鲁门在 1952 年为自己的欧洲政策辩护时,也称其政府所做的一切就是"为了拯救西方文明的家园免受无神主义的奴役"⑤。

美国决策者把希腊视为一个在西方文明历史上具有特殊地位的

---

① [美]劳埃德·C. 加德纳:《幻想的缔造者:美国对外政策中的人与观念》(Lloyd C. Gardner, *Architects of Illusion: Men and Ideas in American Foreign Policy, 1941 - 1949*),芝加哥 1970 年版,第 218 页。
② [美]汉森·W. 鲍德温:《美国的世界角色:西方文明的存亡取决于我们的行动》(Hanson W. Baldwin, "World Role for U. S.: Survival of Western Civilization is Held to Depend on Our Action"),《纽约时报》(*New York Times*) 1947 年 3 月 2 日。
③ 《美国总统公开文件:哈里·杜鲁门, 1947》(*Public Papers of the Presidents of the United States: Harry S. Truman, 1947*),美国政府印刷局 1963 年版,第 179 页。
④ [美]威廉·J. 贝内特:《美国:最后的最佳希望》(William J. Bennett, *America: The Last Best Hope*)第 2 卷,托马斯·纳尔逊公司 2007 年版,第 306 页。
⑤ 《杜鲁门 1952 年 10 月 11 日在哥伦布日晚宴上的演讲》("Truman's Address at a Columbus Day Dinner in New York City"), http://www.presidency.ucsb.edu/ws/index.php? pid = 14296&st = western + civilization&st1 = ,2017 年 8 月 23 日。

国家，美国不能对希腊的局势撒手不管。国务院近东和非洲事务办公室主任洛伊·亨德森在1947年10月4日的公开演讲中为杜鲁门政府援助希腊的政策和杜鲁门主义进行辩护，称"我们西方世界对古代希腊亏欠太多"，因此"对现代希腊的存亡，我们有重大的国际责任"①。亨德森还把共产主义对希腊的威胁类比为蛮族对罗马的入侵，赞扬希腊"在两千年前创造了我们的文明，而今天正在为维护自己的独立而斗争，正在保卫其后代抵御另一波野蛮主义浪潮的进攻"②。

也就是说，保卫西方文明成为杜鲁门政府提出遏制战略的重要目标。苏联共产主义被理解成对整个西方文明的威胁而不仅仅是对美国生活方式的威胁。国务院西欧事务办公室主任西奥多·阿基利斯回顾说，"到1947年底，马歇尔将军和贝文（英国外交大臣）先生都清晰地认识到，苏联在东欧力量已经相当强大了，西方要想让其文明存活下来，必须积累相当的道德和物质力量"③。美国派往联合国托管理事会的代表弗朗西斯·塞雷在1949年1月的演讲中明确指出，西方与苏联之间的冲突是一场文明的冲突，与苏联的斗争是古老斗争的继续，"我们有一个比维护目前的和平更重要的目标，那就是拯救我们的文明"④。

在这一背景下，反对施本格勒预言的英国历史学家阿诺德·汤因比在美国成为名人。汤因比认为西方文明仍然充满活力，其衰落不仅可以推迟，甚至可以避免，西方的未来"主要取决于我们自己，而不

---

① ［美］洛伊·W. 亨德森：《美国对希腊的援助》（Loy W. Henderson, "American Aid to Greece – A Step toward Lasting Peace"），《国务院公报》（*Department of State Bulletin*）第17卷，1947年第433期，第772页。

② ［美］洛伊·W. 亨德森：《希腊形势》（Loy W. Henderson, "The Greek Situation"），《国务院公报》第18卷，1948年第452期，第272页。

③ ［美］西奥多·阿基利斯：《未来世界必须看到自由国家之间的紧密联系》（Theodore Achilles "Future World Must See Close Association of Free Nations"），《国务院公报》第22卷，1950年第549期，第52页。

④ ［美］弗朗西斯·B. 塞雷：《当前的国际观》（Francis B. Sayre, "The Present International Outlook"），《国务院公报》第20卷，1949年第500期，第144页。

是仅仅听任不可抗拒的命运的摆布"①。1947年3月17日的《时代》周刊将汤因比作为封面人物，其照片下的解释是"我们的文明并非注定衰落"。该刊同期社论称，美国人民已经意识到"这不仅仅是一场政治和军事危机，而且是西方文明本身的危机"，"美国必须从英国那里接过解决当代历史问题的责任"，"保卫留存下来的基督教文明抵御威胁这一文明的力量"②。

负责经济事务的助理国务卿威拉德·索恩普在1947年10月27日发表演讲称，"看一看我们的生产力和我们对战后新的国际组织的贡献"，就知道"美国不是一个筋疲力尽的国家，也不是一个开始没落的衰老文明"③。直到1961年，在为即将召开的肯尼迪与赫鲁晓夫维也纳峰会准备材料时，其幕僚还建议肯尼迪在会谈中"重申对西方充满信心，即反施本格勒主义这一主题"，强调"西方在蒸蒸日上，我们团结一致"④。

二战后美国精英们心中挥之不去的心结就是如何挫败施本格勒的预言，证明西方文明不会衰落。美国决策者在很大程度上是从保卫西方文明的视角来看待与苏联的斗争。从这个意义上说，冷战也是一场"文明的冲突"。

(二) 马歇尔计划

"西方文明"话语也用来支持美国援助欧洲复兴的政策，马歇尔计划被视为"拯救西方文明"的重要努力。当时的国务卿、该计划的提出者乔治·马歇尔就该计划发表的一系列演讲中，都把欧洲的复兴与西方文明的存亡联系起来。1948年1月，马歇尔在国会作证时

---

① [英] 阿诺德·J. 汤因比：《历史会重复自己吗?》(Arnold J. Toynbee, "Does History Repeat Itself")，《考验中的文明》(Civilization on Trial)，牛津大学出版社1946年版，第41页。
② 《挑战》("Challenge")，《时代》(Time) 第49卷，1947年第10期，第29页。
③ [美] 威拉德·L. 索恩普：《政府政策与国际贸易》(Willard L. Thorp, "Government Policy and International Trade")，《国务院公报》第17卷，1947年第436期，第907页。
④ [美] 弗兰克·宁科维奇：《现代性与权力》(Frank Ninkovich, Modernity and Power: A History of DominoTheory in the Twentieth Century)，芝加哥大学出版社1994年版，第244—245页。

称"无论是出于信仰还是因为继承",美国都是西方文明"不可分割的一部分",当前西欧各国"经济困难如此严重,社会不满如此强烈,政治混乱如此广泛,而未来的希望又是如此破碎,西欧依赖自己的资源无法摆脱这一危机",如果美国听任这种危机状况持续下去,"西方文明的历史根基将采取新的、专制暴政的形式","而这种专制暴政正是我们在这场战争中试图在德国加以消灭的"①。

威拉德·索恩普在1947年10月的演讲中提出相似的看法,声称如果美国对欧洲的形势袖手旁观,"欧洲将出现混乱,从混乱中产生暴政,也许是共产主义,也许是复活的法西斯主义。十有八九,作为我们文明之来源的欧洲文明将毁灭,新的黑暗时代将在欧洲大陆降临,我们拥有的并且不断从欧洲文化和文明中接受的价值观将也因此而丧失"②。

1947年12月19日,杜鲁门总统在国会发表咨文,正式提出美国援助欧洲复兴的计划。杜鲁门在咨文中提出,美国之所以要援助欧洲,既是出于"向处于困境中的人伸出援手的美国传统",也因为欧洲的复兴对建立"健康的世界经济体系"从而提高美国人的生活水平非常重要。"不过,我们对欧洲复兴最深切的关注,是欧洲复兴对维护我们生活方式深植其中的那个文明至关重要。"③

在国会举行的关于马歇尔计划的听证会上,美国驻英大使刘易斯·道格拉斯(Lewis W. Douglas)更是明确称美国之所以必须援助欧洲还因为欧洲是"西方文化悠久的历史中心","我们的政治制度和我们关于个人自由的基本哲学大多都来自这一文化"④。约翰·杜勒

---

① [美]乔治·马歇尔:《欧洲经济复兴的援手》(George Marsha, "Assistant to European Economic Recovery"),《国务院公报》第18卷,1948年第446期,第70—71页。

② [美]威拉德·L. 索恩普:《欧洲复兴——一项为了美国的计划》(Willard L. Thorp, "European Recovery – A Project for America"),《国务院公报》第17卷,1947年第435期,第862页。

③ [美]杜鲁门:《美国援助欧洲复兴的计划》(Truman, "A Program for United States Aid to European Recovery"),《国务院公报》第17卷,1947年第443期,第1234页。

④ 美国参议院对外关系委员会:《欧洲复兴计划:美国参议院对外关系委员会听证会》(Senate Committee on Foreign Relations, *European Recovery Program*: *Hearings Before the Committee on Foreign Relations*, *United States Senate*, *80th Congress*, *2d Session*),美国政府印刷局1948年版,第79页。

斯在1950年则直接称美国的援助是"为了西方文明而拯救欧洲"①。

美国决策者和资深政界人士的这些演讲和证词实际上回答了美国民众的疑问：美国为什么要关心欧洲的命运？特别是美国联邦政府为什么要以纳税人的钱去援助欧洲？他们在纯粹的地缘政治算计和人道主义情感之外提出了足以说服美国民众的理由：援助欧洲是为了保卫西方文明的根基，也就是捍卫美国自身的文化传统和生活方式。

（三）《北大西洋公约》的签订

北约的建立不仅是为了保卫欧洲各国的国土安全，同时也是为了保卫西方文明和大西洋共同体的安全。美国外交决策者和战略家在论证保护欧洲的必要性时大量使用战略和地缘政治语言，称欧洲对美国的安全利益至关重要，一旦欧洲被一强权国家控制，美国的安全将不复存在，两次世界大战已经证明了这一点。但光有这种战略语言是不够的，若想让民众长期接受北约，愿意承担保卫欧洲的责任，还必要使用其他话语，让民众从思想上和情感上把欧洲与美国视为一体。正是一战后西方文明叙事的流传和大西洋共同体的想象使北约的建立获得地缘政治需要以外的合法性。在美国人看来，北约的使命不仅仅是保卫欧洲这个美国地缘政治棋局中的核心地区免遭苏联的控制，还包括保卫西方文明和大西洋共同体，抵御东方野蛮的专制主义和极权主义的威胁。北约是西方文明的军事臂膀和大西洋共同体的制度纽带。《北大西洋公约》序言明确表明，缔约各方"决心保卫其人民的自由以及建立在民主、个人自由和法治基础上的共同的遗产和文明"②。

1949年3月18日，国务卿迪安·艾奇逊发表全国讲话，解释即将签署的《北大西洋公约》的意义，称公约是建立西方文明和大西洋共同体基础上的。艾奇逊把由北美和西欧组成的大西洋共同体的历史追溯到350年前，也就是17世纪初第一批英国移民到达北美的时候。"从那时起，在我们的大西洋发展出一个共同体，这个共同体穿

---

① [美]约翰·福斯特·杜勒斯：《战争还是和平》（John Foster Dulles, *War or Peace*），麦克米伦公司1957年版，第105页。
② 《北大西洋公约》（*The North Atlantic Treaty*），http://www.nato.int/cps/en/natolive/official_texts_17120.htm，2017年7月21日。

越了整个大陆,通过共同的制度、道德和伦理信仰与西欧联系在一起。"因此,"《北大西洋公约》至少是 350 年历史的产物,甚至是更悠久的历史的产物"。"另一个团结大西洋两岸的力量是海洋生活的影响","与其说海洋把人们分开,不如说海洋通过贸易、旅行、相互理解和共同利益把人们联结起来"。正是在以上两大因素共同作用下,"北美和西欧实际上已经形成同一个共同体的两半,相互之间一直保持持久的兴趣"。因此,艾奇逊告诉美国人民,"北大西洋公约不是一个临时拼凑的东西,它是历史事实和教训的表达","我们参加了两次大战来维护大西洋共同体欧洲那一半的独立与完整以便维护美国这一半的独立与完整"①。1949 年 4 月 14 日,美国驻联合国的代表沃伦·奥斯丁(Warren R. Austin)在联大反击苏联对公约的指责时说:"北大西洋公约是对不断被证明的事实的正式认可,这一事实就是北大西洋两边的国家是由共同利益和民主理想构成的天然共同体。"②

实际上,不仅美国决策者,北约其他成员国也把北约视为西方文明和大西洋共同体的保卫者。比利时首相兼外长保罗—亨利·斯帕克在 1949 年 4 月 4 日公约签字仪式上致辞说:

> 在不到 25 年的时间里,西欧民主国家、美国和加拿大两次遭遇可怕的威胁,他们所代表的文明和生活方式与思维方式两次处于危险的境地。……《北大西洋公约》是展示对西方文明命运信心的行动。以践行公民自由和政治自由、尊重个人为基础的西方文明不可能衰亡。《北大西洋公约》将动用前所未有的最强大的防御手段来保卫这一文明与和平。这是我以绝大多数比利时人民的名义带着信心和骄傲签署它的原因。③

---

① [美]迪安·艾奇逊:《北大西洋公约的意义》(Dean Acheson, "The Meaning of the North Atlantic Pact"),《国务院公报》第 20 卷,1949 年第 508 期,第 385 页。
② 《美国回答苏联对北约的指控》("U. S. Answers Soviet Charges Against North Atlantic Treaty"),《国务院公报》第 20 卷,1949 年第 513 期,第 552 页。
③ 《保罗—亨利·斯帕克的致辞》("Remarks by Paul – Henri Spaak"),《国务院公报》第 20 卷,1949 年第 511 期,第 472 页。

1950年4月4日，欧洲10国外长联合致信美国国务卿艾奇逊，庆祝公约签署一周年，贺信称"公约被普遍认为是大西洋人民共同体保卫其自由和文明免遭攻击的决心的象征"①。

1959年4月2日，艾森豪威尔总统在北约部长级会议上致辞，回忆十年前签署《北大西洋公约》时的情形。艾森豪威尔称："（当时）面临考验的不仅仅是我们这些国家免遭军事入侵的安全问题，真正的问题是我们是否有能力保卫西方文明的精神源泉免遭各种无情的入侵，无论这种入侵是军事、经济还是政治的。正是由于意识到这一点北约才得以诞生。"②

显然，北约是建立在关于西方的宏大叙事之上的。大西洋共同体的想象把西欧和北美塑造成同一个利益共同体，西方文明叙事则把大西洋世界共同的文化传统追溯到久远的希腊，为北约的建立提供了深厚久远的历史与情感基础。没有这一基础，北约能否建立起来是大有疑问的。针对有人提出亚洲反共国家也应该效仿欧洲签署太平洋公约、建立类似北约那样的组织，杜勒斯说道：

> 美国与欧洲各国人民一起工作要相对较为容易，因为我们属于同一个"西方"文明。我们的宗教、文化、政治制度、教育和生活方式大体上是相同的，其结果就是我们以差不多相同的方式思考，可以相互理解。但是当我们与亚洲各国人民一起工作时，则就大不同了。③

著名历史学家彼得·诺维克评论说，西方文明叙事讲述的是"自

---

① 《国务卿收到的来信》（"Messages Received by Secretary of State"），《国务院公报》第22卷，1950年第567期，第776页。
② 《艾森豪威尔在北约理事会部长会议开幕式上的讲话》（"Eisenhower's Remarks at the Opening Session of the Ministerial Meeting of the North Atlantic Council"），http://www.presidency.ucsb.edu/ws/index.php?pid=11697&st=western+civilization&st1=，2017年8月28日。
③ ［美］约翰·福斯特·杜勒斯：《战争还是和平》，第229页。

由世界的前史"①。这一"前史"是北约得以诞生的条件。没有20世纪初期以来，特别是一战后美国精英对美国历史、文化与地缘政治身份的重新阐释，没有关于"西方文明"和"大西洋共同体"的想象，北约的建立是不可能的。

结语　通过身份建构提出国家战略

地理意义上的"西方"可以追溯到古代希腊，文化意义上的"西方"发端于19世纪中期，而意识形态和安全意义上的"西方"直到20世纪中期才最终形成。而在这一过程中，美国文化与地缘政治身份的重塑发挥了枢纽和关键的作用。通过发明和传播"西方文明"与"大西洋共同体"话语，原本相互隔离和对立的北美与西欧被置于同一个地理和文化空间中，拥有共同的利益、文化遗产和价值观，新的美欧关系和对欧政策被合法化，作为文化、意识形态和安全共同体的大西洋联盟得以建立，一个新"西方"被构建出来。没有美国文化身份和地缘政治身份的转换和重塑，美国民众不可能全力支持美国加入"西方"，与欧洲结成长期的军事与政治同盟。此后，西方与非西方的分野成为观察和理解国际关系的基本框架，直至今天。

这一过程反映出美国思考和处理对外关系的独特方式：通过阐述美国的国家特性、文化传统和国际地位来表达对权力和利益的追求以及推销外交政策，即通过身份构建提出国家战略。由于美国社会的高度多元化和外交决策权力的分散化，在不存在直接而重大国家安全威胁情况下，仅仅诉诸国家利益和地缘政治话语难以在不同群体之间以及国会和总统之间就对外战略达成一致，而国会和民众的支持是任何对外政策和战略得到持续贯彻的前提。因此，美国领导人常常通过大谈美国的国家特性、价值观和理想，即通过阐释和塑造美国的国家身份来推销外交政策主张，将政策和战略包裹在理想主义辞令和对美国

---

① ［美］彼得·诺维克：《那个高贵的梦想："客观性"问题与美国历史学界》，第312—313页。

传统的阐释中以凝聚共识和赢得支持。本文所讨论的二战后美国的外交政策转折,特别是对欧政策的转折就是典型。通过重塑美国的文化与地缘政治身份,美国实现了自我认知和国际观念的转变,成功地加入欧洲的力量结构中去,与欧洲结成安全共同体,最终导致当代意义上的"西方"的形成。美国重塑自己文化和地缘政治身份的过程,实际上就是重新理解美欧关系和提出新的对欧战略的过程。从这个意义上说,大西洋同盟的建立和"西方"的形成不仅是国家政策的产物,更是话语建构的结果。

(原载《世界历史》2019年第1期;王立新:北京大学历史学系教授。)

跨国史视野下的美国民权运动研究

谢国荣

摘 要：跨国史视角的引入改变了学界对美国民权运动的理解。人们发现，美国的民权运动和围绕黑人民权展开的国内政治斗争深受复杂的国际政治的影响。民权运动是一场地地道道的跨国运动，具有很强的国际性。越来越多的学者从跨国和国际的视角探讨民权运动的起源和意义，出版了一批重要的学术成果。未来从跨国史视角研究民权运动具有广泛的前景，可以拓展出一系列颇有价值的课题。

关键词：跨国史视野；民权运动；民权运动史学；研究趋势

传统的以民族国家为单位的研究，将民权运动作为纯粹的美国国内政治和社会问题加以探讨，而跨国史视角的引入改变了学界对美国民权运动的理解。人们发现，作为20世纪美国历史上最重要的事件之一，民权运动是一场名副其实的跨国运动。美国黑人把民权斗争置于世界政治之中，与重大的国际事件和态势相互关联，使之具有很强的国际性。越来越多的学者开始重新认识黑人问题的"国际化"进程，从跨国史视角分析民权运动的起源和意义，发表了一批有分量的成果。未来从跨国史视角探究美国民权运动有着广阔的前景，可以拓展出若干重要的主题。

一 黑人问题与美国民权运动的"国际化"

美国民权运动在兴起之初就开始了"国际化"。二战对美国黑人问题以及民权斗争的"国际化"具有重要意义。有的学者为了突出世界事务对民权运动的影响，甚至追溯到了一战，认为美国黑人"争取种族正义的史诗般的斗争是置身于 20 世纪的国际史中"①。众所周知，富兰克林·罗斯福总统提出了"四大自由"的主张。他不仅常用"四大自由"来表述反法西斯同盟国的战争目的，而且强调应该在"这四项必不可少的人类自由"的基础上建立新的世界秩序。② 黑人社会很快就认识到，二战给他们争取民权带来了难得的历史机遇。他们要求美国政府兑现民主承诺，消除种族歧视和隔离，使黑人真正享有"四大自由"③。黑人社会不再像一战那样简单地响应和追随政府的"为民主而战"的号召，而是提出了"双重胜利"的目标。也就是说，黑人既要赢得反法西斯战争的胜利，同时也要在国内开辟争取自由和平等的第二战场。此外，法西斯主义大肆攻击美国的种族问题，这使成千上万的美国人意识到种族主义危害国家安全。随着美国在战后成为世界超级大国，政治家们开始从全球角度审视种族问题，并把它提上全国议事日程。

美国在冷战中以"自由世界领袖"自居，极力向世界标榜美式民主和自由，致力于捍卫人权，与苏联进行制度竞争。然而，美国的种族歧视与其宣称的"自由的生活方式"之间存在巨大反差。从某种意义上讲，美国黑人发起的民权运动就是要求美国实践自己的价值观。这场运动不仅向世人揭露了美式民主的问题，而且迫使美国政府和社会采取行动，以解决美国民主在理想与现实之间的巨大矛盾。美国政府在冷战中格外重视自己的形象和声望，"把美国的信誉与冷战的成败联系在一起"④。冷战使得美国的种族问题不仅涉及其国家形

---

① Jonathan Rosenberg, *How Far the Promised Land?: World Affairs and the American Civil Rights Movement from the First World War to Vietnam*, Princeton: Princeton University Press, 2006, p. 233.

② Franklin D. Roosevelt, "Annual Message to Congress on the State of the Union", January 6, 1941, http://www.presidency.ucsb.edu/ws/?pid=16092, Sept. 14, 2018.

③ Charles H. Houston, "The Negro Soldier", in Herbert Aptheker ed., *A Documentary History of the Negro People in the United States from the Beginning of the New Deal to the End of the Second World War, 1933–1945*, New York: Citadel Press, 1974, pp. 508–509.

④ 王立新：《世界领导地位的荣耀和负担：信誉焦虑与冷战时期美国的对外军事干预》，《中国社会科学》2016 年第 2 期。

象和领袖地位，还关涉美国的领导能力和民主制度的感召力，深刻地影响着美苏争霸。

战后亚非拉地区的非殖民化运动风起云涌，不仅极大地增强了美国黑人的种族骄傲、身份认同和文化自信，极大地鼓舞了他们的民权斗争，而且显著提升了美国种族问题的重要性。战后美国层出不穷的针对黑人的种族歧视和暴力事件以及有关种族隔离的报道，严重影响了美国作为"自由世界领袖"的国家形象。而在华盛顿的外交舞台上，针对亚非拉国家外交官员和来访者的种族歧视和隔离，对美国国务院来说是极度令人尴尬的问题。在战后非殖民化的浪潮中，上述问题严重破坏了美国在亚非拉国家人民心中的声誉。苏联也常常利用种族问题来批判美国民主的虚伪，打击美国的声誉，使美国在世人面前颜面尽失。在与苏联争夺第三世界国家人民"心灵和思想"的斗争中，美国的政治领袖意识到，国家声誉因种族问题而严重受损。种族问题比任何其他问题更让美国"脆弱"，使得美国在与苏联的较量中难以具有道德上的优势。[①] 因此，黑人民权改革势在必行。

民权运动是一场跨国运动。在漫长的争取自由的斗争中，美国黑人走的是一条实实在在的跨国线路。从废除奴隶制的斗争，到后来的反殖民主义和民权运动，他们都将种族问题置于世界范围内进行考虑。战后黑人社会更是力图把种族问题全面"国际化"。1946 年，全美黑人大会组织向联合国秘书长特里格夫·赖伊递交请愿书，要求联合国对他们遭受的政治、经济和社会歧视进行调查，并采取措施帮助美国在人权领域达到更高的标准，结束对黑人的压迫，制止和消灭基于种族和肤色的歧视与暴行。[②] 1947 年 10 月 23 日，全美有色人种协进会向联合国人权委员会递交了由杜波依斯等起草的《向全世界呼

---

① Derek Catsam, "The Civil Rights Movement and the Presidency in the Hot Years of the Cold War: A Historical and Historiographical Assessment", *History Compass*, Vol. 6, No. 1, 2008, p. 316.

② George Streator, Special to The New York Times, "Negro Congress Appeals to U. N.: Detroit Gathering Asks it to Halt Oppression of the Race in this Country", *New York Times* (1923 – Current File), June 2, 1946, ProQuest Historical Newspaper: The New York Times with Index, p. 33.

吁》的请愿书。它详细列举了美国黑人在国内遭受的不公正对待，认为基于肤色的歧视不仅是站不住脚的，而且是野蛮的。它声称，种族主义对美国的威胁远甚于苏联。它批判美国民主是建立在对黑人公民权利剥夺的基础上，并直指这样有名无实的民主制度是失败的，其后果是全球性的，使得美式民主不能在全世界起领导作用。①

不可否认，在冷战背景下，联邦调查局和南方的种族隔离主义者均试图给一些民权活动家扣上"赤色分子"的帽子，指控民权运动受到了"共产主义的渗透"，借此打击黑人争取自由和民权的斗争。然而，在冷战期间，美国政府和主流社会更担心国家形象和声誉因种族问题而受损，故不得不接受黑人合理的民权诉求。这为黑人争取种族正义提供了新的斗争工具。② 美国众多的社会团体与黑人组织桴鼓相应，从与苏联在意识形态、社会制度和生活方式等领域较量的角度出发，呼吁消除种族歧视和隔离，以解决自身的"两难困境"。由此可见，如果忽视外来因素的作用，不从跨国史的视角进行审视，人们将无法充分理解美国民权运动。

二 跨国史视野下的民权运动史学成果

从跨国史视野来研究美国民权运动，目前仍呈现出方兴未艾的趋势。早在20世纪50年代，左翼民权工作者安妮·布雷登就出版了《在墙之间》一书，剖析了美国国内的反共产主义与冷战初期的黑人问题。③ 20世纪80年代中期，学者们开始运用跨国史的视角和方法，从国家安全的角度探讨黑人民权问题。相关研究涉及美国国家安全与公民自由、冷战背景下左翼黑人领袖的民权活动以及美国联邦调查局

---

① George Streator, Special to The New York Times, "Negroes to Bring Cause before U. N.: Statement Charges that South Offers Greater U. S. Threat than Soviet Activities", *New York Times* (*1923 – Current File*), October 12, 1947, ProQuest Historical Newspaper: The New York Times with Index, p. 52.

② Renee Romano, "Moving Beyond 'The Movement that Changed the World': Bringing the History of the Cold War into Civil Rights Museums", *The Public Historian*, Vol. 31, No. 2, 2009, p. 37.

③ Anne Braden, *The Wall Between*, New York: Monthly Review Press, 1958.

对黑人领袖、民权组织以及民权斗争的监控等。杰拉尔德·霍恩考察了黑人领袖杜波依斯晚年的民权活动，分析了冷战是如何造成民权运动领导层和民权组织分裂的。作者认为，为了建立一个公正的世界，杜波依斯不惧美国政府的打压，努力凝聚左翼力量，猛烈批判美国内政与外交中的种族主义、殖民主义和帝国主义。① 在肯尼思·奥莱利看来，冷战期间，美国联邦调查局利用美国政府反对共产主义和维护国家安全的需要而逐渐扩大部门自身的权力，监控和压制黑人的民权运动。美国联邦调查局本应该保护从事非暴力斗争的民权活动家以及调查种族隔离主义者制造的暴力事件。但与之相反，美国联邦调查局经常向特定媒体透露贬损黑人领袖的消息，向政府部门和国会提交诋毁民权运动的报告，打压和破坏民权运动。②

玛丽·杜兹亚克是较早从跨国史视角来探究美国民权运动的学者。她对冷战与民权运动进行了纵览性、整体性的研究，引领了学术前沿。2000年，其出版的《冷战民权：种族与美国的民主形象》一书堪称跨国史的经典之作，提出了"冷战使得废除种族隔离势在必行"的命题。全书聚焦于三个重要问题：一是美国的种族歧视、隔离和种族暴力事件是如何影响其海外形象。二是美国政府如何回应外国政府、媒体以及非政府组织对其种族政策的批评。三是美国的黑人领袖、民权组织是如何推动黑人问题国际化，是如何利用冷战给追求世界领袖地位的美国政府造成的尴尬和带来的压力来促进黑人民权事业。作者详细地分析了从二战结束至约翰逊当政时期，美国作为"自由世界的领袖"，为了实现冷战的战略目标以及在全球维护其民主形象，不断调整黑人政策，回应民权运动的诉求。此外，美国通过民权改革以及对民权成就的政治利用，提升国家形象，展示美式民主的优越性。与此同时，美国将种族问题塑造成一个地区性问题而不是全国性问题，将种族问题归因于少数的种族主义者，而绝非美国民主的本

---

① Gerald Horne, *Black and Red*: *W. E. B. Du Bois and the Afro-American Response to the Cold War, 1944–1963*, Albany: State University of New York Press, 1986.

② Kenneth O'Reilly, *"Racial Matters"*: *The FBI's Secret File on Black America, 1960–1972*, New York: The Free Press, 1989.

质使然。①

阿扎·雷顿则进一步论证了冷战政治与美国种族关系变革的关联。《国际政治与美国的民权政策（1941—1960）》一书分析了美国黑人领袖如何在 20 世纪四五十年代成功地将美国种族问题国际化。该书着重论述了民权组织在 1946 年、1947 年以及 1951 年向联合国递交的请愿书及其政治意义。此外，作者以 1947 年杜鲁门总统设立的民权委员会和 1957 年依《民权法》而成立的民权委员会为中心，探讨美国政府如何回应国际社会在种族问题上施加的压力。② 托马斯·博斯特曼《冷战与种族分界：世界舞台上的美国种族关系》一书探究了从杜鲁门总统至布什总统的历届政府对民权运动和非洲反殖民主义斗争的回应。美国一方面企图笼络新独立的非洲民族国家对抗共产主义，另一方面企图获得那些实行种族隔离的非洲国家的支持。其目的是努力稳住国内外的种族事务改革者，并通过"缓慢改变"的策略尽量避免激怒白人优越论者及殖民主义者。然而，无论是美国的黑人还是非洲的黑人，都要求改变种族关系现状，拒绝"缓慢改变"的策略。在作者看来，冷战期间美国政府对民权改革是消极的和被动的，即便在国内支持种族平等，但在国外没有对种族问题采取开明政策。如肯尼迪政府就与实行种族隔离的南非政府关系密切。③ 乔纳森·罗森伯格考察了全美有色人种协进会的领导人如何利用两次世界大战、反殖民主义斗争以及冷战，为黑人争取种族平等。罗森伯格强调，黑人民权斗争对提升美国的世界领袖地位意义重大。④

在跨国史视野下，此前在民权运动研究中被忽视的南方种族隔离主义者受到了越来越多的关注。乔治·刘易斯以北卡罗来纳州和弗吉尼亚州的白人种族隔离主义者为主要考察对象，分析他们试图利用国

---

① Mary L. Dudziak, *Cold War Civil Rights: Race and the Image of American Democracy*, Princeton: Princeton University Press, 2000.

② Azza Salama Layton, *International Politics and Civil Rights Policies in the United States, 1941 - 1960*, Cambridge: Cambridge University Press, 2000.

③ Thomas Borstelmann, *The Cold War and the Color Line: American Race Relations in the Global Arena*, Cambridge: Harvard University Press, 2001.

④ Jonathan Rosenberg, *How Far the Promised Land?: World Affairs and the American Civil Rights Movement from the First World War to Vietnam*, Princeton: Princeton University Press, 2006.

内的反共产主义来破坏当地民权斗争的历史。刘易斯试图对"真实的反共产主义"与"虚假的反共产主义"进行区分，认为在发起反"共产主义渗透"调查的南方种族隔离主义者中，所持的目标差异甚大。部分人的确担心左翼力量参与到废除种族隔离的斗争中，这会带来社会政治变革。而有些人是利用"红色恐慌"来破坏民权运动，以维护白人种族优越论。[①] 杰夫·沃德强调，南方的种族隔离主义者诬陷从事民权运动的黑人与国外共产主义势力合谋。他们指控这种合谋是在诋毁、削弱甚至将危及美国的民主制度。在红色恐慌的背景下，种族隔离主义者企图以此来解构民权运动的合法性，打击黑人领袖及其民权斗争。在民权运动的后期特别是在"黑人权力"运动阶段，种族隔离主义者再次利用社会大众对共产主义的恐惧心理，扣"赤色分子"的帽子打击"黑人权力"运动。尽管他们在民权运动中很少发现共产主义分子，也未能激发美国民众反对民权改革，但仍然在一定程度上破坏了民权运动。[②] 也有学者从分析20世纪50年代反共产主义与黑人民权活动家的复杂关系出发，深化了对黑人激进主义问题的认识。黑人激进主义者坚信，为了清除种族主义，必须对美国的资本主义制度进行批判。[③]

冷战期间，美国的战略目标之一是把亚非拉第三世界国家争取到资本主义阵营。但美国种族问题的国际化、美国黑人与非洲黑人的天然联系以及美国黑人与全世界受压迫民族的命运紧密相连，使得美国的冷战目标备受挑战。在跨国史视野下，民权运动与非洲的非殖民化运动的关系受到学界重视。弗朗西斯·内斯比特分析了战后美国黑人的国际主义以及他们在南非反种族隔离运动中的角色。作者认为，从第一次联合国大会开始至1994年南非第一次民主选举，美国黑人奉行国际主义原则，试图影响美国对南非的外交政策。他们向美国政府

---

① George Lewis, *The White South and the Red Menace: Segregationists, Anticommunism, and Massive Resistance, 1945–1965*, Gainesville: University Press of Florida, 2004.

② Jeff Woods, *Black Struggle, Red Scare: Segregation and Anti–Communism in the South, 1948–1968*, Baton Rouge: Louisiana State University Press, 2004.

③ James Zeigler, *Red Scare Racism and Cold War Black Radicalism*, Jackson: University Press of Mississippi, 2015.

频频施压，要求对南非采取经济制裁，迫使南非废除种族隔离。① 林赛·斯温多尔考察了从20世纪30年代至冷战初期以南方黑人青年理事会和非洲事务理事会为代表的黑人左翼力量，剖析了美国黑人、劳工和左翼联盟对种族暴力的反抗和对非洲人民反殖民斗争的支持。全书采用"漫长的民权运动"叙事方式，强调黑人斗争的全球维度，揭露了美国反共产主义政治对黑人左翼力量的迫害。②

民权运动与美国的非洲政策的关系亦受学界重视。在《冷战与黑人解放：美国与非洲的白人统治（1948—1968）》一书中，托马斯·诺尔探讨了美国在1948年至1968年间对南非、罗德西亚、葡属安哥拉和莫桑比克的政策演变。作者认为，在民权运动时期，美国历届政府的对非政策虽然略有差异，但有较大的连续性。美国既不公开支持南非等国的种族隔离，也不积极支持非洲的黑人解放斗争，而是最大程度维护自己的利益。③ 托马斯·博斯特曼强调，在冷战初期的对非外交中，美国的首要任务是遏制共产主义在非洲的发展。博斯特曼明确表示，美国对非洲反共产主义斗争的支持，远胜于对非洲民族解放运动和非洲人民反种族隔离斗争的支持。④

此外，詹姆斯·梅里韦瑟等学者考察了非洲民族解放运动对美国民权运动的影响。《很骄傲我们能是非洲人：美国黑人与非洲（1935—1961）》一书论述了1935年至1961年间非洲如何从美国黑人眼中的"耻辱之地"变成了"自豪的故乡"。战后非洲的民族解放运动取得了巨大的成就，诞生了一批独立的国家。许多的美国黑人因此而改变对故土的认识，并为非裔身份感到自豪。他们从非洲的民族

---

① Francis Njubi Nesbitt, *Race for Sanctions: African Americans against Apartheid, 1946 – 1994*, Bloomington: Indiana University Press, 2004.

② Lindsey R. Swindall, *The Path to the Greater, Freer, Truer World: Southern Civil Rights and Anticolonialism, 1937 – 1955*, Gainesville: University Press of Florida, 2014.

③ Thomas J. Noer, *Cold War and Black Liberation: The United States and White Rule in Africa, 1948 – 1968*, Columbia: University of Missouri Press, 1985.

④ Thomas Borstelmann, *Apartheid's Reluctant Uncle: The United States and Southern Africa in the Early Cold War*, New York: Oxford University Press, 1993.

解放运动中汲取养分，更加自信地和坚定地反抗美国的种族压迫。① 凯文·盖恩斯的《加纳的美国黑人：黑人流亡者与民权时代》一书从流亡到加纳的美国黑人这一特殊群体的角度出发，考察美国民权运动与非洲的联系。黑人流亡者群体大多被美国政府视为激进分子，其中包括著名的黑人领袖杜波依斯，他们受到美国政府的打压。这一群体将全球的反殖民主义与美国的民权运动紧密地联系在一起，强调黑人民权斗争而不是反共产主义的重要性。对流亡者而言，恩格鲁玛倡导的"非洲统一"的泛非运动为美国黑人获得自由和平等的权利提供了另外一种选择。②

在跨国史视野下，历史学家对美国黑人与美国外交事务之关系的认识发生了深刻的改变。1996 年，布伦达·普卢默在《风起之时：黑人与美国的外交事务（1935—1960）》一书中挑战了传统的看法，即美国黑人对美国外交事务几乎没有影响。作者认为，自 20 世纪 30 年代中后期以来，美国的黑人领袖、黑人组织、黑人媒体以及黑人大众对美国国际事务的持续参与产生了积极的效果。他们迫使美国政府承认黑人问题是一个国际性问题，并高度重视种族问题和民权改革对美国外交事务的意义。③ 2003 年，普卢默主编了《自由之窗：种族、民权和外交事务（1945—1948）》论文集，内容涉及国际社会对美国的"两难困境"的认识、全美有色人种协进会与冷战初期的黑人共产主义者、种族问题与美国对万隆会议的回应、种族隔离主义者与世界、非洲外交官在华盛顿的遭遇及其对美国民权改革的影响、民权运动与反战运动、民权运动的世界遗产等。④ 2012 年，普卢默出版了《追逐权力：非殖民化时代的美国黑人（1956—1974）》。该书探讨了美国黑人如何参与国际事务和影响美国外交政策，如何为自己和非洲

---

① James H. Meriwether, *Proudly We Can Be Africans*: *Black Americans and Africa*, 1935 - 1961, Chapel Hill: University of North Carolina Press, 2002.

② Kevin Gaines, *American Africans in Ghana*: *Black Expatriates and the Civil Rights Era*, Chapel Hill: University of North Carolina Press, 2006.

③ Brenda Gayle Plummer, *Rising Wind*: *Black Americans and U. S. Foreign Affairs*, 1935 - 1960, Chapel Hill: The University of North Carolina Press, 1996.

④ Brenda Gayle Plummer ed., *Window on Freedom*: *Race*, *Civil Rights*, *and Foreign Affairs*, 1945 - 1988, Chapel Hill: The University of North Carolina Press, 2003.

黑人争取民族自决。①

近年来，越来越多的学者从跨国史的视野来考察 20 世纪的重大战争与黑人民权问题。在历史学家的笔下，二战不再是"被遗忘的民权岁月"。一些人认为，在民权运动的起源中，二战是"转折点"或"分水岭"。尼尔·韦恩将二战放在"漫长的民权运动"叙事框架下，分析美国种族关系发展进程中的变革与连续性，重视民权改革与国际事务之间的关联。在作者看来，二战在许多方面改变了美国黑人的生活，黑人的战时经历推动了战后民权的发展。② 金伯利·菲利普斯则持不同看法。他相信，美国武装力量中种族隔离的取消是因为战争的迫切需要，而不是因为杜鲁门颁布了废除种族隔离的行政命令。在他看来，战争并没有促进民权发展。大多数的民权运动领导人是和平主义者，反对越战，而反战是黑人争取种族正义斗争的一部分。③ 丹尼尔·卢克斯的《从塞尔玛到西贡：民权运动与越战》一书以冷战为切入点深化了对民权运动与越战关系的研究。作者强调，越战对民权运动造成了严重影响。越战升级后，美国的社会焦点发生转移，民权改革不再是迫切的全国性问题，黑人贫困问题遭到忽视。此外，越战导致民权运动在组织和意识形态上发生严重分裂。④

三 跨国史视野下民权运动研究的意义及趋势

民权运动和围绕黑人民权展开的美国国内政治斗争深受复杂的国际政治的影响。这一国际影响不仅包括反击苏联的意识形态宣传和作为"自由世界领袖"树立自身形象的需要，还包括战后种族主义遭

---

① Brenda Gayle Plummer, *In Search of Power: African Americans in the Ear of Decolonization, 1956–1974*, New York: Cambridge University Press, 2013.

② Neil A. Wynn, *The African American Experience during World War II*, Lanham: Rowman & Littlefield Publishers, INC., 2010.

③ Kimberley L. Phillips, *War! What is It Good for? Black Freedom Struggles & the U. S. Military from World War II to Iraq*, Chapel Hill: The University of North Carolina Press, 2012.

④ Daniel S. Lucks, *Selma to Saigon: The Civil Rights Movement and the Vietnam War*, Lexington: The University Press of Kentucky, 2014.

到全世界的唾弃，国际社会对人权保护的日益重视，非洲的非殖民化进程对黑人自信心和自豪感的加强以及国际舆论的压力。如果不从跨国史的角度来思考美国的种族问题和民权运动，将很难理解黑人漫长的争取自由的斗争为何会在战后 20 年里就取得了成功。

用跨国史的视野来考察和书写美国民权运动的历史具有重要的意义。因为民权运动有着全球维度，国际环境和事件影响了民权活动家们的世界观和抱负；地方性的视角与全球性的视角不是对立的，而是相互补充的；跨国史（或国际史）的研究视角把地方性和全球性的事件、视角联系起来。① 跨国史的方法把民权运动置于全球背景中进行考察，将国际环境和全球事件视为塑造民权运动的重要力量，能够更全面、更透彻地理解美国黑人争取种族平等和公民权利的斗争。

在跨国史视野下，一些重要的历史问题值得进一步思考。例如，战后美国的种族问题为何会演变为国际社会关注的焦点？黑人社会如何借助国际压力迫使美国政府进行民权改革？如何思考和运用国际环境来提升民权斗争的正当性，促使美国社会更容易接受黑人的民权诉求？又是如何利用国际事态来增强黑人的身份认同、权利意识、种族自豪感和投身于民权运动？此外，相较于此前漫长的黑人自由斗争而言，民权运动在战后不久即获成功。这是否意味着民权运动及其形式、意识形态及成果具有鲜明的冷战色彩？而随着冷战的结束，特别是在当今反全球化浪潮下，一旦美国不愿或无力承担"自由世界领袖"的角色，在这个种族主义根深蒂固的社会里，民权运动的遗产是否会遭受威胁和破坏？

对联邦政府特别是行政部门而言，在国际社会的密切关注和压力下，如何处理令其在冷战外交中极度尴尬的黑人问题？如何看待民权改革对美国领导能力和领导地位的意义以及对美苏之间意识形态斗争的影响？如何突破联邦政治体制之下地方政治势力的阻碍？如何应对黑人民权斗争的国际化？如何回应国际社会的关切？如何宣传美国在种族关系领域的改革？如何利用民权改革的成果在国际社会重塑国家

---

① Kevin Gaines, "The Civil Rights Movement in World Perspective", *OAH Magazine of History*, Vol. 21, No. 1, 2007, pp. 57–64.

形象、提升国家声誉、输出美式民主以及展示制度的"优越性"？当废除了种族隔离和歧视的法律后，美国政府如何在国际社会推行人权外交？此外，美国的国会议员如何思考种族问题与冷战斗争之间的关系？而在战后一系列涉及黑人民权的诉讼案中，国际因素对最高法院废除"隔离但平等"原则，对最高法院推动黑人民权发展和维护民权斗争的成果起到了什么作用？

结合上述问题，在跨国史的视野下，可对以下专题进行深入探讨。

（1）冷战初期美国的种族问题与对外宣传。冷战期间，苏联总是利用美国在种族领域中的失败打击美国的声誉。对此，美国除了在国内进行黑人民权改革外，在国际社会开展了大量的公共外交和文化交流活动，美国新闻署进行了大量的宣传，试图影响世界舆论，掌握黑人民权问题的国际话语权以及利用在黑人民权领域所取得的进步在国际上重塑美国的国家形象，提升美国的国家声誉。

（2）冷战政治与美国种族合校：重新思考1957年小石城事件。1954年，美国最高法院在布朗诉托皮卡教育委员会案中宣布"隔离但平等"的原则违宪，并呼吁所有的学校废除种族隔离，但遭到南方种族隔离主义者的大规模抵制。1957年9月，美国阿肯色州的州长奥瓦尔·福布斯派遣州国民警卫队阻止黑人学生进入小石城中心高中学习。小石城事件不仅是美国种族政治上的危机，也是外交事务上的危机。美国的民主制度、国家形象和声誉受到严重挑战。因此，原本对布朗诉讼案判决持保留态度的艾森豪威尔总统突破陈规，下令101空降师前往小石城，荷枪实弹地在小石城中心高中维持秩序。这是重建以来美国总统第一次动用军队干预南方的种族事务。其目的不仅是保护黑人进入公立学校学习，促进种族融合，维护最高法院判决的尊严，也是为了维护美国的民主形象和声誉。

（3）1958年布鲁塞尔世界博览会与美国国家形象的重塑。小石城事件对美国的国家形象造成了极大的伤害，削弱了美国作为"自由和民主斗士"的道德地位。为改变这一局面，1958年，美国政府利用布鲁塞尔世界博览会这一举世瞩目的盛会，宣传种族关系改革的成就，努力修复因小石城事件而受损的国家声誉。

（4）全球聚焦与美国民主的考验。1963年，美国爆发了伯明翰运动和向华盛顿进军运动。这两起重要的民权事件备受国际社会关注，黑人抗争获得了世界人民的大力声援，这也给美国政府施加了空前的压力。不久，美国政府从法律上清除了对黑人的种族歧视和隔离。

（5）民权运动的遗产、美国人权外交的推行与跨国性的社会运动。民权运动在一定程度上化解了美国民主在理想与现实之间存在的巨大矛盾。当美国从"两难困境"中脱身后，其外交政策随之调整，卡特政府提出了"人权外交"。与此同时，民权运动产生了广泛的国际影响，为其他国家的人民争取自由、平等和正义树立了榜样。部分民权活动家直接参与了跨国的政治活动，引导了国际性社会运动的潮流。这种潮流反过来又塑造了美国的对外政策和自身的历史进程。此外，美国的种族问题和民权运动，深刻地影响了世界上其他国家对美国的认知。

总之，国际环境和外部因素深刻地塑造了民权运动，并对围绕黑人民权展开的美国国内政治斗争产生了深远影响。因此，有必要从跨国史的视角重新书写民权运动这段历史，把它置于国际事态和国际语境的影响中考察。事实上，民权运动研究的跨国转向，开辟出许多的新领域，成果丰硕，未来仍大有可为。

致谢：承蒙王立新、杜华、薛冰清等诸位师友批评指正，在此致以诚挚谢意。

（原载《社会科学战线》2019年第3期；谢国荣：武汉大学历史学院教授。）

爱德华·希思对大西洋联盟政策的调整与英美关系重构

梁 军

摘 要：20世纪70年代前期，英国首相希思对英国的大西洋联盟政策进行了重大调整。他试图以英美"天然关系"取代英美"特殊关系"，以利英国加入欧共体，并以此为契机积极推动欧共体发展为独立实体，通过建构平衡的欧美关系令英国"两头受益"。由于这一时期美欧关系日趋紧张以及美国对维护其联盟霸主地位的坚定决心和尼克松—基辛格外交管理方式发生巨大变化等原因，希思虽成功引领英国加入欧共体，却在两次"尼克松冲击波""欧洲年"与中东危机等一系列重大事件上与美国发生冲突。受困于对美国的全方位依赖，希思最终不得不进行战略撤退。英美"特殊关系"得以再度复兴。"天然关系"是一种极具灵活性与弹性色彩的实用主义外交政策，它反映出业已开始松动的两极体制下一个不甘沉沦的中等强国寻求独立自主、振兴国家的强烈愿望与努力。

关键词：爱德华·希思；英美关系；天然关系；大西洋联盟；欧共体

第二次世界大战结束以后，英国和美国建立起长期战略合作关系——"特殊关系"（special relationship）。作为冷战时代大西洋联盟的核心，这一双边关系成为当代国际政治中的突出现象。然而，这种"特殊关系"的发展并非一帆风顺。在20世纪70年代英国首相爱德华·希思（Edward Heath）当政时期，由于种种原因，两国关系出现大幅度"倒退"，陷入低潮，"特殊关系"也一度被冷淡的"天然关系"（natural relationship）取代。①

长期以来，由于官方档案文献匮乏，国内外学界对于希思执政期间英美关系的系统研究仍不多见。现有研究主要见于两类著作：第一类是美英关系史的专著或论文，②此类论著往往长于对两国关系史做宏观或中观梳理与总结，而疏于对希思时代英国外交与英美关系复杂曲折历程的还原与探究；第二类是关于这一时期英美关系的时事性或回忆性作品，③它们通常是对当时外交问题的回应或自我辩解的产物，作者的个人视野局限以及作为当事人的利害牵涉往往使之难以从历史视角全方位客观解读史实。

必须指出的是，不少成果在观点上受到美国前国务卿基辛格的影响，或断言"特殊关系"在希思时期已"死亡"④，或将之概括为英美关系史中一段反常而短暂的时期，而这主要是因为"希思的品格和冷漠个性"妨碍了英美关系的发展，他不关心"振兴大西洋的事

---

① 本文的"特殊关系"是指二战结束以来的英美联盟，即英美在全球范围内的政治、军事与情报合作关系。而"天然关系"则是英国首相希思在其执政期间对英美关系的提法。他认为，英美之间只存在基于共同文化与遗产的"天然关系"。

② 参见 David Dimbleby and David Reynolds, *An Ocean Apart: The Relationship between Britain and Americain the 20th Century*, Manchester: Random House, 1988; John Baylis, ed., *Anglo-American Relations since 1939: The Enduring Alliance*, New York: Manchester University Press, 1997; C. J. Bartlett, *The Special Relationship: A Political History of Anglo-American Relations since 1945*, London: Longman Group UK Ltd., 1992; Alan P. Dobson, *Anglo-American Relations in the Twentieth Century: Of Friendship Conflict and the Rise and Decline of Superpowers*, New York: Routledge, 1995; John Dickie, *Special' No More: Anglo-American Relations: Rhetoric and Reality*, London: Weidenfeld & Nicolson, 1994; John Dumbrell, *A Special Relationship: Anglo-American Relations in the Cold War and After*, London: Macmillan Press Ltd., 2001. 国内相关著作参见赵怀普《战后英美关系：1945—1990》，西南师范大学出版社 1993 年版；陈乐民主编《战后英国外交史》，世界知识出版社 1994 年版；梁军《不对称的特殊伙伴——联盟视野下的战后英美关系研究》，中国社会科学出版社 2011 年版；洪邮生《英国对西欧一体化政策的起源和演变（1945—1960）》，南京大学出版社 2001 年版；张颖《从"特殊关系"走向"自然关系"——20 世纪 60 年代美国对英国政策研究》，黑龙江人民出版社 2006 年版。

③ 参见 Henry Kissinger, *Years of Renewal*, London: Weidenfeld & Nicolson, 1999；[美]亨利·基辛格：《动乱年代——基辛格回忆录》（全三册），张志明等译，世界知识出版社 1983 年版；Edward Heath, *The Course of My Life: My Autobiography*, London: Hodder & Stoughton, 1998.

④ Louis Heren, "Mr. Wilson Must Realize the 'Special Relationship' Is Dead", *The Times*, 12 August, 1974.

业"，一心想让英国加入欧共体，因此对美国"冷若冰霜，毫无'特殊关系'可言"①。而希思用"天然关系"这一新术语取代了旧的"特殊关系"的提法，则被普遍视为某种"外交革命"，它"使希思政府区别于以往和以后的每一届英国政府，无论是保守党政府或是工党政府"②。一些观点走得更远，甚至称"希思对欧共体极为着迷，他有多亲欧就有多反美"③。

然而，随着近年英美外交档案以及基辛格、希思个人档案的相继解密，相关人士回忆录和若干论著陆续出版，④更为丰富、可靠的文献表明，希思对美国的态度以及希思—尼克松时代英美关系的发展历程远比以往所知的要复杂曲折得多，其对战后英美关系与英欧关系的影响亦意义重大，因而对"天然关系"的再评估和再定位显得颇为必要。

一 希思的大西洋政策构想

爱德华·希思是英国著名外交官、战略家和作家，也是英国当代

---

① [美] 亨利·基辛格:《动乱年代——基辛格回忆录》第1册，第181—183页。

② John Campbell, *Edward Heath*: *A Biography*, London: Jonathan Cape, 1993, p. 336.

③ Nigel Lawson, *The View from No. 11*: *Memoirs of a Tory Radical*, London: Bantam Press, 1992, p. 529.

④ 近年来英美官方解密、出版的相关档案有: Keith Hamilton and Patrick Salmon, *Documents on British Policy Overseas* (*DBPO*), Series Ⅲ, Vol. Ⅳ, London: Routledge, 2006; Department of State, *Foreign Relations of the United States* (*FRUS*), *1969 – 1976*, Vol. XLI; *NATO*, *1969 – 1972*, Washington: United States Government Printing Office, 2012; 以及 *FRUS*, *1969 – 1976*, Vol. E – 15 Part 2: *Documents on Western Europe*, *1973 – 1976*, 2014. 另外英国国家档案馆 (TNA)、牛津大学波德林图书馆 (Bodleian Library) 收藏的希思个人档案，以及美国数字国家安全档案数据库 (*DNSA*) 中的 "基辛格文件" (*HAK Telephone Conversation Transcript*) 数据库也提供了部分可供利用的重要资源。令人稍感遗憾的是，美国尼克松总统国家安全文件微缩胶卷 (*The Richard Nixon Security Files 1969 – 1974*, *Western Europe*) 中有关英国部分的文件被人为移除 (Removed)，在一定程度上增加了该课题的研究难度。此外，近年来国外学界亦出版了少量涉及英美"天然关系"的新成果，如 Andrew Scott, *Allies Apart*: *Heath*, *Nixon and the Anglo – American Relationship*, New York: Palgrave Macmillan, 2011; Catherine Hynes, *The Year That Never Was*: *Heath*, *the Nixon Administration and the Year of Europe*, Dublin: University College Dublin Press, 2009.

最引人注目和最具争议的政治家之一。① 在 1970 年的大选中,当时执政的工党威尔逊政府因经济不景气遭到英国公众普遍质疑,令保守党大获全胜,希思出人意料地出任了新一届英国首相。

远在大西洋彼岸的美国总统尼克松为希思的胜利欢欣不已。在他看来,这位英国新首相的出身、经历与自己颇为相似,其在西方阵营合作问题上所持的大西洋主义立场亦令人欣赏,他的反苏冷战斗士的形象更是给尼克松留下了深刻印象。② 基辛格也承认,"尼克松想与希思建立亲密无间的合作关系,这样的关系从不曾给予其他的外国领导人"③。而希思回忆此事时说,他与尼克松因志同道合而很快建立了良好的私人关系。④ 不难看出,希思执政伊始,英美首脑迅速建立起私人友谊,而这似乎体现的是两国"特殊关系"的延续。

然而,对于希思领导的英国而言,它向来倚重的"特殊关系"早已暗流涌动,一系列因素已给这一关系的发展前景带来了变数。

二战后,英国的持续衰落极大地削弱了它履行盟友义务的能力,并使之在美国和世界其他地方的影响力大不如前,到了希思上任之前的威尔逊政府时代,英国宣布"从苏伊士运河以东撤退",从而使之几乎难以在欧洲以外为美国提供及时有效的军事援助,英美联盟由此从"全球性合作的伙伴关系"降格为普通意义上的"紧密"关系,这对于英

---

① 希思出身平民家庭,依靠个人奋斗在二战后的英国政坛崛起,曾在 20 世纪 50 年代、60 年代的两届保守党政府中先后出任要职。1965 年,希思通过党内直选当选保守党领袖。与以往那些出身贵族、依靠家世、上流小圈子当选党魁的人不同,希思的当选被认为是"精英治国理念的胜利"。英国媒体评论他是"一位不属于任何阶级的职业政治家,完全依靠自己的胆识、能力、政治谋略和努力达到了权力顶峰"。参见 Catherine Hynes, *The Year That Never Was: Heath, the Nixon Administration and the Year of Europe*, p. 2.

② 希思曾抨击前任工党政府从苏伊士运河以东撤退是"不负责任的做法",并力主对苏联奉行强硬政策。

③ Robin Renwick, *Fighting with Allies: America and Britain in Peace and War*, London: Macmillan Press Ltd., 1996, p. 206.

④ Edward Heath, *The Course of My Life: My Autobiography*, p. 308.

国继续保持其与美国关系的"特殊性"而言,绝非什么好消息。①

无论英国如何想保持其相对独立于欧洲的"大国"地位,但欧洲一体化的迅速发展使欧洲的政治经济中心仍居于大陆,英国如果想在国际政治中扮演重要角色,就很难不寻求成为欧共体的成员国。② 然而,一旦英国加入欧共体并接受相关规范的约束,它与美国的关系也会因此变得复杂起来。

还值得一提的是,美国尼克松政府针对当时国际环境变化所进行的重大外交变革,也不可避免地会对希思的政策选择造成某种前摄性影响。

为因应20世纪60年代后期以来东西方缓和与国际格局多极化的发展趋势,尼克松在基辛格协助下对外交战略进行了大规模调整,并于1969年提出"尼克松主义",其实质是以伙伴关系为核心、以实力为基础和后盾、以谈判为手段的新国家战略。它一方面表明,美国的全球战略发生了重大转折——由战后初期的全球干涉转向了有限收缩的政策方针。因此,如何与苏联和中国打交道以重构全球均势,并设法从越南战争中全身而退,成为美国这一时期关注的主要问题,而盟国在美国战略中的受关注度则难免有所下降。另一方面,尼克松主义在如何对待盟国的问题上亦暴露出其自相矛盾的一面。这表现为,在对抗苏联时,力不从心的美国事实上更需要盟友提供实质性帮助,所以有必要让"欧洲人在北大西洋组织中承担大得多的责任"。换言之,就是要以"合伙代替美国单干,把它的盟国推上第一线"③。因此,盟国相对于美国而言,在实际上变得更为重要起来。

---

① 1968年美国驻英国大使戴维·布鲁斯在总结英国"收缩政策"的影响时曾警告说:"(从苏伊士运河以东)撤退是英国历史的分水岭……在我们可预见的未来,英国不再是可赖以提供帮助的那个可靠而又有价值的伙伴了。"参见John Young, *David Bruce and Diplomatic Practice: An American Ambassador in London, 1961–1969*, New York: Bloomsbury, 2016, p. 109.

② 1969年的一份英国外交部的文件指出,即便是从保持英国对美国的重要影响力以及确保英国的声音为超级大国所听取这个意义而言,英国也应该加入欧共体。参见"Draft Paper on 'Anglo–US Relation' Prepared by Embassy and Planning Staff in Washington", 17 Jan., 1969, FCO 32/376, TNA.

③ 陈有为:《基辛格评传》,世界知识出版社1984年版,第116页。

但是，对英国等美国的西欧盟国而言，东西方的"缓和""多极化"虽有助于维护和平，亦使西欧在国际事务中有被边缘化的风险；尼克松主义在维持西方阵营内的既有权力架构，甚至是在削弱伙伴在联盟中地位的前提下，要求西欧盟友（大多数是欧共体成员）单方面承担更多义务则看上去显得既荒谬又悖理。对该要求的反感与这一时期美欧的其他经济纠纷结合在一起，使得"美欧合作的前提——假定美国和欧洲在多数问题上的利益相同，已显然不能再被视为是应然之事"，大西洋两岸的合作无可避免地出现了裂痕。①

鉴于西欧的重要性，美国从未放弃过平复和适应美欧之间及其内部所发生的重大变化的尝试，企图将不断加强的欧洲一体化合作纳入大西洋架构之内。而自肯尼迪—麦克米伦时代以来，美英领导人就有下列共识：为了保持和巩固大西洋联盟的团结，美国与欧洲大陆的接触最好应有一位中介人，而英国一旦加入欧共体，鉴于它与美国的传统友谊以及它可能在欧洲获得的新身份，将成为扮演这一角色的不二人选。

此时正值英国的外交政策酝酿重大变动的时期，而国际形势的上述变化，尤其是欧美关系的变化，美国的政策取向及其对英国的期望，都或多或少地被纳入希思政府外交政策选择的考量之中。

希思通常被认为是现实主义的政治家和英国政坛的"欧洲派"。从其现实主义取向来看，希思继承了以往英国政治家们的均势外交思想传统，注重国际关系中的力量平衡。在他看来，这种平衡不单是东西方之间的平衡，还包括大西洋内部的平衡，即美欧间的平衡。以此为着眼点，当希思看到大西洋联盟内因欧洲这根支柱的虚弱而导致了某种"不健康"的"不平衡"时，便呼吁包括英国、西欧在内的旧世界应致力于通过一体化建设，"在贸易和商业方面、在金融方面、在政治组织方面和在防务方面，恢复大西洋两岸之间的平衡"。希思还认为，20世纪60年代以来大西洋联盟内矛盾加剧是欧美关系不平衡导致的，而解决这一问题就要对美国主导下制定的西方联盟游戏规

---

① Geir Lundestad, *East, West, North, South: Major Developments in International Politics since 1945*, 4th ed., Oxford: Oxford University Press, 1999, p.200.

则进行修正。用他本人的话来讲就是，随着"欧洲统一的加强和欧洲在世界事务中的分量的加重"，华盛顿应该对"同美国的盟国有关的事项做出决定的技术要加以重新鉴定"，只有在欧美"找到一个更密切地协调它们的政策的程序"时，欧洲才会"分担落在美国身上的任何负担"①。换言之，他认为当时的欧美关系是需要调整的。由上可知，希思的现实主义视野使之关注欧共体，并试图以欧洲联合重塑更为平衡的大西洋关系。

此外，希思的亲欧洲立场，还可被视为政治家的实用主义偏好、个人经历基础上形成的信念以及他基于利害得失的政治考量——三者结合的产物。

实用主义偏好源于希思作为政治家的务实精神，它表现为其主张应在对本国利益进行充分评估的基础上制定外交政策，而融入欧洲给英国带来显而易见的经济、政治利益使之很难不将英国的未来与欧洲一体化进程联系在一起。正如希思所言，"如英国想要复兴，它就必须加入并对更宽泛概念上的欧洲有所贡献"②，一旦英国能够以伙伴身份加入欧共体，便有望凭借自己所拥有的实力与资源再度令世界大吃一惊。③

希思的早年经历也塑造了他的欧洲观念，这一看法与他之后的外交实践相互印证，彼此强化。二战前夕，赴美旅行的经历以及美国当时奉行的中立主义外交给希思留下了深刻印象。他当时便设想，应该把欧洲的资源融合成一个力量充沛的单一实体，当它遭到进攻时能够屹立不动，而不需要求助于一个位于大西洋彼岸的盟国。应该说，这一信念在希思从政后一直影响、支配着他的外交行为。当20世纪50年代西欧联合启动时，作为议员的希思就力主英国"参与舒曼计划开发欧洲，并按照该计划的方式进行合作"；60年代，希思作为代表团

---

① [英] 爱德华·希思：《旧世界 新前景：英国、共同市场和大西洋联盟》，北京大学法律系编译组译，商务印书馆1973年版，第13、72、77、69页。

② Nicholas Ridley, ed., *One Europe*, London: Conservative Political Center, 1965, p. 17.

③ Geoffrey Rippon, *Britain + Euorpe*, London: Conservative Group for Europe, 1971, p. 1.

团长，主持了英国加入欧共体的谈判。① 虽然英国加入欧共体历经了艰难波折，其间两次被法国政府以"英美特殊关系"会使美国通过英国控制欧共体为由加以否决。即使如此，英国转向欧洲毕竟表明英国"在一定程度上"已将自身发展与欧洲大陆的繁荣联系在了一起。这一趋势印证了希思早年愿景的"正确性"与"有效性"，并强化了希思引领英国进入欧洲大家庭的政治抱负。不过颇值得玩味的是，在希思的欧洲观中，美国无论是在历史还是现实中似乎扮演的都是一个并不那么可靠的"他者"角色。②

由前所述还可看到，在担任首相之前，希思的从政实践已使之将自己的政治声望建立在英国加入欧洲联合这一事务上，③ 这又反过来加强了希思的"亲欧"倾向：作为个人政绩的象征符号，它成为希思很难割舍的政治资产，并在很大程度上左右着他上台后的政策选择。

总之，国际环境的变化和希思的现实主义视野及其欧洲情结，都使他将英国与欧共体的关系置于他任内英国外交的首要位置，并因此选择与美国保持一定的距离，从而影响到他执政期间的英美关系。希思对英美关系做出的定位是，"英美关系浮华的过去已然消失，留下的现实是特殊关系并不意味着特权。这意味着承认两个国家依旧在世界上享有着共同利益，它超越了友好国家和人民的正常交往所能达到的程度。从两国致力于有效地推进共同利益的角度而言，而且是仅就

---

① 参见 Margaret Laing, *Edward Heath*: *Prime Minister*, London: Sidgwick & Jackson, 1972, pp. 132 – 133.

② 20 世纪 70 年代希思对比尼克松政府的战略收缩与欧共体的迅速发展后认为，"自身的混乱、失序已使美国从以往积极参与世界事务的立场后撤"，"'美国治下的和平'正在重蹈'英国治下和平'的覆辙"，"现在要看我们（英国和欧共体）的了"。参见 10/4/72, *Heath Papers*, 32/18, Bodleian Library, Oxford University, Oxford; Edward Heath, *Our Community*, London: Conservative Political Center, 1977, p. 7.

③ 希思因主持英国入欧谈判而成为西欧家喻户晓的英国政治家、外交家。同时他也赢得了其对手的尊重，法国总统戴高乐曾私下预说说，"保守党会在工党短暂而又灾难性的统治之后再度执政，希思将成为该党的领袖，也只有他才能带领英国加入欧洲"。参见 Andrew Roth, *Heathand The Heathmen*, London: Routledge and Kegan Paul, 1972, p. 168.

这个意义而言,这种关系仍将延续下去"①。

然而英美关系受制于多种因素。英国在防务上难以摆脱对美国的依赖。英国保守党、外交精英圈子,甚至是朝野上下在维护英美"特殊关系"这一问题上所形成的源远流长且根深蒂固的共识,以及英国首相选拔模式中的"学徒制",迫使首相必须努力寻求全党和全民的支持,② 这些因素极大地限制了首相的行动自由,并使之为了国家安全,避免党内、国内的政治争吵,巩固自己的政治地位,很难真正地放弃英美"特殊关系"。

况且,从希思的初衷来看,他认为英国向欧洲靠拢亦为美国所愿,是英美双赢选择的结果。因此英国绝不会以牺牲英美关系为代价,而是希望能左右逢源。在此基础上,希思与英国的外交官们得出以下看法:"尽管现在我们的欧洲义务必须享有优先地位,但我们要尽可能地把它和与美国保持联系这两件看似不相容的事情放在一起处理,以便两头获利。"③ 虽然希思不是没有注意到欧共体与美国之间的矛盾,但美国的期望以及他本人的欧洲偏好仍使之乐观地预期,英国能"确保欧共体与美国的长期关系建立在与英美维持尽可能亲密关系的现实利益相一致的基础上"④。

在 20 世纪 70 年代变化莫测、错综复杂的环境中,希思的上述想法似乎反映了他"对国际关系不可避免的趋势的顺应",也体现出一定的政治理性。然而,希思的设想显得过分理想和乐观,这导致他对风险——如果欧共体与美国在重大问题上发生冲突时英国何以应对——认识不足,而这恰好就是 20 世纪 70 年代初期美欧关系的实际

---

① Edward Heath, "Realism in British Foreign Policy", *Foreign Affairs*, Vol. 48, October, 1969, pp. 39 – 50.

② 美国学者华尔兹曾提及,英国让他们的统治者先从学徒做起,在担任首相前他们先在下院和内阁长期任职以完成学徒期,等到担任首相时往往年事已高且阅历丰富、老于世故。参见[美]肯尼思·华尔兹:《国际政治理论》,信强译,上海人民出版社 2003 年版,第 114 页。

③ 英国外交部备忘录的总结评论。参见 "Memorandum on Anglo – American Relationships, 23Sep., 1970, FCO 7/1839, TNA; Steering Brief", 11 Dec., 1970, FCO 7/1840, TNA.

④ 参见 "Letter: Heath to Nixon", 24 October, 1972, *DBPO*, Ser. Ⅲ, Vol. Ⅳ, No. 1.

情况。他更难以预见的是，他与美国领导人在个性、行为偏好等方面的差异——希思技术官僚式的墨守成规和冷漠个性，与尼克松和基辛格尔虞我诈、为达目的而行事不拘一格的现实主义大相径庭，这些都使希思往往在其认为有利或至少不损害英美关系的前提下，进行旨在向欧洲靠拢的战略调整时，无法确切预知其外溢效应会对英美两国间传统的政治互动模式产生怎样的影响。英美关系由此迎来了一个充满不确定性的年代。

二 "天然关系"的提出与英美"成功合作"

鉴于"英国与欧共体的联系乃事关英国国运与人民福祉的头等要务"①，希思上任后便紧锣密鼓地带领英国投入到第三次申请加入欧共体的工作中来。在他的不懈努力下，尤其是通过反复劝说打消法国领导人的顾虑，并与之在英国入欧问题上达成共识，英国终于1972年1月成功签署加入欧共体的条约，1973年1月1日英国正式"入欧"。

英国在谋求加入欧共体的同时仍致力于与美国保持"和谐"的伙伴关系，而"特殊关系"的巨大历史惯性与英国入欧冲击效应的渐进性、滞后性，都使得1970年作为希思担任首相的头一年，见证的主要是两国关系波澜不兴与平稳有序。而英美关系的良好开局似乎也表明希思的"两头获益"设想是有望行得通的。

在这一年中，英美首脑先后举行了两次会晤。第一次是1970年10月，希思邀请尼克松到其位于契克斯的首相乡间别墅作客。英国寻求利用这次机会，一方面试图"构建英美首脑间的紧密私人关系，使总统对希思与英国尊敬有加"；另一方面，在不使用"特殊关系"这一过时术语的前提下，向尼克松表明，英国的欧洲政策既不会影响它对美国的基本态度，也不会减少它对世界事务的兴趣，"在新政府领导下，英国在政策上会与美国走得更近，这也要求它得到（美国

---

① Edward Heath, *The Course of My Life: My Autobiography*, p. 358.

的）相应信任"①。而尼克松虽早已意识到英国因衰落而"无法指望其发挥稳定世界形势的作用",但仍十分看重英国承担的欧洲义务对美国的价值,因此也乐意通过这次访问向外界展示:尽管英美关系因世界形势变化存在着某些潜在问题——英国为加入欧共体可能会"疏远"与美国的关系,并使共同体与美国的经济纠纷变得更为棘手,但英国尤其是希思政府仍是美国的亲密伙伴。②

在这次非正式峰会上,由于英美双方都表现出延续合作关系的强烈意愿,会面取得成功。尼克松与希思虽未就任何重大政治议题进行深入讨论,但会后他们都认为,通过谈话,两国领导人已建立起十分投契的私人关系。③

如果说希思与尼克松的第一次会面仅仅表明"特殊关系"的续存而缺乏实质内涵,那么同年12月希思对华盛顿的官方正式访问则因其似乎预示着两国关系将有重大变化而历来为史家重视,因为正是在这次造访中,希思第一次公开表示,希望避免强调具有排他性意味的英美"特殊关系",而代之以象征分享共同文化遗产与利益的"天然关系"。

然而,只要我们全面、充分地考察希思的讲话语境与内容,就很难得出此时英美关系即将发生颠覆性变动的看法。应该看到,1970年下半年正值英国第三次申请加入欧共体的敏感时刻,而希思此时的表态一方面符合其长久以来的政治理念:英国要从美欧两头获益,就必须适度平衡地处理与两方的关系,在拉近与欧洲距离的同时也要避免被过紧地绑在美国的战车上,从而为自己在美欧之间赢得更多的回旋空间;另一方面,策略性因素也是希思这番讲话的直接动因,正如他自己所言,这是因为"英国不想被视为美国的特洛伊木马";"英国在加入共同体之前不应因(它与)美国的关系而付出代价"。不仅如此,为了打消美国对英美关系可能因此"疏远"的顾虑,希思再三强调,他的策略是使英国首先加入欧共体,然后英国便能用英美的

---

① "Objective for President's Visit", Undated, PREM15/714, TNA.
② *FRUS*, *1969 – 1972*, Vol. XLI, p. 983.
③ *FRUS*, *1969 – 1972*, Vol. XLI, pp. 985 – 987.

共同立场去影响欧共体决策。他还提醒美国人：美国支持英国加入欧共体主要是基于政治因素考虑，① 而英国在欧共体内能够更好地捍卫美国的利益。②

美国方面也深谙希思的两难处境——英国的经济萧条使希思不得不更为务实地将加入欧共体作为解决经济问题的首要选择；在谋求加入欧共体时，为了不刺激手中握有否决权的法国，英国必须小心谨慎地处理其与美国的关系。因此，尼克松对希思的有关英美关系的"新提法"表示了谅解，其原因正如尼氏所意识到的那样，"欧洲对于国际均势至关重要"，而英国的政治和外交技巧使之可以引领欧共体发展。在影响欧共体一事上，"除了让英国成功地加入欧共体，美国并没有其他更好的选择"③。

由上可知，希思杜撰出"天然关系"这一术语的主要动机是双重的，既有关注眼前利益的一面——消除法国的怀疑，排除英国入欧的障碍；也是希思希望建构平衡大西洋伙伴关系，进行某种战略调整的产物。但无论如何，它绝非什么基于由来已久的脱离英美联盟考虑的结果。所以，尽管在华盛顿英美首脑会晤前后，希思曾多次对媒体发表讲话，声称"特殊关系"已终结，英国的未来在欧洲，英国加入欧洲将会有助于两者建立平等伙伴关系云云，但无论从何种意义上讲，都很难认为英国由此开始转向反美立场。实际上，就连当事双方也不这么认为。时任英国驻美国大使弗里曼高度赞扬英美首脑峰会所取得的巨大成功。美国方面，基辛格虽对希思因申请加入欧共体而要求"淡化"与美国的关系颇有微词，但也承认会谈气氛是亲切的，"双方观点在很大程度上是协调的"④。而尼克松也高度评价了他与希思在峰会上建立的紧密、和谐的工作关系，并承认自己从中获益颇

---

① 肯尼迪执政以来的历届美国政府一贯支持英国加入欧共体，因为这被认为有助于加强大西洋联盟，有利于抵消欧共体中的法德联盟对美国的离心倾向，并对欧共体的经济政治产生有利于美国的影响。
② *FRUS*, 1969–1972, Vol. XLI, pp. 998–999.
③ *FRUS*, 1969–1972, Vol. XLI, pp. 999, 1004.
④ [美]亨利·基辛格：《白宫岁月——基辛格回忆录全集》第3册，杨静予等译，世界知识出版社2003年版，第1194页。

多。① 对此，也许英国《泰晤士报》颇具讽刺意味的评论更为犀利。它认为，华盛顿峰会不但推动了英美关系的发展，而且使希思与尼克松之间建立了前者所讳言的"特殊关系"②，从而道出英美主流社会对此事的基本看法——"天然关系"在本质上与"特殊关系"并无太大不同。然而，美国事实上是根据自身需要选择性地接受了"应急"而非"关系调整"意义上的"天然关系"，这虽在一方面使希思外交政策调整看似"初战告捷"，但在另一方面也为日后的美英冲突埋下了伏笔。

在希思执政的第一年，由于英美领导人的共同努力，"特殊关系"顺利延续。在此基础上，希思下一步的重点工作就是加入欧共体了。

对于希思而言，在其当选首相的第二年，最重要的事莫过于让英国尽快加入欧共体。英国"入欧"的关键是法国的态度。在当年6月的英法首脑会议上，希思向法国总统蓬皮杜明确承诺，由于地位与实力上的悬殊差距，英国将放弃与美国的"特殊关系"，而代之以它与欧洲国家的伙伴关系。③ 英国的种种"疏美亲欧"政治姿态与法国想利用英国牵制德国的动机，共同促成了蓬皮杜对英国的要求开了绿灯，希思如愿以偿地引领英国加入了欧共体。

在英国第三次申请加入欧共体期间，希思始终遵循着"特殊关系"的惯例，向美国通报英方所取得的所有进展，而尼克松则对希思的计划予以坚定支持：他虽对欧共体扩容后的美欧竞争心存疑虑，却从未想过要给英国加入欧共体的谈判制造麻烦；不仅如此，尼克松还将英国成功申请加入欧共体作为希思"杰出的个人领导能力与明智政策的证明"而大加赞赏。④ 说到底，美国完全明白，设法获得欧共体成员资格一直是20世纪60年代以来英国历届政府努力追求的目标，

---

① "Nixon to Heath", 3 March, 1971, PREM15/715, TNA.
② "The Evolving Relationship", *The Times*, 21 Dec., 1970.
③ 希思告知蓬皮杜，"特殊关系"只存在于力量大体平衡的伙伴之间。但"（英美之间）一国的规模不到另一国的四分之一，即使英国想要，也不可能会有什么令人满意的伙伴关系"。此外，随着美国越来越关注超级大国之间的关系，英国也质疑华盛顿是否真相信有什么英美"特殊关系"。参见"Record of Meeting: Heath and Pompidou", 20-21, May, 1971, PREM15/372, TNA.
④ "Nixon to Heath", 29 October, 1971, PREM15/715, TNA.

而希思在此事上的成功，反映的正是上述逻辑的必然结果。同时，英国加入欧共体也是美国战后历届政府长期以来的一贯方针，这被认为是符合美国利益的。归根结底，无论是希思还是尼克松都相信，英国加入欧共体与英美保持紧密合作关系两者并不相悖：一个扩大的欧洲与重新激活的英国将会加强而不是弱化大西洋联盟。

尽管如此，英美在英国入欧问题上的成功合作只是问题的一个方面。事实上，美国对欧洲一体化包括英国入欧，历来存在喜忧参半的双重心态。美国强调的是欧洲一体化应被纳入到大西洋联盟的架构之内，而不能允许其发展危害到美国利益。眼见英国入欧已成定局，华盛顿上上下下普遍弥漫着一种惋惜、受伤的情绪。[1] 与此同时，尼克松政府内怀疑欧共体扩大会损害本国利益的呼声也因当时美国经济不景气高涨起来，而其中最具影响力的人物就是基辛格。基辛格虽然口头上支持欧共体的发展壮大，骨子里却对发展中的欧洲政治一体化持保留态度。他所愿者乃是一个有所发展但同时"又是温顺并依附于美国的欧洲"[2]。正是从这个意义上讲，基辛格有条件地支持英国加入欧共体，希望其代表美国的利益率领欧洲前行。一旦欧共体扩容与其政治一体化的前景凸显，独立自主意识和倾向加强，包括基辛格在内的美国当权者又开始担心这一"经济巨兽"会加剧美国与欧洲的经济竞争，会危及美国主导的"大西洋团结"。而且，随着后来事态的发展，尼克松政府的这一恐惧不断加剧，并使之在处理美欧矛盾问题上对希思政府寄予了更为迫切但不切实际的期望，英美关系因此承受了巨大的压力。

三 英美关系的恶化

对于希思政府而言，"天然关系"遭受的第一波冲击来自中美关

---

[1] 英驻美大使克雷默曾生动地描绘过华盛顿的这种情绪，"一个长期信任的伙伴，尽管时常固执己见，有时也不讨人喜欢，离开旧公司去了新公司，而此时又恰逢他以前供职的公司出现了信任危机"。"Cromer to Heath", 5 Nov., 1971, PREM15/310, TNA.

[2] J. R. Schaetzel, *The Unhinged Alliance: America and the European Community*, New York: Harper & Row, 1975, p. 78.

系"突如其来"的改善。1971年7月,基辛格秘密访华,中美两国同时发表公告,宣布美国总统尼克松即将访问中国,以谋求两国关系的正常化。对于"这一20世纪最出人意料的外交新闻",作为美国最亲密的伙伴,英国却因事先一无所知而完全措手不及。因此,英国只好一边在公开场合表态承认这一戏剧性事态具有积极意义,另一边却在私下埋怨美国政府未能提前与盟友磋商。更让英国困扰的是美国在此事上暴露出的单边主义偏好,这与英国此前一直及时向美国通报中英关系正常化谈判进展的做法形成了鲜明对比。①

一个月之后,随着第二次"尼克松冲击波"的不期而至,美英关系再度遭受打击。8月15日,尼克松政府在美元危机的压力下突然宣布停止各国政府和央行用美元兑换黄金,同时对进口商品课征10%的附加税。这意味着二战后建立的以美元为中心的布雷顿森林体系正在走向解体。与上次如出一辙,美国在出台如此重大政策前未与任何伙伴磋商。英国因一夜之间对美出口贸易额减少2%,英镑被迫升值以及当时的英属香港政府与美国之间的贸易谈判受到负面影响而颇为恼火。希思在盛怒之下批评美国的行为"无异于欺负与勒索,像对待垃圾一样(地对待盟友)","摧毁了现行汇率制度,人为制造贸易壁垒,并破坏了战后建立起来的国际贸易与支付体系"②。而英国新任驻美大使克雷默则从两次尼克松冲击波中清醒地意识到,将英镑与美元等同视为主要国际货币的观念已经过时。美国已不再将英国视为世界帝国或大国,它只是在觉得需要时而非履行盟友义务的要求时,才与英国磋商。③

为了修补尼克松冲击波对伙伴关系的损伤,尼克松提议召开美国与英、法等西欧大国间的首脑会议以解决经济问题,这令当时即将面临议会就入欧条约进行表决而难以脱身的希思相当为难。英国政府也无意在其他欧洲国家领导人与美国有类似安排之前就作出积

---

① 参见 K. A. Hamilton, "A 'Week that Changed the World': Britain and Nixon's China Visit of 21 – 28 February 1972", *Diplomacy and Statecraft*, Vol. 15, No. 1, 2004.

② "Draft Minute, Heath to Home", 6 Nov., 1971, PREM15/712, TNA; "Heath to Brandt and Pompidou", 26 Nov., 1971, PREM15/326, TNA.

③ "Cromer Note", 23 Aug., 1971, PREM15/309, TNA.

极响应,希思甚至还将他在此事上的"消极态度"视为展示英国欧洲认同的绝佳机会。因此英国的答复十分冷淡,这当然不能令美国满意。尽管尼克松对此表示出了宽容与谅解,认为英国不过是按照自身利益行事而已,在协调欧共体立场一事上,"对伦敦不要操之过急"①。但不少美国外交人士仍然相信,英法正在统一立场,抵制峰会。基辛格更是发出警告,认为希思正在遵循戴高乐主义原则行事,而"肯尼迪政府大力推动英国加入欧洲共同市场的做法已犯下了一个重大错误",因此美国应重新考虑它对欧洲一体化的态度,"要采取更为中立的立场"②。尽管如此,随着英国入欧条约在议会表决顺利通过,以及尼克松等人的努力说服,法国最终同意举行法美首脑会晤,一系列事态的新发展为随后举行的英美首脑会晤铺平了道路。

1971年12月下旬召开的百慕大会议是英国成功申请加入欧共体后的第一次英美首脑会议。从希思的最初设想及其为会议准备的文件来看,他本打算通过这次会谈,两国领导人能"全面、坦率地就双边关系,美国与世界其他地区所存在的现实难题交流看法",因为在他看来,"美国当下处理外交关系、政治、军事与经济的方式完全破坏了(人们)对美国的信任,并在以上三个领域损害了整个西方世界。"③尽管希思的这些想法在峰会上未被和盘托出,但它代表了当时英国政府决策层内的普遍怨怼与不满之声:美国以单边主义的方式决定涉及盟国利益的政策表明,"它可能偏离其战后在世界事务中一贯扮演的建设性角色,转而变得自私与内向起来"。因此,在得不到(美国)信任的条件下,英国不应再充当"欧洲好人",也不应继续扮演安抚美国、使之免于孤立与竞争的角色了。④

---

① "Bilateral Talks on Monetary Policy", 12 October, 1971, Kissinger Telephone Conversation Transcript, *DNSA*, KA06683.
② "Minute: Cromer to Home", 23 Aug., 1971, PREM15/309, TNA.
③ "Draft Minute Heath to Home", 6 Nov., 1971, PREM15/712, TNA.
④ "Heath Draft Note", 6 Nov., 1971, PREM15/712, TNA.

尽管如此，由于美法首脑会晤在解决美欧金融纠纷上达成妥协，① 尼克松亦极力安抚希思的不满情绪，从而大为改善了随后召开的英美峰会的气氛。在百慕大会晤中，尼克松再度表达了他对英国加入欧共体的支持。他强调，由于法国人缺乏远见，英国在欧共体内的领导能力至关重要。但基辛格直率得多，他径直批评希思正在追求欧洲统一，并将欧美关系定位为"竞争而非对抗的关系"。针对基辛格的指控，希思辩称他并未改变政治意义上的英美关系，"英国无意奉行亲欧洲的政策"，而服务于英国利益的最佳政策必然包括"维护与大西洋两岸间的密切关系"②。希思还告诫，大西洋合作的最佳方式是美欧协调，而这将使以往基于英美事先磋商基础上的"特殊关系"发生重大变化。③ 希思实际上是暗示在新形势下美国有必要改变管理大西洋联盟的方式，也表明他认为这时的美英关系也应与以往有所不同，英国将会更多地与欧共体协调，而把英美关系置于欧共体与美国的关系框架之内。

从会后发表的联合声明来看，它突出了维护大西洋联盟的重要性与保持英美各级别紧密磋商的必要性，事实上是两国妥协的产物。这也表明英美虽彼此心存芥蒂，但出于各自利益考量都不愿因小失大，使合作关系破裂。无怪乎尼克松在记者招待会上称，尽管英美在策略上存在着差异，但两国友谊仍完好无损。他还意味深长地说：英美关系与过去"不一样的事实并不意味（它变得）没有必要，也许，它甚至比以前更为重要"④。

正当英美领导人在百慕大峰会上着手修补双边关系之际，1971年底在南亚次大陆爆发的第三次印巴战争再度为两国关系增添新的紧张因素。在这场战争中，英国因交战双方都是英联邦成员，自身

---

① 在12月中旬召开的美法首脑亚速尔峰会上，双方同意召开西方十国会议，讨论解决布雷顿森林体系崩溃所引发的经济危机。在随后召开的西方十国会议上，各国领导人通过磋商达成妥协，签署了新的临时性国际货币制度协定，史称史密斯协定。

② "Record of Heath – Nixon Meeting, Bermuda", 20 Dec., 1971, PREM15/1268, TNA.

③ ［美］亨利·基辛格：《白宫岁月——基辛格回忆录全集》第3册，第1228页。

④ John Baylis, ed., *Anglo – American Relations since 1939: The Enduring Alliance*, pp. 173 – 174.

又是英联邦主导国这一敏感身份而持中立态度；但美国却因将印度视为苏联代理人而采取了亲巴基斯坦立场。两国在这一问题上的分歧在美国试图在联合国通过停火决议时达到顶峰。当时英国政府投了弃权票，它既表明英国在此事上的不同观点，也释放出善意，说明在行动上英国并不打算为美国设置障碍。希思对此解释说，美国的建议必然引发苏联否决而变得毫无意义，美英应避免无谓地激怒印度或进一步将其推入苏联的怀抱。① 英国的"消极态度"自然令美国无法接受，基辛格指责英国一边在联合国充当"正人君子"一边却在反对美国，而尼克松甚至怀疑英国人在此事上已与苏联人走到一起。② 对于这些非难，希思亦难以释怀，甚至在百慕大英美首脑峰会上，他还质疑尼克松、基辛格所热衷的均势理论、地缘政治理论能在多大程度上适用于这场南亚地区的武装冲突，从而表明英国在有关这场战争的性质、风险评估以及对策等问题上与美国有着完全不同的观点。③

总体看来，虽然1971年的百慕大英美首脑峰会再度确认了两国伙伴关系，但希思政府在事实面前得出教训：基辛格等人正在奉行的单边主义超级大国外交随时可能损害英国利益，而英国要捍卫自己的利益就很难不与其欧洲伙伴进行合作。

事实上，随着英国对英美关系的重新定位与政策调整，加之两次尼克松冲击波与南亚危机中美国的单边主义行径及其强人所难的冷战思维定式给英国带来的疏离、不安与愤懑感，希思很难不认为美国正在把自己"推向"欧洲一边，不睦的英美关系已使英欧关系有望迎

---

① "Heath to Nixon", 13 Dec., 1971, PREM15/715, TNA.

② "Indian and Pakistan War; U. S. – United Kingdom Relations", 17 December, 1971, Kissinger Telephone Conversation Transcript, *DNSA*, KA07170.

③ 英国外交部得出结论：英国将印巴战争视为一场人道主义危机与地区冲突，认为它反映的是南亚"地区的现实"，与美苏全球冷战并无太大关系；而以操作大国均势的现代梅特涅自居的基辛格则错误地认为是莫斯科在背后操纵印度。参见"Papers Prepared by James Cable for the South Asian Department, 'British Policy on the Indian Subcontinent'", 18 Dec., 1971, FCO 37/756, TNA.

来真正意义上的分水岭。①

四 "欧洲年"计划中的英美分歧与合作

1972年至1973年前期，英美关系看似风平浪静，实则酝酿着重大危机。从表面上看，两国在一系列国际事务中密切协作，美国公开支持希思政府在北爱尔兰问题上的强硬立场，并在尼克松对中国的历史性访问期间向英国通报信息。基辛格绕过国务院，秘密邀请英外交部官员帮助起草关于美苏核裁军宣言的文件。作为回报，希思政府亦不顾世界舆论的批评与反对，对美国政府1972年3月以后在越南升级战争的行为进行了声援。在英国看来，在冷战和东西方关系问题上，"要紧的是向美国靠拢"，"知道美国人要做什么"的利益似乎压倒了卷入这些事情的风险。② 两国关系一时间看似回暖。然而，只要一涉及双方与欧共体的关系，事情就变得复杂起来。

1973年2月，希思作为尼克松竞选连任成功后第一位访美的外国领导人，与尼克松在华盛顿举行会谈。会谈大体是在英美"相互谅解"的友好氛围下进行的：尼克松表示了他对英国近来支持的谢意。而希思也回应称这是一次值得回忆的峰会。③ 作为重要的与会者，基辛格当时也在私下里将这次访问视为1973年尼克松与欧洲领导人最重要的会面，因为它事实上为美欧以后在经济和安全上的交流定下了调子。他还认为虽然希思强烈地偏爱"天然关系"这一表述，但"特殊关系"依旧延续。即使在欧共体规则限制的前提下，英国仍是

---

① 在1972年的一次议会辩论中，希思刻意提到他有关欧洲的看法出现了"分水岭"，他曾"认为游离于欧共体之外对英国更为有利，但最近发生的一系列世界事务表明情况并非如此"，从而暗示了尼克松冲击波等事件对其看法变化的影响。参见 Heath, 17Feb., 1972, http://hansard.millbanksystems.com/commons/1972/feb/17/european - communities - bill#S5CV0831P0_ 19720217_ HOC_ 392, 2018.2.28.

② 英国的外交官亦深知英国瞒着欧共体伙伴私下与美国沟通一旦曝光便会引发轩然大波。但英国政府已打定主意要隐瞒到底，外交部指示外交官，"一旦被（欧洲伙伴）问及，便要矢口否认此事"。参见"Minute: Home to Heath", 14 August, 1972, PREM15/1362, TNA.

③ "Heath to Nixon", 6 February, 1973, PREM15/1977, TNA.

美国最亲密的伙伴和最重要的美欧对话支持者。①

然而，若干年后基辛格却抱怨称，此次会面虽然"有趣但却没有什么成果"，因为在会谈中，当尼克松告知希思，美国对欧洲一体化发展方向的怀疑，并希望美英能以双边秘密外交的方式提前协调两国目标和策略，以影响、支配欧共体的政策时，希思却一再规避做出有益的诊断和提出对策。基辛格据此判断，希思试图将英欧关系置于英美关系之前。② 虽然这一后见之明也许更加接近事实，但它无疑也反映出基辛格始终无法理解伦敦在平衡它们的欧洲义务与尽量保持紧密的英美关系时所面对巨大的困难——作为欧共体成员，英国只能在遵守欧共体原则的前提下保持与美国的亲密关系，支持美欧对话。

无论如何，尼克松等人当时误将英方的"不明朗态度"③ 视为对尼克松提议的同意，并指望在"加强大西洋团结"这一共同任务的进程中得到英国大力支持。对于美国的这一误判对英美关系可能造成的负面后果，连一些英国外交官们也不禁忧心忡忡。内阁书记官特伦德就预见，尼克松对希思与英国政府的信任"播下了在将来某个时刻醒悟的种子"，"特别是当欧共体的政策与英国利益一致同时又与美国的想法相左的时候，情况更是如此"④。

这一看法可谓一语成谶。1973年4月，基辛格在纽约发表了著名的"欧洲年"演讲，从而将美欧关系推入了一个前所未有的冲突与动荡时期。在这次讲话中，基辛格建议美国和西欧拟订新的大西洋宪章，确立共同的目标，双方在防务、贸易和东西方关系上协调各自政策，实现防务成本分担和经济利益分享。它表明，基辛格试图通过赋予大西洋联盟以新的政治、经济功能以重塑西方联盟，其目的无非是

---

① 参见 Matthew Jones, "'A Man in a Hurry': Henry Kissinger, Transatlantic Relations, and the British Origins of the Year of Europe Dispute", *Diplomacy and Statecraft*, Vol. 24, No. 1, 2013, p. 87.

② [美] 亨利·基辛格：《动乱年代——基辛格回忆录》第1册，第183页。

③ 对于尼克松的提议，希思只是非常谨慎地回应说，英国在考量其对欧共体的贡献时虽然会继续考虑美国的观点，但英国也必然会受制于共同体所制定的政策。从此后事态发展来看，希思的这一表态还是较为实事求是的。参见 "Record of Discussion: Heath/Nixon", 2 February, 1973, *DBPO*, Ser. Ⅲ, Vol. Ⅳ, No. 20.

④ "Washington Diplomatic Report", 22 Feb., 1973, *DBPO*, Ser. Ⅲ, Vol. Ⅳ, No. 29.

要降低美国维持霸主地位的成本,并企图以大西洋联盟来消弭迅速成长中的欧共体可能构成的挑战,可谓用意深远。

获悉基辛格的讲话后,希思政府虽对美国在未经与盟友充分磋商的情况下单方面宣布启动该计划的做法颇为不悦,但还是迁就基辛格的请求,在西欧国家中第一个发表声明,对基辛格的讲话表示"热烈欢迎",因为它表明美国已经接受要与一个统一的欧洲进行合作的观念。①

希思自然了解基辛格希望英国在促成欧共体国家对"欧洲年"计划做出积极回应一事上做出贡献,但实现该目标又谈何容易?一方面,欧共体笨拙而分散的决策机制,使之难以与美国就防务、货币和贸易等一揽子问题进行谈判;另一方面,更具决定意义的是来自法国的阻挠。法国强烈反对欧共体与美国之间确立任何正式的制度化关系,并坚持将欧共体的政治职能与经济职能分由不同的机构承担。更有甚者,法国外长若贝尔还将美国的计划视为政治勒索——想迫使法国重返北大西洋公约组织,并意欲通过制造内部矛盾来分裂欧共体。②

对于法国的过度恐惧,希思不以为然。因为在英国看来,美国无意遏制欧共体,它想要的不过是欧共体国家对"欧洲年"计划的集体回应罢了,即使这意味着混淆经济合作与政治合作的界限,那也并不碍事。③

由此可知,在"欧洲年"计划问题上,希思从一开始就既未持反美立场,也没有摆出一副在一场家庭吵架中的一个身受其害的旁观者的样子。④ 因为他深知英国与欧洲都无法对美国的计划无动于衷,这是由美国对欧洲的安全防务义务这一压倒性因素所决定的。更重要的是,英国还从"欧洲年"计划中看出"美国对与欧共体国家达成协议的渴望,对欧洲来说,这是一个可资利用、推进自身一体化建设的'激励因素'"。对英国而言,"这也是一次重塑大西洋关系的良

---

① "Minute by Overton", 27 April, 1973, *DBPO*, Ser. Ⅲ, Vol. Ⅳ, No. 77.
② "UKREP Brussels Tel 2780", 25 May, 1973, *DBPO*, Ser. Ⅲ, Vol. Ⅳ, No. 102.
③ "Paris Tel 782", 7 June, 1973, *DBPO*, Ser. Ⅲ, Vol. Ⅳ, No. 114.
④ [美] 亨利·基辛格:《动乱年代——基辛格回忆录》第 1 册,第 216 页。

机"①。此外，考虑到拒绝该计划有可能削弱尼克松政府因水门事件而在国内岌岌可危的政治地位，有可能助长美国国内的孤立主义情绪以及危害英美关系，思之再三，希思还是决定给予基辛格的提议以正面支持。然而，法国却强烈反对这一做法，之所以如此，一方面固然是因为法国对尚不成熟的欧共体能否成功应对这一挑战心存怀疑；另一方面，它更担心欧共体的集体回应可能会损害法国在欧共体内部的优势地位和它在大西洋联盟中的独立性。②

在"欧洲年"问题上希思还是竭尽所能地为美国提供帮助，特别是希望说服法国对该计划采取积极态度。在 5 月 21 日的英法首脑会面时，希思告诉法国总统蓬皮杜，美国对美欧关系的未来有一个概念性的想法，并希望就此问题与欧共体国家一起磋商，但无论是美国还是欧洲都不清楚该怎样达成目标。为了打消蓬皮杜的顾虑，希思还强调，美国的目的并不在于分裂欧洲，而只是希望将美欧关系建立在良性互动的基础上。最后，希思还小心翼翼地建议，尽管欧共体近来的扩容使得美国的建议也许很难取得太大进展，但从长期看，欧共体国家也应该认真思考该问题。③

然而，由于法国的不妥协态度，希思的努力终因其势单力孤而未能成功。尽管如此，希思仍以积极、乐观的态度对待此事。在随后与尼克松的通信中，希思强调，虽然调和欧美利益并不容易，但英国正在推进此事上取得进展。④

1973 年 7 月下旬是"欧洲年"计划的关键时刻。因英法双边会谈无果，英国转而试图通过欧共体内的多边磋商突破法国制造的障碍。在 7 月 23 日于丹麦首都哥本哈根召开的欧共体外长理事会上，

---

① "FCO Paper", Undated, *DBPO*, Ser. Ⅲ, Vol. Ⅳ, No. 193.

② 正如法国外交文件所显示的那样，法国担心，"如果巴黎倾向于对基辛格的倡议做出集体回应，美国肯定会介入欧共体九国事务中并借此削弱法国的领导地位。一旦美国采取多边大西洋解决方案，（西方）联盟的政治属性就会比巴黎所预期的大为增强，法国可能会承受要求其全面加入北约的压力"。参见 Daniel Möckli, *European Foreign Policy During the Cold War: Heath, Brandt, Pompidou and the Short Dream of Political Unity*, London: I. B. Tauris, 2009, p. 155.

③ "Heath-Pompidou Meeting", 21 May, 1973, PREM15/1541, TNA.

④ "Heath to Nixon", 25 June, 1973, PREM15/1542, TNA.

由于英国的大力游说，"欧洲年"计划迎来了一线转机。法国终于同意欧共体与美国展开对话讨论欧美关系，但是要起草一份关于欧洲认同的文件，并将该文件作为与美国对话的基础。英国还需要遵守由法国提出并得到通过的欧共体新规则，即成员国必须彼此通报他们与美国之间的双边会谈内容，并在欧共体未形成统一立场时不得单独就"欧洲年"一事与美国接触。① 坦率地讲，这一结果很难说是英国的外交胜利，因为它反而让自己陷入法国主张的框架之中。此后，当希思写信将此事告知尼克松时，基辛格立即以尼克松的名义对此表示了严重关切与不满："在经过三个月的努力与等待之后，我们的盟友却一再拒绝就美欧双边关系问题进行讨论，这简直令人无法理解！"② 基辛格甚至据此怀疑，英国正在幕后支持法国以挫败美国的计划，他警告说，由于所有英美私下沟通内容都将被提交给欧共体审查，如此一来，"特殊关系"也就难再"特殊"了。③

几天后，在会见英驻美外交官时，基辛格多次抱怨英国在此事上未能让美国充分知情。英国外交官虽据理力争，试图让基辛格理解英国的艰难处境，但完全无济于事。此后不久，当基辛格循惯例向英国索取7月份欧共体部长会议的报告时，遭到了委婉拒绝。盛怒之下，基辛格报复性地切断了始于二战时期的英美情报共享系统。他解释说，"如果他们要与欧洲分享一切，那我们便不能因'特殊关系'而信任他们了"。当尼克松后来问及此事时，基辛格竟指称这一切希思早有预谋，因为"他正搭乘美国的便车进入欧洲"。"英国偷师戴高乐的强硬路线"，而"肯尼迪政府当初绝不应当推动英国加入欧共体"④。

无疑，"欧洲年"计划进展缓慢严重损害了基辛格对"特殊关系"的信任。希思决定要履行英国对欧共体的义务，尤使基辛格愈加难以承受。他不能、也不愿接受英国的理由——欧共体那笨拙分散的决策过程和法国的掣肘对英国构成了巨大制约，而倾向于将英国的无

---

① "Tel 1530 to Washington", 24 July, 1973, *DBPO*, Ser. Ⅲ, Vol. Ⅳ, No. 169.
② "Nixon to Heath", 26 July, 1973, PREM15/1543, TNA.
③ [美] 亨利·基辛格：《动乱年代——基辛格回忆录》第1册，第237—239页。
④ "Amstrong Note", 15 August, 1973, PREM15/1546, TNA.

能为力解读为希思主观上的消极。基辛格甚至给希思贴上了"戴高乐主义者"的标签。8、9月间,尽管英国竭尽全力协调西欧各国立场以推进美国的计划,并通过建设性的方式使此事取得重大进展,也仍未能取得基辛格的谅解。①

对此,希思在会见德国总理勃兰特时表达了困惑与不满:美国"经常说因欧洲无法用一个声音讲话而难以与之打交道,但当欧洲联合在一起并用一个声音讲话时,美国人又抱怨欧洲人迫使他们接受既成事实和搞对抗"。在同年11月的一次记者招待会上,希思再度坦率地批评了美国不愿接受丹麦外交大臣作为欧共体代言人一事,并敦促基辛格"必须适应形势的新变化"②。

五 中东危机期间的英美龃龉与关系改善

正当希思殚精竭虑地协助推进"欧洲年"计划时,1973年10月爆发的第四次中东战争以及随后出现的石油危机再度重创了英美关系。

这场英美关系的危机,主要源于中东战争中包括英国在内的欧共体国家所采取的有别于美国的立场——他们宣布严守中立,并拒绝了美国要求使用北约军事基地为以色列提供援助的请求。不仅如此,欧共体还于11月6日发表联合声明,要求"以色列必须从1967年冲突以来所占领的领土上撤军",并指出任何和平解决方案都必须"考虑巴勒斯坦人民的合法权利"。此后,随着石油输出国组织(OPEC)中的阿拉伯国家部分削减石油产量并大幅抬高石油价格,使得严重依赖中东石油供应的西方国家陷入经济困境。迫于压力,资源自给率更

---

① 在英国的大力斡旋下,欧共体各国最终在"欧洲年"问题上达成妥协,以英国草拟的文件为蓝本拿出了《欧共体——美国宣言草案》。但基辛格却因该文件表明英国和其他欧洲国家要"自行其是,改变现有格局"而大为不满,批评该草案文件缺乏实质性内容,且未经与美国磋商,指责欧共体将其成就建立在牺牲大西洋关系的基础上。参见"UKMIS New York Tel 961", September 25, *DBPO*, Ser. Ⅲ, Vol. Ⅳ, No. 234.

② 参见 Philip Ziegler, *Edward Heath*: *The Authorised Biography*, London: Harper Press, 2010, pp. 376 – 378.

低的西欧国家不得不采取有别于美国的态度,谨慎地处理此事,降低批评阿拉伯国家的调门。

此时,基辛格已就任国务卿,正式执掌美国的外交大权,他与希思政府的矛盾也日趋表面化起来。在此次中东危机前期,基辛格一度希望英国支持美国在联合国安理会提出的"停火并恢复阿以战前分界线的议案"。然而出乎意料的是,希思政府仅表示同意支持阿以就地停火的议案,这既是由于英国对中东石油的高度依赖,① 也是因为英国已通过其驻开罗的外交机构得知,埃及领导人萨达特已请求中国在美国提出其议案时行使否决权。对于英方的解释,基辛格丝毫不予理会,他批评英国想承认阿拉伯人的战果,并想与美国脱离关系。他还指责希思政府的态度"糟糕透顶",因为英国只知道"消极坐等其成","而不去(积极)塑造事态进程"②。

更令英美关系雪上加霜的是,不久后希思政府又拒绝美国取道英国为以色列提供空援③和制裁苏联的请求,这再度令基辛格大失所望。他愤愤不平地说,"英国完全没有注意到他们依然在华盛顿享有着优先地位的现实。他们不但没有阻挡盟国对美国的无端非难",反而"加入到他们批评美国的喧嚣中来"④。

为了缓和美英两国间的紧张气氛并寻求解决之道,希思曾于10

---

① 用英国外交部助理常务次官安东尼·帕森斯的话来说就是"我们的国家利益对阿拉伯国家的依赖程度要远高于以色列,因此在英国完全不受阿拉伯石油供应影响之前,它都应该采取亲阿拉伯人的立场"。参见"Minute: Parsons to Acland", 7 June, 1973, *DBPO*, Ser. Ⅲ, Vol. Ⅳ, No. 111.

② "Yom Kippur War: Excised Version Appended", 9:04am, 14 Oct., 1973, Kissinger Telephone Conversation Transcript, *DNSA*, KA11236.

③ 但英驻美大使克雷默完全否认美国曾提出过类似请求,因为它完全可以直接取道其他更近的地方援助以色列。如该说法属实,亦说明在当时美欧矛盾尖锐化之时,美国已预见到其要求会遭英国拒绝。

④ 在危机期间召开的北约理事会上,美国寻求盟友提供支持,并敦促西欧各国对介入中东事务的苏联进行制裁,但欧洲国家并不情愿为美国牺牲它们与苏联的关系,还纷纷指责美国的政策有将中东冲突变为第二次古巴导弹危机的危险。英国还在此次会议上表示,"在不了解苏联的意图和美苏在此问题上有什么私下交易的情况下,类似磋商并无太大意义"。参见 U.S. Mission to NATO Cable 4937 to Department of State, "NATO Implications of the Middle East Conflict: NAC Meeting of October 16, 1973", 16 Oct., 1973, https://nsarchive2.gwu.edu/NSAEBB/NSAEBB98/index.htm.

月中旬致信尼克松，表示他愿与美国密切合作以找到摆脱当前困境的办法。尼克松随后回复称其同意希思对形势的判断，并期望英国紧急派代表赴华盛顿进一步讨论此事。① 然而，当希思10月25日从新闻广播中得知美国进入全球军事警戒状态、核大战一触即发之时，不禁对美国的单边做法大为愤慨。他震惊于美国总统显然已走得如此之远——"完全不事先知会其盟友，也不对当时的军事形势做出任何说明，（便采取如此重大行动）"，谴责美国升级危机的做法对英国和世界已造成"巨大危害"②。

在基辛格看来，英国与欧共体其他国家在中东政策立场上表现出的自主倾向，似乎证实了他内心深处的最大恐惧——欧洲认同竟然会被用来对抗美国，而大西洋联盟就如同从未存在过一般。所以，美国很快进行了外交回击。基辛格当着英国驻美大使克雷默的面，严厉批评英国在欧共体内未能有效地制衡法国，而且"英法勾结意欲将欧共体建立在冷酷的（反美）基础上……这无疑是自从希腊城邦面对亚历山大以来最糟的决定"③。他还痛心疾首地表示，"英国加入欧共体本应该将欧洲（对美国的态度）抬升到英国的水准，但实际结果却是把英国降到了欧洲的水平，这真是莫大的悲哀"④。

对于基辛格的一再诘责，希思在11月底的一次有美国记者参加的新闻发布会上直言不讳地予以反驳。他说，"美国不经与欧洲国家磋商便推行'欧洲年'计划是错误的，（因为）他们不会不经与中国人磋商便出台'中国年'计划。（而美欧关系恶化的主要原因是）美国未能对统一的欧洲行动做好准备"⑤。然而，对于希思的评论，基辛格不是将其视为个人攻击，便是看作喋喋不休的说教，完全无意认真理会。不仅如此，他还授意美国官员通过外交渠道将其私下对希思

---

① "Heath to Nixon", 15 October, 1973, PREM15/1765; "Nixon to Heath", 20 October, 1973, FCO 82/321, TNA.

② Paul Reynolds, "UK in Dark over 1973 Nuclear Alert", 2 Jan., 2004, http://news.bbc.co.uk/1/hi/world/middle_east/3334155.stm, accessed 5July2017.

③ "Cromer to FCO", 28 November, 1973, PREM15/2232, TNA.

④ "Washington Tel 3674", 24 Nov., 1973, *DBPO*, Ser. Ⅲ, Vol. Ⅳ, No. 412.

⑤ "Home to Cromer", 1 December, 1973, PREM15/1989, TNA.

的喷有烦言透露给英国外交部门。至此，希思与基辛格的个人冲突与矛盾几近公开化，而基辛格的种种"傲慢无礼"和有违外交常规的做法，既令英国外交人员倍感困惑与难堪，也使英美关系直线降至冰点。

围绕"欧洲年"计划的纠葛暴露了美英间的利益分歧，而1973年的中东危机亦见证了战后以来英美关系最为艰难的一段时期。直到希思1974年2月下台前的最后几个月里，英美关系才出现了复苏的迹象。在这一过程中，先是英国外交大臣霍姆抛出了橄榄枝。在1973年12月1日给基辛格的一封长信中，霍姆请求后者不要过分在意希思的个人言论。他解释说，"尽管英国必须独立行事并表达自身的关注，但英美关系就总体而言是牢固的"①。随后，希思在12月下旬给尼克松的一封信中继续释放善意，表示了支持基辛格计划的态度，即由西方国家建立一个能源行动小组，统一石油消费国家的立场，共同应对阿拉伯国家的"勒索"。他还说，尽管英国在哥本哈根欧共体峰会上敦促欧洲各国接受美国计划的努力未获成功，但他仍会为推动欧共体在华盛顿能源会议上与美国合作。② 此外，在另外一封给尼克松的信里，希思还急切表达了希望与美国在私下里继续保持高级别官员接触的愿望——"英国愿意在严格保密的条件下为尼克松的目标提供帮助，而非相反"③。

最终，在1974年初召开的华盛顿能源会议上，英国兑现了自己的承诺，它说服其他欧共体国家一起不顾法国反对，和美国达成协议，决定采取共同行动应对能源危机。在这次会议上，英国固然同情法国的立场，赞成欧共体与阿拉伯石油生产国建立某种新型关系，但希思也敏锐地意识到，只有美国才有能力解决中东难题，并终结这场危机。事实表明，为了确保英国能源供应不受威胁，英国甚至打算在秘密条件下采取有别于欧共体的"独立政策"。自然，希思亦不得不为其立场付出代价，因为此举肯定会破坏英法建立不久的互信关系。

---

① "Home to Kissinger", 1 December, 1973, PREM15/2232, TNA.
② "Heath to Nixon", 30 December, 1973, FCO 82/325, TNA.
③ "Heath to Nixon", 25 January, 1974, PREM15/2168, TNA.

归根结底，英法矛盾的实质被英国驻法国大使一语道破，"我们与法国关系的中心难题在于欧洲面对美国时所采取的立场，以及如何平衡欧洲和大西洋的关系"①。

对于英国关键时刻的"拔刀相助"，尼克松在随后会见英国驻美大使克雷默时表示了赞赏和谢意，他尤其表达了希望希思与他本人间的密切私人交流能够持续下去的愿望。而克雷默则在与尼克松的会面中敏感地意识到，"在欧洲年和中东事务上，尼克松的表态同我们与基辛格博士打交道时所了解到的总统的态度并不完全一致"②。

以上这些可谓希思政府末期英美关系明显改善的表现。之所以如此，主要是因为在这场危及全球经济体系的石油危机中，英国无法继续承受大幅上涨的能源进口成本，以及由此引发的国内经济、政治动荡。而欧共体和法国的方案又收效甚微，乏善可陈。在残酷的现实面前，希思最终被说服并不得不接受，"没有他们（美国），这些难题无法解决"，"美国可以单干，但欧洲却不能"，英国需要美国的合作方能渡过难关。③ 然而，与美国合作的代价是华盛顿能源会议上的英法交恶以及欧共体的分裂，它极大地打击了英国对欧共体的信心，④ 并在事实上使希思担任首相以来所做的外交调整难以为继。

到 1973 年底，英国外交大臣霍姆被迫向基辛格公开表明立场，确认欧共体九国无意在美国与共产主义大国之间寻找位置——"我们不是第三种力量，而是和你们一边的第二种力量"⑤。而美国方面此时也意识到，"英国臣服于美国在欧洲的强势地位"，是因为它深知"在可见的将来，只有美国才能确保'缓和'进程的实现"，只有美国方可"保护西欧免受东方阵营干涉的压力"；加之"欧共体对捍卫

---

① "Letter: Tomkins to Brimelow", November 30, 1973, DBPO, Ser. Ⅲ, Vol. Ⅳ, No. 426.
② "Cromer to Home", 17 January, 1974, PREM15/2231, TNA.
③ "Tel 96 to UKREP BRUSSELS", 24 Jan., 1974, DBPO, Ser. Ⅲ, Vol. Ⅳ, No. 516.
④ 英国外交部副常务次官奥利弗·怀特承认，欧共体历经此事已遭重创，而"那些在白厅中认为应通过共同体来追求英国利益的人发现他们的地位已大为削弱"，英国的"欧洲认同只不过是一个短命的梦想。参见"Record of Meeting：J. O. Wright/Cuvillier", 16 Feb. 1974, DBPO, Ser. Ⅲ, Vol. Ⅳ, No. 554.
⑤ "UKREP BRUSSELS Diplomatic Report", 25 Jan., 1974, DBPO, Ser. Ⅲ, Vol. Ⅳ, No. 517.

西方价值观和大西洋共同体利益的重要性"以及英国可能在其中起到的作用，① 美国再度确认了保持英美政治联姻的必要性。

随着1974年希思的下台，英国外交此后被大西洋主义者长期把持，英美关系又重新回到了"特殊关系"的轨道上。

六　如何认识"天然关系"

对希思首相任期内对美外交政策的讨论，自其去职以来就没有停止过。而基辛格利用其主要当事人的身份力图为该问题的答案定下"权威"的调子。早在基辛格1974年3月访英时，他便告诫新一届英国政府："美国不欢迎过去一年在英国发生的变化，因为当时英国为了加强与欧共体其他成员的联盟而有意疏远美国。"② 此后几年，在回忆录中，基辛格一再重申上述看法，即希思的英美"天然关系"事实上意味着两国"特殊关系"的终结，这是对二战时期建立起来并一直延续至今的英美紧密合作关系的重大偏离。这些观点为各界广泛接受，成为人们对希思时代英美关系的主流认识。然而，只要我们认真审视这一时期英美关系发展的来龙去脉，就不难看出基辛格的这一观点因其作为当事人的利害关系因素，而具有较大的主观性和片面性，甚至不乏误导之嫌疑。

由前文可知，"天然关系"在提出之初便带有双重色彩，既有应急的一面，也有战略微调的一面，但并无反美之意。然而它为何最终成为了希思时代冷淡、不睦的英美关系的代名词？笔者认为有必要对此进行重新审视。

首先，"天然关系"是英国应对20世纪70年代初错综复杂的国内外环境变更的产物。这一时期，多极化的发展趋势、超级大国的"缓和"赋予国际关系以更大的弹性；美国实力的相对下降削弱了其对盟友的控制能力；英国自身的持续衰落、欧共体的兴起以及欧美经济冲突的升级，都为希思的外交政策调整带来了前所未有的机遇与诱

---

① 参见 Alison R. Holmes and J. Simon Rofe, *The Embassy in Grosvenor Square: American Ambassadors to the United Kingdom, 1938–2008*, London: Palgrave Macmillan, 2012, p. 178.

② "Account of Wilson - Kissinger Meeting", 28 March, 1974, FCO 82/443, TNA.

感。因此，在保持大西洋联盟框架的前提下，适度减轻英美"特殊关系"对英国的束缚并向欧洲靠拢，通过走"欧陆路线"在经济上复制欧共体的发展奇迹；同时以积极加入、推动与引领欧共体发展为独立实体，以"美欧双柱"取代美国一家独大的西方阵营的权力架构，通过建构平衡的欧美关系令英国获得更多的外交空间，并使之左右逢源，"两头受益"，对希思而言似乎成为某种有望取得成功的事业。

其次，"天然关系"的一个重要前提是希思的欧洲主义倾向，这也是他出台该政策的重要动因之一。希思的强烈"欧洲倾向"在英国历届首相中也许无出其右者。然而，他的欧洲偏好虽有基于其个人经历塑造的认识因素，但更主要的是他着眼于英国和自身利益算计的结果。在这一点上，希思延续了英国外交一贯以来的现实主义传统，并与20世纪60年代以来主张英国加入欧共体的政治家麦克米伦、威尔逊一脉相承。而且，作为英国申请入欧谈判代表团的团长，多年来的外交博弈使得希思意识到，英国加入欧共体的必然结果，便是英国无法，也不能再保持"特殊关系"一成不变了。换个角度，对欧洲而言，"天然关系"其实是英国打开欧共体大门的一把钥匙，没有它，英国便无望在此事上获得成功。

再次，希思提出"天然关系"绝不意味着英美分道扬镳。可以看到，在越南战争、欧安会、能源危机等涉及东西方对抗或维护西方阵营团结的"原则性"问题上，英国与其他欧共体国家的怀疑态度大相径庭，支持尼克松政府的强硬立场，扮演了"冷战斗士"的角色。这些都表现出希思对维护大西洋联盟的重视程度。而"天然关系"的两层意思在很大程度上亦符合这一逻辑：其一，希思深知美国出于政治目的推动英国加入欧共体，英美领导人在多次会面中业已就此问题达成谅解，英国通过适当与美国拉开距离以利于加入欧共体，又通过在欧共体内施加影响以利于大西洋联盟；其二，由于"天然关系"本身就意味着英美仍然保持低调但不失紧密的合作，它与向欧洲靠拢构成了英国的"两面门神"战略，① 在事实上成为以"不感情用事"

---

① "两面门神战略"是指通过奉行看似相互矛盾的两种政策，以追求国家或联盟总体利益的一种外交战略。

的方式服务于英美共同的事业——振兴大西洋联盟的手段。因此，无论是"拉开距离"还是"低调合作"，它们都正如希思一再强调的那样，其目的是为了"推动联合的欧洲更好地与美国合作，而这是有利于整个西方（自由）世界利益的"①。

20世纪60年代以来英美致力于推动英国加入欧共体问题上所形成的共识及其政策的历史惯性、个人政治抱负等因素极大地影响了希思政府对形势的判断，使之谋求以"淡化"英美关系为筹码继续积极地推动英国加入欧洲一体化进程，想让英国在逐渐形成的大西洋"双柱伙伴关系"内部互动中左右逢源。而这看上去似乎是一个延续既有趋势，风险不大而又有望收获双赢结果的政策选择。然而，令希思始料未及的是，英国虽煞费苦心，勉为其难地加入了欧共体，但英美关系却在他当政期间遭遇了重大困难与挫折。

平心而论，希思的失败主要源于他对美国对欧政策的两面性认识不足，过高估计了美国对欧洲崛起为世界力量中心的接受能力，误以为美国出于分担对抗苏联义务的考量，也许会允许大西洋联盟内的欧洲支柱"筑高"到与美国支柱接近齐平的高度。②但是，美国政府的对欧政策从一开始就蕴含矛盾，它对欧洲既有借重、利用的一面，也有控制、防范的一面，这也正如基辛格在其一系列讲话和著作中所提到的那样：欧洲统一一旦成为现实，将是令人烦恼的。如果统一起来，欧洲不但将成为抵抗苏联的堡垒，而且还能"将德国牢牢地锁定在西方，并与美国分担领导世界的责任与义务"；然而，一个由分散国家组成的欧洲对于联盟的领袖而言更容易对付。③

在外交实践层面上，如果说在肯尼迪、约翰逊执政时代，美国倾向于从前一角度来看待欧洲联合，并积极推动、鼓励英国加入其中。但到了尼克松、基辛格当政时期，随着形势的发展和变化，当英国真的加入欧共体，欧洲一体化迈出新的步伐之时，后一倾向便主导了美国政府的对欧政策，并使它对欧洲一体化的态度日渐变得

---

① Philip Ziegler, *Edward Heath: The Authorised Biography*, p. 374.
② [英]爱德华·希思：《旧世界 新前景：英国、共同市场和大西洋联盟》，第78页。
③ 参见 Henry Kissinger, *The Troubled Partnership: A Re-Appraisal of the Atlantic Alliance*, New York: Mc Graw-Hill Book Company, 1965, p. 241.

谨慎和忧虑起来：由于担心欧共体变成一个自我封闭的保护主义经济集团和奉行独立政策的"芬兰化"政治实体，基辛格等人转而认定欧共体会损害美国主导的大西洋联盟，而由此衍生出的怀疑又为1973年"欧洲年"计划与第四次中东战争期间的美欧争吵对峙提供了某种心理动力学基础。美欧关系的上述变化，导致基辛格一度倾向否定欧洲一体化，也不愿再继续支持英国投身于欧洲统一事业。① 而这一结果更是致使希思的长远目标——让英国从建构均衡、互补与和谐的大西洋伙伴关系中受益的设想丧失了物质基础。因为要实现该目标，英国就很难不首先要推动欧共体发展为独立甚至是与美国并驾齐驱的实体，而这一前提已然触碰到美国的底线——保持其在西方阵营独一无二的霸主地位。归根结底，美国支持英国加入欧共体绝不是为了欧洲的发展壮大，而是为了"更好地将一个超国家的欧洲纳入到美国领导的大西洋共同体中来"，一旦事与愿违，美国便难免会对其持否定态度。②

希思时期英美关系所遭受的重大挫折还与20世纪70年代前期尖锐对立的美欧关系背景下，英国"辜负"了美国的期望，未能在美欧关系上有所作为密切相关。

1971—1972年的两次尼克松冲击波，以及1973年以后的"欧洲年"计划与第四次中东战争，极大地恶化了美欧关系，尤其是美法关系。值此之际，基辛格等美国官员强烈敦促新近入欧的英国在欧共体中捍卫美国利益，而这正是美国眼中"特殊关系"的应有之义。然而事实表明，鉴于自身的敏感身份和利益诉求，英国只能一方面小心翼翼地避免触怒美欧，另一方面竭尽所能在美法之间斡旋，设法寻求双方都能接受的解决方案，但美国的傲慢强横与法国政府的不妥协态

---

① 基辛格甚至私下对英国驻美大使特伦德说："如果历史能够改写，美国宁可英国不被事态发展推动着加入欧共体，那样对美国要好得多。"参见"Letter：Cromer to Tikell"，21 Oct.，1971，PREM15/361，TNA.

② 事实上，基辛格用自己的外交实践证明他早年的预言："我们追求将超国家的欧洲（一体化）与美国主导下的大西洋共同体两者合一的政策目标，极有可能将被证明是自相矛盾的。"参见 Geir Lundestad，"*Empire*" by Integration：The United States and European Integration，1945–1997，Oxford：Oxford University Press，1998，p. 102.

度使得这些努力最终付之东流。这一结果自然令基辛格等人大失所望,他因此质疑希思已蜕变为"教条的欧洲主义者""温和的戴高乐主义分子",英国"利用美国来套取情报,而自己却不愿意付出努力"①。

也许希思失败的原因之一在于他是在一个最糟糕的时刻带领英国加入了欧共体,②而基辛格不能接受美国欧洲政策所遭受的挫折,却将其归罪于英国的"不作为"或"阳奉阴违"。由是观之,"天然关系"作为基辛格攻击希思的证据,事实上成为美国这一时期对欧政策失败的替罪羊。

还有一点必须指出的是,希思时代的英美高层关系的不睦是无可争辩的事实,但它并非源于希思的"欧洲主义倾向",而在一定程度上是由尼克松—基辛格改变美国对外关系管理方式所致。应该看到,这一时期的美国外交具有极其强烈的个人色彩,权力高度集中于尼克松与基辛格手中,"帝王式总统"治下的秘密外交与现实政治大行其道,充满戏剧性而又令人吃惊的外交行动层出不穷,而传统执掌外交权力的官僚机构(国务院)则被日益边缘化。作为美国最亲密的伙伴,希思虽然坚信"英国是当下唯一有希望理解美国心境的国家"③,但是也正如他与许多英国外交官们所感受到的那样,这也意味着英国必须忍受"基辛格综合征"(Kissinger Syndrome)的"折磨"。事实上,英国已无法像以往那样,利用"特殊关系"通过正式或非正式渠道,在美国出台影响盟国的重大政策前与之充分磋商。两次尼克松冲击波、"欧洲年"计划的出台、石油危机期间美国启动全球警戒等事件,无不显示了美国的单边主义倾向。种种迹象表明,基辛格并无意在事前与盟友进行认真磋商,它所需要的只是后者对美国行动的无条件支持。在此情况下,希思的羞辱感、被抛弃感、对美国的不信任感油然而生,并由于美国的类似行为而一再被强化,不能不加强他的欧洲倾向。尽管1973年以

---

① *FRUS, 1969—1976*, Vol. XXXVIII, 28 November, 1973, p. 109.
② 赵怀普:《英国与欧洲一体化》,世界知识出版社2004年版,第175页。
③ Michael F. Hopkins, Saul Kelly and John Young, eds., *The Washington Embassy: British Ambassadors to the United States, 1939–77*, London: Palgrave Macmillan, 2009, p. 193.

后基辛格试图通过恢复美英磋商来重建"特殊关系",但此后美国在"欧洲年"计划和中东危机中所表现出的急功近利与颐指气使,显示出它丝毫不考虑英国的难处,反而是一步步把英国推向欧洲的怀抱,造成了美国最不想看到的结果。

20世纪70年代前期,英国感受到了来自美国与欧共体两方的推拉和吸引。作为现实主义的政治家,希思自然深谙"政治是可能的艺术",对英国而言,各种相互交织的利害关系使其基本政策上的选择余地其实很小。这也是为什么尼克松—基辛格的所作所为曾一度令希思有过怀疑、不满与抱怨,但英国从未放弃自身对大西洋联盟的义务,并在向欧洲靠拢的同时竭尽所能地保持着与美国的合作关系。①为了说服美国人,希思必须强调"天然关系"有利于大西洋联盟的一面;为了让法国放心,他又不得不反复高调申明其欧洲认同的另一面。②而"天然关系"这一提法本身所具有的双重性与模糊性在英国成功加入欧共体一事上为希思提供灵活性(回旋余地)和保护是显而易见的。希思外交的前期效果是不容争辩的。

然而,希思无法左右事态发展,而是事态发展左右着他。随着1973年后期美欧关系的急剧恶化以及美国的摊牌,"天然关系"运作的空间遭到不断压缩,希思处处遭遇掣肘,动辄得咎,再也无法在美欧间保持平衡,被迫进行战略退却。归根结底,"天然关系"作为另类的大西洋主义方案付诸实施的风险太大,它对时机的把握有着过高要求,本身又太过精细微妙,难以掌控拿捏。尼克松—基辛格非此即彼的零和博弈思维习惯使之在西方联盟领导权问题上决不允许盟友左右骑墙,两面下注,而英国的困境在于它无法真正独立于美国和大西

---

① 在欧共体内部,希思亦极力避免英国因履行对欧共体的义务而损害英美关系,主张"必须耐心地对待美国",因为"美国人明显认为自己的盟友太过于'欧洲化'了"。"Visit to UK by Herr Brandt: Record of Meeting between Prime Minister and Federal Chancellor", 12 November, 1973, PREM15/1565, TNA.

② 希思后来回忆时写道:"我们必须要让法国总统意识到,英国对欧洲有着足够的忠诚,不会利用欧共体成员国的身份去破坏或者冲淡共同体……我们的任务是要让法国放心。"参见 Edward Heath, *The Course of My Life: My Autobiography*, p. 364.

洋联盟：① 希思所进行的每一步调整能否获得成功事实上都有赖于美国的"批准"，这一点反过来又确认了现有的英美"特殊关系"的重要性，并注定使调整归于失败。

1974年以后，虽然英美"特殊关系"在一定意义上得到重建，但尼克松—基辛格所允诺的"在平等基础上磋商"的伙伴关系却从未真正实现过。而且，在经历希思时代的外交挫折后，英国对欧洲一体化事业不再热心，成为欧共体内一个"半心半意并难以对付的伙伴"，英欧关系亦若即若离，摇摆不定，并最终渐行渐远。与此同时，美国对英国在欧共体所能起的作用也大为怀疑起来。"特殊关系"由此日渐边缘化，逐渐沦为美国推行自身政策，离间英欧关系，获取国际社会支持和国际合法性的一种工具。此时，希思生前常说的那句话又开始萦绕于英国人的心头，"他们（美国）想要的就是用'特殊关系'困住英国……有些人总想靠在美国总统的肩膀上，但那样下去英国是没有前途的"②。

总之，"天然关系"作为希思外交战略调整的重要组成部分，是极具灵活性与弹性色彩的实用主义外交政策。它是20世纪70年代英国主政者试图抓住历史机遇，与时俱进，重新调整并确定自身在西方阵营乃至世界事务中的位置的产物。③ 就其成效而言，它在短期内虽成功地为英国加入欧共体铺平了道路，却未能进一步实现其"构建平等大西洋伙伴关系"，并让英国从中受益的长远目标。尽管如此，它还是反映出业已开始松动的两极体制下一个不甘沉沦的中等强国寻求独立自主、振兴国家的强烈愿望。当然，还应看到，作为政策调整，希思的政策并非大规模或彻底地取代从前的国家政策，而是各种目标轻重缓急的次序发生了变化。大体而言，"天然关系"并不曾背离20世纪60年代以后英国人对大西洋

---

① 希思曾质问外交大臣霍姆，"我们到底得到了什么回报？它（特殊关系）疏远了我们与欧洲伙伴的关系，而这些伙伴遭受羞辱不过是因为它们实力弱小。……美国不断要求我们这样一个岛国属地提供这样那样的方便。这真是一个单方向的运动。"得到的回答却是："您错了，美国大量的军事、技术（援助）和情报令英国获益良多。"参见"Heath to Home"，8 Sep.，1970，PREM15/718，TNA.

② John Campbell，*Edward Heath*：*A Biography*，p. 344.

③ 希思所做的外交调整，事实上也是对美国前国务卿艾奇逊在1963年评论英国衰落时所说的那句名言——"英国失去了一个帝国，但还没有找到自己的位置"的回应。

关系的一贯看法，即任何形式的欧洲共同体除了应该作为自我约束的联盟外，更应该作为大西洋共同体的组成部分。① 而英国通过特殊的盎格鲁—撒克逊关系及其欧共体成员身份，将成为欧洲与美国之间的枢纽。

放眼二战后的历史，虽然希思并非首先提出构建平等的美欧伙伴关系的西方政治家，然而他却是第一位、迄今为止也许是唯一一位有勇气将其真正付诸外交实践的英国首相。随着欧共体日后的不断发展壮大，历史似乎证明了希思当时的战略设想不无先见之明，就这个意义而言，也许今天的史学家们将会越来越多地把希思的挫折作为某种"失去的机会"而非"早产儿"来加以看待。② 如果看不到这些，便难以对希思时期的美英关系做出恰如其分的评价。

（原载《历史研究》第 1 期；梁军：华中师范大学历史文化学院教授。）

---

① 参见［美］莫顿·卡普兰《国际政治的系统和过程》，薄智跃译，上海人民出版社 2008 年版，第 197 页；［美］戴维·卡莱欧《欧洲的未来》，冯绍雷等译，上海人民出版社 2003 年版，第 25 页。

② 在这一点上英国外交部的官员们似乎与史学家心有灵犀，在 1973 年美英关系处于最低谷之时，英国外交部的一份文件曾意味深长地写道："接下来要做的不是试图暗示表扬、批评或解释（现有政策）——这些必须有待于（以后）冷静的史学家们在回溯历史时做出判断。"参见"FCO Analysis of the Year of Europe", Oct., 1973, PREM15/2089, TNA.

近代早期西班牙帝国的殖民城市
——以那不勒斯、利马、马尼拉为例

朱 明

摘 要：西班牙帝国在早期全球化的进程中打造了一批殖民城市，其中分别处于欧洲、美洲和亚洲的三座城市那不勒斯、利马、马尼拉，在空间上即体现了西班牙帝国推动下的城市发展模式。在经济方面，西班牙帝国的大帆船贸易将三座城市联系在一起，带动了商品和货币的全球流动，同时也改变了城市的命运；在城市建设方面，三座城市具有相似性，即棋盘格的城市形态、城市防御功能的加强、港口城市的特征以及居民和族群的多元化；在文化方面，西班牙帝国利用城市实现其文化霸权，即通过城市空间整合和仪式活动加强对殖民地的控制。近代早期西班牙帝国掀起的全球化影响深远，在全球范围内塑造了一种带有其典型特征的城市类型，而这些城市的地位和空间变化则体现了西班牙霸权文化与在地文化之间的冲突与调试。

关键词：近代早期；西班牙帝国；殖民城市；那不勒斯；利马；马尼拉

欧洲的那不勒斯、美洲的利马、亚洲的马尼拉，人们一般很难将这三座城市联系在一起，但如果将它们的城市形态加以比较，便可以明显地看出其相似的特征。这种相似性并非偶然，也不是在各自的历史环境中有机地发展起来的，而是近代早期西班牙帝国全球殖民的结果。西班牙帝国在16—17世纪建立起"日不落帝国"，纵横欧、美、亚三大洲。在其缔造的帝国网络中，作为节点的城市纷纷出现，它们扮演着将西班牙帝国的商品、思想和文化传播到各处的中介者，同时其城市自身也被改造，体现着西班牙帝国对殖民地的控制。三座被西班牙帝国打造出来的殖民城市，在城市形态日益趋近的同时也反映出早期全球性帝国的统治特征。

对于这三座城市，以往较多的是从经济史、社会史、政治文化史等角度进行的个案研究和区域史研究，亦有大量从白银方面所做的全球经济联系的研究，综合性的城市比较研究却很少见到。意大利近代早期和文艺复兴时期的城市史研究非常丰富，但大多关注意大利中北部而忽视南部地区，受西班牙文化影响较大的那不勒斯甚至很难被置于意大利的国史叙述之中，更没有被置于全球史当中加以考察。美洲城市史研究中，关于墨西哥城和利马城的研究比较多，西班牙对美洲城市建设的影响尤其受到研究者关注。东南亚的城市史研究近年来较为流行，但一般聚焦于殖民港口城市的经济社会史研究。①

进入21世纪后，学界开始出现了从全球史视角重新考察帝国不同区域之间联系的研究，尤其注重考察世界各地之间的物种、疾病、思想的流动。如法国学者格吕津斯基对近代早期的中国与墨西哥进行

---

① 关于那不勒斯的研究有［美］J. H. 本特利《文艺复兴时期那不勒斯的政治与文化》（J. H. Bentley, *Politics and Culture in Renaissance Naples*），普林斯顿大学出版社1987年版，此外还有较多意大利语专著及大量城市传记可资利用。关于美洲城市的西班牙语专著有［哥伦比亚］J. 萨尔切多《西班牙—美洲的城市化：16—18世纪》（J. Salcedo, *Urbanismo Hispano - Americano: Siglos XVI, XVII, y XVIII*），哈维利亚纳天主教大学1996年版；［智利］G. 瓜尔达《新世界的殖民城市》（G. Guarda, *La Ciudad Colonial del Nuevo Mundo*），创造空间独立出版平台2004年版；［美］R. 卡根：《西班牙世界的城市形象》（R. Kagan, *Urban Images of the Hispanic World, 1493—1793*），耶鲁大学出版社2000年版。关于东南亚城市史研究有［美］P. 惠特利《都市与郡县：东南亚城市传统的起源》（P. Wheatley, *Nagara and Commandery: Oringins of the Southeast Asian Urban Traditions*），芝加哥大学出版社1983年版；［美］W. H. 斯科特《巴朗盖：16世纪的菲律宾文化与社会》（W. H. Scott, *Barangay: Sixteenth - Century Philippine Culture and Society*），雅典耀大学出版社1994年版；［英］R. 帕达万吉：《劳特利奇指南：东南亚的城市化》（R. Padawangi, ed., *Routledge Handbook of Urbanization in Southeast Asia*），劳特利奇出版社2019年版。总体研究概况参见［英］P. 克拉克《牛津指南：世界史中的城市》（P. Clark, *The Oxford Handbook of Cities in World History*），牛津大学出版社2013年版，第13、19、20章。近年来，港口城市研究的综述参见［英］M. 图尔《国际航海史杂志中的港口历史》［M. Tull, "Port history in the International Journal of Maritime History（1989 - 2012）"］，《国际航海史杂志》（*International Journal of Maritime History*）2014年第26期。

了比较研究，苏布拉曼亚姆则关注的是西班牙帝国治下的全球联系。①从全球史这个新的视角来考察城市史，较以往仅仅关注一国一地的城市史研究会给人以更多的启发。故此，本文试图从帝国史和全球史的角度，探析西班牙帝国治下的各大洲城市的异同及其发展规律。

一　西班牙帝国的经济网络与殖民城市

16世纪伊始，随着地理大发现和大航海时代的展开，西班牙帝国最先开创了一个早期全球化时代。在葡萄牙、西班牙的主导下，欧洲与美洲、亚洲的联系开始密切起来，并且出现了经济和文化的交流网络。网络触及的地方都被迫发生了巨大的变化，而城市更是集中体现了这些变化，代表了早期全球化的成果。

西班牙帝国的崛起最早影响到的是美洲，由于新兴的大西洋贸易，美洲出现了城市格局的重大变化。珍宝船队的建立和美洲白银的发现使这里成为西班牙帝国非常倚重的地方，利马便是西班牙建造和影响的一个典型城市。在西班牙人到来之前，美洲的城市是由本土的印第安人建造的，如特诺奇蒂特兰、库斯科等，并且形成了本土的区域结构。西班牙人征服这里之后形成了墨西哥城和利马两大中心城市，分别代表新西班牙和秘鲁两大总督区。尤其是利马，成为连接亚洲和欧洲的重要枢纽。

利马由皮萨罗（Francisco Pizarroy Gonzalez，1471—1541年）所建造。他于1513年征服巴拿马，1519—1523年服务于巴拿马城长官，此后带着很少的兵力冒险南下征服了印加帝国。② 利马从1535年

---

①　［法］S. 格吕津斯基：《鹰与龙：16世纪的欧洲与全球化》（S. Gruzinski, *L'Aigle et le Dragon：Démesure Européenne et Mondialisation auXVIe siècle*），法雅出版社2012年版；［印］S. 苏布拉曼亚姆：《主宰世界：伊比利亚海外帝国的联结史》（S. Subrahmanyam, "Holding the World in Balance：The Connected Histories of the Iberian Overseas Empires, 1500 - 1640"），《美国历史评论》（*The American Historical Review*）2007年第5期。另外还有一些相关的讨论，参见［美］R. 穆克吉主编《海洋联结：时空中的水域世界》（R. Mukherjee, ed., *Oceans Connect：Reflections on Water Worlds across Time and Space*），普利莫斯出版社2013年版。

②　［英］W. 马尔特比：《西班牙帝国的兴衰》（W. Maltby, *The Rise and Fall of the Spanish Empire*），帕尔格雷夫·麦克米兰出版社2009年版，第57—59页。

起便成为秘鲁总督的驻跸地，控制着玻利维亚、智利北部、厄瓜多尔和哥伦比亚。利马的重要性在于其资源禀赋和区位优势。在资源方面，利马的内陆腹地开发出了波托西银矿，大量白银从这里运回西班牙，使其成为继墨西哥城之后对西班牙最重要的美洲城市。在区位方面，这座城市与墨西哥城最大的不同在于，它是一个同时面向两大洋的贸易中心，大量白银、贵重物品，尤其是来自亚洲的丝绸被运到宗主国西班牙。① 可以说，这两个要素是利马能够迅速崛起的重要原因。

在横跨太平洋的马尼拉大帆船贸易开通之前，利马仅与墨西哥城有往来，且从属于后者。到16世纪中叶，两大西属殖民地之间的商路上兴起了特旺特佩克（Tehuantepec）、瓦图尔科（Huatulco）等港口，从墨西哥城有陆路通往这些港口，然后再从这里驶往利马。厄瓜多尔和秘鲁西部的曼塔（Manta）、瓜达基尔海湾的特鲁希略等构成了秘鲁西海岸的一系列港口，用于停泊来自墨西哥城的船只。利马西边的卡亚俄（El Callao）港成为商路的南部终点，货物在这里被卸下后运往利马，然后再等待顺风时返回北部。② 这种沿海岸线进行的贸易成为利马与墨西哥城之间贸易的主要形式。利马后来能够与墨西哥城比肩，与太平洋贸易的兴起息息相关。16世纪60年代，波托西银矿的发现使利马可以获取更多的中国商品，大量的奢侈品和铁、铜等商品都以比西班牙和墨西哥城产品更低的价格购进。因此，从16世纪70年代起，阿卡普尔科的马尼拉大帆船还会进一步向南到达利马，运输大量的中国丝绸、瓷器、漆器及其他奢侈品前往阿卡普尔科，墨西哥城与利马之间的贸易大幅度增加。③ 卡亚俄港与阿卡普尔科一样发展成为重要的枢纽港，均有大量的亚洲商品流入。卡亚俄港的商品被运至利马和通过巴拿马城被运回宗主国，阿卡普尔科的商品部分被

---

① ［美］S. 费舍：《马尼拉—阿卡普尔科大帆船：太平洋上的珍宝船》（S. Fish, *The Manila - Acapulco Galleons: The Treasure Ships of the Pacific*），亚瑟出版社2011年版，第47—48页。

② ［英］W. 博拉：《墨西哥与秘鲁之间的早期殖民地贸易与航海》（W. Borah, *Early Colonial Trade and Navigation between Mexico and Peru*），加州大学出版社1954年版，第33—36页。

③ ［英］W. 博拉：《墨西哥与秘鲁之间的早期殖民地贸易与航海》，第116—117页。

卖到墨西哥城，部分通过韦拉克鲁斯（Veracruz）被运回宗主国。①由此，利马携白银进入贸易网络，在新兴的两洋贸易中起到越来越重要的作用。

为了有效地控制利马，西班牙帝国将其从印加帝国的边疆城市转变成殖民地首府。印加帝国在君主帕查库提·尤潘基（Pachacuti Inca Yupanqui）统治时期（1438—1471年在位）被建设成号称"四方之国"（Tahuantinsuyu）的广袤帝国。其领土从今北边的厄瓜多尔一直延伸到南边的智利，包括秘鲁、玻利维亚和阿根廷部分地区，首都库斯科和行宫马丘比丘城得到了较快发展。到其孙瓦伊纳·卡帕克（1493—1527年在位）时，印加帝国达到鼎盛，他不仅大力建设库斯科，还在今厄瓜多尔建立了新都基多。皮萨罗最初打算以库斯科作为首都，希望借用印加帝国的政治遗产，但后来转向利马。利马之所以取代库斯科，不仅因为它是集中了大量西班牙贵族和国家机构的总督所在地，还由于它的地理优势以及成为帝国财富的集结地。② 可以说，正是太平洋贸易帮助了这个城市成为首都。利马在崛起的过程中，需要打破库斯科的中心地位并取代之，这是一个漫长的斗争过程。利马只是一座在海边新建的城市，与印加帝国并没有历史渊源，而库斯科则深处南边的山区谷地当中，长期以来是印加帝国的统治中心，有大量石制建筑和道路等优越的基础设施，也有大量代表印加帝国权力的建筑和景观。库斯科曾被比作卡斯提尔王国的旧都布尔戈斯，利马则被比作新都马德里。利马从一座无名之城发展成为新的中心需要长期的建设，这既包括西班牙王室的政治承认，也需要树立起大量的文化象征，而这些都贯穿于城市建设当中。利马城市发展的目标不仅仅是成为商业重镇，更是为了使西班牙帝国的政治影响力进一步扩大。

由于大帆船贸易，亚洲也被纳入西班牙帝国的全球网络之中，马尼拉的建立便是一个标志。经由太平洋将美洲与亚洲联系起来，一般

---

① ［英］O. 格尔格：《殖民时代的城市》（O. Goerg, ed., *La Ville Coloniale*），瑟伊出版社2003年版，第38页。
② ［英］A. 奥索里奥：《打造利马：秘鲁南海大都市的巴洛克现代性》（A. Osorio, *Inventing Lima: Baroque Modernity in Peru's South Sea Metropolis*），帕尔格雷夫·麦克米兰出版社2008年版，第40页。

会追溯至麦哲伦的环球航行及1521年抵达菲律宾。但直到半个世纪之后的1571年，当西班牙人在菲律宾建立据点后，亚洲才算正式被纳入西班牙帝国的全球贸易网络当中。① 在此期间，西班牙人一直垂涎地处亚洲的香料群岛。到1556年菲利普二世继位后，随着香料价格的不断上涨，他决定向东南亚地区发展，为此还同法国签订了《卡托—康布雷齐和约》。国王任命新西班牙总督组织船队向马鲁古群岛出发，受墨西哥城当局委托的黎牙实比成为这次行动的领导者。他于1564年底起航，次年到达宿雾，成为新占领土地的所有者（Adelantado）。然而，鉴于北部的吕宋岛与中国、日本、马六甲的频繁贸易，黎牙实比决定北上占领这个既有历史也有潜力的商业中心。② 1571年5月19日，黎牙实比占领并正式进入马尼拉，成为这里的行政长官（Gobierno），马尼拉由此隶属于新西班牙总督管辖。他在马尼拉设立了市政府进行管理，到其次年去世时，吕宋岛已大部分处于西班牙人的控制之下。1595年，马尼拉成为整个菲律宾的首府。

统治着菲律宾的西班牙人曾数次想占领更多的东亚地域和国家，都没能成功，但在此过程中亦有所成就，即菲律宾与美洲、西班牙的大帆船贸易。③ 在这个贸易中，马尼拉成为前沿据点。马尼拉大帆船的出现，使这个城市成为联系东亚和东南亚许多其他城市的中心，甚至包括葡属澳门、长崎等，由此形成了以马尼拉为枢纽的东亚贸易网络。④ 中国南部的商人在唐宋时期就已经在菲律宾群岛之间贸易，从这里购买金属、蜡等商品，而向这里出口瓷器、丝绸、棉布等马尼拉—阿卡普尔科贸易所需要的商品。西班牙人的到来也为中国商人提

---

① ［美］D. O. 弗林、A. 吉拉尔德兹：《白银世家：1571年世界贸易的起源》（D. O. Flynn, A. Giraldez, "Born with a Silver Spoon: The Origin of World Trade in 1571"），《世界史杂志》（*Journal of World History*）1995年第6期。

② ［美］A. 吉拉尔德兹：《贸易时代：马尼拉大帆船与全球经济的开始》（A. Giraldez, *The Age of Trade: The Manila Galleons and the Dawn of the Global Economy*），罗曼 & 利特菲尔德出版社2015年版，第55页。

③ ［美］A. 吉拉尔德兹：《贸易时代：马尼拉大帆船与全球经济的开始》，第69—70页。

④ ［美］B. 特雷梅尔—威尔纳：《西班牙、中国与日本在马尼拉（1571—1644年）：在地比较与全球联结》（B. Tremml-Werner, *Spain, China and Japan in Manila, 1571—1644: Local Comparisons and Global Connections*），阿姆斯特丹大学出版社2015年版，第142—150、161—166页。

供了扩大出口贸易的渠道，前者大量购买中国物品运回美洲和欧洲。①中国的丝织品开始大量出口，尤其是在 17 世纪中叶以后，随着日本银产量的降低，美洲白银成为替代品，以填补中国对白银的大量需求。因而经由马尼拉运往西属美洲和欧洲的丝织品也一直保持较多数量，形成了一种白银与丝绸的对等贸易，马尼拉成为中国以丝换银的重要枢纽港。② 同样，西属美洲也对东亚的纺织品有极大需求。当地人不管阶层和族裔，都穿吕宋或印度产的棉布和中国产的丝绸，其质量比本地或西班牙生产的布料好许多，在新西班牙和秘鲁都是如此。③这种质量和价格上的双重优势正是东亚纺织品占领西属美洲市场的重要原因。马尼拉作为一个贸易港口城市，成为西班牙帝国在亚洲的据点以及欧、美、亚三大洲交流的节点。

在美洲和亚洲的殖民地被整合进西班牙帝国后，欧洲也受到了影响。西班牙的塞维利亚港口迅速崛起，成为美洲白银和亚洲商品的终点站。与此同时，意大利的那不勒斯也受到全球化的冲击。

那不勒斯作为地中海的重要港口城市，在漫长的中世纪时期历经了法国、德国、西班牙的角逐。从 11 世纪起，其为诺曼王朝统治，继之以霍亨斯陶芬王朝；从 1266 年起，归法国安茹公爵所有并且成为西西里王国首府，建造了法国风格的新堡和大教堂。1282 年西西里晚祷起义后，以那不勒斯为主的意大利半岛南部归安茹公爵，西西里岛归阿拉贡王室。此后，那不勒斯的地位有所提高，吸引了比萨、热那亚的商人、托斯卡纳的银行家以及当时的著名艺术家，如薄伽丘、比特拉克、乔托等。到 1442 年，安茹公爵勒内被迫将那不勒斯

---

① ［美］R. 里德：《殖民时期的马尼拉：西班牙城市化与形态变迁的背景》(R. Reed, *Colonial Manila: The Context of Hispanic Urbanism and Process of Morphogenesis*)，加州大学出版社 1978 年版，第 32 页。

② ［美］D. O. 弗林，A. 吉拉尔德兹：《以丝换银：17 世纪的马尼拉—澳门贸易》(D. O. Flynn, A. Giraldez, "Silk for Silver: Manila – Macao Trade in the17th Century")，《菲律宾研究》(*Philippine Studies*) 1996 年第 1 期。

③ ［美］R.C. 马丁：《前往新西班牙的亚洲人："全球化"初期（1565—1816 年）墨西哥的亚洲文化与移民潮》(R. C. Martin, *Asians to New Spain. Asian Cultural and Migratory Flows in Mexico in the Early Stages of "Globalization", 1565 – 1816*)，加泰罗尼亚开放大学博士学位论文，2015 年，第 79 页。

交给阿拉贡的阿方索一世,那不勒斯与西西里都归西班牙的阿拉贡王室统治。由于与西班牙的关系,那不勒斯的商业地位得以提高,也成为意大利南部的那不勒斯王国的政治中心。1501年,受法国短暂统治后,那不勒斯王国重又归于西班牙,于1516年起成为哈布斯堡王朝统治下的西班牙帝国的一部分,西班牙王室向这里派遣总督进行管理。这种统治持续了两个世纪,那不勒斯被深深卷入西班牙帝国的全球化之中。

美洲白银的开发和流动,使欧洲的纺织品市场受到亚洲产品的冲击和影响。从菲律宾运到塞维利亚的纺织品直接参与欧洲商品的竞争,故而塞维利亚的商人一般对马尼拉大帆船都是持抵制态度。① 根据舒尔茨的看法,马尼拉运输中国丝绸的大帆船对西班牙安达卢西亚地区的城市构成了竞争,后者也与美洲总督区进行贸易,而来自中国的丝绸也威胁到了西班牙本土的丝织业。② 那不勒斯从中世纪晚期起以呢绒业和丝织业最为发达,这里的广袤草地适合养羊,织布的质量也极高,羊毛与棉布、丝绸等混纺织品供应着国内外市场。那不勒斯的丝织品加工业也非常发达,主广场附近区域就是丝织品加工业的集中地。除了供应国内消费,呢绒布料还大量出口到西班牙和波兰、中欧等地,丝织品向美洲出口。但是到17世纪,那不勒斯的呢绒和丝织品不仅不能与外国商品竞争,甚至还被外国纺织品攻占了国内市场,尤其是丝织品,几乎被外国产品竞争下去。③ 来自中国的丝绸非常便宜,仅为西班牙布料价格的1/9,墨西哥布料价格在二者之间,可见亚洲商品有着很强的竞争力。④ 当然,纺织行业在国际竞争中的失败应当还有许多其他因素,但是从16世纪末到17世纪,恰恰是亚洲织物大举进入美洲和欧洲市场的时期,在这种全球化的冲击下,那

---

① [美] A. 吉拉尔德兹:《贸易时代:马尼拉大帆船与全球经济的开始》,第34页。
② [英] W. L. 舒尔茨:《马尼拉大帆船》(W. L. Schurz, *The Manila Galleon*), E. P. 达顿出版社1959年版,第44页。
③ [意] L. 德罗萨:《16—17世纪那不勒斯王国的去工业化》(L. De Rosa, "The De-industrialization of the Kingdom of Naples in the Sixteenth and Seventeenth Centuries"), H. 范德伟主编:《意大利和低地城市工业的兴衰》(H. Van der Wee, ed., *The Rise and Decline of Urban Industries in Italy and in the Low Countries*), 鲁汶大学出版社1988年版。
④ [英] W. 博拉:《墨西哥与秘鲁之间的早期殖民地贸易与航海》,第121—122页。

不勒斯的纺织业面临灭顶之灾。

可见，在大航海时代的经济交流中，这三座城市形成了休戚与共、牵一发而动全身的关系。真正的全球化贸易的起点是1565年阿卡普尔科与菲律宾的通航和1571年马尼拉建城，西班牙帝国的城市被串联在一起。从宏观空间来看，三座城市所在的区域正是基于海洋的跨区域交流才有了全球同步的发展，也为文化交流提供了平台。从微观空间来看，三座城市的建设具体体现了西班牙帝国引发的全球性流动特征。

二　西班牙帝国殖民城市的变迁与空间建构

在西班牙帝国的统治下，这三座城市都得到了迅速发展。首先是那不勒斯和利马，其后是马尼拉。西班牙帝国的城市改造很大程度上是将自身形象投射到殖民地，从16世纪中期起，马德里取代巴利亚多利德成为帝国首都，并且开始了从中世纪城市向现代城市的转变。这种改造经验在向外殖民过程中也被带到殖民地城市，体现了宗主国对殖民地的影响，但同时在城市改造中也注重殖民地城市的特定环境，创造出适合其发展的城市模式。

那不勒斯新的变化体现在从陆上老城向海滨新城的转移。虽然安茹王朝统治时期在海边建造了新堡，但从15世纪中叶起，在阿拉贡王国的统治下，其发展一直限于陆地。15世纪80年代，阿拉贡王国的建设范围主要在城东，以东南边的卡尔米内（Carmine）城门和东边的卡普阿（Capuana）城门为中心，后者作为进入那不勒斯的陆上门户有着重要的政治和符号意义。阿拉贡的阿方索统治时期，计划将东门边的卡普阿城堡周围打造成其统治中心，① 这也是阿拉贡王国为了区别于以老城为中心的安茹王朝。从1516年起，哈布斯堡王朝接管了那不勒斯王国，派遣总督统治。总督佩德罗·托莱多（Pedro Al-

---

① [意] M. 弗林主编：《文艺复兴时期意大利的宫廷与宫廷艺术：艺术、文化与政治，1395—1530年》（M. Folin, ed., *Courts and Courtly Arts in Renaissance Italy: Arts, Culture and Politics, 1395-1530*），奥非希纳出版社2011年版，第378—381页。

varez de Toledo，1532—1552 年在位）进行了大规模的城市建设，驱使周围领主和大量农民迁入城中，由此使那不勒斯人口大为增加，很快成为仅次于巴黎的欧洲第二大都市。他重点推动那不勒斯向老城的西南边发展，为此还扩建旧城墙，并沿海岸线建造了一道新城墙，在城墙上建造堡垒，尤其是西边的圣埃莫堡（Castel Sant'Elmo）和东南角的卡尔米内城堡。这个新城区就是"西班牙区"，建有棋盘格状街道和临街多层建筑，这在当时的欧洲是非常独特的。西班牙区的主干道是托莱多路，是总督以其名字命名的，他任命意大利建筑规划师费尔迪南多·芒里奥（Ferdinando Manlio）建造了这条大道，从南向北连接起总督府所在的新城和老城西城门。① 作为西班牙帝国权力象征的总督府建于 1540 年，临海而建。从卡普阿城堡到总督府，体现了统治中心在城市空间中的位移。总督府和新码头是方塔纳（Domenico Fontana）设计的，由总督弗朗基·卡斯特罗（Francisco Ruiz de Castro，1601—1603 年在位）及其子佩德罗·费尔南德兹（Pedro Fernandez，1610—1616 年在位）建造，② 最终完成佩德罗·托莱多开启的城市建设。这座历史悠久的意大利城市被改造成带有浓重西班牙风格的城市，西班牙帝国的印记被刻在城市的空间中。

利马的城市发展与那不勒斯几乎同时，也在 16 世纪上半叶。从 1502 年建立圣多明各起，整个 16 世纪西班牙在美洲建立了二百多座新城，这些殖民城市在结构布局上非常类似。利马是 1535 年初起由皮萨罗建造，位于里马克河南岸，是一个非常规则的棋盘格状规划，被垂直的道路规则地分成若干街区。城市最北边的主广场上，北边是总督府（Palacio de Gobierno），是皮萨罗担任总督时的府邸；东边是大教堂和大主教府；西边是市政厅。③ 整座城市的建设就是从主广场

---

① ［法］P. 布歇隆：《君主与艺术：14—18 世纪的法国和意大利》（P. Boucheron, ed., *Le Prince et les Arts：France，Italie XIV e- XVIII e siècles*），阿特兰德出版社 2010 年版，第 241—242 页。

② ［意］D. 德佩斯科、A. 霍普金斯：《17 世纪的城市》（D. del Pesco, A. Hopkins, *La Città del Seicento*），拉台扎出版社 2014 年版，第 50 页。

③ ［英］J. 希金斯：《利马：一部文化史》（J. Higgins, *Lima：A Cultural History*），牛津大学出版社 2005 年版，第 32—33 页。

上的大教堂为坐标开始的，向外分配城市空间，形成网格状的街区。利马城总共有117个街区，每个街区边长125米，又可分为4个大小相同的区块，街道的宽度从一开始就被设定为约11米。① 皮萨罗将这些平均划出的区块分给他的支持者。1538年，市政委员会（cabildo）还命令所有业主都要在规定的区块内建筑房屋，不得侵占公共街道，否则就要归还给城市。外立面也要求非常一致，都用进口石块、硬木、黏土以及非常昂贵的砖块建造房屋和城墙。②

主广场是重点建设的区域，每边长134米。虽然帝国在1573年颁布的关于美洲城市建设的法令规定，主广场要按3∶2的比例建成矩形形状，但实际上很多城市的主广场都是正方形的。因为在1573年法令之前，美洲许多城市的基本形态就已奠定，如墨西哥城、基多、波哥大等。因此，法令只是美洲城市化现实的归纳。③ 主广场是利马的中心，经常举办仪式。在仪式期间，广场被清空、美化。主广场也是城市的市场和会面场所，由于商贩云集，这里非常混乱，是市政府一直想整顿的地方。主广场两边建有拱廊，是公证人、律师办公的地方，还有各种店铺。到17世纪，广场附近的梅卡德雷斯（Mercaderes）街成为奢侈品商店集中区，有超过40家店铺出售从西班牙、墨西哥和中国进口的纺织品和其他产品。可以说，利马这座城市既有全球商品的流动，也体现出西班牙帝国的统治特征。

最后发展起来的是马尼拉，比前二者晚了约半个世纪。在西班牙人到来之前，马尼拉的居民是他加禄人（意为居住在河边的人），居住在以亲属为纽带的小型自治社区巴朗盖（barangays）中。1571年，西班牙人征服马尼拉，建立起一座新的城市。内城（Intramuros）为西班牙人所居住，与城外（Extramuros）以城墙隔开，沿着城墙建有堡垒和防御工事，水陆城门均有。陆城门塔楼矗立，夜间关闭。

在黎牙实比的规划和建设下，这座位于西靠马尼拉湾、北临帕西

---

① ［法］O. 格尔格：《殖民时代的城市》，第59、46页。
② ［英］A. 奥索里奥：《打造利马：秘鲁南海大都市的巴洛克现代性》，第13—14页。
③ ［英］V. 福莱瑟：《征服与建筑：秘鲁总督区的建设，1535—1635年》（V. Fraser, *The Architecture of Conquest: Building in the Viceroyalty of Peru, 1535—1635*），剑桥大学出版社2009年版，第39页。

格河的城市也有一座主广场（Plaza de las Armas），城市布局为网格状。① 主广场周围是最重要的建筑，有最高法院、税务机构（Aduana）、总督府（1863年被毁）、市政厅（Cabildo）、皇家财库（Real Hacienda）、军械库、大教堂。城市西北部还有一座小的军事要塞，是西班牙人从当地穆斯林手中夺取的，16世纪末木质结构被石制建筑所取代。② 总督府仿照西班牙殖民城市风格，两个庭院均设有凉廊。这里不仅住着总督及其家人，还住着部分官员以及负责总督安全的火绳枪手。③ 马尼拉市内有大量的木制房屋，1583年大火后为石制建筑所取代。④ 根据编年史家巴托罗缪·莱托纳（Bartholome de Letona）1662年的记载，马尼拉街道非常美丽、宽敞、对称，就像墨西哥城和普埃布拉，主广场宽大对称，东边是大教堂，南边是总督建筑，北边是市政厅和监狱等。虽然1645年到1658年的大地震毁坏了这座城市，但是基本结构并未改变。⑤ 在西班牙帝国的统治下，其分布在全球的城市形成了一些共同的特征。

首先，从城市的形态上来看，这三座城市非常相似，都体现了网格状的城市布局，其中都有主广场，广场周边建有教堂和行政官邸，而且有大道贯穿城市，组织起有规则的道路网。这种城市布局通行于西班牙帝国各城市，在当时留下来的许多城市地图和图像中都可以看出。就广场而言，意大利的与美洲的有较大差异，欧洲城市的中心广场的经济职能没有像美洲的那么集中在主广场上，而是分散在多个广场，甚至集中在道路两旁。欧洲广场是封闭的，美洲广场是开放的。而且，欧洲广场规模远远不如美洲广场那么大。⑥ 东南亚城市一般没

---

① ［西］V. 明格斯等主编：《绝对王权时期的城市：15—18世纪欧洲和美洲的艺术、城市化与壮丽风格》（V. Minguez, et al., eds., *Las Ciudades del Absolutismo: Arte, Urbanismo y Magnificencia en Europa y America durante los siglos XV - XVIII*），海梅一世大学出版社2006年版，第365—366页。
② ［英］S. 费舍：《马尼拉—阿卡普尔科大帆船：太平洋上的珍宝船》，第66页。
③ ［英］W. L. 舒尔茨：《马尼拉大帆船》，第34页。
④ ［西］V. 明格斯等主编：《绝对王权时期的城市：15—18世纪欧洲和美洲的艺术、城市化与壮丽风格》，第367页。
⑤ ［英］S. 费舍：《马尼拉—阿卡普尔科大帆船：太平洋上的珍宝船》，第71—72页。
⑥ ［法］O. 格尔格：《殖民时代的城市》，第51—52页。

有大型广场，而是以宫殿、城堡、清真寺或佛寺以及集市作为城市的中心。① 这也是为何马尼拉内城与城外的华人区和日本人区有很大不同，外来者规划的内城从一开始就设计出规则的城市和广场。

之所以会出现这种城市形态，是与13世纪以来的欧洲新城建设实践有着很大关系。法国西南部、德国东部、西班牙都出现了大量新城，14世纪时，西班牙瓦伦西亚的方济各会士艾克希米尼克（Francesc Eiximenis）根据阿拉贡王国新城建设的实践还做了理论总结，在其《基督教十二书》（Dotzè del Crestia）当中提出基督教的理想城市，即矩形、两条轴线垂直相交于中心广场，周围是凉廊。这种城市模式对美洲的影响较大。② 到15世纪，意大利率先发展出一批新式城市，如皮恩扎、乌尔比诺、费拉拉等，强调几何规则的广场在城市中的重要地位。这些传统深刻影响了后来的西班牙帝国，其在殖民地和本土都打造了新式城市空间。这种几何状的理想城市类型所体现出来的权力色彩正是西班牙帝国所需要的。但是从空间上看，这些影响又不都是从欧洲到美洲和亚洲。文艺复兴城市规划思想直到16世纪下半叶才在西班牙流行，经过胡安·埃拉拉、莫拉叔侄等城市规划家的努力，马德里的城市空间被大大改变，逐渐产生以矩形的主广场为中心、中轴线道路贯穿城市东西的城市形态。这种新的城市样式与西班牙本土的中世纪城市传统大为不同，譬如，故都巴利亚多利德就没有宽敞的中心广场和笔直的中轴线街道，而是体现中世纪西班牙曾经受到过的伊斯兰文明的影响：道路蜿蜒曲折，缺乏开阔的公共空间。马德里的建设为西班牙城市建设开辟了一条新的道路，对后世的欧洲城市发展影响甚大。而这时期美洲城市均已建造起来，马德里的建设发生在那不勒斯、利马之后，甚至与马尼拉同时期，这种时间差体现了此种城市风格源头的多样性。③

---

① ［英］尼古拉斯·塔林主编：《剑桥东南亚史》第1卷，贺圣达等译，云南人民出版社2003年版，第389页。
② ［法］O. 格尔格：《殖民时代的城市》，第54页。
③ 关于这种城市格局的流传模式，笔者在《米兰—马德里—墨西哥城——西班牙帝国的全球城市网络》（《世界历史》2017年第3期）一文中曾经做过论述，探讨了该种城市模式的欧洲根源和美洲影响。

其次，这三座城市都体现了防御性设施的增强，新式堡垒成为重要的标志性景观。出于对奥斯曼帝国和北方法国人的提防，那不勒斯这时期的城市建设增强了城市防御功能，城墙得到了前所未有的加强。在佩德罗·托莱多时期，城市的防御体系变得连续，他将城墙和海岸的优势结合起来，增强了圣埃莫堡、蛋堡、新堡、卡尔米内堡几个防御要塞，尤其是圣埃莫堡和新堡正好围成了一处驻军区域，即"西班牙区"。在马尼拉，到16世纪末，行政长官达斯玛里纳（Gomez Perez Dasmarinas）仿照美洲的哈瓦那和卡塔赫纳模式在城市周围建造城墙和堡垒，墙体上还架有青铜炮。因为这时期葡萄牙人经常攻击西班牙据点，荷兰人也占据了台湾，同西班牙的菲律宾为敌，故而城墙和堡垒被增建。在马尼拉湾入口处的港口城市卡维特（Cavite）还建有菲利普堡（Fort San Felipe），作为保卫马尼拉城的第一道防御。① 利马的城墙建设比较晚，一直到17世纪后半叶才开始，但其非常重视对卡亚俄港口的城墙和防御设施的建设。② 这一时期在西班牙经营的领地上均出现了竞争的加强，为了保障其商业和政治利益，西班牙帝国在建设城市时都会考虑都将其作为堡垒，增强军事性，这也是西班牙殖民城市的重要特征。

星形堡垒体现了西班牙帝国推动这种建筑类型在其殖民城市的应用。建造城墙的活动在帝国境内普遍存在，如16世纪40年代的安特卫普由皇帝查理五世下令建造了城墙，为了迎接1549年查理五世来访，凯撒利亚城门还被改造成凯旋门。③ 到16世纪，从欧洲开始出现了一种新型防御体系，其与中世纪的城堡和城墙不同，新式城墙更低更厚，有的是双层，有的是外面增建一座星形堡垒，或多处嵌以多边形棱堡。之所以出现这种革新，也是与当时热兵器的出现分不开的。为了抵御枪炮，城墙防御体系出现了深刻变革，从过去注重高度转而利用斜角和厚度。1564—1566年，在都灵城墙的一角由弗朗切斯

---

① [英] S. 费舍：《马尼拉—阿卡普尔科大帆船：太平洋上的珍宝船》，第67—69页。
② [英] J. D. 特拉西编：《城墙：全球视野下的城廓》（J. D. Tracy, ed., *City Walls: The Urban Enceinte in Global Perspective*），剑桥大学出版社2000年版，第125—126页。
③ [意] C. 孔福尔蒂：《文艺复兴晚期的城市》（C. Conforti, *La Città del Tardo Rinascimento*），拉台扎出版社2005年版，第8—10页。

科·帕乔托（Francesco Paciotto）建造了这种星形堡垒，紧接着在安特卫普就由同一个建筑师建造了同样的堡垒。这种类型的堡垒很快风行欧洲，那不勒斯的圣艾莫堡也是在这一时期建造起来的。① 这种新式城墙甫一出现，即被理论家们进行了总结并写进著作之中。欧洲以外的利马和马尼拉由于西班牙的引进也建起类似的防御设施。但是利马和马尼拉并没有专门的星形堡垒，而是在城墙上普遍建造棱堡。

再次，城市空间向海边集聚，形成港口城市，也体现了西班牙帝国作为海洋帝国的引力。西班牙帝国的许多其他城市亦是如此，如安特卫普、塞维利亚等。西班牙在中美洲和菲律宾诸岛屿建立的城市大都沿海而立，南美洲的利马也是取代了内陆城市库斯科而发展起来的。16世纪，随着地理大发现催生的大航海时代，许多城市都开始面向海洋，连一直处于内陆山区的佛罗伦萨在升格为托斯卡纳大公国首府之后也要在利沃诺建立港口，以跟上时代发展的步伐。许多沿海的城市更是经历了空间的变迁，从沿河内陆朝滨海区发展，建设船坞（Arsenal）。16世纪70年代，那不勒斯的新堡和蛋堡之间的圣露琪亚港区得以扩建，并且由工程师修建了船坞，计有12座拱门，扩建工程一直持续到16世纪末。② 位于马尼拉南边16公里、同在马尼拉湾的港口甲米地也是这样一个船坞，它既是与外界进行贸易往来的港口，也是对马尼拉城起到防卫作用的军港。③ 利马城西边滨海的卡亚俄港也是如此，推动了利马港口城市的发展。

最后，全球化也带来了城市人口的变化，人口来源多样化，出现了多元的聚居模式。在西班牙人建造的内城外围出现移民区域，形成多族群的城市生态环境。到美洲工作和生活的亚洲移民都被称作"中国人"（chino），以墨西哥城为最多，其次就是利马。根据1613年的一份统计资料，当时利马有114名亚洲人，其中38名是中国人和菲

---

① ［意］C. 孔福尔蒂：《文艺复兴晚期的城市》，第47—48页。
② ［意］C. 德塞塔：《意大利历史中的城市：那不勒斯》，（C. de Seta, *Le Città nella Storia d'Italia：Napoli*），拉台扎出版社1981年版，第133—136页。
③ ［西］建设部编：《1571—1898年的马尼拉：东西方的相遇》（Ministerio de Fomento, ed., *Manila 1571—1898：Occidente en Oriente*），马德里公共工程研究与实验中心1998年版，第63页。

律宾人，20名日本人，56名葡属印度人，还有马来人和柬埔寨人。① 但这也只是其中的一部分。利马的潘查卡米拉（Pachacamilla）区有大量非洲人，切尔卡多（Cercado）区在16世纪是来自高地的印第安人的居住区，马朗波（Malambo）区、阿齐（Acho）区、巴拉提约（Baratillo）区有大量混血居民居住在这里。② 马尼拉也是一个国际城市，来自世界许多地方的人都可以在这里见到，尤其是来自欧洲和亚洲各地的。根据17世纪初的记载，在当时庆祝圣徒罗耀拉的节日上，竟然有80个不同国家的人参加，虽然语言、肤色、习惯不同，但同为基督徒。③ 这些外国人不仅来此经商和游历，还都居住在城市里。其中有两大最集中的区域，即华人区和日本人区，④ 显示了这座城市的多元共生性。

与利马和马尼拉相比，那不勒斯没有多少来自欧洲以外的移民。但是，这座城市在近代早期经历了大规模的人口增长，其中工业人口的增加是重要因素。郊区和乡村的人口大量涌入城中，而其中相当大的一部分进入纺织行业，大概有4/5的那不勒斯工人以丝绸业为生。⑤ 纺织品的生产和印染工序也在那不勒斯市区发展起来，阿普里亚的羊毛和卡拉布里亚的丝织品被运到这里生产加工。城市政府支持行会，并且由商人通过广泛的家庭作坊分包进行生产。至今那不勒斯还有道路名为"呢绒行会路"（Via Arte della Lana），其街区正是当时纺织业集中的地方。16世纪上半叶，城内有70—100名呢绒业工人，有4000—10000名丝织业工人。在16世纪，那不勒斯的丝织业发展极其迅速，到1582年时，注册在簿的丝织业工人已达2万名。⑥ 这些

---

① ［美］R. C. 马丁：《前往新西班牙的亚洲人："全球化"初期（1565—1816年）墨西哥的亚洲文化与移民潮》，第133—134页。
② ［美］A. 奥索里奥：《打造利马：秘鲁南海大都市的巴洛克现代性》，第18—19页。
③ ［美］A. 吉拉尔德兹：《贸易时代：马尼拉大帆船与全球经济的开始》，第84页。
④ ［英］R. 里德：《殖民时期的马尼拉：西班牙城市化与形态变迁的背景》，第52—59页。
⑤ ［法］F. 布罗代尔：《菲利普二世时代的地中海和地中海世界》，商务印书馆1998年版，第497—498页。
⑥ ［意］L. 德罗萨：《16—17世纪那不勒斯王国的去工业化》，范德伟主编：《意大利和低地城市工业的兴衰》，第121—134页。

来自近郊的劳工使城市里的人口构成相当多元化。

综上所述，三座文化背景各不相同的城市在布局和结构上表现出趋同这一现象，体现了西班牙帝国在海外对殖民地城市的空间塑造。西班牙将欧洲城市化的经验带到了世界许多地区，催生了防御性城市、港口城市、多元文化城市的同时出现，同时这也是西班牙帝国的全球化产物。

三 城市空间与帝国霸权的运行

西班牙帝国在全球殖民活动中不仅追求经济利益，还渴望实现对殖民地政治和文化上的控制。这种控制既通过规划和建造类似的城市空间实现，也通过打造帝国的"软实力"实现。后者包括规训城市中的人、举行仪式活动，等等，这些都是西班牙帝国对殖民地城市实施控制、建立霸权的工具。如何使殖民城市中的本地人放弃其本地传统从而接受宗主国的文化，是西班牙殖民者尤其想要实现的愿望。因此，建造一个有示范意义的城市，规训当地人，才能够达到长治久安，逐渐将殖民地变成西班牙帝国的真正领土。这也是为何不管是欧洲还是美洲、亚洲的殖民城市，西班牙人总会开发出一个独立的西班牙区，作为殖民者居住的地方。同时，通过城市建设、空间隔离等手段强化西班牙文化的优越性。

那不勒斯虽然是一座欧洲的城市，在城市结构方面与欧洲其他地方的城市并无太大不同，但是，西班牙区实际上形成了一个有别于本土城市文脉的空间，它所蕴含的文化是西班牙人强加给那不勒斯的。西班牙区不仅隔离于老城，既长且直的托莱多路和许多道路相垂直，构成大小一致的街区。而且，还有圣埃莫堡在其北边起到戍守功能。为了有效控制这个新城区，总督托莱多建造了圣埃莫堡，① 它与卡尔米内堡一道居高临下扼守着全部港湾和整座城市。② 在西班牙区的南边滨海

---

① [法] B. 贝纳萨尔、B. 文森特：《西班牙时代，16—17 世纪》（B. Bennassar, B. Vincent, *Le Temps de L'Espagne, XVIe–XVIIe siècles*），阿歇特出版社 1999 年版，第 206 页。

② [意] C. 孔福尔蒂：《文艺复兴晚期的城市》，第 51 页。

处，坐落着占地广阔的总督府，它所在的花园一边与新堡相连，另外三边沿着今圣卡洛（S. Carlo）路、普雷比席特（Plebiscito）广场和玛丽娜（Marina）路构成一个宽阔的空间，矩形的总督府就位于花园的西北角，并且带有两座具有防御功能的塔楼。① 总督府与圣埃莫堡一道成为西班牙区的屏障，也是西班牙人向那不勒斯本地人展示权力的空间。西班牙区以外部分的建设也服从于这一目标。在总督古兹曼·皮曼泰尔（Gaspar de Guzman y Pimentel）的支持下，建筑师方塔纳对城市杂乱的结构进行了重新规整，他开辟的新道路连接起总督府、港口以及蛋堡旁边的船坞，事实上有利于军队更快、更便捷地开进西班牙区，以保证西班牙人对城市的控制。② 西班牙还在那不勒斯引入卫生观念，重点治理供水系统，在公共空间建造大量喷泉，重新利用古代高架水渠，派专家对既有的水网进行改造，建造医院。③ 这些举措是为了展示帝国的优越性，从而对意大利南部地区产生示范作用，以巩固其统治。

在利马和马尼拉，西班牙人也建立了类似于那不勒斯西班牙区的城市，专门供西班牙人居住，以与本地人相隔离。在利马，西班牙人创设了让本地人集中居住的区域——集中传教区（reducción），1571年在城东建造的塞尔卡多（El Cercado）就是第一个。西班牙人强制性地安排附近经常到利马的印第安人居住在这里，由耶稣会监管并使其基督教化，这些区域的内部一般根据居民的出生地或所属族群隔离居住。④ 同时，西班牙人还努力打造自己所居住区域的神圣性。利马城的主广场是西班牙人展现权力的场所，国家和教会的力量都在这里体现。一种被称作皮科塔（Picota）的木石建筑被竖立在广场上，象征正义和司法，同教堂一道成为西班牙权力的象征，意味着秩序和正义。实际上，印加帝国时期就有将称作乌斯努（usnu）的石头竖立在

---

① ［意］C. 德塞塔：《意大利历史中的城市：那不勒斯》第118页。
② ［意］D. 德佩斯科、A. 霍普金斯：《17世纪的城市》，第122页。
③ ［意］C. 德塞塔：《意大利历史中的城市：那不勒斯》，第115页。
④ ［秘鲁］G. 拉莫斯：《安第斯山的死亡与皈依：利马和库斯科，1532—1670年》（G. Ramos, *Death and Conversion in the Andes: Lima and Cuzco, 1532—1670*），圣母大学出版社2010年版，第95页。

广场中心的习惯，以象征正义，西班牙帝国统治时沿用了这种做法。[①]在利马的建城过程中，教会权威与居民一起向神祈福，确定皮科塔在主广场的中心位置，然后再确定教堂的位置，竖立一个小十字架，其后确定市政厅的位置，固定市政会的人数。这个过程是为了使城市空间神圣化，并确立主广场和教堂作为公共空间在城市生活和对抗异教徒方面的功能。[②] 隔离空间和使广场神圣化都是西班牙帝国为便于统治和教化而采取的举措。

在马尼拉，西班牙人居住的城就是内城。对于城外的近万名本地人，其居住的地方也逐渐被西班牙人改造。在内城周围方圆十公里范围内的本地人社区，一般都建有中心广场、高大的教堂，还有一些西班牙风格的富人住宅和散落在各处的普通住宅。[③] 来到马尼拉的中国商人和日本商人的居住区在空间上也被隔离。到16世纪80年代，随着西班牙通过马尼拉加强与中国的贸易，数千名福建人进入马尼拉，被马尼拉当局安排在城郊的巴里安（Parian）区居住，紧挨着内城。这里也成为官方的丝绸市场，仅供中国工商业者居住。[④] 马尼拉当局还对华人进一步区分，将其分为基督徒华人和非基督徒华人。比农多区（Binondo）成为首个基督徒华人的区域，还有一些仅允许与菲律宾妇女结婚的基督徒华人以及他们的后代（mestizo de Sangley）居住的街区。这种空间分化方式体现了西班牙人的统治之道。对于巴里安华人区，西班牙人也是竭尽全力限制其发展。尽管华人数量非常多，但是被强制居住在这个有限的区域当中，而且不能随意随时进出，还要缴纳很高的税额。这也是防止对人数有限的西班牙人构成威胁。[⑤] 西班牙人希望使华人基督化，但是又不希望他们过于西班牙化，而是

---

① ［英］V. 福莱瑟：《征服与建筑：秘鲁总督区的建设，1535—1635年》，第59页。
② ［西］V. 明格斯等主编：《绝对王权时期的城市：15—18世纪欧洲和美洲的艺术、城市化与壮丽风格》，第104—105页。
③ ［英］R. 里德：《殖民时期的马尼拉：西班牙城市化与形态变迁的背景》，第60页。
④ ［西］M. 奥勒：《远航中国：从无敌舰队到马尼拉大帆船》（M. Olle, *La Empresa de China: De la Armada Invencible al Galeon de Manila*），阿坎蒂拉朵出版社2002年版，第233—234页。
⑤ ［美］B. 特雷梅尔—威尔纳：《西班牙、中国与日本在马尼拉（1571—1644年）：在地比较与全球联结》，第278—280页。

通过保持一定程度的空间隔离来强化其在马尼拉的统治秩序。对于日本人,马尼拉当局也将其局限在特定区域,即 1585 年建立的狄洛（Dilao）区,由于日本人与中国人都进行丝绸贸易,故而也邻近华人区。但是日本人与华人有很大不同,他们更加不服从管理,经常与西班牙当局发生冲突,故而该区甚至被西班牙人摧毁过。但到 17 世纪,西班牙人依然建起了三处日本人的聚居区,并利用方济各会对日本居民进行基督教化。①

当城市空间被改造和规整之后,西班牙殖民者要在这种空间中举行一系列仪式,通过展示权力的方式实现西班牙帝国对其殖民地城市的教化。在欧洲,广场既是商业活动和社会交往的场所,也是王室和教会进行仪式活动的舞台,广场等公共空间中的活动成为权力者向被统治者施加权威的重要途径。那不勒斯最接近欧洲传统,有广场作为仪式中心。美洲和亚洲原本没有广场、市政厅的概念,此时也被植入。在利马,欧洲的广场要素与当地作为仪式场所的大型广场结合。马尼拉缺乏公共空间,统治者只能分而治之。

在那不勒斯,每当西班牙国王及王室成员出生、婚礼和葬礼的时候,总督都会在那不勒斯举办各种仪式活动,包括携矛比武、斗牛、骑马互掷空心泥球。这些对抗性的武力比赛源自伊比利亚半岛上基督徒与摩尔人的长期对抗,因而带有强烈的西班牙特色。在哈布斯堡王朝统治西班牙时期,这些仪式流传到欧洲其他地区,尤其是西班牙统治的地方,与法国注重宫廷典雅礼节的仪式形成鲜明对比。西班牙的马术和斗牛等活动也流传到那不勒斯。从那不勒斯对西班牙式仪式的接受中,可以看出其与宗主国的关系。在重要的节日和节庆活动上,那不勒斯总督都会举办这些比赛仪式,表现出西班牙的文化霸权。对于这些舶来品,那不勒斯的贵族非常积极地接受。16 世纪末的作家将当时的那不勒斯贵族描述为自由的、豪放的、尚武的。西班牙的马术和尚武传统一直在那不勒斯占据重要地位,影响着当地贵族的品位和习惯,尤其是骑士精神。像那不勒斯的名门望族如卡拉法（Car-

---

① [美] B. 特雷梅尔—威尔纳:《西班牙、中国与日本在马尼拉（1571—1644 年）:在地比较与全球联结》,第 282—283 页。

afa)、卡拉乔洛（Caracciolo）、皮格纳泰利（Pignatelli）、桑格罗（Di Sangro）、托马切洛（Tomacello）等家族都积极参与这些比武活动，即使不亲自参与，也会作为观众在总督身旁高声欢呼。同法国的室内仪式和面向特定贵族人群不同，西班牙的仪式都是在室外露天举行，城市成为重要的舞台。而且，仪式都是面向大众的。根据当时的节庆手册，大众对于参与仪式一般有非常高的热情，积极参与斗牛仪式，亲自激怒公牛，甚至杀死公牛。那些将公牛杀死的人不仅不会受到惩罚，还会得到牛的尸体作为奖励。① 通过这种集体狂欢，那不勒斯总督帮助西班牙帝国巩固了对那不勒斯的统治，与当地的贵族和民众一道完成了盛会和仪式的表演。从此也可以看出那不勒斯对西班牙统治的支持和依附。

在利马，自从1542年设立秘鲁总督区起，利马的总督进城仪式也可以被视作西班牙帝国显示权力的方式。利马也想借此机会取代库斯科、确立在秘鲁的首要地位。秘鲁与墨西哥城的进城仪式不同，后者是从维拉克鲁兹登陆，一直走陆路，展现的是征服的顺序。而前者则要从卡亚俄港登陆，直接进入利马，以避免陆路需要的大量耗费。利马占有得天独厚的位置，是西班牙统治秘鲁的重要据点，由此超越内陆的库斯科逐渐成为秘鲁的首要城市，这也与进城仪式有很大关系。② 1544年第一任秘鲁总督在进入利马入职时，就在进城处建造了一座凯旋门。1551年、1556年，第二、三任总督进城时也都建造凯旋门。③ 这种源自欧洲的仪式被带入殖民地城市，以显示殖民者的权力。总督进城仪式的举行地点在梅卡德雷斯街的凯旋门，位于利马城的蒙瑟拉（Montserrat）区，是从卡亚俄港进入利马城的门户。总督从这里经过，就意味着进入利马城，也象征着对利马城市的掌控。在仪式中，总督上任进城之前，先要在卡亚俄港作停留并狂欢，然后穿

---

① ［意］G. 瓜里诺：《17世纪那不勒斯的西班牙庆典》（G. Guarino, "Spanish Celebrations in Seventeenth-Century Naples"），《16世纪研究杂志》（*The Sixteenth Century Journal*）2006年第1期。

② ［美］A. 奥索里奥：《打造利马：秘鲁南海大都市的巴洛克现代性》，第59页。

③ ［西］V. 明格斯等主编：《绝对王权时期的城市：15—18世纪欧洲和美洲的艺术、城市化与壮丽风格》，第119页。

过利马的凯旋门前往城市中心的主广场。凯旋门由利马商人赞助修建，上面饰有银条，以显示利马城市的富裕和高贵。总督要在这里发誓，象征着他代表国王进入城市，接收这座城市。① 与其并行不悖的另一个层次就是针对当地人的教化。在特伦托会议之后，教廷加强了对海外的基督教化，而西班牙人成为推行这种教化的重要力量，基督教化也是巩固其殖民统治的重要工具。在利马，许多教区在城内外建立起来，在教区教堂旁边，西班牙人还建造了医院。这一切不仅是为了向本地人提供治疗和教育，还负责改变他们的生活方式并使其皈依基督教，更是为了进行社会控制，因为利马的医院主要控制在教会手中。②

西班牙人也利用类似的方法来控制马尼拉拥有多元文化和族裔背景的居民。那不勒斯作为欧洲城市，在文化上与西班牙有共通性，较为容易统治，但是菲律宾与欧洲传统全然不同。这里有亚洲人自己开创的传统，中国商人和日本商人有各自的聚集区域，本地人又分为许多种族群，以巴朗盖作为基本组织单位相互竞争。作为多元文化碰撞的亚洲枢纽，这里对于外来的征服者而言并不容易统治。再加上在亚洲，欧洲殖民地一般都是缩在有城墙的内城中，与当地人隔离开来，这种居住模式也限制了欧洲人对当地人的整体同化。在菲律宾南部，还有苏禄王国的穆斯林对西班牙殖民者充满敌视和排斥，他们通过争取本地人的民心同西班牙殖民者竞争，这些都增加了西班牙统治的困难。③ 在无法使用公共空间进行规训时，他们只能求助于教会，由教会通过城市分区进行基督教化。宗教改革时期，耶稣会在欧洲各地活动，尤其在城市中确立了自己的地位，在罗马、布拉格、安特卫普等大城市的中世纪街区中建造了宏伟宽敞的新式教堂。④ 在同时期的其他大洲，罗马天主教致力于增加在欧洲北部失去的教区，主要修会也

---

① ［美］A. 奥索里奥：《打造利马：秘鲁南海大都市的巴洛克现代性》，第62—66页。
② ［秘鲁］G. 拉莫斯：《安第斯山的死亡与皈依：利马和库斯科，1532—1670年》，第102—105页。
③ ［英］布莱尔、罗伯逊：《菲岛史料》（E. H. Blair and J. H. Robertson, *The Philippine Islands 1493—1803*）第5卷，亚瑟·克拉克公司1903—1909年版，第225页。
④ ［意］C. 孔福尔蒂：《文艺复兴晚期的城市》，第77—78页。

涌入殖民地城市活动，成为改造当地原有文化的重要力量。1573年，由于耶稣会和方济各会的活动，就已有菲律宾本地人的改宗。① 1579年，菲利普二世在马尼拉建造了第一个主教区，虽然此前已有奥斯定会进入，但由多明我会会士多明各·萨拉扎尔（Domingo de Salazar）担任第一任主教，隶属于墨西哥大主教。此后在其他地方也设立了一些主教区，马尼拉升格为大主教区，建有大教堂。② 在对当地人的传教中，修会起到了补充政府统治的效果，与当地人的交流更多，甚至进入村社当中建立修道院，并有王室政府的资助。③ 许多当地村社也被改造成以教堂为中心的城镇。到16世纪80年代末，马尼拉城中有80名西班牙人，除了大教堂和主教宫的数十名教士，奥斯定会修道院有七八位修士和众多其他预备神职人员，并有几处房产；方济各会修道院有4位修士和近20位其他神职人员；耶稣会则共有5位神职人员。④ 这些修士全部来自西班牙或那不勒斯，⑤ 其目标是协助帝国的统治。由此也可见帝国内部人员所具有的流动性。

从三座城市的情况可以看出，城市空间整合是一种非常重要的凸显权力和控制臣民的统治方式，不管是在欧洲还是美洲和亚洲，西班牙的城市建设都与教化有关，通过城市改造体现统治的合法性，建筑和仪式都可以作为帝国权力的隐喻。当然，帝国对不同地区也采取因地制宜的方式进行管理，譬如，那不勒斯历史上有较强的来自其他国家的影响，故而采取建造新区和输出西班牙文化的方式；美洲在历史上就特别注重服从国王权威和仪式活动，故而在利马借用一些权威性符号和象征性方式强化帝国力量；而亚洲的多元文化背景则使其在马尼拉通过加强城市空间隔离，采取分而治之的手段。这些都体现了西班牙帝国利用空间进行规训的统治策略。

---

① ［英］布莱尔、罗伯逊：《菲岛史料》第3卷，第185页。
② ［英］布莱尔、罗伯逊：《菲岛史料》第4卷，第120—123页。
③ ［英］布莱尔、罗伯逊：《菲岛史料》第4卷，第142页。
④ ［英］布莱尔、罗伯逊：《菲岛史料》第7卷，第32页。
⑤ ［英］唐纳德·拉赫：《欧洲形成中的亚洲》第1卷第1册上，人民出版社2013年版，第373—374页。

四 结语

在近代早期，西班牙帝国所开启的一种新的跨洋贸易推动了此后的全球化发展，尤其在全球范围内塑造了一批带有其显著特征的城市类型。商品、资本、思想等要素的自由流动，在帝国的框架内改变着一切碰触到的地方。一方面，城市被置于由帝国创建的海外贸易网络中，成为商品和资本流通的驿站，白银、纺织品在美洲和亚洲之间流动，甚至也影响到欧洲的城市经济。另一方面，西班牙帝国对殖民地的城市进行改造，代表西班牙帝国权力的总督和行政长官们按照帝国中枢的意愿改造城市空间，将帝国的意志强加到城市空间中，改变着殖民地城市，使其成为体现"日不落帝国"辉煌的舞台。那不勒斯、利马、马尼拉都受到了这种早期全球化力量的影响，其在近代早期城市地位的变化和空间变迁，事实上都是西班牙帝国主导下的结果，也是西班牙帝国与全球范围内不同国家和文化碰触的结果。

如果我们对西班牙帝国的城市空间策略进行更深入的思考，就会发现帝国也起到了传播媒介的作用。在帝国的城市化进程中，欧洲城市化的经验被带到殖民地，用于建设和改造殖民地城市，正如棋盘格状布局和中心广场的城市特征被带到与西方城市传统不同的美洲和亚洲。这种传播使 16 世纪出现了世界范围内的新型城市化。同时，西班牙帝国也致力于重塑城市空间，目的是使被统治地区同化于西班牙，特别是通过空间隔离和举行仪式的方式巩固统治秩序。无论在欧洲还是美洲和亚洲，这种空间规则都畅通无阻。殖民者还通过空间的建构规训被统治者，强化帝国控制和帝国认同，从而有助于其利益的攫取以及经济的全球化，这在近代早期的全球化过程和帝国时代是一个普遍存在的现象。

在人类学等社会科学的影响下，在亨利·列菲弗尔、大卫·哈维等学者的推动下，现在的城市史研究注重空间视角，着力于探讨城市景观生成和城市改造背后的政治和经济要素，空间的生产机制成为城市史的研究目标。① 在全球化和全球史盛行的今天，对城市的研究也逐渐过渡到全球流动和交往方面，全球化空间成为当下的热点。因此，我们考察城市也应当引入全球联系和互动的视角，近代早期西班牙帝国在全球范围内进行的城市建设有秩序和权力的考量，帝国与其殖民地的等级关系也由此而建立。② 城市空间的变迁实际上体现了统治者的权力和控制，当欧洲的城市模式向全球扩张时，这种通过空间以加强统治的方式也被应用到了广阔的殖民地，使世界各地的城市在全球化浪潮中趋于一致。此外，帝国也采取了因地制宜的策略，这体现在其全球性城市的空间特征中。这种微观与宏观并重的空间方法可以辅助我们考察早期全球化时代的帝国史以及现代世界城市体系形成的根源。

（原载《世界历史》2019年第1期；朱明：华东师范大学历史学系副教授。）

---

① ［美］安杰伊·齐埃利涅茨：《空间和社会理论》，苏州大学出版社2018年版，第64—136页。

② 苏布拉曼亚姆建议用联系的方法超越比较的方法，他认为这种联系哪怕非常脆弱，也能让我们看出东西方发展的相似性以及穿梭在世界网络中的思想要素，如此才能真正打破西方的话语体系在东西方之间人为建构的藩篱。参见［印］S. 苏布拉亚姆《联系的历史：反思近代早期的欧亚世界》（S. Subrahmanyam, "Connected Histories: Notes towards a Reconfiguration of Early Modern Eurasia"），《现代亚洲研究》（*Modern Asia Studies*）1997年第3期。

从挂毯图像到性别史研究
——浅析15—16世纪法国挂毯艺术中的女性新形象

汤晓燕

摘　要：挂毯艺术在欧洲曾一度极为兴盛，在文字材料相对匮乏的女性史研究领域，是不可多得的重要材料。从法国国立中世纪博物馆以及卢浮宫现存的挂毯藏品来看，中世纪晚期、文艺复兴早期，法国挂毯中的女性形象相较之前的其他女性图像资料而言，已经发生了非常明显的变化。不仅题材从宗教教义开始向日常生活场景蔓延，并且女性在其中占据的位置也相应发生重要转变。此外，挂毯还着力表现幸福美满的两性关系。在此背后，是整个欧洲在文艺复兴的人文主义思潮背景中对尘世生活的观念发生了转折性的变化，性别观念也随之发生显著变更。

关键词：文艺复兴早期；挂毯艺术；图像；贵族女性；性别观念

一　以挂毯图像进行性别史研究的尝试

在传统史料中，关于女性的资料呈现出量少且散乱的整体状况，因此，近年来，女性史研究日益重视档案材料以外的其他资料，如小说、戏剧、期刊乃至各类图像。笔者发现，中世纪晚期至文艺复兴早期的挂毯艺术中亦存在大量女性形象，这是非常值得深入分析研究的图像资料。在中世纪晚期和文艺复兴早期，挂毯作为一种装饰工艺品受到王公贵族们的热烈追捧，它的重要性超过其他任何艺术门类。但到文艺复兴晚期以及 17 世纪巴洛克时期，由于画家们在绘画技巧及改进颜料技术方面的长足发展，挂毯在实际装饰作用中的重要地位逐渐被大型油画所取代。这就不难理解史学界为何对古代挂毯研究始终欠缺足够的关注。① 19 世纪晚期和 20 世纪初，有少数艺术史家对古代挂毯做了初步的整理研究工作。② 近年来，这一状况略有改变。研究者主要研究挂毯的工艺传承、行业发展、地区特色或是订购者与制作者之间的销售网络等方面，③ 但涉及挂毯内容主题方面的分析，除《贝叶挂毯》这类赫赫有名的作品吸引了众多目光外，其余尚不多见。而对于其中的女性主题，更像是一个几乎无人涉足的"秘密花园"。更重要的是，曾有研究中世纪晚期文艺复兴早期女性图像的学者认为，该时期表现两性对等交流、展现男女真正情感的图像非常罕见。④ 通过对挂毯图像中女性新形象的分析研究，或许可以对此观点做出补充修正。

本文依托笔者赴巴黎克鲁尼博物馆、卢浮宫以及英国维多利亚与阿尔伯特博物馆等地，拍摄收集的该时期挂毯藏品图像为基本资料，尤以法国地区挂毯为主（鼎盛时期的挂毯艺术以法国生产为最佳⑤），就其中呈现的女性形象做一简单梳理。尝试分析这一历史时期，挂毯中女性形象出现的新变化以及造成这些变化的审美倾向与思想观念的

---

① Jules Guiffrey, *Histoire de la tapisserie: depuis le Moyen Âge jusqu'â nos jours*, Tours: Editeurs Alfred Mame et fils, 1886, Introduction; Thomas P. Campbell, *Tapestry in the Renaissance: Art and Magnificence*, New York: Metropolitan Museum of Art New York, 2013, p. 5.

② Thomas P. Campbell, *Tapestry in the Renaissance: Art and Magnificence*, New York: Metropolitan Museum of Art New York, 2013, p. 10.

③ 下述文献中均提到目前对于古代挂毯历史研究的不足：Achille Jubinal, *Les anciennes tapisseries histories ou colllection des monuments les plus remarquables*, Paris: l'éditeur de la Galerie d'armes de Madrid, 1838, préface; Louise Roblot - Delondre, "Les sujets antiques dans la tapisseries", *Revue Archéologique*, Cinquième Série, T. 5, Janvier – Juin 1917, pp. 296 – 309; Joëlle Carlin et Amandine Gaudron, *La tapisserie au musée de Cluny: dossier enseignants musée de Cluny*, Paris: Musée de Cluny – musée national du Moyen Âge, 2012, p. 43。

④ Christa Grossinger, *Picturing Women in Late Medieval and Renaissance Art*, Manchester and New York: Manchester University Press, 1997, p. 62.

⑤ 当时法国阿拉斯（Arras）以生产高质量挂毯而著称，阿拉斯这个地名几乎等同于挂毯一词。See Meyric R. Rogers, "Five Centuries of French Tapestries", *Bulletin of the Art Institute of Chicago (1907 – 1951)*, Vol. 42, No. 3, Mar. 1948, pp. 30 – 36.

更新。本文也是以图像资料为切入点开展女性史研究的一次试验。

首先，需要指出的是，在15—16世纪的欧洲等级社会里，不同阶层的女性状况迥异。而不同的图像作品因其制作成本、流通渠道以及受众的差异，导致其中的女性形象存在着不小的差别。挂毯艺术的主要消费群体多为王公贵族或者非常富裕的商人大家族，所以挂毯中的女性形象多为贵族阶层女性，较少涉及中下层妇女。虽然后者也会出现在一些大型挂毯上，但从整体数量而言，仍较前者为少。① 且这些经过艺术家美化的、出现在上流社会装饰艺术中的劳动女性形象，与当时中下层女性真实生活状况之间的差距也更为遥远。所以本文暂且搁置其他阶层的女性形象，而专注于贵族女性的形象。

其次，从艺术种类来看，中世纪晚期至文艺复兴早期，表现人们日常生活场景尤其以女性为主角的场景的艺术作品并不多见。当时还没有盛行油画艺术，上流社会所传阅的不过是一些小型插画作品，如圣经故事或者是流行文学中的插页以及王公贵族个人所有的年历画。而挂毯几乎是当时唯一在较大范围内生产和流传的工艺作品，而恰是在挂毯上，笔者发现了大量不同于中世纪传统的女性新形象（其他小型插画中也有少量出现，下文会提及），这就使得挂毯提供的这类图像资料弥足珍贵。然而，早期挂毯作品很少署名更不会标注具体的制作日期。② 除了少量挂毯行会从业者（挂毯织工被称为 tapissier）名单之外，至今也未能找到工坊制作的挂毯清单。③ 这也是为何不少研究挂毯的艺术史文章几乎都在考证某张挂毯的订购者、制作者（或制作工坊）及其收藏流传的经过。虽然本文不考证这些艺术史上的细节问题，只关注该时期挂毯艺术中的图像问题，但关于艺术作品自身资料的缺失无疑会给研究工作带来不小的困难。例如，很难确切了解订

---

① 这一点与同时期的插画情况相类似，关于贵族女性的插画在数量上远多于普通阶层女性。关于后者的形象，可参见 Martha W. Driver, "Mirrors of a Collective Past: Reconsidering Images of Medieval Women", in *Women and the Book*, edited by Jane H. M. Taylor and Lesley Smith, London: The British Library and University of Toronto Press, 1996, pp. 75 – 90。

② Jules Guiffrey, *Histoire de la tapisserie: depuis le Moyen Âge jusqu'à nos jours*, Tours: Editeurs Alfred Mame et fils, 1886, p. 61.

③ Louise Roblot – Delondre, "Les sujets antiques dans la tapisserie", *Revue Archéologique*, T. 5, Janvier – Juin 1917, pp. 296 – 309.

购者的身份，更无法了解他/她订购该作品的意图，这难免会导致一些谬误。

最后也是最重要的，就内容而言，不论是文学作品还是图像艺术的女性形象，都与现实中的女性社会生活状况有较大距离甚至相背离。这一点已被研究者注意。① 例如中世纪晚期，欧洲城市中经常上演各类家庭生活喜剧，剧目内容往往是愚笨的丈夫如何被狡黠的妻子伙同情人蒙骗耍弄。16世纪上半叶，还流传着许多妻子背着丈夫与人私通的市井小故事。② 但事实上，根据现存法庭案例显示，当时有婚外关系的男性数目远远大于女性。那么该类喜剧表演或者相同主题的小故事，实际上并不能证明当时的女性在婚姻关系中享有更多的掌控权，需要研究者去探究为何恰是这类"反常"的家庭喜剧迎合了当时观众的审美趣味。同理，中世纪晚期和文艺复兴早期法国挂毯艺术中的女性形象也不是现实生活的真实写照，更多的是艺术家依据订购者或者市场的喜好所进行的一种创造。

有研究者认为，16世纪的女性图像中开始出现一些与中世纪不同的、具有某种现代意义的有关女性的套话与模式，这一模式甚至延续至今。③ 所以，本文并非试图通过挂毯艺术来再现文艺复兴时期欧洲女性的整体状况。而是从表象史与性别史相结合的角度，尝试回答，为何在这个特定历史时期，挂毯上的贵族女性形象出现了新的因素和变化？这些新因素的出现与时代背景及时代氛围有何联系？新形象背后蕴含着什么样的思想观念？是什么样的整体文化生产出这类新形象？那么，即便这些贵族女性形象最终只是当时男性构建和塑造的理想女性形象，但是通过分析与阐释这些挂毯图像，从而理解该时期男性对女性和两性关系的认知与态度，乃至理解这个时代特有的观念与情感特质而言，无疑是一个不错的切入点。

---

① Maite Albistur, Daniel Armogathe, *Histoire du feminisme français: du Moyen Âge à nos jours*, Paris: Des Femmes, 1977, p. 36.
② Pierre Darmon, *Femme, repaire de tous les vices: Misogynes et feminists en France (XVIe – XIXe siècles)*, Paris: André Versailleéditeur, 2012, pp. 326 – 329.
③ Sara F. Matthews Griec, *Ange ou Diablesse: La représentation de la femme au XVIe siècle*, Paris: Flammarion, 1991, p. 14.

当然，挂毯艺术中出现新的女性形象，很有可能存在着其生产、销售或者流通因素等艺术史方面的原因。由于笔者有关挂毯艺术方面的知识底蕴还远远不足，所以仅将此作为跨学科研究的尝试，给出的解释只是从性别史的角度来论证性别观念的更迭或许会影响某一时期艺术作品中的人物形象，疏漏之处还望专家指正。

二 挂毯艺术及其中的女性形象

在大型油画出现之前，挂毯在欧洲宫廷或者教堂里，是比油画、壁画和雕塑更受欢迎的装饰艺术。挂毯行业是一种比较晚近的工艺门类，直至14世纪中叶才在欧洲出现规模性生产作坊。但与当时其他艺术种类相比，挂毯强烈的装饰性及其便于流动运输的特点，使之到中世纪晚期，已成为欧洲王公贵族府邸中必不可少的装饰物，也是国家地区之间外交活动中的昂贵馈赠物。文艺复兴至宗教改革时期，法国巴黎、阿拉斯以及布鲁塞尔等地区的挂毯行业都极其兴盛。[1] 法国更是被称为该时期挂毯艺术的"摇篮"[2]，许多挂毯商人富甲一方。[3] 由于挂毯工期长、工艺复杂，所用材料不仅有羊毛、丝绸，很多时候为了制造富丽堂皇的效果，甚至织入金银丝线，所以造价极其昂贵。因而，对于当时欧洲的君主或大贵族而言，挂毯尤其是大型系列挂毯，是他们最钟爱的用以彰显其权威与荣耀的收藏品。[4] 质量最上乘的挂毯往往是王家作坊专为国王们定制，一代代在王室中传承。[5] 法国勃艮第公爵有6名挂毯保管官及12个助手，来共同管理他拥有的

---

[1] Josephe Destrée et Paul Van Den Yen, *Tapisseries des Musées Royaux du Cinquantenaire à Bruxelles*, Vromant & C°: Impromeurs Éditeur, 1910, p. 11.

[2] Jules Guiffrey, *Histoire de la tapisserie: depuis le Moyen Âge jusqu'à nos jours*, Tours: Editeurs Alfred Mame et fils, 1886, pp. 7 – 8.

[3] Thierry Dufrêne, "La tapisserie de haute lisse à Paris et la question décorative (XVIe siècle)", *Revue d'histoire moderne et contemporaine*, T. 37e, No. 1, Jan. – Mar., 1990, pp. 88 – 107.

[4] Thomas P. Campbell, *Tapestry in the Renaissance: Art and Magnificence*, New York: Metropolitan Museum of Art New York, 2013, p. 3.

[5] Louise Roblot - Delondre, "Les sujets antiques dans la tapisserie", *Revue Archéologique*, T. 5, Janvier – Juin 1917, pp. 296 – 309.

挂毯。① 1528年，英王亨利八世订购的一幅挂毯价值1500英镑，相当于当时一艘战舰的价格或者是王国里最富有的公爵的全年收入。在他的财产清单中，挂毯数量达到2700幅之多。②

既然在中世纪晚期和文艺复兴早期，挂毯是比绘画艺术更重要、更流行的装饰艺术，那么关注当时受欢迎的挂毯主题，无疑可以了解那个时代人们的审美趣味以及决定这些审美倾向的思想观念。挂毯的主题从出现伊始，就可分为两大类：世俗与宗教。前者的订购者多为贵族宫廷或私人宅邸，后者则多为教堂。世俗主题又分为3类：首先是关于古典神话或传奇故事。其次是表现古代君王的丰功伟绩、战役或者狩猎场面，像亚历山大、西皮翁、恺撒等人物形象经常出现在16世纪晚期的挂毯上。③ 最后则是道德劝诫场景或者文学主题，或表现异国风情或展示田野风光。或许寓意式主题也可归在最后一类中。④ 这3类主题也会以不同的排列组合出现。例如，有些挂毯会以古典神话人物的方式来表现订购者本人或其家族的荣耀。宗教类的主题则主要展现《圣经》故事，如《耶稣受洗》《耶稣受难》《最后的审判》等，或者是刻画订购者的护佑圣人形象。有研究者认为，最早的人物肖像图也是以挂毯形式诞生。不过，在本文所关注的时间段中，真正刻画表现对象个人特征的挂毯尚未出现。⑤

就本文所关心的议题而言，当时有女性人物出现的挂毯主要为3类。第一类是寓意图。在这一类型中，最鲜明的特点便是很少有真实的女性作为画面主要形象呈现，相反有很多抽象概念，比如"骄傲""奢侈"

---

① Jules Guiffrey, *Histoire de la tapisserie: depuis le Moyen Âge jusqu'à nos jours*, Tours: Editeurs Alfred Mame et fils, 1886, p. 75.

② Thomas P. Campbell, *Tapestry in the Renaissance: Art and Magnificence*, New York: Metropolitan Museum of Art New York, 2013, p. 4.

③ 关于挂毯主题，参见 Josephe Destrée et Paul Van Den Yen, *Tapisseries des Musées Royaux du Cinquantenaire à Bruxelles*, Vromant & C°: Impromeurs – Éditeur, 1910, p. 15; Meyric R. Rogers, "Five Centuries of French Tapestries", *Bulletin of the Art Institute of Chicago (1907 – 1951)*, Vol. 42, No. 3, Mar., 1948, pp. 30 – 36.

④ Joëlle Carlin et Amandine Gaudron, *La tapisserie au musée de Cluny: dossier enseignants musée de Cluny*, Paris: Musée de Cluny – musée national du Moyen Âge, 2012, p. 6.

⑤ A. A. Polovtsoff and V. E. Chambers, "A Tapestry Portrait of Princess Dashkoff", *The Burlington Magazine for Connoisseurs*, Vol. 34, No. 195, Jun., 1919, pp. 243 – 247.

"死亡"等典型的中世纪概念都会以女性形象出现。维多利亚与阿尔伯特博物馆中收藏的一幅名为《永恒战胜死亡》的挂毯中,"死亡""时间""永恒"3个概念均由女性形象表现。这3名女性的形象,无论是样貌还是服饰,都大同小异,只是在她们头顶上方各以不同拉丁铭文表明不同的象征寓意。克鲁尼博物馆收藏的一幅名为《七艺之算数》的挂毯中,位居画面中央的女性便是"算术"的化身。著名的《美女与独角兽》系列挂毯实则也可归入这一类型,但它的情况比较特别,后文将具体提及。潘诺夫斯基在其《图像学研究:文艺复兴时期艺术的人文主题》中提到的两幅佛罗伦萨挂毯《纯洁图》和《花神》,也属于这类寓意性质。[①] 总体而言,用女性形象代表抽象概念只是中世纪惯用的象征手法,与真实女性之间毫无联系。第二种类型是宗教场景,如藏于卢浮宫的《最后的审判》挂毯中的多位女性形象。宗教类型中尤以表现圣母形象为多,《圣母领报》《圣母加冕》等主题反复出现。或者是女圣人的故事,如圣安娜等人物。除却上述宗教或寓意类型的挂毯中有可能出现虚构的女性形象占据画面主要位置之外,其余挂毯中,无论哪种类型,女性形象总是处于附属地位,其形体也较为渺小,本文暂且忽略。挂毯中女性形象的这两种类型,也可在同一时期的其他图像作品中寻到证据。例如,教堂玻璃镶嵌画上的女性往往是圣母故事中的人物角色,手抄本的插画中亦有不少表现女圣人的虔诚或善心。[②] 而本文关注的是第三种类型,即15世纪下半叶至16世纪初出现的表现贵族女性日常生活的这一类挂毯。这类挂毯或以描绘女性活动为主,或展现男女都参与的贵族活动。

首先来看克鲁尼博物馆中所藏6幅题为《领主生活》的系列挂毯,分别为《刺绣》《散步》《阅读》《文雅场景》《出猎》《沐浴》。这组大约成品于1500—1520年前后的挂毯,基本已经放弃了中世纪热衷的隐喻式构图,而用简洁的构图方式专注于表现日常生活场景。除了《出猎》是以男性为主之外,其余5幅的主要人物均为女性。在当时盛行的"繁花"(mille fleurs)背景的映衬下,画面中的主人公穿着16世纪初的典型

---

① [美]欧文·潘诺夫斯基:《图像学研究:文艺复兴时期艺术的人文主题》,戚印平、范景中译,上海三联书店2011年版,第80—81页。
② Christa Grossinger, *Picturing Women in Late Medieval and Renaissance Art*, Manchester and New York: Manchester University Press, 1997, pp. 20–36.

服饰，或与女伴一起在草地上刺绣，或舒适地坐在椅子上倾听侍者朗读，或与家人在树林里悠闲散步。既不再出现圣人圣母题材中常见的日月星辰、楼宇殿堂，也没有那些以人格化形象出现的抽象概念。画面以自然景物烘托着人物的活动，洋溢着舒缓宁静的氛围。卢浮宫中所藏的数幅16世纪早期表现贵族女子生活场景的挂毯，如《乡间音乐会》《游乐图》和《采摘》等，与此有异曲同工之妙。

又如，在英国伦敦维多利亚与阿尔伯特博物馆中，藏有一幅《捕捉天鹅与水獭图》（图1，1430—1440年）。画面描绘了贵族带着众多仆役一起捕捉天鹅、水獭和熊的场景。人物多达30余位，而其中女性人物占据了半数以上。从人物的服饰及形体来看，这些女性应该都是领主妻子或者家人。因为她们不仅衣着华丽，且明显要比画面上的仆役形象高大许多。美丽的夫人们身着色彩斑斓的衣裙，梳着当时流行的"蝴蝶型"发髻，披着精致的头纱。有的与领主携手驻足旁观，有的则正接过仆人递过来的天鹅。画面右下方，更有一名身着白色刺绣长裙的年轻女子，与身边的男性一样，自己手牵一头体型高大的猎犬等候在动物的巢穴外。另有一幅《猎鹿图》（图2，1440—1450年），

图1　《捕捉天鹅与水獭图》　　　　图2　《猎鹿图》

同样描绘了许多鲜衣华服的贵族女子在猎鹿的现场或围观或指挥或手执树枝亲身上阵。同一博物馆中还收藏了两幅几乎同一时期的《牧歌图》（图3，1500—1520年），画面中许多打扮成牧羊女的年轻女子，在田野上与同伴们笑逐颜开地玩游戏。从服装质地与发型头饰来看，这些女子应该都属于贵族阶层。

而在法国克鲁尼博物馆中有一幅名为《狩猎与牧羊女》（图4，1500年）的挂毯则更令人惊叹。画面中央是一位骑着高头大马的贵族女子，她一袭红衣，右手拉缰绳，左手托着猎鹰，后面跟着几位小跑着的侍从。画面后方另有一位蓝衣女子骑在白马之上，也是右手缰，左手鹰，英姿飒爽。虽然画面上也有骑马男子，但是无论从哪个角度观看，这两名骑行女子都是这场狩猎的绝对主角，也是这幅挂毯主要表现的人物。

图3 《牧歌图》

最著名的挂毯当属《美女与独角兽》系列。这6幅被收藏在克鲁尼博物馆的杰作制作于1500年前后，每幅挂毯上都是同一位年轻女子的形象。前5幅挂毯代表了人类的5种感官：视、嗅、听、触、味。而最后一幅挂毯，题名为《我唯一的渴望》（mon seul désir），意味深长。研究者对此众说纷纭。画面中的女子把所有的首饰放回盒子中，意味着她用自我意愿克制了各种感官愉悦，或者是暗示美好的灵魂或心灵的感觉可以统摄其余5种。也有研究者将此解读为对激情的渴望。从其抽象的道德意蕴来看，这组挂毯应与其他寓意类的同属一类。但是，本文关注的并非这组挂毯的特殊寓意，而是画中女性形象的特别之处。画中女子形象不再是此前那种生硬的程式化的姿态形体。与其他抽象人物形象完全不同，她表情生动、姿态优美，色彩艳

图 4 《狩猎与牧羊女》

丽的衣裙仿佛能随着她的动作而轻轻舞动。有研究认为，这位女子形象的原型是布列塔尼的安妮女王。在这 6 幅挂毯上共有 84 种植物与 19 种动物，使整个画面显得生机勃勃，栩栩如生的人物置身于一个充满世俗欢愉气氛的环境。[①] 与早期挂毯或者同时期依然以讲述圣经故事为主题的挂毯相比，在此类作品中，原先占据了画面上方重要位置的说明性铭文已经基本消失，增加了色彩斑斓的房屋、郁郁葱葱的树木、波光粼粼的溪流以及鲜花盛开的草地等自然元素，因此画面整体更接近现实中的真实场景。

概言之，此时的挂毯艺术出现了不少描绘贵族女性日常生活画面的场景，她们或为画面的主角，或与她们的男伴一起向人们展示着生活的安乐美好。她们一反以前挂毯中神情麻木、肢体动作僵硬的传统人物造型，面部表情生动自然，姿态优美，显现出美丽与温柔，充满

---

① 关于此组挂毯的解读，参见 Joëlle Carlin et Amandine Gaudron, *La tapisserie au musée de Cluny: dossier enseignants musée de Cluny*, Paris: Musée de Cluny – musée national du Moyen Âge, 2012, p. 9。

了女性魅力。加之文艺复兴早期的挂毯中大量流行以自然景观作为背景，于是呈献给观众的是一幅幅鸟语花香、生机勃勃的真实自然环境中的女性生活图景。

三　女性新形象与时代背景

女性史家早已指出，文艺复兴早期毫无疑问依然是一个父权制的社会，女性的社会、经济以及政治地位均无法与同一阶层的男性相提并论。当然，她们在那个时代的实际社会地位并非本文所关注的议题。但是，为何在这个时期，挂毯艺术中出现了新的女性形象，这是否意味着在社会历史环境对女性而言并没有发生巨大改变的情况下，一些关于"她们"的看法与态度发生了细微的变化？本文接下来的部分将从三个方面探讨挂毯中出现女性新形象的可能原因，它们分别是：更私密的使用场合与女性订购者，中世纪以来"典雅爱情"传统的影响以及最重要的——特定时代性别观念的嬗变。

首先，在分析当时有关女性的思想观念之前，应先从艺术史角度简单考察挂毯作为一种装饰艺术的某些特殊性。前文已述，挂毯兴起之际，主要用于王公贵族的府邸，这就与雕塑多用于装饰公共空间、玻璃镶嵌画主要用于教堂不同。因使用场合的不同，挂毯也有内容上的差异。在上流贵族住所的公共区域中，会有许多战争或神话题材的挂毯作为装饰，而在另一些较为私密的空间，使用的题材可能就更接近日常生活。有些挂毯只在重大节日或仪式上使用，例如收藏在佛罗伦萨的《瓦卢瓦系列挂毯》便是在亨利三世婚礼上使用的。[①] 而另一些则做日常使用。值得注意的是，后者在挂毯总数中占据的比例明显高于前者。[②] 由此可知，如今我们看到的，挂毯中大量出现新的日常生活场景，与当时其所使用的场合有着密切关联。因而，不难理解，

[①] Pascal-François Bertrand, "A New Method of Interpreting the Valois Tapestries through a History of Catherine de Médicis", *Studies in the Decorative Arts*, Vol. 14, No. 1, 2006 – 2007, pp. 27 – 52.

[②] Thomas P. Campbell, *Tapestry in the Renaissance: Art and Magnificence*, New York: Metropolitan Museum of Art New York, 2013, p. 24.

在更私密的空间里，尤其是贵族女性活动居多的场所，常常会装饰有表现温馨家庭氛围或者以爱情题材为主的挂毯。① 更重要的是，当时的挂毯订购者或者使用者中，许多就是贵族女性。始建于 1513 年的法国著名的"舍农索城堡"（Château Chenonceau）因其历代主人均为女性，故拥有不少女性题材挂毯藏品。凡尔赛宫的王后卧室里装饰的挂毯也均以女性为主题。因此，我们可以大胆假设：挂毯画面有女性新形象出现，最直接的原因或许与当时有不少女性定制或者使用挂毯有关。

现有研究结果可为这一假设提供不少证据。例如在弗朗索瓦一世统治时期，巴黎和枫丹白露的挂毯工坊就为弗朗索瓦一世的情妇们定制了许多挂毯。② 在亨利二世统治期间，枫丹白露的挂毯工坊制作了一组以狩猎女神戴安娜为主题的挂毯。人们发现画面中的女神所穿的长袍上绣着"H"与"D"两个字母，就是亨利与其最宠爱的情妇——普瓦捷的戴安娜——的名字的首字母。可见，这是专门送给后者的礼物。③ 勃艮第公爵夫人去世的时候，留下了 26 幅挂毯。从当时留存下来的挂毯清单中，我们可以看到，她订购的挂毯主题较多涉及女性形象。例如《守卫城堡的少女》《领主之女的婚礼》《爱之神：朱诺、帕拉斯和维纳斯》《喷泉与种植墨角兰盆栽的少女》等。④ 仅从这些标题中，就可以想象出这些挂毯多数应该是表现美丽的女性形象。另有许多贵族妇女本身就是订购者，例如弗朗索瓦一世的母亲——萨伏的露易丝就支付了相当可观的金额给巴黎的挂毯商人。⑤ 桑斯地区的大主教在与挂毯商签订的合同里写道，要使用与吉斯公爵

---

① Jules Guiffrey, *Histoire de la tapisserie: depuis le Moyen Âge jusqu'à nos jours*, Tours: Editeurs Alfred Mame et fils, 1886, pp. 67-71.

② Meyric R. Rogers, "Five Centuries of French Tapestries", *Bulletin of the Art Institute of Chicago (1907-1951)*, Vol. 42, No. 3, 1948, pp. 30-36.

③ Thomas P. Campbell, *Tapestry in the Renaissance: Art and Magnificence*, New York: Metropolitan Museum of Art New York, 2013, pp. 464-465; Jules Guiffrey, *Histoire de la tapisserie: depuis le Moyen Âge jusqu'à nos jours*, Tours: Editeurs Alfred Mame et fils, 1886, pp. 217-218.

④ Jules Guiffrey, *Histoire de la tapisserie: depuis le Moyen Âge jusqu'à nos jours*, Tours: Editeurs Alfred Mame et fils, 1886, p. 55.

⑤ Jules Guiffrey, *Histoire de la tapisserie: depuis le Moyen Âge jusqu'à nos jours*, Tours: Editeurs Alfred Mame et fils, 1886, p. 221.

夫人定制的挂毯一样精美的材质。① 虽然现有档案材料无法给出某一时期某个挂毯供应商的客户在性别上的比例，但我们依然可以看到，许多地位显赫的女贵族非常热衷于收集美轮美奂的挂毯来装饰她们生活的空间或作为馈赠的礼物，这极有可能便是当时挂毯中出现女性新形象的最直接原因。

其次，在简单勾勒当时的挂毯的使用情况之后，就要回溯一下中世纪文化中是否也存在着与女性相联系的类似的世俗题材，虽然中世纪盛行"圣母文化""圣女文化"，不论是教堂的镶嵌画还是圣经读本中的插页，只要是正面的女性形象，绝大部分都戴着神圣的光环，而甚少出现尘世中的女性形象。但是，我们知道，中世纪文化思潮中还存在着非常重要的"典雅爱情"这一世俗文化传统。虽然中世纪世俗女性的形象或许也出现在别的题材类型中，如日历插画等，但从现存材料来看，"典雅爱情"文化传统流传最广，最具有代表性。文艺复兴早期挂毯艺术中的世俗女性形象与此有着不可忽视的联系。

众所周知，兴盛于13—14世纪的"典雅爱情"文化中，骑士要为所爱的贵妇奋不顾身、出生入死，凭此赢得荣誉与赞美。"典雅爱情"主题最早出现在南方游吟诗人的诗歌作品中，他们不遗余力地赞美高贵美丽的贵族女性。这类题材在小说、诗歌、戏剧等文学作品中大量盛行，时人对其耳熟能详，而且在其他艺术种类如装饰性插画或者日用工艺品中被广泛运用。甚至由此产生了新的社会行为规范：男人要以高贵的骑士风度对待妇女，或者是在比武中以某位贵族女性的标志性色彩制作他的服装，等等。一直到文艺复兴时期，"典雅爱情"的传统依然在发挥作用。前文已经提到，兴起于该时期的挂毯艺术中有相当大一部分针对的是贵族女性客户装饰日常空间的需要，那么自然就会借用大量"典雅爱情"的表现手法与常用场景。当时许多挂毯不仅表现出"典雅爱情"中两性相处的画面，甚至直接以"典雅爱情"命名。克鲁尼博物馆与卢浮宫所藏的挂毯中均有此类作品。例如在《领主生活》系列中的《阅读》这幅挂毯，画面呈现的

---

① Jules Guiffrey, *Histoire de la tapisserie：depuis le Moyen Âge jusqu'à nos jours*, Tours：Editeurs Alfred Mame et fils, 1886, p. 223.

是一位男子正在向一位贵族女子朗读手中的书卷。画面一角有一只小猫正在玩弄一个线团，这是"典雅爱情"中常用的套话性场景。这个细节暗示挂毯上的两位人物之间存在着引诱与被引诱的关系。在卢浮宫所藏1500年前后的挂毯《舞蹈》中，是三三两两的贵族青年男女，在草地上手牵手，翩翩起舞，各种可爱的小动物挤挤挨挨。这也是"典雅爱情"的常用表现手法，来渲染骑士获得贵族女性青睐之后的愉悦情形。该时期挂毯艺术中的世俗贵族女性形象很大程度上受到了这一传统主题类型的影响。

不过，谈到"典雅爱情"传统的影响，需要注意的是，该时期挂毯所表现出来的"典雅爱情"，与传统形式相比已发生了微妙的变化，女性的形象已经悄然转变。这样的变化可以从两个不同时期同样表现"典雅爱情"的艺术作品中看到。收藏在克鲁尼博物馆中的一件公元1300年左右的首饰盒上所表现的就是当时典型的"典雅爱情场景"。这幅题为《攻陷爱情城堡》的象牙作品描绘的是勇敢的骑士们如何克服重重困难，最后赢得贵妇芳心的场景。在这些场景中，所有的行动者都是男性，他们或是全身披挂，在贵妇面前捉对厮杀，或是翻爬高高的城墙，只为向城头的美女献上一篮鲜花。而女性，她们只是观赏与等待，缺乏任何意义上的主体能动性。这种表现手法非常恰当地体现出传统"典雅爱情"中的性别关系模式。表面上看，处处以女性为先，似乎可以看作女性获得男性重视的一种表现。然而，恰如大多数研究者所指出的，兴起于12世纪文艺复兴的传奇文学中的女性形象虽然不再是一种破坏性的、恶的力量，但是这种行为方式对社会中根本的男女关系模式没有太大的影响。它的局限性在于，女性只是一个客观的、静止的对象，是男性用以完善自身，达到自身更高境界的激励物。[①] 正如埃利亚斯所言，这个首饰盒实际上反映的是，12—13世纪对待女性彬彬有礼的做派仍属少数，占据主流的依然是那种"英雄颂歌"中表现出来的古老的、缺乏尊重的、野蛮的

[①] ［以色列］苏拉密斯·萨哈：《第四等级：中世纪欧洲妇女史》，林英译，广东人民出版社2003年版，第177—179页。

风气。①

而与此相比，16世纪挂毯艺术中表现出来的对待女性的态度可谓截然不同。从维多利亚与阿尔伯特博物馆的《放鹰图》（图5，1500—1510年）中可鲜明地看到。这幅挂毯描绘的是最受贵族喜爱的户外活动——放鹰狩猎。挂毯画面上，贵族们或策马缓行，或拿着长杆在够树上的果实，还有的蹲在池塘边徒手抓鸭子。贵族女性有的在逗引飞鹰，有的正在接住男伴抓回的猎物，还有的则与女伴一起在草地上嬉戏。像房屋、小山以及树丛这类景象明显带有文艺复兴时期图像的风格。② 整个画面充满了欢快的生活气息，人物千姿百态，表情生动。尤其是画面左下角的一对青年男女，男子回首望向女伴，两人四目相对，温情四溢。克鲁尼博物馆中的《狩猎归来》（图6，16世纪上半叶）这幅作品更是以细腻的刻画来表现男女主人公之间

图5 《放鹰图》　　　　　　图6 《狩猎归来》

① ［德］诺贝特·埃利亚斯：《文明的进程》，王佩莉、袁志英译，上海译文出版社2013年版，第306页。

② Stella Rubinstein, "A French Tapestry of the Late 15th or Beginning of the 16th Century", *Arts & Decoration* (*1910–1918*), Vol. 7, No. 4, 1917, pp. 183–185.

的相互感情。画面展现的是妻子迎接打猎归来的丈夫的景象，女子左手握着长枪，应该是刚刚从男子手中接过，右手则要去拿男子递过来的野兔。男子骑在马上，左手放在胸前，向站在马边的女子俯下身子，好像在轻声说着什么。画面后方是城堡以及劳作的仆役。事实上，在16世纪，类似的挂毯应该为数不少。在1839年出版的《古代挂毯》一书中，著名的挂毯研究专家也列举了数幅表现贵族男女一起舞蹈或宴饮场景的挂毯。①。

这些改变意味着从16世纪初开始，挂毯艺术中女性形象不再只是作为男性欲望与勇气的客体，她有自己的行动与情感，与男性有对等的交流与互动。虽然这些新的女性形象或许在很大程度上依然是以男性视角塑造、勾勒的，但新的社会礼仪与风俗已经悄然形成，挂毯中的"典雅爱情"呈现出与传统模式相异的画面。这背后就涉及挂毯中新的女性形象出现的第三个原因，也是最根本的原因——女性观的变化。

笔者认为，除了当时社会的现实（使用场合及女性订购者）与"典雅爱情"传统的影响之外，文艺复兴时期挂毯艺术中出现新的女性形象的根源在于，女性观产生了一些细微的变化，人们对两性关系也有了新的认识。这种观念不仅改变了人们在日常相处中对待女性的行为方式，更进一步直接反映在当时最盛行的挂毯艺术中。

整体而言，中世纪文化对女性的评价是负面的，不论是教会的还是世俗的道德家，都对女性充满了敌意，鼓吹女性天性软弱，是低于男性的存在，必须有男性加以管束。②尤其是教会，"厌女主义"（misogynes）倾向十分鲜明。在基督教的说教图像中，魔鬼经常与女性相伴出现，以此向世人传播邪恶，女性被认为是一切罪恶之源。③在中世纪许多教堂门口表现末日审判景象的石雕中，荒淫场景往往以

---

① Achille Jubinal, *Les anciennes tapisseries historiées ou colllection des monuments les plus remarquables*, Paris: l'éditeur de la Galerie d'armes de Madrid, 1838, pp. 43 – 44.

② Maite Albistur, Daniel Armogathe, *Histoire du feminisme francàis: du Moyen Âge à nos jours*, Paris: Des Femmes, 1977, p. 23.

③ 关于中世纪的厌女主义，参见 Guy Bechtel, *les quatres femmes de Dieu: La putain, la sorcière, la sainte et Bécassine*, Paris: Plon, 2000。

一个丑恶的女性形象出现。与之相关联,即便教会承认婚姻对于延续家族后代有其必要性,但依然认为夫妻间过于亲密的关系无异于通奸。① 在这样的主流思想下,很难想象图像艺术中会大量出现如前文提及的表现男女之间充满温情互动的画面。

随着中世纪慢慢走向晚期、文艺复兴的曙光逐渐到来,人们日益关注尘世生活,重视人自身的体验与感受,这必然会引起对家庭生活与两性关系的重新思考。历史上第一场有关两性问题的争论——"女性之争"便是从此时开始。② 在15世纪初,如果说为争取女性的平等地位著书立作的还只有被称为女性主义先驱的克里斯提娜·德·皮桑一人,那么到了15世纪中叶,为女性权益发声的阵营逐渐壮大,譬如当时的文人马丹·勒法兰克在1440—1442年间写下著名的《女性捍卫者》,1485年出版之后在1530年又再版。③ 此后,文人尚皮耶于1503年发表《九位品行高尚的女性》一书。④ 著名的意大利人文主义者薄伽丘所撰写的有关著名女性故事集手稿——《赞美那些尊贵和虔诚的女性美德》的法文版,从15世纪末至16世纪初在法国广泛流行。他的另一本内容相近的著作《虔诚和出色的女性》,16世纪30年代在许多书店中销售。⑤ 据法国史家维耶诺统计,1540—1580年间,有近50种以女性为主题的出版物。⑥ 1542年出版的《宫廷之女友》(*L'Amie de Court*)一书,刻画了一位美丽、优雅又有知识且独立

---

① Jean Verdon, *La vie quotidienne au Moyen Âge*, Paris: Perrin, 2015, p. 70.
② See Armel Dubois – Nayt, Nicole Dufournaud et Anne Paupert (dir.), *Revisiter la 'querelle des femmes': Discours sur l'égalité/inégalité des sexes, de 1400 à 1600*, Saint – Étienne: Publications de l'Université de Saint – Étienne, 2013, p. 7.
③ See Lindan Warner, *The Ideas of Man and Woman in Renaissance France: Print, Rhetoric, and Law*, Farnham: ASHGATE, 2011, p. 93.
④ See *Creating Women, Representation, Self – Representation and Agency in the Renaissance*, Edited by Manuela Scarci, Toronto: the Centre for Reformation and Renaissance Studies, 2013, p. 25.
⑤ See Lindan Warner, *The Ideas of Man and Woman in Renaissance France: Print, Rhetoric and Law*, Farnham: ASHGATE, 2011, p. 94.
⑥ Armel Dubois – Nayt, Nicole Dufournaud et Anne Paupert (dir.), *Revisiter la 'querelle des femmes': Discours sur l'égalité/inégalité des sexes, de 1400 à 1600*, Saint – Étienne: Publications de l'Université de Saint – Étienne, 2013, p. 10.

的女性形象,被视为女性主义在文艺复兴时期的典范。① 这些文本开始赋予女性不同以往的正面价值,并提出"男性要阳刚,女性要有德行、贞洁和审慎"②。16世纪中叶的法国诗人、人文主义学者提亚德在其作品中盛赞女性的美德,并呼吁要向女性传播知识文化。他说:"谁人不知那些斯巴达女性不仅是家里的女主人,也是管理公共事务的第一引导者……倘若愚蠢没有蒙蔽这些攻击厌女者,这么多女性的美德和杰出的行为早已应该照亮了他们的黑暗。"③ 另外,许多意大利学者赞美婚姻与女性的著作此时被译介到法国。④ 有研究者提出,1530—1550年关于爱情的讨论重新界定了女性的位置,宣扬和谐的两性关系。男性把自己的灵魂影子投射到所爱的人身上,被爱的人反映出他本身。⑤ 此外,也有不少贵族女性撰写相关作品,讨论两性关系。例如孔代亲王的妻子——埃莉诺·德·卢瓦在她的书信集中强调妻子要爱自己的丈夫,她说:"作为明智和贤良淑德的仕女,应该深爱其夫,对其恭顺,无比敬重他,可以为他奉献生命。"⑥ 弗朗索瓦一世的姐姐——纳瓦尔的玛格丽特,也曾亲自撰写戏剧,讨论不同年龄的女性关于爱情与婚姻的看法。而且,这种强调两性关系或者婚姻关系中感情成分的观念在当时并不仅限于书面上的讨论,人们赞美现实中恩爱的夫妇。就像奥兰治的威廉和波旁家族的夏洛特之间的婚姻,就被人称羡,威廉的弟弟这样写道:"上帝赐给他(指威廉)一

---

① See Kathleen Wilson – Chevalier et Eliane Viennot, *Royaume de fémynie. Pouvoirs: contraintes, espaces de liberté des femmes, de la Renaissance à la Fronde*, Paris: Honoré champion, 1999, p. 206.

② See Kathleen Wilson – Chevalier et Eliane Viennot, *Royaume de fémynie. Pouvoirs: contraintes, espaces de liberté des femmes, de la Renaissance à la Fronde*, Paris: Honoré champion, 1999, p. 227.

③ Armel Dubois – Nayt, Nicole Dufournaud et Anne Paupert (dir.), *Revisiter la 'querelle des femmes': Discours sur l'égalité/inégalité des sexes, de 1400 à 1600*, Saint – Étienne: Publications de l'Université de Saint – Étienne, 2013, pp. 45 – 48.

④ Lindan Warner, *The Ideas of Man and Woman in Renaissance France: Print, Rhetoric, and Law*, Farnham: ASHGATE, 2011, p. 94.

⑤ Kathleen Wilson – Chevalier et Eliane Viennot, *Royaume de fémynie. Pouvoirs, contraintes, espaces de liberté des femmes: de la Renaissance à la Fronde*, Paris: Honoré champion, 1999, pp. 238 – 259.

⑥ Manuela Scarci ed., *Creating Women, Representation, Self – Representation, and Agency in the Renaissance*, Toronto: the Centre for Reformation and Renaissance Studies, 2013, p. 66.

位以美德著称的妻子，她的虔诚和非凡智慧正如他所愿，他是如此温柔地爱着她。"① 而夏洛特的女儿和她的丈夫特雷穆瓦耶公爵之间的书信往来也流露出双方深厚的感情。② 另一个史实或许也可以证明这个阶段婚姻关系中出现了一些新的变化。13 世纪之前，法国许多地区的婚礼上，只需要丈夫许下承诺愿意娶某位女子为妻，愿意照顾她。到 16 世纪，婚姻的誓约则需要夫妻双方共同完成，妻子也须表达自己意愿，做出相对应的承诺。这一仪式上的变化暗含着女性在婚姻中不再完全被动，不再被当作纯粹的客体来对待。她被视为与其丈夫一样可做出承诺，并对此承担责任。③ 思想观念上的变化反映在图像上，就引发了一个重要的变化，那就是不再以套话式的隐喻方式去描绘女性，而是去尽力展现女性美丽温柔的魅力以及和谐美好的两性关系。像收藏在巴黎装饰艺术博物馆的《奥尔良的查理和他的妻子》这幅挂毯中，由两名天使拉着的红色的帐篷营造出温暖的气氛，查理和他的妻子玛丽并肩而立，两位主人公的头分别向对方微微倾斜，面部表情柔和，目光交融，使观者也能感受到他们之间的感情交流。画面呈现的氛围正如上文所描绘的威廉与夏洛特之间的温情。

除挂毯以外，其他图像作品同样体现出这种趋势。④ 例如，在 15 世纪初出版的《贝利公爵的奢华时光》的年历画中，4 月的画面便是一群美丽活泼的年轻贵族女子在采摘草地上的野花。⑤ 当时不少书中的插画也会以年轻女子为题材，如著名的意大利人文主义者薄伽丘的

---

① Manuela Scarci ed., *Creating Women, Representation, Self-Representation, and Agency in the Renaissance*, Toronto: the Centre for Reformation and Renaissance Studies, 2013, p. 70.

② Manuela Scarci ed., *Creating Women, Representation, Self-Representation, and Agency in the Renaissance*, Toronto: the Centre for Reformation and Renaissance Studies, 2013, p. 74.

③ André Burguière, *Le mariage et l'amour en France de la Renaissance à la Révolution*, Paris: Seuil, 2011, p. 292.

④ 该时期的挂毯图像与其他图像艺术（玻璃镶嵌画、油画、插画）之间，经常通用某一人物造型模板，即同样的人物造型既可出现在挂毯中，也会出现在油画或玻璃镶嵌画中。具体研究参见 Guy-Michel Leproux, *la peinture à Paris sous le règne de François Ier*, Paris: Presses de l'Université de Paris-Sorbonne, 2001, pp. 41–48。

⑤ Sophie Cassagnes-Brouquet, *La vie des femmes au Moyen Âge*, Renne: Editions Ouest-France, 2009, p. 92.

《贵族妇女生活》中，就有多幅表现贵族女性生活场景的插图，画面细腻美丽。又如15世纪那本著名的《图尔朗德利骑士为教导其女所作之书》（图7，15世纪）中，就有插图表现三名身着不同颜色衣裙的少女温顺地站立在父亲面前，聆听他的教诲，① 与书中教导年轻贵族女子社交礼仪的内容相吻合。② 另一幅无名氏所做的插画，则描绘

图7 《图尔朗德利骑士为教导其女所作之书》

---

① Sophie Cassagnes – Brouquet, *La vie des femmes au Moyen Âge*, Renne: Editions Ouest – France, 2009, p. 18.

② Geoffroy de la Tour Landry, *Le Livre du chevalier de La Tour Landry pour l'enseignement de ses filles*, pubilé par Anatole de Montaiglon, Paris: Jannet, 1854, p. 27.

了一位年纪略长的红衣女性带着一名金发蓝衣少女一起采摘梨。画上猴子在茂密枝叶间蹦跳，四周鸟语花香。① 凡艾克那幅著名的表现新婚夫妇的传世之作也是在15世纪完成。挂毯艺术必然也受到此种潮流的影响。例如，在装饰枫丹白露某个侧殿的过程中，挂毯制作者们就借鉴了大量其他艺术门类中的新形象。② 由此可见，从15世纪初开始，图像中的女性整体形象不再只是恶与淫秽的象征，她开始呈现美好的一面，或美丽优雅，或温柔贤淑，或活泼可爱。图像中表现出来的男女关系，也不再是宗教氛围笼罩下的拘谨严肃或是中世纪戏剧中呈现出来的背叛与欺骗，而是开始带有一种现代意义上的对等交流与温情脉脉。综上所述，挂毯作为当时最重要的室内装饰艺术，充分表现出人们思想观念上的改变。当然，文艺复兴时期人文主义思想的兴起对挂毯主题的影响绝不仅限于表现贵族女性的日常生活，古典神话故事题材此时也极为兴盛。以神话背景为主题的挂毯，同样把女性形象呈现得非常美好。例如，前文提及的亨利二世为普瓦捷的戴安娜所定制的八幅系列挂毯均是以古罗马神话中的狩猎女神戴安娜为主题，用暗喻手法讲述国王宠妃的故事。无论是哪种表现手法，活跃在文艺复兴挂毯上的女性新形象，不仅与早期中世纪以来那种背负着罪恶的女性形象截然相反，而且实际体现了我们所考察的历史时期男性心目中理想的女性形象。这些女性形象不再是"圣女"或者"恶魔"，她们是尘世间的女子，作为妻子、情人或者女儿给男性带来幸福与快乐，她们的存在是美满和谐的俗世生活不可或缺的重要部分。对女性与两性关系开始给予正面评价的背后蕴含着对人生的积极态度，对此岸生活的重新认识，这与整个人文主义思想重视人自身的价值、追求人世间的幸福的观念相契合。

---

① Sophie Cassagnes‐Brouquet, *La vie des femmes au Moyen Âge*, Renne: Editions Ouest‐France, 2009, p. 20.

② Thierry Dufrêne, "La tapisserie de haute lisse à Paris et la question décorative (XVIe siècle)", *Revue d'histoire moderne et contemporaine*, T. 37e, No. 1, Jan. – Mar., 1990, pp. 88 – 107.

四 图像与现实之间的距离

随着油画技术的日益提高,从16世纪末开始,虽然宫廷或者上流社会的宅邸中依然可看到挂毯的身影,但它在室内装饰方面独占鳌头的地位便逐渐让位于大型油画。不过,兴盛期并不太长的挂毯艺术依然为后世更全面地了解文艺复兴早期贵族女性的生活提供了非常珍贵的图像资料。例如表现女性狩猎的场面,这在传统史料中甚少出现。更重要的是,挂毯中描绘贵族女性日常生活场景的画面,无一例外地烘托女性美好的一面,同时着力渲染两性关系中和谐温情的氛围。这种表现倾向在整个中世纪都不曾出现,新的审美趣味隐含着新的性别观念。

然而,在下结论之前,依旧需要谨慎,因为大多数艺术作品中呈现的形象与现实之间总有着或远或近的距离,艺术形象与现实之间的关系究竟如何,这需要仔细甄别。[1] 挂毯艺术也不例外。虽然从某种程度上,我们可以把挂毯艺术中呈现出来的美好的女性形象与两性关系看作文艺复兴时期人们思想观念改变的体现,然而,不得不指出的是,这种映射有时候会让后世研究者把特定时代的一个侧面理解为整体。两者之间的关系远非简单映射可以概括。就像该时期女性图像研究专家葛瑞科所说,塑造出来的表象更多基于观念而非现实状况,图像在更大层面上是某一社会群体的集体想象。[2]

中世纪晚期到文艺复兴早期,蔑视甚至攻击女性的传统并未减弱,甚至在中世纪末又有一次集中爆发的"反女性潮流",尤其是在讽刺作品或短诗中。史学家对此解释尚未达成一致。[3] 但我们看到的史实确实印证了这一提法。在"女性之争"中,站在德·皮桑对立

---

[1] Martha W. Driver, "Mirrors of a Collective Past: Reconsidering Images of Medieval Women", in *Women and the Book*, edited by Jane H. M. Taylor and Lesley Smith, London: The British Library and University of Toronto Press, 1996, pp. 75 – 90.

[2] Sara F. Matthews Griec, *Ange ou Diablesse: La représentation de la femme au XVIe siècle*, Paris: Flammarion, 1991, pp. 16 – 17.

[3] Armel Dubois – Nayt, Nicole Dufournaud et Anne Paupert (dir.), *Revisiter la 'querelle des femmes': Discours sur l'égalité/inégalité des sexes, de 1400 à 1600*, Saint-Étienne: Publications de l'Université de Saint – Étienne, 2013, p. 9.

面，捍卫反女性著作《玫瑰传奇》①的学者人数并不稀少，其中还有赫赫有名的人文学者特莫刚。《玫瑰传奇》在1481—1538年间再版了21次。②而更受后世研究者关注的是，从1430年前后到16世纪晚期，整个欧洲的猎巫案件大量上升。15世纪末，斯潘若发表《女巫之锤》(Marteau des Sorcières)，提出女性是撒旦的帮凶，是制造一切混乱与悲剧的根源。这样一本极端反女性的书在当时取得前所未有的成功，到1621年共再版30余次。③把女性看作撒旦帮凶的观点并无新意，中世纪一直盛行诸如此类的谬论，可见反女性的观点在文艺复兴时期并无消退，甚至有所增加。到了宗教改革时期，天主教与新教相互指责对方要为人世间的混乱悲惨负责，整个欧洲成千上万的人被指控为巫师，许多人因此被处死，而其中绝大部分是女性。有人宣称自己在15年间烧死了900名女巫。更令人震惊的是，认为女性更易受巫术引诱的观点在当时最优秀的人文主义者中，亦不乏追随者。《共和六书》的作者让·博丹就相信："神的法律告诉我们，男性比女性更不容易受到巫术的毒化。"④此外，许多同时期的图像资料依然对女性充满了恶意，将其视为魔鬼的帮凶或把女性与"愚人船"的意象相结合。⑤在涉及两性关系时，也依然可以看到许多贬低物化或者竭力控制女性的资料。例如，在一幅1525年的木刻画中，作者用一把锁锁在画中女性的嘴上，用以表示女性应当沉默安静；用一条蛇缠绕在其腰间，表示她只能与其丈夫交媾。这幅图像题为《明智的女人》，强调的是女性应当对男性谦卑且绝对服从。⑥而关于中世纪

---

① Guillaume de Lorris et Jean de Meun, *Le roman de la rose*, *éd.* par Félix Lecoy, Paris: Champion, 1965 – 1970.
② Lindan Warner, *The Ideas of Man and Woman in Renaissance France: Print, Rhetoric and Law*, Farnham: ASHGATE, 2011, p. 94.
③ Maite Albistur, Daniel Armogathe, *Histoire du feminisme francais: du Moyen Âge à nos jours*, Paris: Des Femmes, 1977, p. 73.
④ Maite Albistur, Daniel Armogathe, *Histoire du feminisme francais: du Moyen Âge à nos jours*, Paris: Des Femmes, 1977, p. 74.
⑤ Christa Grossinger, *Picturing Women in Late Medieval and Renaissance Art*, Manchester and New York: Manchester University Press, 1997, pp. 95 – 97.
⑥ Christa Grossinger, *Picturing Women in Late Medieval and Renaissance Art*, Manchester and New York: Manchester University Press, 1997, pp. 43 – 44.

末年法国女贵族在社会政治生活中究竟处于何种地位,现有研究也尚未有定论,她们似乎处于一种既有一定自主权甚至统治权(在其领地上),但是又需要向其丈夫臣服的张力之中。①

所以,关于文艺复兴早期法国挂毯中的女性新形象,或许应从貌似矛盾的两个方面来看待。一方面,虽然人文主义思想在某种程度上改变了人们对女性的部分看法,已经部分摆脱了12—13世纪时期"典雅爱情"的那种英雄与其战利品之间的从属关系,至少能在挂毯艺术中以一种较为平等的方式来展现两性之间的关系,但是与当时的社会现实以及主流的思想史作品做一对照就会发现,挂毯中的美丽女性实则不过是这时期开始慢慢重视尘世生活的男性们理想妻子的投射物。这样的幻象与真正的性别平等之间相隔千山万水。即便德皮桑早在1390年就开始为性别平等发表著作,但她的响应者在此时,甚至以后的数百年间,都一直是少数派。因而,有研究者认为,在这场转变中,女性依然只是一个过渡与过程,最终要达到的是男性自身的完美,并非女性的完美。换言之,男性要从女性身上寻求隐藏的自身,以获得类似雌雄同体的圆满(androgyne)。因此在这些论述中,强调女性的神秘性而不是清晰的关于女性的认知。②法国史家奥祖夫在谈及男性史家笔下的女性,曾说过:龚古尔、米什莱或者圣伯夫等人为女性所做的人物志实则依然是男性体裁。③借用此话,我们可以说,文艺复兴早期挂毯中的女性新形象也依然是男性视角下的产物。

同时,笔者认为,虽然这些女性形象并不能摆脱男性塑造其理想女性的视角与意图,无法从中再现女性作为历史主体的经验,但是文艺复兴早期毕竟是一个新旧交杂的时期。虽然厌女倾向的旧传统依然强大,但是倘若把15—16世纪法国挂毯中的女性形象与中

---

① Georges Duby et Michelle Perrot, *Histoire des femmes en Occident*, T2, Paris: Plon, 1991, pp. 290 – 291.
② Kathleen Wilson – Chevalier et Eliane Viennot, *Royaume de fémynie: Pouvoirs, contraintes, espaces de liberté des femmes, de la Renaissance à la Fronde*, Paris: Honoré champion, 1999, pp. 238 – 259.
③ Mona Ozouf, *les Mots des femmes: Essai sur la singularité féminine*, Paris: Fayard, 1995, Introduction.

世纪早期塑造的女性形象做一比照，就能觉察到，这个时期人们看待女性的方式发生了微妙的改变。从一种混合了厌恶、鄙视、拒斥甚至恐惧的负面态度转向慢慢开始去欣赏和体会女性的温柔与娴静所带来的美好感觉。虽然挂毯中呈现出来的"美好女性"形象究竟是否拥有主体性或者说在何种程度上拥有其主体性是一个相当复杂的问题，但是假设文艺复兴时期没有诞生这样一种新的女性观，而是依旧延续带有强烈中世纪色彩的厌女主义倾向，那么很难想象法国社会到十七八世纪，将会出现由女性主持各类政治文化沙龙、推进社会文化发展的局面。因而，挂毯中的新的女性形象的意义在于，毕竟在漫长的中世纪之后，近代社会开启之初，重新出现了真实的美好的女性形象。即使它与女性现实的社会地位之间相距甚远，但至少新的观念已经开始萌发。而且，更重要的一点在于，这一时期被高度彰显的女性特质：美丽、温柔、优雅娴静，对于当时人来说并不陌生。因为"她"历经宗教改革、启蒙时代、法国大革命，一直到19世纪维多利亚时代，始终被西方主流观念认为是完美的女性，是理想的伴侣。所以，通过表象史上的这一鲜明变化来仔细探究这样的形象背后所具有的深意，对于理解文艺复兴早期在性别史上的重要意义不无裨益。

（原载《社会科学战线》2018年第11期；汤晓燕：浙江大学人文学院教授。）

全文转载·亚非拉史

港口犹太人贸易网络与犹太社会的现代转型

张倩红　艾仁贵

摘　要：在近代早期世界的诸多港口城市，活跃着一批频繁开展跨地区交往的塞法尔迪犹太人及其后裔，这些港口犹太人参与到殖民扩张和跨大西洋贸易中，形成了连接地中海、大西洋、印度洋乃至太平洋的全球性贸易网络。港口犹太人由于其商业地位而赢得了主体社会的认可，进而获得了许多前所未有的公民权利，该群体蕴含着现代商业社会的诸多特征：空前的流动性与亲族关系网络、"全球族"的跨文化群体属性、商业价值的主导地位、现代经营手段与信用工具的运用、对传统宗教权威的挑战、法律与社会地位的提升，等等。存在达三个世纪之久的港口犹太人及其贸易网络有着重要的历史意义，不仅推动了近代早期全球经济联系的扩展，而且促进了犹太社会的现代转型，代表着犹太社会内部孕育现代性的另一条路径。

关键词：犹太人；贸易网络；商业社会；社会转型；现代性

长期以来，人们把犹太人誉为"现代性的先行者"（forerunners of modernity），[①] 认为犹太社会较早产生了现代性因素，支撑这一结论的主要依据是：在18世纪下半叶中东欧地区的阿什肯纳兹犹太人中间，

[①] Chad Alan Goldberg, *Modernity and the Jews in Western Social Thought*, Chicago: The University of Chicago Press, 2017, p.104.

摩西·门德尔松发起服膺理性、接纳世俗知识的哈斯卡拉运动（Haskalah，即犹太启蒙运动），与主体社会建立起广泛联系，并对拉比宗教权威发起挑战，所有这些行为严重削弱了传统力量，使犹太社会陷入危机之中，进而开启了现代化的发展历程。这种长期主宰传统犹太史叙述的"阿什肯纳兹中心"倾向，① 把阿什肯纳兹群体中的宫廷犹太人与马斯基尔（Maskilim，犹太启蒙分子）视为现代犹太人的先驱者。这条以思想启蒙与文化融合为核心的阿什肯纳兹路径，通常被看作犹太社会现代转型的唯一道路。

然而，不可否认的是，在哈斯卡拉运动之前一两个世纪，现代性因素在犹太世界内部的另一主要群体塞法尔迪人②及其后裔中间滋长。塞法尔迪人及其后裔由于1492年西班牙大驱逐而散布在地中海、大西洋、印度洋乃至太平洋地区的诸多港口城市，这些港口犹太人通过开展频繁的贸易活动，穿梭在各大殖民帝国之间，形成了连接欧洲主要强国及其殖民地的全球性海洋贸易网络。在广泛参与近代早期殖民扩张和国际贸易活动过程中，港口犹太人由于其商业价值而赢得主体社会的认可，其法律与社会地位获得许多前所未有的提升，具备了现代社会的诸多特征，从而为犹太社会在哈斯卡拉运动之外开辟了"通向现代的另一条路径"③。罗伯特·塞尔茨注意到："（17和18世纪）在荷兰、英国和其他地方的新的赛法迪姆居民点……在几个方面成了现代犹太历史的先驱者。他们在世界最富有活力的日益扩展的经济中，介入了远距离和先拓性的经营活动。作为个人，他们比其他任何散居区的犹太人享有更多的政治安全，和得到更高程度的社会承认。尽管他们不享有和基督徒同样的权利，但他们作为犹太人的法律地

---

① Jacob Katz, ed., *Toward Modernity: The European Jewish Model*, New Brunswick, N. J.: Transaction Books, 1987.
② "塞法尔迪人"（Sephardim）一词源自希伯来语"Sefarad"，原意为"富庶之岛"，《圣经》中以该词指称物产丰富的伊比利亚半岛。塞法尔迪人和阿什肯纳兹人（Ashkenazim）共同构成中古与近代早期犹太世界内部的两大主要群体。与主要分布在中东欧地区的阿什肯纳兹人不同，塞法尔迪人一开始集中在伊比利亚半岛，1492年西班牙大驱逐后分散开来，主要分布在地中海、大西洋、印度洋等地的港口地区。
③ Yosef Kaplan, *An Alternative Path to Modernity: The Sephardi Diaspora in Western Europe*, Leiden: Brill, 2000.

位，比其他任何地方的犹太人均较少受到限制，较少承担特别的义务和负担。"①

曾在近代早期具有重要历史地位的塞法尔迪犹太人群体，很长时间内并未得到学术界的重视。英国犹太学者塞西尔·罗斯是研究塞法尔迪犹太人的权威，他在1932年出版的《马兰诺的历史》②中对塞法尔迪群体的社会地位首次进行了系统探究。20世纪末21世纪初，有学者开始关注塞法尔迪犹太人对殖民扩张活动的参与及其构建的贸易网络，将之视为一种早期全球化的典型个案加以探讨。1997年布朗大学举办了"犹太人与欧洲向西半球的扩张"学术会议，③随后乔纳森·以色列和戴维肯·基兹伯特分别对荷兰殖民帝国和伊比利亚殖民帝国境内塞法尔迪犹太人进行了系统研究。④综合来看，国际学术界的现有研究大部分集中在对塞法尔迪群体本身的分析（通常以某个特定区域、某个城市或某个家族为例），⑤而对该群体之于现代资本

---

① [美]罗伯特·塞尔茨：《犹太的思想》，赵立行、冯玮译，上海三联书店1994年版，第507页。

② Cecil Roth, *A History of the Marranos*, Philadelphia: Jewish Publication Society of America, 1932.

③ 会后结集出版了同名论文集，参见 Paolo Bernardini and Norman Fiering, eds., *The Jews and the Expansion of Europe to the West, 1450 to 1800*, New York: Berghahn Books, 2001.

④ 参见 Jonathan I. Israel, *Diasporas within a Diaspora: Jews, Crypto - Jews, and the World Maritime Empires (1540 - 1740)*, Leiden: Brill, 2002; Daviken Studnicki - Gizbert, *A Nation upon the Ocean Sea: Portugal's Atlantic Diaspora and the Crisis of the Spanish Empire, 1492 - 1640*, Oxford: Oxford University Press, 2007.

⑤ 例如, Esther Benbassa and Aron Rodrigue, *Sephardi Jewry: A History of the Judeo - Spanish Comm Unity, 14th - 20th Centuries*, Berkeley: University of California Press, 2000; Daniel M. Swetchinski, *Reluctant Cosmopolitans: The Portuguese Jews of Seventeenth - Century Amsterdam*, London: The Littman Library of Jewish Civilization, 2000; Mordechai Arbell, *The Jewish Nation of the Caribbean: The Spanish - Portuguese Jewish Settlements in the Caribbean and the Guianas*, Jerusalem: Gefen Publishing House, 2002; Francesca Trivellato, *The Familiarity of Strangers: The Sephardic Diaspora, Livorno, and Cross - Cultural Trade in the Early Modern Period*, New Haven: Yale University Press, 2009; Jessica V. Roitman, *The Same But Different? Inter - Cultural Trade and the Sephardim, 1595 - 1640*, Leiden: Brill, 2011. 仅有的例外是，约瑟夫·卡普兰以西欧的塞法尔迪群体为例，探讨了塞法尔迪人与犹太社会通向现代的另一条道路之间的关系，参见 Yosef Kaplan, *An Alternative Path to Modernity: The Sephardi Diaspora in Western Europe*. 实际上，这些现代特征不仅限于西欧的塞法尔迪人，而在整个塞法尔迪流散地（尤其是在地中海、大西洋、印度洋的诸多港口城市）都有不同程度的呈现。

主义的重要作用、与犹太社会现代转型的关系等方面缺乏系统梳理与深入研究。有鉴于此，本文立足于全球史视角，在充分吸收国际学术界相关研究成果的基础上，以港口犹太人及其贸易网络为切入点，分析现代商业社会特征在该群体中间的出现，进而以此为基础，探究在哈斯卡拉运动之外犹太社会内部孕育现代性的另一条路径。

一 "港口犹太人"概念的提出

作为跨文化交流的重要载体，港口自古以来即是多种文明、宗教和民族的交汇之地，也是货物、人群及思想交流的重要场所，尤其在地理大发现后海洋成为世界经济的主要活动舞台，"城市港口或港口城市，是现代欧洲空间经济的核心要素之一，象征着文化多样性与历史性经历的融合"①。港口凭借其与海洋之间的天然联系，充当着不同文明之间开展经济文化交流的桥梁。20世纪90年代以来，随着全球史和海洋史研究的蓬勃发展，海洋贸易、商业网络、跨文化交流等成为史学研究的热点议题，受其影响，从事近代早期犹太流散社团研究的学者开始关注这一时期主要生活在大西洋港口地区的塞法尔迪犹太人。在此情况下，"港口犹太人"（Port Jews）概念正式被提出。

虽然自古以来就有不少犹太人生活在港口地区，但"港口犹太人"这一术语的出现和使用是比较晚近的现象。②作为一个专有名词，"港口犹太人"的提法最初由学者路易丝·杜宾（Lois C. Dubin）和大卫·索金（David Sorkin）在1999年提出，③前者首次组合了这

---

① B. S. Hoyle and D. A. Pinder, *European Port Cities in Transition*, London: Belhaven Press, 1992, p. 1.
② 很大程度上，"港口犹太人"的概念是相对于宫廷犹太人（Court Jews）而言的。在德文中，宫廷犹太人为"Hofjuden"，而港口犹太人为"Hafenjuden"。宫廷犹太人主要活跃在绝对主义时期（17、18世纪）的中欧君主制国家，以从事金融、承包等经济活动著称。参见 Selma Stern, *The Court Jew: A Contribution to the History of the Period of Absolutism in Central Europe*, trans. Ralph Weiman, Philadelphia: Jewish Publication Society of America, 1950.
③ Lois C. Dubin, *The Port Jews of Habsburg Trieste: Absolutist Politics and Enlightenment Culture*, Stanford, Calif.: Stanford University Press, 1999; David Sorkin, "The Port Jew: Notes Toward a Social Type", *Journal of Jewish Studies*, Vol. 50, No. 1, 1999, pp. 87–97.

一词组，后者对其内涵进行了系统阐发。"港口犹太人"的概念一经提出即引起国际学术界的强烈兴趣，学者们出版和发表了大量相关研究成果。①

具有特定内涵的港口犹太人，是指1492年西班牙大驱逐后到18世纪末活跃在地中海、大西洋、印度洋乃至太平洋海域，主要从事跨地区海洋贸易的犹太人群体。从人口构成上看，港口犹太人主要来自从伊比利亚半岛迁出的塞法尔迪人及其后裔，由犹太人、马兰诺以及新基督徒②三大群体构成。这些群体的出现主要与14世纪末到15世纪末伊比利亚半岛的反犹浪潮，尤其是与1492年西班牙大驱逐运动密切相关。③ 1492年大驱逐后，西班牙犹太人的外迁路线主要有两条：一是向东进入地中海区域，主要是伊斯兰统治下的北非以及奥斯曼帝国，也包括威尼斯、利沃诺等意大利城市公国；另一条是进入葡萄牙、法国以及北欧国家，该分支随后又经历多次人口迁移，许多人随欧洲殖民者的扩张而散布在大西洋、印度洋等地的港口。

有关港口犹太人群体的具体人数，学术界尚未形成比较一致的看法。从人口比例上看，中古与近代早期绝大部分的犹太人为塞法尔迪人。据统计数字，1300年塞法尔迪人口为140万左右（占当时世界犹太总人口的93%），此后伊比利亚半岛的强制皈依运动，导致塞法

---

① 2001—2005年，南安普顿大学帕克斯研究所启动"港口犹太人研究项目"（Port Jews research project）；2001年与2003年，围绕这一主题先后在南安普顿大学和开普敦大学举行了两次大型学术研讨会，并在会后出版了论文集。有关这两次学术会议的论文集，参见 David Cesarani, ed., *Port Jews: Jewish Communities in Cosmopolitan Maritime Trading Centres, 1550 – 1950*, London: Frank Cass, 2002; David Cesarani and Gemma Romain, eds., *Jews and Port Cities 1590 – 1990: Commerce, Community and Cosmopolitanism*, London: Vallentine Mitchell, 2006.

② 1391年从塞维利亚开始的伊比利亚半岛强制改宗浪潮，致使大批犹太人皈依基督教，这群规模浩大的改宗者随后被称为"新基督徒"（cristiano nuevo）；而不少改宗者虽对外宣称为基督徒但私下仍秘密遵守犹太教的生活方式，这些秘密犹太人被基督徒贬称作"马兰诺"（Marranos）。

③ 为了从根本上解决马兰诺问题、切断其与犹太人的联系，1492年3月31日，西班牙国王费迪南德与伊萨贝拉联合签发驱逐犹太人的法令（Alhambra Decree），限令王国领地上的所有犹太人必须在4个月之内离开，是为"1492年大驱逐"事件（The Expulsion of 1492）。据估计，此次大驱逐导致大约20万犹太人被迫离开西班牙，其中约有12万人进入邻近的葡萄牙王国。

尔迪人口数量和占比有所下降，1500年塞法尔迪人口为100万左右（占犹太总人口的67%），1650年塞法尔迪人口仍为100万（占犹太总人口的59%）；直到1700年阿什肯纳兹人口总数才与塞法尔迪人口总数持平，各为100万左右。[①] 考虑到塞法尔迪人占据近代早期世界犹太总人口的大多数，以及不少马兰诺和新基督徒由于担心遭到宗教裁判所迫害而通常隐藏自己的身份，因此保守估计，参与各类殖民扩张与国际贸易活动的港口犹太人至少占当时犹太总人口的1/3以上，在鼎盛期甚至达到一半。[②]

归结起来，学术界对"港口犹太人"的概念有以下基本界定。第一，通常与1492年西班牙大驱逐后的塞法尔迪人及其后裔密切相关，生活在港口地区的其他犹太人通常不被认可为港口犹太人。第二，定居在港口并具有空前频繁的流动性，他们在不同的港口之间穿梭往来，从事着活跃的跨地区商业活动。第三，港口犹太人的活动范围空前广阔，包括地中海、大西洋、印度洋乃至太平洋（东南亚、东亚部分地区）[③]的众多港口和殖民地。第四，形成了跨地区的贸易网络，许多港口犹太人家族及其分支遍布在不同的港口并相互联系。第五，主要从事殖民地贸易，这是犹太人随着大航海时代到来而出现的新现象。

自从大流散以来，犹太人与其他民族有着频繁的交往与互动。公元前2世纪到公元14世纪之间，犹太人一直活跃在东西方陆路贸易上，成为丝绸之路的开拓者、维系者与受益者之一。散居民族所独有的国际化品质与世界商人的特殊禀赋使他们能够以丝绸之路为舞台，穿梭于波斯文明、罗马文明、拜占庭文明、基督教文明、伊斯兰文

---

① 参见 Dean Phillip Bell, *Jews in the Early Modern World*, Plymouth: Rowman & Littlefield, 2008, p. 36.

② David Cesarani, "Port Jews: Concepts, Cases and Questions", *Jewish Culture and History*, Vol. 4, No. 2, 2001, p. 5.

③ 随着欧洲殖民势力向东扩张，19世纪中期至20世纪初，一些塞法尔迪商人将其贸易网络扩展至远东地区，因而这一时期新加坡、马尼拉、香港、上海等港口的犹太人通常也被纳入港口犹太人的范畴。参见 Jonathan Goldstein, "The Sorkin and Golab Theses and Their Applicability to South, Southeast, and East Asian Port Jewry", *Jewish Culture and History*, Vol. 4, No. 2, 2001, pp. 179 – 196.

明、突厥文明以及中华文明之间，成为沟通不同文明的桥梁与纽带。大航海时代到来后，犹太人又积极探索新航道、参与殖民活动，尤其参与到连接新旧世界的全球性贸易之中，而"港口犹太人"正是犹太民族融入大航海时代的重要体现。作为全球史和海洋史研究的重要案例，"港口犹太人"概念的提出是犹太史经历全球史转向的重要体现。有学者指出，"港口城市和城镇在欧洲对外扩张和全球贸易体系的发展中发挥着重要作用。考虑到犹太商人在近代早期海外商业中的地位以及大西洋史和港口犹太人研究中对跨国网络的强调，是时候将这两种视角（即犹太史和全球史）结合起来。……以海洋为舞台，港口犹太人连接着遥远的社团……对港口犹太人的研究，为犹太史研究增添了一种跨民族、跨海洋与全球的视角"[1]。

二　大航海时代与港口犹太人贸易网络

从15世纪中叶到16世纪末在世界历史上通常被称为"大航海时代"。这一时期是世界从分散走向整体、由孤立走向联系的关键时期，也是全球经济网络勃兴的时代。地理大发现打破了新旧大陆之间的孤立状态，揭开了欧洲、非洲与美洲之间系统性交往的序幕，不仅传统意义上的商品、人员、技术，而且食物、观念以及疾病等，都在新旧世界之间进行着密集的传播，这种由哥伦布远航开始的洲际性交往通常被学者们称为"哥伦布交往"（Columbian Exchange）。[2] 随着欧洲殖民活动的不断扩张，美洲、非洲、亚洲等都逐步被纳入到正在形成的世界体系中。

地理大发现作为欧洲殖民扩张活动的历史性起点，犹太人在此过程中发挥了十分重要的作用。在西班牙颁布驱逐犹太人法令两周后的1492年4月17日，西班牙统治者正式批准了哥伦布向西远航前往"印度"的大胆计划。哥伦布在他的日记中写道："在颁布敕令驱逐

---

[1] Lois Dubin, "Introduction: Port Jews in the Atlantic World 'Jewish History'", *Jewish History*, Vol. 20, No. 2, 2006, pp. 118, 125.

[2] Alfred W. Crosby, *The Columbian Exchange: Biological and Cultural Consequences of 1492*, Westport, Conn.: Greenwood Publishing Co., 1972.

全部犹太人的同月,国王和女王陛下命令我带领足够的人员启程去印度探险。"① 8月3日,当所有犹太人都已离开西班牙时,停靠在帕洛斯港的三艘舰船在哥伦布指挥下启程奔向未知世界。应该说,这两大事件并非只是时间上的巧合,许多犹太人和马兰诺为远航提供了资金、技术及人员方面的前期准备,而且他们还有人直接参与了这次具有历史意义的远航。②

在新旧世界连成一体的情况下,贸易网络成为开展洲际交往的重要载体。1492年西班牙大驱逐后,许多犹太人跨越大西洋,参与到殖民扩张活动中。通过散布在新旧世界各地的犹太商人及其代理人,港口犹太人穿梭在新旧大陆之间开展着频繁的贸易交往,在此基础上,联结地中海、大西洋、印度洋等地的全球性贸易网络逐渐成形。该贸易网络主要由塞法尔迪人及其后裔所构成,它通常也被称为塞法尔迪贸易网络(Sephardic trading networks)。到17世纪中叶,港口犹太人贸易网络进入鼎盛期,港口犹太人以各大主要港口为中心,将其贸易活动范围扩展至当时几乎所有的欧洲强国及其殖民地,从而在欧洲殖民扩张以及全球经济交往中发挥了不可忽视的作用。

港口犹太人贸易网络的形成,有着两大关键性前提:对宗教迫害的恐惧(伊比利亚半岛的宗教迫害导致大批犹太人外迁)与对经济机会的向往(重商主义带来的经济机会吸引着犹太人)。它们是塞法尔迪人大规模流动的根本动力,前者是推力而后者是拉力,二者构成犹太人海外扩张的两大动力引擎,共同推动着港口犹太人贸易网络从地中海扩展至大西洋、印度洋乃至太平洋。根据主要活跃地区和兴起时间来界定,港口犹太人贸易网络大致可以分为伊比利亚殖民体系(包括西班牙和葡萄牙)、荷兰殖民体系、英法殖民体系③以及印度洋

---

① 转引自 Cecil Roth, *A History of the Marranos*, p. 271.
② 参见 Meyer Kayserling, *Christopher Columbus and the Participation of the Jews in the Spanish and Portuguese Discoveries*, New York: Longmans, Green, & Co., 1894.
③ 近代早期的西方殖民扩张通常分为两大体系——以西班牙、葡萄牙为主的伊比利亚体系(Iberian system)和以荷兰、英国、法国为主的西北欧体系(Northwest European system)。参见 Pieter Emmer, "The Two Expansion Systems in the Atlantic", *Itinerario*, Vol. 15, No. 1, 1991, pp. 21–27.

与远东地区几大部分。

在伊比利亚殖民体系时期，许多新基督徒家族以里斯本与塞维利亚为基地，与西北欧、地中海的港口城市以及美洲殖民地（巴伊亚、韦拉克鲁斯、巴拿马、基多、利马、波托西、布宜诺斯艾利斯、卡塔赫纳以及葡属巴西）之间开展着频繁的商业往来，进口蔗糖、烟草、香料与宝石等殖民地原材料，向殖民地出口制成品，从而形成"地域广阔、层级分明且联系密切"① 的贸易网络。著名的马兰诺家族门德斯家族（House of Mendes）在 16 世纪的欧洲商业和金融领域有着重要影响，垄断了当时里斯本与北欧地区的香料和胡椒贸易，与德意志的富格尔家族、意大利的洛梅利尼家族（Lomellini）并称为当时欧洲的三大商业和金融家族。该家族一开始以葡萄牙为基地，1512 年在安特卫普建立分支，随后又扩展到意大利半岛的威尼斯、费拉拉以及奥斯曼帝国的伊斯坦布尔等地，该家族与当时欧洲的主要君主国（西班牙、葡萄牙、英国、奥斯曼帝国等）都有着密切的借贷关系并在当地设有代理人。

从 17 世纪中叶起，港口犹太人贸易网络在英法殖民体系下得到快速发展，并在殖民地经济中发挥了重要作用，尤其在牙买加、巴巴多斯、北美、瓜德罗普、马提尼克、圣多明各等地具有较大影响。牙买加犹太人主要从事与其他西印度殖民地的贸易，比如巴西木、胡椒、可可、蔗糖等，他们还几乎垄断了当地的香草和甘椒贸易，随后又转向靛蓝、染料、棉花与纺织品贸易。② 来自巴西的犹太难民为巴巴多斯带来了蔗糖生产与精炼技术，使该岛成为加勒比地区的主要产糖岛屿之一。③ 法属马提尼克的蔗糖业也得益于犹太人。1685 年，马

---

① Daviken Studnicki–Gizbert, *A Nation upon the Ocean Sea: Portugal's Atlantic Diaspora and the Crisis of the Spanish Empire, 1492–1640*, p. 94.

② Mordechai Arbell, *The Portuguese Jews of Jamaica*, Kingston: Canoe Press University of the West Indies, 2000, p. 48.

③ Harry A. Ezratty, *500 Years in the Jewish Caribbean: The Spanish and Portuguese Jews in the West Indies*, Baltimore, MD: Omni Arts, 1997, p. 59.

提尼克拥有172座蔗糖作坊，其中近1/3属于犹太人。① 犹太人还积极参与到欧洲殖民者的海盗活动中，在牙买加等加勒比海地区十分活跃。②

就规模和影响而言，港口犹太人在荷兰殖民体系下最为活跃，他们卷入荷兰殖民扩张活动的程度也最深。17世纪初，奉行重商主义和宗教宽容政策的荷兰尤其是阿姆斯特丹，吸引了大批遭受宗教裁判所迫害的新基督徒前来定居，许多新基督徒进入当地后开始公开皈依犹太教。塞法尔迪人在荷兰对外殖民扩张过程中发挥了重要作用，使阿姆斯特丹成为欧洲从事奴隶、蔗糖、烟草、钻石等跨大西洋贸易的枢纽与中心。③ 1630年荷兰从葡萄牙手中夺取巴西，吸引大批犹太人前来定居。荷属巴西的主要港口累西腓一度拥有当时美洲最大规模的犹太社团。1644年，荷属巴西达到繁荣的顶点，大约有1450名塞法尔迪犹太人，占当地白人的一半以上。④ 1654年，巴西被葡萄牙人重新夺取后，许多犹太人前往荷属苏里南、库拉索，他们的到来改变了这些岛屿的经济状况，使之成为中美洲地区的重要港口要冲。到1726年，库拉索的塞法尔迪人拥有超过200艘商船，控制了该岛绝大部分航运业，与美洲的众多港口有着密切的商业联系；⑤ 他们在库拉索进行交换的商品种类有可可、烟草、兽皮、蔗糖、咖啡、靛蓝、小麦、面粉以及豌豆等。⑥ 苏里南则一度拥有美洲最大的犹太社团，人口最多时超过3千人。在美洲犹太人口重新流动的过程中，北美大陆迎来了最早的一批犹太人。1654年9月，23名原居巴西的葡萄牙

---

① Mordechai Arbell, "Jewish Settlements in the French Colonies in the Caribbean (Martinique, Guadeloupe, Haiti, Cayenne) and the 'Black Code'", in Paolo Bernardini and Norman Fiering, eds., *The Jews and the Expansion of Europe to the West*, *1450 to 1800*, p. 291.

② 参见 Edward Kritzler, *Jewish Pirates of the Caribbean*, New York: Doubleday, 2008.

③ 17世纪的阿姆斯特丹也是欧洲乃至世界塞法尔迪人的中心和"母亲社团"（mother community），被誉为"荷兰的耶路撒冷"（Dutch Jerusalem）。

④ Arnold Wiznitzer, "The Number of Jews in Dutch Brazil (1630–1654)", *Jewish Social Studies*, Vol. 16, No. 2, 1954, p. 111.

⑤ Isaac S. Emmanuel and Suzanne A. Emmanuel, *A History of the Jews of the Netherlands Antilles*, Vol. 1, Cincinnati: American Jewish Archives, 1970, p. 681.

⑥ Wim Klooster, "The Jews in Suriname and Curaçao", in Paolo Bernardini and Norman Fiering, eds., *The Jews and the Expansion of Europe to the West*, *1450 to 1800*, p. 356.

犹太人为躲避宗教裁判所的迫害来到了荷属新阿姆斯特丹，成为向美国移民的先驱。①

随着西方殖民者的全球扩张，不少塞法尔迪人作为翻译、航海向导或代理人进入东方从事商业活动，并积极参与东印度公司的殖民活动，他们的足迹沿着西非、阿拉伯海、印度次大陆、孟加拉湾等海岸扩展，印度洋贸易沿线的主要港口城市（例如霍尔木兹、科钦、果阿、孟买、马六甲等）都成为犹太商人的重要据点。特别是从16世纪开始，苏拉特、科钦、果阿、卡利卡特、卡朗格努尔（Cranganore）、马德拉斯、圣托马斯等印度沿海港口都存在一定规模的犹太社团。此外，霍尔木兹、马斯喀特、锡兰、马六甲、暹罗、马尼拉等都活跃着塞法尔迪犹太商人。② 早期进入印度洋地区的塞法尔迪人从事各种贸易。路易斯·罗德里格斯（Luis Rodrigues）从霍尔木兹进口马匹运输到科摩林角（Cape Comorin），他的船只前往纳加帕蒂南（Negapattanam）、麦拉坡（Mylapore）、锡兰、马六甲、勃固（Pegu，今缅甸）等地；他将孟加拉、锡兰与马六甲的商品运到科钦出售，并将武器弹药转售给当地的统治者。③ 除商业领域以外，当地的许多港口犹太人还充当着西方殖民者的外交代理人。由于他们出色的语言能力、在当地的社会影响以及与土邦王公、苏丹的密切关系，许多塞法尔迪人被赋予政治和外交代理人的角色。18世纪下半叶和19世纪，著名的沙逊家族（the Sassoons）凭借家族网络，建立起横跨亚洲大陆的庞大商业帝国，其分支遍布加尔各答、孟买、香港、上海等地。沙逊家族也因此被誉为"东方的罗斯柴尔德家族"（the Rothschilds of the East）。④

到18世纪下半叶，港口犹太人及其贸易网络在许多因素的压力

---

① 港口犹太人在早期北美犹太社团中占据主要地位，几乎每个有组织的犹太社团——萨凡纳、查尔斯顿、费城、纽约与纽波特的犹太社团——都是在港口城市中发展起来的。

② Walter J. Fischel, "The Indian Archives: A Source for the History of the Jews of Asia (From the Sixteenth Century on)", *The Jewish Quarterly Review*, Vol. 57, 1967, p. 195.

③ Kenneth X. Robbins, "Jews, New Christians, and the Portuguese on the South Malabar Coast", in Kenneth X. Robbins and Marvin Tokayer, eds., *Western Jews in India: From the Fifteenth Century to the Present*, New Delhi: Manohar, 2013, p. 98.

④ Cecil Roth, *The Sassoon Dynasty*, London: Robert Hale, 1941, p. 11.

下逐步走向衰落。这一时期由于西葡两国持续实行压制政策，结束了伊比利亚半岛新基督徒和马兰诺的外迁浪潮，导致港口犹太人失去了新鲜血液，并且与伊比利亚半岛的亲族关系网络也被切断。更为关键的是，随着重商主义走向没落、荷兰霸权的结束，严重依赖重商政策的塞法尔迪贸易网络随之趋于衰落。① 特别是进入18世纪中叶以后，由于工业革命的开展，制造业取代商业成为国际经济的动力引擎，导致以从事商品运输与转卖为主的港口犹太人贸易网络失去活力。此外，导致港口犹太人及其贸易网络走向衰落的原因还有：阿姆斯特丹及其他港口犹太人的贫困不断加剧；在外部生活方式的影响下，塞法尔迪流散地出现了很高的同化率。②

在没有国家这一载体为商业机构及其活动提供保障的情况下，港口犹太人跨越宗教与民族界限，在欧洲强国及其殖民地开展跨地区贸易，在商业上取得巨大成功、建立并维系全球性海洋贸易网络达三个世纪之久。港口犹太人先后参与到地理大发现、殖民扩张、重商主义等近代史上一系列具有决定性意义的重大活动中，成为殖民扩张与海外贸易的中坚力量，因此被视为"欧洲殖民扩张中无价的代理人"③。乔纳森·以色列指出，"西方的塞法尔迪犹太人在从1492年发端到18世纪末的欧洲海洋、商业与殖民扩张中充当了十分特别或许是独一无二的角色。……在大规模全球扩张活动中，塞法尔迪犹太人与其

---

① 有学者强调港口犹太人与荷兰商业霸权之间的密切联系："塞法尔迪人在西欧处于支配地位的时期与荷兰在17世纪的活力相一致并部分地依赖于后者。一个世纪以后，欧洲贸易模式转移导致荷兰霸权的结束，将荷兰变成二流强国，而阿姆斯特丹的塞法尔迪显赫商人家族也随之衰落，正如相互联系的波尔多、汉堡、威尼斯与伦敦塞法尔迪社团一样。塞法尔迪人因而沦为不断趋于边缘的地位。"参见 Jane S. Gerber, *The Jews of Spain: A History of the Sephardic Experience*, New York: The Free Press, 1992, pp. 181–182.

② Jonathan I. Israel, *Diasporas within a Diaspora: Jews, Crypto-Jews, and the World Maritime Empires (1540–1740)*, pp. 38–39.

③ Noah L. Gelfand, "A People Within and Without: International Jewish Commerce and Community in the Seventeenth and Eighteenth Centuries Dutch Atlantic World", Ph. D. Dissertation, New York: New York University, 2008, p. 6. 历史资料证明，港口犹太人直接和间接地充当了殖民扩张活动的先驱者和代理人角色，积极参与了以奴隶贸易和海盗贸易等为代表的殖民活动，这些殖民掠夺行为给所到之处带来的负面影响与破坏作用是不可否认的。但正是通过这些活动，犹太人扩展了自身的国际商业联系，其社团内部的商业特性也得以进一步成长。

有伊比利亚背景的秘密犹太人以实质性方式,对西方主要商业中心在国际贸易、航运与金融业中不断增强的主导地位发挥着重要作用,因而对当时的六大海洋帝国——威尼斯、葡萄牙、西班牙、荷兰、英国、法国——的贡献也引人注目"[1]。

三 港口犹太人与现代商业社会特征的成长

在频繁参与跨地区贸易的过程中,港口犹太人及其社团出现了一种类似于商业社会的形态,其呈现方式不同于传统犹太商人的个体性特征,而是以网络形式大规模扩展。通过与非犹太人在许多领域的密切交往,港口犹太人逐渐打破了传统犹太社团的结构,具备了现代社会的诸多特征。索金指出:"与宫廷犹太人和马斯基尔一样,港口犹太人都源自向西的移民。但不同于那两种阿什肯纳兹类型的是,港口犹太人受益于商业城市和商业社会的经济与政治自由。当宫廷犹太人扭曲了自治社团(中古犹太生活的特征)的边界时,港口犹太人已经以商业公司或自愿社团的形式生活在自治社团之外。"[2]

(一)空前的流动性与亲族关系网络

近代早期的一个重要特征就是,人口与商品出现了空前的流动性(mobility)。流动性是塞法尔迪犹太人的首要特征。地理大发现后,散居在各地的港口犹太人的人口流动趋势前所未有,他们是主要从事商业活动的移民,以家族和婚姻联结而成的亲族关系(kinship)为纽带开展商业活动。斯威特齐尼斯基强调,"商业与亲族关系之间的关系如同鸡与蛋的关系一般"[3]。港口犹太人在维系和加强相互之间的信任方面有着得天独厚的便利条件,他们基本都源自伊比利亚半岛,有着共同的血缘与亲族关系,而且对犹太教古老的遗产有着共同的认

---

[1] Jonathan I. Israel, *Diasporas within a Diaspora: Jews, Crypto-Jews, and the World Maritime Empires (1540—1740)*, p. 1.

[2] David Sorkin, "The Port Jew: Notes toward a Social Type", p. 97.

[3] Daniel M. Swetchinski, "Kinship and Commerce: The Foundations of Portuguese Jewish Life in Seventeenth-Century Holland", *Studia Rosenthaliana*, Vol. 15, No. 1, 1981, p. 73.

知,不存在语言沟通障碍(他们都懂西班牙语、葡萄牙语)。这些家族及其散布在各地的分支所形成的贸易网络,为塞法尔迪人商业上的成功提供了重要前提。布罗代尔在其《地中海与菲利普二世时代的地中海世界》中写道:"他们(犹太人)建立了世界的最主要的商业网,因为他们遍布全球,在落后地区或者不发达地区充当手工业者、店主或者当铺老板。在主要城市里,他们参与促进这些城市的经济的勃兴和商业的繁荣。"①

亲族关系使得同一家族在不同的经济生活中心扎根,并在各地建立起许多商业分支,在全球至少两个地方拥有立足点的犹太商业公司可能数以百计乃至千计。例如,洛佩斯家族(the Lopez family)的中心位于波尔多,但在西班牙、英格兰、安特卫普与图卢兹都有分支;著名的加迪斯家族(the Gradis)同样来自波尔多,在法属殖民地马提尼克、圣多明各等都有分支;卡塞尔家族(the Carceres)分布在汉堡、英格兰、奥地利、西印度群岛、巴巴多斯与苏里南;其他有着世界范围分支的著名家族有科斯塔家族(the Costas)、科内利亚诺家族(the Coneglianos)、阿尔哈迪比家族(the Alhadibs)、沙逊家族、皮埃尔家族(the Pereires)、罗斯柴尔德家族(the Rothschilds)等。可以说,这些塞法尔迪犹太商业家族是"跨国公司"的雏形。② 塞西尔·罗斯强调,这种亲族关系构成的网络为塞法尔迪人的商业活动提供了极大便利:"他们(塞法尔迪犹太人)在西欧贸易中发挥了与其人数不成比例的重要作用。同样的语言和同样的文化遍布于每个港口或大或小的圈子之中。某个人从汉堡到波尔多,从波尔多到利沃诺,几乎没有什么不同。以同样的语言进行的通信在半个以上的文明世界开展。绝大多数的重要家族是国际性的,其成员定居在每个大型中心。因而,从字面来说,'信用'就是一种社会实际,它自动地支持着社会交往。"③

这种基于血脉关系之上的跨地区联系,成为港口犹太人开展跨地

---

① [法]费尔南·布罗代尔:《地中海与菲利普二世时代的地中海世界》第2卷,吴模信译,商务印书馆2013年版,第250页。
② Sam N. Lehman-Wilzig, "The House of Rothschild: Prototype of the Transnational Organization", *Jewish Social Studies*, Vol. 40, No. 3/4, 1978, pp. 251–270.
③ Cecil Roth, *A History of the Marranos*, p. 233.

区商业活动的天然便利条件。耶鲁沙尔米分析道："他们（塞法尔迪人）之间的这种联系超越了区分基督徒与伊斯兰世界，或者新教与天主教国家的宗教和地缘政治界限。这种国际性凝聚力至少成为塞法尔迪人商业成功的主要根源之一。"①

（二）"全球族"跨文化群体属性的塑造

自古以来犹太人多选择在商业要道定居，作为商人和货物集散人，在货物、信息等方面都领先于其他商人群体。当代学者乔尔·科特金将犹太人视为影响人类发展的五大全球化部族（global tribes）之一，并归纳了全球化部族的三大共性特征：具有强烈的族裔认同感和共同依存意识；具有一个以共同信任为基础的全球网络；具有一种执着地从所有可能得到的资源中获取技术和其他知识的能力。② 在近代早期的港口犹太人那里，这种"全球族"的跨文化群体属性尤为显著，他们充当着不同民族之间"互相交流的媒介"。1712 年 9 月 27 日的《观察者》这样描述道："他们（犹太人）广泛分布于世界各大贸易地区，成了相距最遥远的民族之间互相交流的媒介，人类通过他们得以普遍联络起来。他们仿佛嵌在大楼中的木栓和钉子，尽管本身价值微不足道，但对于整个架构的维持，却绝对必需。"③

"全球族"的群体属性赋予港口犹太人独特的"中间人身份"（middlemen），这种既在其中又在其外的中间人身份使之充当着本地与外部进行商业交往的桥梁，从而为犹太人从事国际交往并建立贸易网络提供了独特条件。在近代早期殖民扩张初期，由于西方殖民者对美洲以及东方的知识十分有限，亟须了解外部世界的地理和情况，而

---

① Yosef H. Yerushalmi, "Between Amsterdam and New Amsterdam: The Place of Curaçao and the Caribbean in Early Modern Jewish History", *American Jewish History*, Vol. 72, No. 2, 1982, pp. 177 – 178.

② ［美］乔尔·科特金：《全球族：新全球经济中的种族、宗教与文化认同》，王旭等译，社会科学文献出版社 2010 年版，"序言"，第 2、4 页。

③ Seymour Liebman, *New World Jewry, 1493 – 1825*, New York: Ktav Publishing House, 1982, p. 189.

许多犹太人、马兰诺和新基督徒参与到翻译、代理人、顾问和航海向导等职业中,[1] 主要是由于他们出色的语言能力以及他们与其他地区的广泛联系所致。有学者这样评价犹太翻译的作用,他们"扩展了家族与社团的网络……使之成为出色的使者和密探"[2]。

作为"全球族"的另一重要体现,跨文化交往在港口犹太人中间频繁发生,从而使之具备了出色的文化柔韧性。犹太人在长期流散生活中发展起来的社交能力与环境适应力是超群的,他们精通许多民族的语言,善于判断当地的行情,他们特有的文化柔韧性使其灵活周旋于不同群体之间,这种特征是散居犹太人基本都有的共性,但在港口犹太人那里尤为显著。正是由于港口犹太人出色的文化柔韧性,他们才得以跨越宗教与民族的界限而在主要殖民帝国及其殖民地范围内开展跨地区贸易活动:"尽管伊比利亚的宗教裁判所以及其他地方不时发生许多袭扰,但塞法尔迪人作为近代早期世界最重要的'跨文化掮客'(cross-cultural brokers)而出现:他们独自成功地将所有西方的海上帝国、所有大陆以及所有对立的主要宗教集团连接起来。"[3]

(三)商业价值的主导地位

很大程度上,港口犹太人由于其商业价值而为当地社会所接纳,他们与重商主义的发展相辅相成。一方面,在许多重商主义统治者看来,拥有雄厚资本实力以及广泛经济联系的港口犹太人是一股不容忽视的经济力量,因而积极招徕从事海外贸易的犹太人前来定居。另一方面,港口犹太人是重商主义时代的最大受益者之一,重商主义环境

---

[1] 许多塞法尔迪人从事翻译、代理人、顾问和航海向导等职业。例如,哥伦布远航舰队的翻译路易斯·德·托雷斯、达伽马远航舰队的翻译兼航海向导加斯帕尔(Gaspar)、葡萄牙王室在尼德兰联省的代理人达·科斯塔家族、摩洛哥王室的欧洲代理人兼顾问撒母耳·帕拉赫(Samuel Pallache)、英属东印度公司外交代表亚伯拉罕·纳瓦罗(Abraham Navarro),等等。

[2] Dejanirah Couto, "The Role of Jewish and New Christian Interpreters, or Linguas, in the Portuguese Empire During the 16th Century", *e-Journal of Portuguese History*, Vol. 1, No. 2, 2003, p. 4.

[3] Adam Sutcliffe, "Sephardic Amsterdam and the Myths of Jewish Modernity", *The Jewish Quarterly Review*, Vol. 97, No. 3, 2007, p. 419.

使他们的商业才能得以充分施展。由于与重商主义的环境密切相关，港口犹太人及其贸易网络在推行重商主义政策的国家得到了迅速发展，尤其与荷兰的商业霸权联系比较紧密。推行重商主义的荷兰积极接纳塞法尔迪人进入其境内以及殖民地定居，因而塞法尔迪人在荷兰殖民体系下最为活跃，阿姆斯特丹也成为当时塞法尔迪世界的中心。而港口犹太人为荷兰带来了发展商业所需的巨额资本与广泛联系，从而造就了荷兰在 17 世纪国际商业中的霸权地位，出现了所谓的"荷兰黄金时代"，这个时期也正是港口犹太人的鼎盛期。正是基于重商主义对于港口犹太人的重要作用，有学者将之称为"亲犹的重商主义"（Philosemitic Mercantilism）。①

正是港口犹太人的商业价值（包括大量财富与广泛联系），使之成为国际经济中举足轻重的力量。港口犹太人的大规模流动往往伴随着财富与商业联系的转移，他们的人口迁移同时也是"资本的迁出"（exodo de capitaes），② 成为国际经济中此消彼长的关键性少数。1671 年 12 月 17 日，一封由牙买加总督写给英国枢密大臣的信，充分强调了犹太人的商业价值，"没有其他臣民可以比犹太人更能让国王陛下获利：他们拥有大量的货物与广阔的通信"③。查尔斯·达利（Charles P. Daly）也强调："他们（塞法尔迪人）被从其他职业驱赶出来，而不得不将其精力转向贸易。他们的世界主义特质使之观察到什么是推动国际贸易所需要的东西。他们的迅速与机敏帮助其发现如何促进贸易。"④

从更宏观的角度看，港口犹太人的商业地位还体现在参与并促成了国际商业重心从伊比利亚向西北欧转移的过程。如前所述，在伊比利亚殖民体系时期，由于伊比利亚半岛的宗教迫害，许多马兰诺与新

---

① Jonathan I. Israel, *European Jewry in the Age of Mercantilism*, 1550 – 1750, London: The Littman Library of Jewish Civilization, 1998, p. 93.

② ［德］桑巴特：《犹太人与现代资本主义》，艾仁贵译，上海三联书店 2015 年版，第 127 页。

③ M. Kayserling, "The Jews in Jamaica and Daniel Israel Lopez Laguna", *The Jewish Quarterly Review*, Vol. 12, No. 4, 1900, p. 710.

④ Oscar Reiss, *The Jews in Colonial America*, Jefferson, N. C.: McFarland & Co., 2004, p. 155.

基督徒前往西葡在美洲的殖民地,①使美洲经济成为大西洋经济的活力源泉。进入西北欧殖民体系时期,荷兰的宗教宽容与重商政策吸引了大批犹太人前来定居,促使阿姆斯特丹在17世纪成为国际商业的中心。布罗代尔指出,"作为经验丰富的商人,犹太人自然地倾向于繁荣的经济。他们进入某个国家,通常意味着当地经济的发达或发展。而如果他们离开,虽然并不都意味着当地经济的不景气,但至少可能不是那么繁荣"②。学者桑巴特也强调,塞法尔迪人的国际迁移在很大程度上"影响了经济生活中心的转移":"以色列人如同太阳一般掠过欧洲上空:他们到来,万物复苏;他们离去,万物凋零。犹太民族自15世纪以来命运变迁的简要历史将会支持这种论点。"③ 具体来说,他们的迁移成为西葡衰落而荷英崛起的关键:"16世纪末,西班牙及葡萄牙的犹太人定居到其他国家。正是在这个时期,比利牛斯半岛经济发展的厄运被注定了。……另一方面,有时颇难预料的是,这些难民逃往的国家和城市的经济重要性得到了提升,这种现象肯定要追溯至西班牙犹太人在当地的首次出现",接着他又以荷兰和英国的崛起为例来说明塞法尔迪犹太人的到来对于当地经济发展的推动作用,"众所周知,荷兰于16世纪末突然崛起(从资本主义的意义上说)。1593年,首批葡萄牙马兰诺定居于阿姆斯特丹,不久,他们的人数迅速增加。……英国的情况也大致类似。这个国家的经济发展,即资本主义的发展,与犹太人的涌入如影随形,而这些犹太人主要来自西班牙与葡萄牙"④。

(四)现代经营手段与信用工具的运用

近代早期散居在各地的港口犹太人虽然数量并不多,但他们几乎

---

① 对犹太人的大驱逐运动是导致西班牙王国走向衰落的重要原因,当时就有人意识到犹太人之于西班牙经济的重要作用,安东尼奥修士发出警告说:"(驱犹运动)将不仅使这个王国失去人口,而且使之贫困,因为他们(犹太人)通过其财富使我们的敌人富裕起来。"参见Michael Alpert, *Crypto-Judaism and the Spanish Inquisition*, London: Palgrave, 2001, p. 57.

② Fernand Braudel, *Civilization and Capitalism*, $15^{th}-18^{th}$ *Century*, trans. Sian Reynolds, Vol. 3, Berkeley: University of California Press, 1992, p. 187.

③ 参见[德]桑巴特:《犹太人与现代资本主义》,第9页。

④ 参见[德]桑巴特:《犹太人与现代资本主义》,第10—11页。

在各个主要港口都有贸易据点，这主要得益于塞法尔迪商人运用了一系列现代经营手段和信用工具。从中古晚期开始，为了分担商业风险和维持商业合作，在热那亚、威尼斯等意大利城市地区从事远程贸易的商人中间发展起了一系列新式经营手段和信用工具，包括代理人制、合伙制、海上保险、汇票，等等。散居在意大利地区的塞法尔迪犹太人借助这些经营手段和信用工具，同时又对其进行一定的革新和改进，并推广开来，这些经营手段和信用工具的运用不仅使分散在地中海、大西洋、印度洋乃至太平洋等广阔区域的港口犹太人贸易网络的运作变得积极有效，并且促进了近代早期国际贸易的便利化。具体来说，以塞法尔迪人为主体的港口犹太人在现代经营手段和信用工具的使用与推广上主要有以下建树。

第一，革新代理人制度。在经营手段上，塞法尔迪人以亲族关系为基础建立起发达的代理人机制（fattoria）。① 代理人提供各种与商业有关的服务，例如装货和卸货、支付关税和运费、将货物运往市场、在信用期限内出售商品，等等。代理活动可以很大程度地降低商业风险和成本，它是中古与近代早期远程贸易的重要形式。代理人通常不对货物的经济损失负责，从雇主那里领取固定薪水，因而他们对雇主是否获得高额利润兴趣不大。而16世纪的塞法尔迪犹太商人在代理人制度中引入一项重要变革，他们废除了薪水制度，根据交易额的一定比例来支付薪水，这就调动了代理人的积极性，使之努力出售商品以提高收益。② 此外，塞法尔迪犹太商人还在许多港口城市设立商业领事（commercial consuls），③ 负责接收和保管商人运来的货物，并按

---

① Shelomo D. Gotein, *A Mediterranean Society: The Jewish Communities of the Arab World as Portrayed in the Documents of the Cairo Geniza*, Vol. 1: *Economic Foundations*, Berkeley, Calif.: University of California Press, 1967, p. 166.

② Aryeh Shmuelevitz, *The Jews of the Ottoman Empire in the Late Fifteenth and the Sixteenth Centuries: Administrative, Economic, Legal and Social Relations as Reflected in the Responsa*, Leiden: Brill, 1984, pp. 143 – 144.

③ Daniel Jütte, "The Jewish Consuls in the Mediterranean and the Holy Roman Empire during the Early Modern Period: A Study in Economic and Diplomatic Networks (1500 – 1800)", in Andreas Gestrich and Margrit Schulte Beerbühl, eds., *Cosmopolitan Networks in Commerce and Society, 1660 – 1914*, London: German Historical Institute, 2011, pp. 153 – 186.

指令将货物运往目的地。通过商业领事，商人无须处理商品的转运问题，并获得了有关运输风险和目的地市场的信息。可以说，塞法尔迪犹太商人的代理人遍布许多重要的海洋贸易线路。例如，以从事钻石贸易著称的利沃诺犹太商人埃尔加斯与西尔维拉家族（Ergas & Silvera）的代理人遍布地中海—西北欧—印度洋贸易沿线，包括阿勒颇（以及亚历山大勒塔、塞浦路斯及其他奥斯曼帝国的港口）、威尼斯、热那亚、阿姆斯特丹、伦敦、马赛、里斯本、果阿等主要港口。① 该家族的代理人主要分为三个层次：直系亲属、其他塞法尔迪人、非犹太人。借助发达的代理人机制，不同地区的犹太人得以与最遥远的地区开展直接的商业活动，在信任和合作原则的基础上建立并维持稳定的联系网络。

第二，规范合伙关系。在跨地区贸易过程中，由于经常面临与其他犹太人以及非犹太人开展贸易的情况，到16世纪在犹太商人中间出现了重要的法律文件——"合伙证明"（Hetter Iska），它在"埃斯卡"②的基础上结合了"康曼达"③的某些特征，以商业契约的形式明确规定参与商业投资的各方（商人及其代理人）应承担的权利和义务，以及在运输商品过程中发生的遗失或损坏情况进行赔偿等具体事项。④ 它对从合伙关系中获取利润进行了具体规定：首先是对责任的划分，通常投资者承担2/3的责任，代理人承担1/3；其次是对利润的划分，通常2/3的利润归代

---

① Francesca Trivellato, *The Familiarity of Strangers: The Sephardic Diaspora, Livorno, and Cross-Cultural Trade in the Early Modern Period*, p. 194.

② "埃斯卡"（iska）最初出现在《巴比伦塔木德》中，意为"半贷款与半信任"（semi-loan and semi-trust）。它将借贷关系转换成隐名合伙关系（silent partnership），从而允许在犹太人中间进行以取利为基础的贷款而不违反《托拉》有关不得在犹太人中间开展借贷活动的禁令。参见 Ahmad Kaleem and Mervyn K. Lewis, "Non-Interest Financing Arrangements in Three Abrahamic Religions", in Mervyn K. Lewis, Mohamed Ariff and Shamsher Mohamad, eds., *Risk and Regulation of Islamic Banking*, Cheltenham, UK: Edward Elgar Publishing Ltd., 2014, p. 158.

③ "康曼达"（commenda），也称合伙制，是自十二三世纪开始在基督徒商人中间广泛使用的合伙制商业模式。参见 John H. Pryor, "The Origins of the *Commenda* Contract", *Speculum*, Vol. 52, No. 1, 1977, pp. 5–37.

④ J. David Bleich, "Hetter Iska, the Permissible Venture: A Device to Avoid the Prohibition against Interest-Bearing Loans", in Aaron Levine, ed., *The Oxford Handbook of Judaism and Economics*, New York: Oxford University Press, 2010, p. 198.

人，1/3 的利润归投资者。① 这种合伙关系是一种利润共享和风险分担机制，投资者"平等地分享"合伙人赢得的利润，同时共同分担风险，从而大大便利了犹太人开展海外贸易活动。

第三，拓展海上保险业务。在中古与近代早期的远程贸易中，"海上保险"（maritime insurance）② 是常用的信用工具之一。十三四世纪，海上保险率先在热那亚和其他意大利城市发展起来，已知最早的一份保险单来自 1347 年的热那亚，③ 随后在西欧各地商人中间流行，并逐渐走向专业化。十五六世纪，流散到意大利半岛尤其是热那亚、比萨和威尼斯等港口城市的塞法尔迪人，在从事地中海等远程贸易活动时使用了保险单据"坎比奥"（cambio），这种单据类似贷款，由被保险人向保险人支付一定的利息，通常为商品价值的 3%—4% 左右。16 世纪萨洛尼卡的绝大部分塞法尔迪犹太商人频繁使用这种海上保险，经营范围涵盖意大利、埃及等地，随后扩展至奥斯曼帝国境内主要城市以及欧洲许多港口。④ "坎比奥"被视为保险人和被保险人之间的契约，由于保险人拥有至少与贷款同等价值的货物，从而确保了贷款的偿付。这种商业经营手段得到了拉比权威的认可，成为一种保护货物在不同港口之间运转的制度。

第四，开展汇票业务。由于远程贸易的买卖双方相距遥远，使用货币也各异，无法像国内贸易那样方便地结算，随着海上保险的发展，到 15 世纪前后，在地中海地区的主要港口开始出现进行国际结算的信用工具——"汇票"（bill of exchanges）。汇票作为一种无条件的委托支付，通常有三位当事人：开票人、付款人和收款人。尽管犹

---

① Abraham L. Udovitch, "At the Origins of the Western *Commenda*: Islam, Israel, Byzantium?" *Speculum*, Vol. 37, No. 2 (April 1962), p. 199.

② 海上保险源于古希腊罗马的"海事贷款"（sea loans），通过保险单的方式对船舶、货物以及相关利益（如租金、运费）等进行保险，以补偿因自然灾害或其他意外事故造成的海上运输损失。

③ James Franklin, *The Science of Conjecture: Evidence and Probability before Pascal*, Baltimore: Johns Hopkins University Press, 2001, pp. 274–277.

④ Benjamin Arbel, "Jews, the Rise of Capitalism and Cambio: Commercial Credit and Maritime Insurance in the Early Modern Mediterranean World", *Zion*, Vol. 69, No. 2, 2004, pp. 157–159.

太人是否为汇票发明者存在争议,①但他们无疑是汇票的熟练使用者和积极推广者。由于许多同胞散居在不同港口,犹太人在汇票的使用方面有着先天优势,这为其开展远程贸易提供了重要便利。在一份1550年威尼斯基督徒商人的请愿书中,提及了塞法尔迪犹太商人在当地开展汇票业务的情况:"我们也像他们那样从事兑换,因为他们不断地向我们汇款……将现金送来以便通过我们的交易所将之兑换成里昂、佛兰德以及世界其他地区的货币……这些佛罗伦萨犹太居民的情况,也适用于同样来自西班牙与葡萄牙的其他犹太商人,这些人逗留在佛兰德、里昂、罗马、那不勒斯、西西里和其他地区,他们尽力与我们做生意,不仅从事兑换活动,而且将佛兰德的货物运到这里,出售来自西西里的谷物,并购入其他货物以运往其他国家。"②

(五) 对传统宗教权威的挑战

如前所述,港口犹太人包括了马兰诺和新基督徒,他们在很大程度上是由于宗教迫害而被动选择皈依基督教,但其内心通常并不真诚接受新的宗教。不少马兰诺遭受着内部生活与外部生活的分裂,在两种信仰之间挣扎徘徊,陷入"在家是犹太人,在外是基督徒"的身份困惑之中。当时有人这样描绘马兰诺无所适从的精神困顿:"出生时属于希伯来民族,一开始是一名基督徒,然后是一名犹太人,再然后既不是犹太人也不是基督徒……他的推理是疯狂的,他充满无畏的言论,他是新奇之友,也是悖论的搜索者,最为糟糕的是,他的道德是可恶的。"③

港口犹太人在摆脱宗教裁判所迫害的过程中,不再受传统拉比宗教权威的束缚。不少马兰诺在批评天主教及其实践的过程中滋长了怀疑主义精神,他们在抵达较为开明与宽容的港口地区(尤其是荷兰及

---

① 学者桑巴特对犹太人在汇票、证券、纸币、公债等信用工具中的作用进行了系统分析,强调"作为国际贸易的中间人,犹太人大规模使用了外汇机制,它传统上流行于地中海国家,后来又扩展至其他地区"。参见[德]桑巴特:《犹太人与现代资本主义》,第44页。

② David Kaufmann, "Die Vertreibung der Marranen aus Venedig im Jahre 1550", *The Jewish Quarterly Review*, Vol. 13, No. 3, 1901, p. 530.

③ Yirmiyahu Yovel, *Spinoza and Other Heretics*, Vol. 1: *The Marrano of Reason*, Princeton: Princeton University Press, 1989, p. 66.

其殖民地）后本可以重返犹太教，但发现自己已经难以忍受犹太教的精神束缚："他们（改宗者）习惯于秘密地或者公开地批评天主教会及其传说、法规、牧师及其生活方式。当这种类型的马兰诺抵达荷兰尤其是阿姆斯特丹时，他们发现所处的犹太社会与其父辈曾在西班牙遭遇非犹太文化时的悲惨经历十分相似……对于马兰诺来说，很难不去批评犹太哈加达和哈拉哈，并且他们发现很难接受拉比和社团领袖对个体生活方式的控制，尤其是在他们曾经如此强烈地反对伊比利亚半岛教会权威的这种控制之后。"①

正是在此新旧身份的转换之际，产生了最早的怀疑主义思想，由此揭开了犹太人世俗化的序幕，有学者将马兰诺称为"欧洲现代化的开端"②。马兰诺怀疑主义思想的主要代表有17世纪中叶荷兰阿姆斯特丹的世俗思想家乌里尔·达·科斯塔（Uriel da Costa, 1585—1640）、胡安·德·普拉多（Juan de Prado, 1614—1672）和巴鲁赫·斯宾诺莎（Baruch Spinoza, 1632—1677）等，他们基本上都是源自葡萄牙的塞法尔迪犹太人。达·科斯塔因否定口传律法被两次革出犹太社团，他又两次悔罪，最终不堪其辱选择自尽；普拉多则进一步提出自然神论思想；斯宾诺莎将这种怀疑主义精神推向顶点，他大胆质疑《摩西五经》的神圣性，强调历史的最高主宰是自然而非上帝，这种理性主义解释挑战了拉比当局的宗教权威，他因此被革出阿姆斯特丹犹太社团。斯宾诺莎是第一个脱离犹太教但又没有皈依其他宗教的犹太人，被称为"第一个现代犹太人"③。

在思想层面总的趋势是，港口犹太人的宗教实践与精神生活变得自由和多元。通过与外部文化的频繁接触，对更大范围的基督教文化的融入，宗教实践不再是社团生活的中心；④ 作为所有这些现象的结

---

① H. H. Ben‑Sasson, ed., *A History of the Jewish People*, Cambridge, Mass.: Harvard University Press, 1976, p. 719.

② Richard Popkin, "Epicureanism and Scepticism in the Early 17th Century", in R. B. Palmey and R. Hamerton‑Kelly, eds., *Philomathes*, The Hague: Nijhoff, 1971, p. 348.

③ 参见 Daniel B. Schwartz, *The First Modern Jew: Spinoza and the History of an Image*, Princeton: Princeton University Press, 2012.

④ Adam Sutcliffe, "Sephardic Amsterdam and the Myths of Jewish Modernity", *The Jewish Quarterly Review*, Vol. 97, No. 3, 2007, pp. 417–437.

果,出现了对传统宗教观念的怀疑和对拉比权威的挑战。学者乔纳森·以色列指出,17世纪末和18世纪塞法尔迪人中间的自然神论发展为"真正的思想与文化实质,并对拉比权威、犹太传统及其遵守构成持久威胁"。他认为,在1740年之前存在一场塞法尔迪人的犹太启蒙运动;① 他将塞法尔迪人反对宗教权威的行为置于整个欧洲的范畴中进行考虑,认为这些行为是当时欧洲知识精英对宗教发起挑战的一部分,并将斯宾诺莎称为"激进启蒙运动"(Radical Enlightenment)② 的先驱者。可以说,这些怀疑主义和自然神论思想,是现代性在塞法尔迪人精神世界滋长的重要体现。

(六) 法律与社会地位的提升

在参与殖民扩张和国际贸易的过程中,港口犹太人打破了传统犹太社会的许多约束,他们并非生活在自治的犹太社团中,而是生活在自愿组成的协会或商人团体中。港口犹太人所到之处,当地统治者通常从商业利益的角度给予各种特权,允许其自由定居并开展贸易活动,对其宗教活动不加干涉,这种行为被称为"公民包容"(civil inclusion)。③ 值得注意的是,与宫廷犹太人享有的特权仅限于少数犹太精英不同,"公民包容"针对的是港口犹太人整个社团。传统观点认为,法国大革命通过《人权宣言》的法律形式首次赋予犹太人以公民权。实际上,港口犹太人享有的"公民包容",已经给予犹太人事实上的公民权,使之具有几乎完全平等的法律与社会地位,这比法国大革命早了一两个世纪。

在重商主义政策的推动下,犹太人由于其商业价值而被允许进入各地定居,从而使港口犹太人的法律与社会地位有了显著提升。这主

---

① Jonathan I. Israel, "Was There a Pre-1740 Sephardic Jewish Enlightenment?" *Arquivos de Centro Cultural Calouste Gulbenkian*, Vol. 48, 2004, p. 19.

② Jonathan I. Israel, *Radical Enlightenment*: *Philosophy and the Making of Modernity*, 1650–1750, Oxford: Oxford University Press, 2001.

③ Lois C. Dubin, *The Port Jews of Habsburg Trieste*: *Absolutist Politics and Enlightenment Culture*, p. 223.

要体现为两种形式：① 一是颁发特许状，不专门针对犹太人，主要出现在安科纳、威尼斯和利沃诺以及波尔多、汉堡等受天主教影响的地区。这种由当地统治者颁发的特许状，确保所有定居当地的外国人（包括犹太人）享有许多额外的权利与特权，包括免税权、豁免权以及完全的宗教自由。其中1591年和1593年利沃诺的托斯坎纳大公费迪南德一世·德·美第奇（Ferdinand I de'Medici）颁布的两个特许状最为著名；从17世纪末起，波尔多市政当局承认了新基督徒作为商人团体的特权，1723年以缴纳税收为条件正式承认他们的犹太人地位。② 另一种情况是所在国的宽容声明与议会文件，专门针对犹太人而制定，以此确保港口犹太人的平等权利，这主要出现在大力推行重商主义政策的荷兰和英国。在阿姆斯特丹，犹太人在进入当地不久的1597年就被给予公民地位，1654年当地市议会又给予所有犹太人公民地位以推动贸易。③ 居住在伦敦的塞法尔迪犹太人在17世纪下半叶获得了宽容地位，分别由1664年来自枢密大臣的信件和1685年英王詹姆斯二世发布的宽容声明所确认。④

就殖民地的情况而言，港口犹太人获得的法律权利更多，他们几乎不受限制地从事各种职业，不仅自由从事国际贸易和殖民活动，而且拥有土地或种植园，拥有奴隶并使用其进行劳作，甚至还有犹太人参加军队。⑤ 1658年荷兰议会承认那些被西班牙人在海上俘虏的犹太人为荷兰公民，这项法律事实上确认了荷兰及其殖民地乃至大西洋范

---

① David Sorkin, "Merchant Colonies: Resettlement in Italy, France, Holland, and England, 1550–1700", in Brian M. Smollett and Christian Wiese, eds., *Reappraisals and New Studies of the Modern Jewish Experience: Essays in Honor of Robert M. Seltzer*, Leiden: Brill, 2015, pp. 128–134.

② Francesca Trivellato, *The Familiarity of Strangers: The Sephardic Diaspora, Livorno, and Cross-Cultural Trade in the Early Modern Period*, p. 76; Frances Malino, *The Sephardic Jews of Bordeaux: Assimilation and Emancipation in Revolutionary and Napoleonic France*, Alabama: The University of Alabama Press, 1978, p. 9.

③ Daniel M. Swetchinski, *Reluctant Cosmopolitans: The Portuguese Jews of Seventeenth Century Amsterdam*, pp. 8–25.

④ David Katz, *The Jews in the History of England, 1485–1850*, Oxford: Oxford University Press, 1994, pp. 142–143.

⑤ Arnold Wiznitzer, "Jewish Soldiers in Dutch Brazil (1630–1654)", *Publications of the American Jewish Historical Society*, Vol. 46, No. 1, 1956, pp. 40–50.

围内犹太人的公民地位；在加勒比地区，摩西·德尔加多（Moses Delgado）为牙买加犹太人赢得了选举权。① 尽管没有类似于《人权宣言》的法律文件来明确港口犹太人的公民权，但他们获得的事实上的公民权不仅为其开展商业活动提供了许多便利，而且为此后美洲犹太人获得各项自由奠定了基础，并推动着欧洲犹太人争取平等公民权的行动。

总的来看，港口犹太人通过积极参与殖民扩张和洲际贸易，现代商业社会②的特征在这一群体中间不断成长：他们不仅主要从事跨文化贸易和国际经济交换，而且商人在其社团中处于领导地位，他们与主体社会进行了广泛接触，并在频繁的国际迁移中滋生了对传统权威的怀疑精神。更为重要的是，港口犹太人由于其商业价值被主体社会认可，而带动了法律与社会地位的提高。从传统向现代社会的转型是一个极其复杂的过程，商业社会特征的成长仅是其中的重要指标之一。虽然商业社会的概念不完全等同于"现代性"，但对于犹太人这个长期处在流散状态的商业民族而言，现代商业社会特征的成长确实具有非同寻常的社会变革意义：它不仅为港口犹太人商业才能的充分施展带来了广阔空间，使之在资本主义的发展过程中发挥了独特作用，而且促成了犹太人与主体民族的融合，进而成为推动社会内部发生结构性变化的重要催化剂。可以说，在港口犹太人那里，"商业性"与"现代性"实现了高度的同构，以与外部社会开展商业交往和建立国际经济网络的形式，推动着塞法尔迪犹太社会的现代转型。与之形成对比的是，18 世纪下半叶中东欧地区阿什肯纳兹犹太人的社会转型，与欧洲主体社会一样，是通过思想启蒙孕育现代性因素的成长，继而推动了社会内部的变革和转型。通过对犹太社会转型不同

---

① Harry A. Ezratty, *500 Years in the Jewish Caribbean: The Spanish and Portuguese Jews in the West Indies*, p. Ⅷ.

② "商业社会"（commercial society）的概念最初出自亚当·斯密的《国富论》："所有人都依赖交换而生活，或在一定程度上所有人都成为商人，而社会本身，严格地说，也成长为商业社会。" Adam Smith, *An Inquiry into the Nature and Causes of the Wealth of Nations*, Oxford: Oxford University Press, 1976, p. 37. 有关亚当·斯密的商业社会理论，可参见 Dennis C. Rasmussen, *The Problems and Promise of Commercial Society: Adam Smith's Response to Rousseau*, University Park: Pennsylvania State University Press, 2008.

路径的考察，可以更准确地理解犹太人对于现代精神的引领作用，他们因而被称作"现代性的先行者"。正如学者斯列兹金指出的，"现代是犹太人的时代……在资本时代，他们是最富创造力的企业家；在隔离时代，他们是最有经验的流亡者；在专业时代，他们是最为熟练的专业人员。一些最古老的犹太特性——商业、法律、医学、文本诠释与文化中介——已经成为所有现代人最为根本（与最具犹太特点）的追求。通过作为古代人的典范，犹太人也成为现代人的楷模"[①]。

结　论

综上所述，以塞法尔迪人及其后裔为主体的港口犹太人，穿梭在各大殖民帝国之间，形成了连接新旧大陆（地中海、大西洋、印度洋乃至太平洋等）的全球性贸易网络，成为当时国际经济交往中的一支重要力量。存在达三个世纪之久的港口犹太人及其贸易网络，留下了许多重要的历史遗产。就犹太社会而言，港口犹太人早于阿什肯纳兹同胞一两个世纪就已具备了诸多现代性特征，现代性因子在该群体中间不断孕育，他们与主体社会的融合不断加深，并广泛接纳现代世俗知识，逐渐打破了传统的犹太社会结构，从而开辟了犹太社会现代转型的"另一条路径"。这条塞法尔迪路径是以商业交往和经济网络为核心，它与以思想启蒙和文化融合为特征的阿什肯纳兹路径如车之两轮共同冲破了传统犹太社会的藩篱，推进了犹太民族的现代转型。

传统观点认为，18世纪下半叶阿什肯纳兹犹太人率先具备了现代社会的诸多特征，例如享有职业自由、与主体社会的融合、拥有平等的公民权以及世俗观念的出现等；而事实上，上述特征都可以在一个或两个世纪之前的以塞法尔迪人为主体的港口犹太人那里找到，具体体现为空前的人口流动与经济联系、频繁参与跨地区交往和殖民活动、商业价值的凸显、对传统宗教权威的挑战、法律与社会地位的提升等。萨洛·巴龙注意到，16世纪的意大利和17世纪的荷兰的塞法尔迪犹太社团已经显现出了现代犹太社会的新特征，将之称为"意大

---

① Yuri Slezkine, *The Jewish Century*, Princeton: Princeton University Press, 2004, p.1.

利与荷兰的哈斯卡拉运动"(Italian and Dutch Haskalah),他尤其以阿姆斯特丹塞法尔迪犹太社团为例,强调当时这一群体中间的宗教和思想骚动"为犹太教的世俗化和犹太人整合到西方国家更大的文化和政治生活中奠定了坚实基础"①。巴龙指出,"哈斯卡拉运动的所有根本趋势,例如世俗知识、'纯粹的'希伯来语、历史主义和个体对社团权力的反抗,在门德尔松很久之前的意大利和荷兰都变得越来越显著"。因此,他得出结论:"与犹太人莱奥内·埃布里奥②和斯宾诺莎相比,德绍的贤哲(即摩西·门德尔松)似乎更是一个中世纪的护教学家而非现代的世俗哲学家。"③

从全球视野来看,港口犹太人与殖民扩张、海洋贸易等活动紧密联系在一起,这一群体积极参与早期全球交往,在此过程中催生了现代商业运作模式,推动了资本主义的发展。由家族分支构成跨地区的商业纽带、分担商业风险的代理人机制、出色的文化柔韧性和中间人身份、对财富之流与商业机会的敏锐洞察力等,尤其以贸易网络的方式开展洲际性经济交往(成为跨国公司的前身),这些都使犹太人成为当之无愧的资本主义先驱者之一。此外,港口犹太人在合伙证明、海上保险、汇票等信用工具发展为西方近代商业规范的过程中,发挥了承上启下的关键作用,有学者将之形象地称为"犹太桥梁"(the Jewish Bridge)。④

作为地理大发现后人类文明转向海洋这一新的社会现象的推动者,港口犹太人群体所具备的边际性、流动性、世界性特质成为其获得商业成功并维系全球性贸易网络的根本性基因。在欧洲其他群体与海外的交往仍十分缓慢之时,港口犹太人作为典型的贸易流散社群(Trading Diaspora),依托散居在各地的同胞所拥有的大量财富与广泛联系,以贸易网络的形式广泛参与全球交往和殖民扩张,不仅推动了

---

① Salo W. Baron, *A Social and Religious History of the Jews*, New York: Columbia University Press, Vol. 2, 1937, pp. 207, 210.
② 莱奥内·埃布里奥(Leone Ebreo, 1465—1521),即犹大·阿布拉瓦内尔,16世纪初意大利塞法尔迪犹太社团领袖。
③ Salo W. Baron, *A Social and Religious History of the Jews*, Vol. 3, p. 139, note 13.
④ Scott B. MacDonald and Albert L. Gastmann, *A History of Credit and Power in the Western World*, New Brunswick, NJ: Transaction Publishers, 2004, chapter 4.

犹太社会的现代转型，而且成为资本主义和全球化的重要先驱者和引领者。港口犹太人及其构建的跨地区贸易网络，充分诠释了少数群体在参与并推动近代早期全球交往中的重要作用。从这个意义上说，这种研究是对普遍存在于犹太史与世界史研究中的"欧洲中心论"的突破，为窥探犹太社会现代转型以及资本主义和全球化的发端提供了独特视角，对这种"犹太因素"的重新审视无疑从一个侧面丰富着我们对于全球历史多元构成及其复杂动因的认知。

（原载《中国社会科学》2019年第1期；张倩红：郑州大学历史学院教授；艾仁贵：河南大学以色列研究中心副教授。）

"雷纳尔之问"与美洲"发现"及其后果之争

王晓德

摘　要："雷纳尔之问"是研究美洲的法国专家雷纳尔1780年提出的，由里昂研究院设奖征文，此举将欧洲学界对美洲"发现"及其后果的争论推向高潮。这场争论主要局限在欧洲学界，学者们从不同角度对"雷纳尔之问"做出回答，"肯定"与"否定"观点对立交锋。这场争论涉及研究美洲的一个根本问题，既包含着对欧洲大国殖民化美洲的评价，又暗含着如何能够走出专制主义带给美洲灾难的梦魇。争论高潮迭起，但并未决出胜负高下，里昂研究院也从来没有从征文中择出最佳论著，奖项无果而终。然而，欧洲学界对"雷纳尔之问"的争论具有不可磨灭的深远意义，促进了欧洲学界对美洲问题研究的开展，有助于欧洲人进一步了解美洲，对专制主义和殖民主义给人类社会带来的"灾难"形成了新的认识，为他们以后逐渐走出对美洲异国风情的想象奠定了基础。

关键词：雷纳尔之问；美洲的发现；哥伦布；里昂研究院；殖民主义

1492年哥伦布远航美洲是人类历史上一件具有划时代意义的事件，自此以后，世界成为一个逐渐联系密切的整体，不同文化之间的冲突与融合促进了人类大踏步地迈向现代世界。在很大程度上讲，人类社会第一波"全球化"开始于哥伦布远航美洲以及其后的一系列环绕地球的航行，当然这个时代的远洋航海家并未意识到他们的行为将会使整个世界的面貌发生彻底改变。1992年是哥伦布远航美洲500周年，很多西方国家以各种形式举行隆重庆祝活动。不过，对哥伦布远航美洲的意义，有的学者也发出了不同的声音，谴责欧洲殖民者给欧洲之外的世界带来无法弥补的灾难。对欧洲国家来说，美洲的"发现"多是福音，大大促进了民族国家向现代社会的转型，但对美洲土著印第安人来说却陷入了万劫不复的灾难，他们惨遭杀害，土地被占用，从昔日的主人沦为奴隶。难怪当欧洲国家举行庆祝时，美洲印第安人后裔却大为不满，发出了"你们庆祝的是我们的苦难"以及"哥伦布给我们带来贫困"等大声呼吁，以示对庆祝活动的抗议。其实，对美洲"发现"的褒贬毁誉从来没有停止过，即使最直接的受害者印第安人无可奈何地接受这一"飞来横祸"时，西方国家内部对这一事件及其带来之结果也是存在着截然不同的看法。

18世纪中后期，欧洲处于弘扬"理性"与"科学"的启蒙运动时代，启蒙思想家提倡的"自然权利"引发了欧美学者对自然史的关注，他们的视野开始扩大到欧洲之外的自然世界，在他们眼界中尚未走出"野蛮蒙昧"的美洲成为关注的重点。到了此时，美洲早已被欧洲大国殖民化，但欧洲人依然将之视为尚未进入文明社会的未开发土地，他们对美洲的气候地貌和风土人情还缺乏最基本的了解，把美洲的"真实"情景展现在欧洲人面前似乎成为当务之急，这既可以满足他们对异国情调的猎奇心理，也可以在未开化的美洲衬托之下凸显欧洲文明的无比优越。从欧洲人的角度来讲，哥伦布远航"新大陆"已过去近三百年，美洲"发现"及其带来的一系列后果早就显现出来。当欧洲学者对美洲进行描绘时，势必会涉及这个问题，即在人类文明演进过程中，美洲的"发现"及其被欧洲大国殖民化究竟扮演了何种角色？对这个问题，启蒙时代学者们的回答不尽相同，甚至是完全对立，却比较真实地反映出他们对美洲的看法。无论对美洲"发现"持何种态度，文明与野蛮的对立无不在欧洲学者对美洲的描述中体现出来。这是一种很难摆脱的种族"优越感"，与这一时期旧世界普遍存在的"欧洲中心主义"是相一致的。

从词义上讲，美洲之"发现"本身包含着很浓厚的"欧洲中心主义"倾向，意为处于边缘的美洲本来不为"文明"世界所知，欧洲人将这个"新大陆"展现在世人面前，与此同时也将之纳入欧洲大国构建的全球殖民体系之中，殖民者从美洲获得的财富在欧洲社会转型过程中发挥了非常重要的作用。毋庸置疑，哥伦布远航美洲大大促进了人类文明的进步，其意义主要在于把海洋分割的大陆联结起来，打开了不同文化之间交流的通道。从全球发展的宏观而言，其重要性已得到近现代世界历史演进的证明。很少有学者对此表示异议，但具体到"发现"本身带来的结果，从一开始就有人提出质疑，这种质疑比较零散地见于早期一些前往美洲的传教士和殖民者撰写的文字中。这些人目睹了美洲几大文明遭到的灭顶之灾以及当地人被灭绝性屠杀，他们对美洲"发现"的批评从一开始便包含着反对欧洲殖民主义的强烈倾向。"雷纳尔之问"引发了18世纪中后期欧洲学界关于美洲"发现"利弊祸福之争，这场争论与此时学者们对美洲研究的深化有很大关系，同时也反映出欧洲人对这个"新大陆"的兴趣与日俱增。关于这场争论，国外学术界有一些相关研究成果，主要局限于对学者们针锋相对之观点的介绍，很少从全球视野来看待这场辩论，但为研究这场争论提供了最基本的思路和相关材料。① 国内学术界关于哥伦布远航美洲的研究成果很多，但没有成果涉及18世纪中后期发生在欧美学术界的这场争论。美洲"发现"究竟是灾难还是福音，这场争论并未角逐出孰是孰非，最终还是没有找到定论的答案，不过促进了欧洲人对大洋彼岸大陆的深入了解，有助于加强或改变他们脑海中已构建的美洲负面形象。

一 "雷纳尔之问"的缘起

哥伦布"发现"美洲是他所处时代的一件轰动整个欧洲的大事，当时大概很少有人能够意识到这一事件将给全球带来的巨大变化，这

---

① ［美］亨利·斯蒂尔·康马杰、埃尔莫·吉奥丹内蒂：《美洲是个错误吗？一场18世纪的争论》(Henry Steele Commager and Elmo Giordanetti, *Was America a Mistake? An Eighteenth-Century Controversy*)，哈柏和罗出版公司1967年版；［美］小阿瑟·施莱辛格：《美洲是个错误吗？关于努力揭穿哥伦布及其发现之长期历史的反思》(Arthur Schlesinger Jr., "Was America a Mistake? Reflections on the Long History of Efforts to Debunk Columbus and His Discovery")，《大西洋》(*Atlantic*) 第270卷，1992年第3期；［美］爱德华·E. 黑尔：《哥伦布发现之结果》(Edward E. Hale, "The Results of Columbus's Discovery")，《美洲古迹学会会刊》(*American Antiquarian Society, Proceedings*) 1892年。

些变化随着时间的推移才逐步显现出来。包括哥伦布在内的航海家或冒险家，他们远航美洲的主要目的是寻找贵金属和传播上帝福音。贡萨洛·费尔南德斯·德·奥维耶多（Gonzalo Fernández de Oviedo）与哥伦布为同辈人，1513年他被西班牙皇室任命为圣多明各冶金总监，留居美洲近十年，返回西班牙之后于1526年出版了《西印度通史与自然史概要》一书。奥维耶多在此书的第二卷中对哥伦布远航美洲做出比较高的评价，认为这位伟大的探险者"给我们当世及后世带来的恩泽是无法估量的"①。奥维耶多不愧为历史学家，学识过人，比同时代人更敏锐地意识到美洲的"发现"会让后世受益无穷。这种评价大概是比较早地对这一事件做出的正面回应。意大利人吉罗拉莫·本佐尼作为探险者和商人在美洲留居了15年，足迹遍及西印度群岛、中美洲和南美洲。他返回欧洲时除了丰富的美洲经历之外一无所有。1565年，本佐尼出版了《新大陆的历史》一书，内容是欧洲殖民者"发现"和征服美洲的过程，作者所依据的材料主要是他在美洲的所见所闻。本佐尼对哥伦布无贬损之词，字里行间把哥伦布过人的智慧及其坚韧不拔的做事风格体现出来，用他的话来说，哥伦布"靠着自己的勇气胆略和极好的天赋"发现了西印度。②然而，本佐尼对哥伦布之后踏上"新大陆"的西班牙征服者大多持抨击态度，他强烈谴责西班牙在美洲的殖民活动，把这些征服者对印第安人的残暴以及对财富的贪得无厌贯穿于全书，让读者深深地感受到美洲之"发现"给土著印第安人带来巨大的灾难。③荷兰历史学家阿诺阿多斯·蒙塔诺斯于1671年出版了一本关于美洲的书，在他的笔下，美洲的"发

---

① [意] 哥伦布：《孤独与荣誉：哥伦布航海日记》，杨巍译，江苏凤凰文艺出版社2014年版，第3页。在正文之前，收录了奥维耶多著述《西印度通史与自然史概要》第二卷中关于哥伦布三章的译文。奥维耶多对哥伦布"发现"美洲的看法，参见 [美] 安东尼·帕格登《欧洲与新大陆相遇：从文艺复兴到浪漫主义》（Anthony Pagden, *European Encounters with the New World: From Renaissance to Romanticism*），耶鲁大学出版社1993年版，第7—8页。

② [意] 吉罗拉莫·本佐尼：《新大陆的历史》（Girolamo Benzoni, *History of the New World*），伦敦1857年版，第21页。（说明：本文所引19世纪之前的书籍，原书扫描件皆来自 https://archive.org 网址，以下书籍不再标出这个网址）

③ 关于西班牙殖民者对当地印第安人的暴行，参见 [意] 吉罗拉莫·本佐尼：《新大陆的历史》，第5—7、12、25、39、47、59、77、78—94、108、111、136、180、185页。

现"使世界成为一个整体。美洲本来是个"未知"之半球，哥伦布"发现了另外一个世界"。这样，被古人分割的整个世界展现在了世人面前。此前，人们"只知道亚洲、非洲和欧洲，但是现在，他们发现三个部分构成了环绕全球的一个整体"，第三个部分"便是新大陆，我们的美洲"①。

启蒙运动之前欧洲人撰写的关于美洲著述很少对哥伦布做出负面或消极评价，多是在描述哥伦布远航美洲活动中流露出对这位航海家胆识的钦佩。对欧洲殖民者在征服"新大陆"过程中令人发指的暴行，他们通常只是对事实的平铺直叙，几乎没有人将殖民者的这些不人道行为与美洲的"发现"密切联系在一起，两者似乎是"风马牛不相及"。上述几位作者尽管对哥伦布远航美洲予以较高的评价，但无人谈及美洲的"发现"对人类文明发展究竟是福还是祸。亚当·斯密在1776年出版的《国富论》中指出，自美洲"发现"以及通过好望角抵达东印度航路开通以来"过去了两到三个世纪，在此短时期内，这些事件带来之结果的整个范围不可能被觉察到。对人类来说，好处是什么，不幸是什么，没有一个明智之人能够做出预料"②。言下之意，时代局限了他们的视野，美洲的"发现"带来全球天翻地覆的变化，但很少有人能够意识到这一点，即使意识到美洲"发现"的全球意义，也很难提出这一事件对人类利弊祸福之论题。启蒙运动时期法国学者纪尧姆-托马·雷纳尔明确提出这个问题并引发学界争论，固然与这一时期对美洲研究的深化有关，但最重要的因素应该是全球变革时代需要对美洲"发现"及其带来之结果做出评价。

在启蒙时代，很少有思想家的著述不涉及美洲，哪怕是片言只语，但能够称得上研究美洲的专家不是很多，雷纳尔为其中一位。雷纳尔可谓启蒙时代研究美洲历史与现状的著名人物，他从未去过美洲，但对这一时期欧洲人形成对美洲的看法或观念产生了很大影响。生活在19世纪

---

① [荷] 阿诺阿多斯·蒙塔诺斯：《美洲：对新大陆最新和最准确的描述》（Arnoldus Montanus, America: Being the Latest, and Most Accurate Description of the New World），伦敦1671年版，第3页。

② [英] 亚当·斯密：《国民财富的性质和原因的研究》（Adam Smith, An Inquiry into the Nature and Causes of the Wealth of Nations）第2卷，伦敦1802年版（第10版），第458版。

的亨利·塔克曼对雷纳尔评价比较高，宣称雷纳尔"在其时代享有很高的学术声誉，他尽管没有观光者的身份，却有助于使美洲及其政治诉求在欧洲广为人知"。不过，塔克曼对雷纳尔的成名作《东西印度欧洲人殖民地和贸易的哲学与政治史》（以下简称《哲学与政治史》）中的错误毫不隐讳，认为雷纳尔对美洲的描述错误甚多，"显然往往来自不恰当的资料"①。当然，雷纳尔对美洲错误的描述丝毫没有影响到他在读者群中的声誉，也没有成为他对美洲之看法在欧洲广泛传播的障碍。雷纳尔的美洲观主要体现在他主持撰写的多卷本《哲学与政治史》之中，雷纳尔等人文笔流畅，描述跌宕起伏，引人入胜，能吸引想了解美洲的欧洲读者之眼球。很多学者是站在全球的角度对这部多卷本著述做出评价的，很少涉及其中存在的问题，认为其价值不是对美洲的具体描述，而是首次把欧洲殖民者对"新大陆"征服的历史及其对不同文化交融的意义体现出来②。

姑且不论这些历史学家的评价是否恰当，《哲学与政治史》出版之后所产生的深远影响却是一个不争之事实，从1770年初版开始数十年期间几乎每年都有再版和修订版，深受读者青睐。该书印数之多，在启蒙时代亦为罕见，足以反映出这部多卷本著述对欧洲人认识美洲产生的强大影响力，有些内容显然对读者起到了"误导"的作用。一位参加美国革命的法国志愿者返回巴黎后写了一首诗，流传很广。在这首诗中，他谴责了雷纳尔神父那种愚不可及的热情误导他来到美国。③ 不管怎么说，很多欧洲人对美洲的了解始于阅读雷纳尔的

---

① ［新西兰］亨利·T. 塔克曼：《美国及其评论者：美国观光的批评纲要》（Henry T. Tuckerman, *America and Her Commentators: With a Critical Sketch of Travel in the United States*），查尔斯·斯克里布纳出版社1864年版，第107—108页。

② 参见［美］桑卡尔·穆图：《对抗帝国的启蒙运动》（Sankar Muthu, *Enlightenment against Empire*），普林斯顿大学出版社2003年版，第72页；［美］G. A. 波科克：《商业、殖民和历史》（G. A. Pocock, "Commerce, Settlement and History: A Reading of the Histoire des deux Indes"），［美］丽贝卡·斯塔尔主编：《展现美洲：构建早期美洲的政治文化》（Rebecca Starr, ed., *Articulating America: Fashioning a National Political Culture in Early America, Essays in Honor of J. R. Pole*），麦迪逊书局2000年版，第16页。

③ ［美］杜兰德·埃切维里亚：《西方的海市蜃楼：至1815年法国的美国社会形象史》（Durand Echeverria, *Mirage in the West: A History of the French Image of American Society to 1815*），八角书社公司1996年版，第85页。

这部著述，他们正是在书中描述的引导下形成了带有很大偏见的美洲观。有些学者指出了书中前后不一致之处，错误漏洞比较多。其实，就雷纳尔本人而言，他并不是一个不严谨的学者，全书缺乏一条明确的主线贯穿始终，固然与多人参与撰写有关，但从根本上还是体现出雷纳尔对美洲评价的矛盾心态。他在完成这部书之后一直不断地进行修订，名曰进一步"完善"对美洲的认识，其实从一个侧面反映出雷纳尔本人的困惑，尤其是美国革命发生之后，这种困惑在雷纳尔身上体现得更为强烈了。

正是受这种困惑的影响，18世纪80年代初，已经在欧美学术界名声大噪的雷纳尔提出了一个引起很多人进行深入思考的问题，即"美洲的发现对人类是福音还是祸害？如果它是福音，我们靠着什么手段来保持促进其带来的好处？如果它是祸害，我们靠着什么手段来弥补其带来的损毁？"[①] 这便是所谓的"雷纳尔之问"。为了在学术界征得对这一问题回答的论著，雷纳尔自掏腰包，在里昂科学、纯文学和艺术研究院（The Academy of Sciences, Polite Literature, and Arts at Lyons，以下简称里昂研究院）设立了50金路易（相当于1200里弗尔）的奖金，对有见识的最佳应征论著予以嘉奖。雷纳尔是启蒙时代研究美洲问题的专家，此时他在欧美学术界的地位如日中天，他对美洲的描述与看法促进了欧洲人对大洋彼岸大陆的了解，但他的美洲观包含着很大程度的想象成分，不利于欧洲人对美洲的正确认识。美洲负面形象在欧洲人脑海中的确立，雷纳尔显然难辞其咎。尽管雷纳尔不是一个固执己见之人，但他对美洲的负面看法从来不会在根本上得到改变，这是由他潜意识中的"欧洲中心主义"决定的，无论他对这部著述进行过多少次修订，欧"优"美"劣"的思想贯穿全书始终。然而，美国革命的爆发与成功对雷纳尔的美洲观触动比较大，他不得不对此前的观点进行深刻反思。雷纳尔最初是想通过把美洲描述为"一塌糊涂"，借以抨击欧洲专制制度和殖民主义给这个大陆带来的"罪恶"与"不幸"，但英属北美十三个殖民地争取独立运动的爆

---

① [英]雷纳尔：《美国革命》（The Abbé Raynal, The Revolution of America），伦敦1781年出版，第 xi 页。

发与成功却让他陷入困惑。这场革命赋予原来被视为"低劣"的美洲具有全新的含义，雷纳尔终生追求的"自由""平等"与"公正"等在美国革命和开国文献中明确体现出来。要是这个新生的国家是美洲"发现"之产物的话，那么这一发生在二百余年前的事件对人类文明的发展究竟是利还是弊，显然还需要进一步探讨。这种思考便是雷纳尔在里昂研究院设奖征文的一个主要原因，与此同时，他也想通过学者对这一问题的回答来化解自己的一些困惑。

就雷纳尔本人而言，他对美洲总体上持否定态度，这一点在《哲学与政治史》中充分体现出来，即使雷纳尔提出了上述这个问题，那充其量只是反映出雷纳尔本人在一些问题上的困惑。雷纳尔无疑想走出困惑，但要雷纳尔改变此前已经形成的美洲观，对一个依赖于此成就大名的人来说几乎是不可能的，更何况雷纳尔也不会悖逆启蒙时期欧洲人对美洲认识的主流，只能是推波助澜，让否定美洲的观念在民众中更加广泛传播。美国历史学家安东尼·帕格登是研究美洲殖民时期的专家，他认为，在雷纳尔的笔下，哥伦布不仅预料到美洲的存在，而且能够理解"美洲的发现对当地居民和欧洲人意味着什么。在某种意义上讲，哥伦布已经预见到18世纪这场持续很久关于旧世界对新大陆影响之本质的争论"。雷纳尔显然不是这场争论的"始作俑者"，他的美洲观中包含着他对这个问题的回答，至少在1780年版的《哲学与政治史》中，他明确表达了美洲的发现"是对人类的伤害"①。另一位美国学者约翰·米勒也持类似看法，他在与马克·莫尔斯基合著的书中认为，雷纳尔对"美洲的发现是对人类有利还是有害"这一问题"持否定观点"②。从雷纳尔的美洲观来看，他与当时在研究美洲问题上颇有"造诣"的布丰、德波以及罗伯逊等人一样从总体上否定了美洲，认为"新大陆"自然环境存在明显的"缺陷"，不仅无益于从欧洲移入的动植物生长，而且还会导致其发生退

---

① [美]安东尼·帕格登:《欧洲与新大陆相遇:从文艺复兴到浪漫主义》，第104、170页。

② [美]约翰·J. 米勒、马克·莫尔斯基:《我们最古老的敌人:美洲与法国不幸关系史》(John J. Miller and Mark Molesky, *Our Oldest Enemy: A History of America's Disastrous Relationship with France*)，双日出版社2004年版，第193页。

化，退化对象包括长期在这种自然环境下生活的人类。雷纳尔自始至终没有改变这种"想当然"的看法，但涉及一些具体问题，雷纳尔没有完全绝对化，对美洲整体否定中夹杂着部分肯定，认为哥伦布"发现"美洲在一定程度上促进了人类文明的发展。由此，一些学者指责雷纳尔的美洲观前后不一致，其实这在一定程度上反映出雷纳尔美洲观中的"积极"一面。

雷纳尔在《哲学与政治史》开首就谈到了哥伦布"发现"美洲以及其他航海家环绕地球航行的意义。雷纳尔认为，在整个文明史上，没有"一个事件比新大陆的发现和绕过好望角打开到东印度通道那样对整个人类尤其对欧洲国家更为重要的了"，原因主要是这一系列跨洋航行把原先互不往来的大陆联结成为一个整体，导致不同地区的人们生活发生了"天翻地覆的变化"。这种变化尤其表现为被大洋分割的地区开始进行频繁交往，连最遥远国家的居民也被迫卷入其中，走出了封闭发展的状态。这样，"赤道气候的产品如今在极地附近地区被消费；北部的工业转移到南部；西部的居民把东部的原料转变为奢侈品。世界各地之人交换他们的意见、他们的法律和他们的习俗，交换他们的疾病和治疗手段，交换他们的善恶观"①。上述之言谈到了美洲"发现"等事件的重要意义及其带来全球的巨大变化，用当今流行的"全球化"这一术语理解雷纳尔这段话大概比较恰当，但这种结果对人类文明发展究竟是福音还是灾祸，雷纳尔并未明示。

不过，透过《哲学与政治史》的字里行间，我们还是可以看到雷纳尔在这个问题上的矛盾心态。这部多卷本的著述主要描述了美洲被"发现"及其被殖民化的过程，哥伦布是书中提到频率较高的人物之一。雷纳尔对哥伦布本人丝毫无贬损之意，赞扬这位航海家的话倒是不少。②雷纳尔没有明确对哥伦布本人做出正面或负面的评价，但在他的笔下，哥伦布是"发现"美洲的主角，他四次率船队远航美洲

---

① ［法］雷纳尔：《东西印度欧洲人殖民地与贸易的哲学和政治史》（The Abbé Raynal, *A Philosophical and Political History of the Settlements and Trade of the Europeans in the East and West Indies*）第1卷第1编，格拉斯哥1812年版，第1页。
② ［法］雷纳尔：《东西印度欧洲人殖民地与贸易的哲学和政治史》第1卷第6编，第477、478、483、485页。

开启了世界历史发展的一个全新时代,拉开了欧洲大国殖民化美洲的序幕。从这个意义上讲,欧洲殖民者对"新大陆"土著人口惨绝人寰的屠杀与奴役等"邪恶",显然肇始于哥伦布等人对美洲的"发现"。这大概是一些学者认为雷纳尔对这一问题做出否定回答的主要原因。其实,从长时段的世界历史发展进程来看,雷纳尔没有完全否定哥伦布等"发现"美洲的全球意义,但涉及"发现"本身给美洲带来的具体后果时,雷纳尔却表现出强烈的谴责态度,这与他主持撰写《哲学与政治史》的主旨是相一致的。

二 雷纳尔对这一问题的延伸回答

美洲的"发现"给这个大陆带来巨大灾难是《哲学与政治史》一书的主旋律,这是雷纳尔领衔撰写这部多卷本著述的初衷,意在通过展现欧洲殖民者在美洲的不人道行为来谴责专制主义和殖民主义的罪恶。这种思路贯穿于全书之中,旨在淋漓尽致地展现出殖民者给美洲带来的"邪恶"。雷纳尔把越洋来到美洲的欧洲殖民者称为"新大陆的毁灭者"。他们"为了征服新大陆,其居民必须被杀戮"。这种对土著美洲人的屠杀在哥伦布率船队抵达美洲之后便拉开了序幕。据雷纳尔记载,哥伦布率领的西班牙殖民者"靠着从欧洲接济的供应坚持下来,以前所未有的迫切心情追求他们可怕的计划。没有一个地方能够逃脱他们的肆虐。他们训练狗捕杀那些可怜的印第安人,其中一些殖民者发誓每日要屠杀12个印第安人,作为对12个使徒的纪念。靠着这些手段,这些部落的三分之一遭到毁灭"。雷纳尔对继哥伦布之后来到美洲的著名征服者或冒险者予以激烈抨击,诸如韦斯普奇、奥赫达、拉科萨、罗尔丹、尼尼奥、洛佩斯、巴斯蒂达斯以及索利斯等人身上燃烧着"一夜暴富的诱惑",只是"黄金才吸引他们来到美洲大陆"。雷纳尔描述了皮萨罗率领西班牙殖民者在征服印加帝国过程中惨无人道的行为,他们到处烧杀抢掠、强奸,无恶不作,秘鲁印第安人被迫拿起武器进行抵制,但最终"被迫屈从于暴君强加给他们的所有束缚"。这些殖民冒险者从征服美洲中获得了巨大的利益,把劫掠来的大量黄金运回母国,留在美洲的殖民者把被征服的印第安人变为奴隶,任凭他们役使。① 雷纳尔对欧洲殖民者暴行的抨击在书中比比皆是,他把欧洲殖民者在美洲犯下的滔天罪行与美洲"发现"这一事件密切联系在一起,认为两者具有逻辑上的因果关系。正如美国学者李·艾伦·杜格特金指出的那样,在雷纳尔看来,"新大陆的发现"产生了消极后果,这些后果"与殖民主义和美洲退化邪恶的结合密切相关。雷纳尔把殖民主义看作魔鬼本人的杰作,新大陆到处是欧洲殖民主义。这个世界的打开导致了殖民大国对新大陆居民肆无忌惮的压榨,在这片土地上无恶不作,奸淫妇女,获得他们贪念之手能够伸到的任何资源,尤其是金银。如果新大陆不被发现,那么这样的征服将从来不会发生"②。殖民主义是美洲"发现"的主要弊端之一,"新大陆"的原住民祸从天降,由此遭到前所未有的屠杀和奴役。雷纳尔对殖民主义进行强烈谴责,有着明确的现实政治关怀,旨在唤起人们对欧洲君主专制统治的不满情绪。

美洲的"发现"及其随后一系列的环球航行让欧洲人在世界各地建立了殖民地,欧洲大国靠什么手段来实现在海外的扩张呢? 雷纳尔在书中开首便谈到商业在其中发挥的重要作用,"商业国家已经文明化了所有其他国家"③ 是雷纳尔的一句著名论断,这里的"商业国家"是复数,雷纳尔显然是指把触角伸到全球的欧洲国家。在很多欧洲人看来,发达的商业既是"文明"进步产生的结果,又是促进"文明"进一步发展的动力,还是"文明"能够征服"野蛮"的强大武器。美洲的"发现"与征服,商业的原动力作用不可忽视。雷纳尔在《哲学与政治史》中通过对具体事例的描述阐明了这一观点。商业本身具有很强的外延性,欧洲国家建立海外殖民地,商业扩张是主要动因之一,殖民地的建立让世界形成一个不断加快的商业化全球

---

① [法]雷纳尔:《东西印度欧洲人殖民地与贸易的哲学和政治史》第 1 卷第 6 篇,第 504 页;第 3 卷第 14 篇,第 36 页;第 2 卷第 7 篇,第 2、8—9、72 页;第 1 卷第 6 篇,第 486 页。

② [美]李·阿兰·杜加金:《杰斐逊先生与巨型驼鹿:早期美国自然史》(Lee Alan Dugatkin, *Mr. Jefferson and the Giant Moose: Natural History in Early America*),芝加哥大学出版社 2009 年版,第 40—41 页。

③ [法]雷纳尔:《东西印度欧洲人殖民地与贸易的哲学和政治史》第 1 卷第 1 篇,第 2 页。

网络，很少有国家或民族能够置身于这个网络之外，自觉或不自觉地卷入其中。这是美洲"发现"所带来的一个重要结果，也是雷纳尔在讨论其利弊祸福时所无法回避的重要问题之一。雷纳尔对商业的总体看法是积极的，他把商业视为文明发展过程中不可或缺的重要推动因素。商业是产品交换的市场行为，市场的不断扩大是社会进步的表现，也是人们物质生活水平趋向多样化的标志之一。因此，在相互交换中形成的"商业精神对所有国家来说皆为有益无害，原因在于其促进了它们的产品和知识的相互交流"。商业的目的是赚取利润，最佳状态是发生商业行为的双方或多方皆有所得，这样，商业的"利益和相互需要使人们彼此团结起来，导致提出有关人性更为公正的观念"。雷纳尔认为商业与自由密切相关，声称"自由是商业的灵魂"。从这个意义上讲，商业"是大自然赋予所有人珍贵自由的工具，是他们幸福的源泉，的确是他们美德的源泉"。商业也是民族国家之间和谐相处的"使者"，其所要达到的目的"必然是维护国内的和谐，保持国外的和平"。由此可见，所有国家应该"自视为一个大社会，其成员皆拥有分享其余国家便利的同等权利"①。雷纳尔是反对专制制度的斗士，在他看来，商业将是一种道义世界的武器，最终会瓦解专制制度赖以存在的社会基础，社会将向着一种更能保障人们自由的制度转化。帕格登对雷纳尔商业观的评价与君主专制制度的解体联系在一起，认为按照雷纳尔的说法，商业的确在某一天会成为建立一个新世界秩序的媒介，新帝国的存在不再是基于权力，而是基于互惠互利。当基于后者之上的帝国"只能是给其所有成员带来利益时，欧洲人在美洲推行的专制总有一天不复存在，取而代之的将是一种新的国际秩序"②。这是哥伦布远航美洲以来全球的一种发展趋势，因为"美洲的发现很快赋予工业和商业全新的活力"③。商业的"全球化"是否

---

① [法]雷纳尔：《东西印度欧洲人殖民地与贸易的哲学和政治史》第1卷第2篇，第111页；第1卷第1篇，第28页；第1卷第5篇，第461、446页；第1卷第2篇，第170；第1卷第5卷，第446页。
② [美]安东尼·帕格登：《欧洲与新大陆相遇：从文艺复兴到浪漫主义》，第171页。
③ [法]雷纳尔：《东西印度欧洲人殖民地与贸易的哲学和政治史》第2卷第8篇，第111页。

敲响欧洲君主专制统治的丧钟，恐怕尚需进一步研究，但自美洲"发现"以来全球的商业化却是一个大趋势，自由主义的兴起显然与这个趋势有关。雷纳尔看到了两者之间的关联，倒也不失为一种"睿识卓见"，体现出他对商业总体肯定的看法。

  商业伴随着欧洲国家向外扩张，海外殖民地或属地的建立包含着浓厚的商业因素。简言之，殖民地成为宗主国的商品销售市场和原料供给地，而商业成为实现两者的媒介。雷纳尔以抨击殖民主义而闻名，如果一味地称赞商业在社会进步中发挥的正面作用，显然很难对欧洲殖民者在美洲之行为做出自圆其说的解释。发达的商业是欧洲文明的象征，这一点主要体现在欧洲国家内部的商业活动。自美洲"发现"以来，商业被欧洲大国殖民者延伸到"新大陆"。商业活动本来是一种互利的双方或多方行为，但殖民者将之作为劫掠土著美洲人财富的手段。印第安人没有商业概念，人们之间几乎不会发生现代意义上的商业行为。雷纳尔以南美印第安人为例说明了这一点。南美"秘鲁人虽然有丰富的金银资源，但不知道使用金属货币。他们既没有商业，也没有奢侈品"。所以，秘鲁人"没有财产，没有贸易，几乎没有相互利益关系"①。在这种情况下，商业在美洲被扭曲为一种单方面的行为，也成为说明印第安社会"愚昧野蛮"的有力证据。雷纳尔抨击欧洲殖民者缺乏现代商业理念，没有很好地利用这种优势使印第安社会文明化，让"野蛮人"沐浴到"文明"的春风。西班牙征服者"根本不懂真正的商业原则"，他们只知道劫掠黄金白银，奴役当地人。英国殖民者"对他们拥有世界上最有价值和最富有的商业一无所知"，对北美殖民地实行商业垄断，成为引发与其他殖民大国战争的主要原因。②其实，这些殖民者不是缺乏商业理念，而是在美洲不需要通过商业媒介便能赚个金钵满盆，当然是以牺牲当地人或竞争者的利益来实现的。商业从来都是把双刃剑，可以带来国家之间关系的和谐，也会引起国家之间的争执或战争，在美洲主要体现为后者，

---

  ①　［法］雷纳尔：《东西印度欧洲人殖民地与贸易的哲学和政治史》第2卷第7篇，第13页。
  ②　［法］雷纳尔：《东西印度欧洲人殖民地与贸易的哲学和政治史》第2卷第8篇，第118页；第2卷第11篇，第295页；第2卷第10篇，第253页。

起源于对获取财富的无序竞争。用雷纳尔的话来说，商业精神"发端于利益，而利益总是引发争执"。这样，商业成为"这些殖民国家从事所有战争的唯一目的"。雷纳尔以英国与法国在美洲发生的战争为例加以说明。然而，殖民国家之间的战争无异于自掘坟墓，将会引发"一场完全毁灭自身的大火"①。这场"大火"为雷纳尔所期盼，从这个意义上讲，商业在摧毁殖民主义上扮演了"掘墓者"的角色。

就美洲被征服和开拓而言，商业在这个大陆失去了本来的意义，一旦与殖民主义相结合，更多地体现出"邪恶"的一面，很大程度上以市场垄断、奴隶贸易、以强凌弱以及战火硝烟等形式表现出来。因此，欧洲国家在殖民地从事的商业活动，虽然可以谋取到难以用数字计算的巨额财富，但从长远看，其造成的破坏力远远超过所得。荷兰为欧洲一个小国，商业让荷兰的商船遍及全球，通过贸易赚取的财富一度无国可敌。雷纳尔详细地描述了荷兰通过商业崛起的过程，以此说明荷兰人利用航海技术与海外贸易大大扩充了在国内市场上很难获得的财富，同时展示出商业所得的破坏性影响。荷兰人的德操遭到腐蚀，共和国赖以存在的公共美德不复存在，荷兰"不再有任何公共精神"②。美洲的"发现"让很多欧洲小国兴起于商业，但最终又衰落于商业，荷兰提供了一个很好的范例。荷兰是个联省共和国，尚且难以抵制商业的消极影响，西班牙和葡萄牙等君主专制的殖民国家更是让商业的破坏力暴露无遗。安德鲁·穆尔总结了雷纳尔在这方面的看法，即商业"能够促进美德，是带来文明的力量，但雷纳尔表明，欧洲国家没有实现这种理想。相反，它们的商业冲动在全球范围内产生了战争、不公正和非人道行为。因此，商业和新大陆发现产生的破坏力远远超过了其从中所得"③。作为一个历史学家，雷纳尔不会否

---

① ［法］雷纳尔:《东西印度欧洲人殖民地与贸易的哲学和政治史》第 2 卷第 8 篇，第 118 页；第 2 卷第 10 篇，第 253 页；第 1 卷第 2 篇，第 158 页；第 2 卷第 10 篇，第 252 页；第 1 卷第 6 篇，第 274 页。

② ［法］雷纳尔:《东西印度欧洲人殖民地与贸易的哲学和政治史》第 1 卷第 2 篇，第 17 页。

③ ［美］安德鲁·P. 穆尔:《法国人对美洲的观察：革命时代的跨文化评论》(Andrew P. Moore, *French Observations of America: Intercultural Commentary in the Age of Revolution*)，美国天主教大学博士学位论文，2005 年，第 25 页。

认商业在欧洲社会转型中的作用，但他与同时代很多思想家一样，看到了商业在殖民扩张过程的负面影响，欧洲人在殖民地所做的"邪恶"之事多源于对商业利益的追求。从这个角度来看，雷纳尔对商业的强烈谴责与他对殖民主义的激烈抨击是相一致的。

美洲"发现"的一个后果是把奴隶制引入了"新大陆"，让这种不人道的制度在美洲肆虐了几个世纪。奴隶主要是欧洲人贩子从非洲购买的黑人，他们乘坐贩奴船，漂洋过海来到美洲。雷纳尔对奴隶制完全予以否定，成为他批评扭曲商业的一个有力理由。雷纳尔一句名言是："奴隶是欧洲人在非洲的商业，黄金是欧洲人在新大陆进行商业之所得。"因此，奴隶贸易是"商业的主要分支之一"①。托马斯·墨菲把雷纳尔称为18世纪法国知识分子中激烈地反对奴隶制的"最著名者之一"②。《哲学与政治史》的第11篇专门谈及奴隶制，雷纳尔从奴隶制的起源、奴隶贸易以及黑人在美洲遭到的非人待遇等方面激烈抨击了这种与殖民主义联系密切的制度，在"整个美洲群岛，黑人状况的悲惨，无一与之相比"。因此，凡支持"奴隶制者，必为全人类的敌人"。黑人缺乏理性，没有德行，适应热带气候的劳作，生来就为"文明人"所奴役。这是当时欧洲人所持的一种比较普遍的看法。雷纳尔没有对这种观点提出质疑，但将之归因于殖民者对黑人心智的摧残。在雷纳尔看来，黑人长期遭受奴役，其"理智在下降，原因在于奴隶制摧毁了其精神的活力。他们是邪恶的，但是不及你们邪恶之一半。他们是奸诈的，因为他们没有义务对残暴对待他们的人讲真话。他们承认我们理解力的优越，因为我们让他们的无知永久存在。他们认可我们权力的正当，因为我们利用了他们的弱点"③。奴隶制是殖民主义的产物，雷纳尔对之抨击与他撰写这部书的主旨相

---

① ［法］雷纳尔：《东西印度欧洲人殖民地与贸易的哲学和政治史》第2卷第11篇，第295页；第1卷第2篇，第144页。
② ［美］托马斯·K. 墨菲：《没有城堡的土地：1780年至1830年美洲在欧洲变化的形象》（Thomas K. Murphy, *A Land Without Castles: The Changing Image of America in Europe, 1780—1830*），列克星敦书局2001年版，第185页。
③ ［法］雷纳尔：《东西印度欧洲人殖民地与贸易的哲学和政治史》第2卷第11篇，第304、312、313页。

符，但雷纳尔很难超越欧洲白人种族优越论，对黑人种族蔑视性的词语在书中并非鲜见，自然让雷纳尔对奴隶制的抨击打上了"种族主义"的烙印。

美洲的"发现"及其被殖民化对人类来说究竟是祸还是福，雷纳尔是在《哲学与政治史》深受读者青睐时提出这个问题的。他在这部书中已经试图回答这个问题。第18篇是全书中描述美洲的最后一章，雷纳尔在该篇结尾坦言，在本书的开首，读者"已看到在美洲诞生之际欧洲卷入了不幸与无知之中，让我们考察对新大陆的征服导致了征服者在地球另外一端处于什么状况"。这是撰写这本书的"构想"。如果这个目的"得以实现，那么作者将无愧于他的时代，无愧于这个社会"①。雷纳尔对殖民主义的严厉抨击已亮明自己的基本观点，但他的回答似乎更具有双重性，美洲最终会在殖民者带来的灾难中崛起。雷纳尔由此设想，如果"世界上真的发生任何带来幸运之革命的话，它将开始于美洲。新大陆经历了这样的灾难，继而肯定会繁荣昌盛，可能会控制旧世界。美洲将成为我们人民的避难所，他们受到政治机构的压迫或战争迫使他们流离失所。野蛮的居民将被文明化，受压迫的异乡人将获得自由"②。这是饱受殖民压迫之"低劣"美洲的最终归宿。穆尔的研究表明，雷纳尔的回答体现在两个方面："一方面，北美殖民地的开发有利于欧洲，原因在于建立了一个逃避旧世界的偏执和专制的避难所，同时在国家和社会方面为欧洲改革提供了希望。另一方面，对美洲的殖民是有害的，因为引发了欧洲战争，导致了对土著民族的奴役。雷纳尔对美洲的未来持悲观态度，因为他相信农业、家畜和人存在着自然退化。这种关于美洲的思想在18世纪对新大陆发现利弊辩论中具有代表性"③。雷纳尔是否较好地回答了这一问题，相信读者自有判断，但他通过里昂研究院设奖征文在学界引发了对这一问题争论的高潮。

---

① [法]雷纳尔：《东西印度欧洲人殖民地与贸易的哲学和政治史》第3卷第18篇，第332页。
② [法]雷纳尔：《东西印度欧洲人殖民地与贸易的哲学和政治史》第2卷第11篇，第333页。
③ [美]安德鲁·P. 穆尔：《法国人对美洲的观察：革命时代的跨文化评论》，第65页。

三 回答"雷纳尔之问"征文的主要观点

在启蒙运动时期,欧洲人对大洋彼岸的美洲很感兴趣,但对美洲真正有深入研究的学者不是很多。按照里昂研究院发布的征文公告,任何1783年2月1日之后回答"雷纳尔之问"的作品将得不到承认。① 因此,"雷纳尔之问"提出之后到相关论著提交截止日期,只有不多的学者向里昂研究院提交了应征论文或著述。下述论著明确表明为应征之作,出版或发表年份并不是提交日期,显然论著出版或发表只是后来之事了。

约瑟夫·芒德里永1784年出版了《美洲发现的哲学研究》(Recherches philosophiques sur la découverte de l'Amérique)小册子,在原来研究的基础上回答了"雷纳尔之问",成为申请里昂研究院奖金的最早候选人;1785年,法国学者让·安德烈·布兰出版了《新大陆的胜利》(Le Triomphe du Nouveau Monde)一书;1785年,法国博物学家朱思坦·吉罗·钱特兰斯出版了《一个瑞士人在美洲不同殖民地的旅游》(Voyage d'un Suisse dans différentes colonies d'Amérique)一书,这本书为信件集,作者的第32封信写于1782年,表明是对"雷纳尔之问"的回答;法国著名哲学家孔多塞侯爵撰写了一篇应征论文,题目为《美国革命对欧洲舆论和立法之影响》(L'Influence de la révolution de l'Amérique sur les opinions et la législation de l'Europe),于1786年发表;弗朗索瓦斯—让·德·沙特吕侯爵曾经作为法国远征军的将军参加了美国革命,回国后潜心治学,在历史研究上深有造诣,他完成了应征论文,题目为《美洲发现结果对欧洲利弊之论》(Discours sur les avantages ou les désavantages qui résultent pour l'Europe de la découverte de l'Amérique),于1787年发表;1787年,一位匿名作者以"一个公民"的名义出版了《关于美洲发现等一系列事件的讨论》(Dissertation sur les suites de la découverte de l'Amérique)一书;1788年,法国学者路易斯·让蒂神父出版了《美洲发现对人

---

① [法]雷纳尔:《美国革命》,第xii页。

类幸福之影响》(*L'Influence de la découverte de l'Amérique sur le bonheur du genre humain*)一书,书的封面赫然醒目地标明此书是为回答"雷纳尔之问"的应征著述;法国学者亨利·卡尔提交了应征文章,题目为《关于雷纳尔神父之问的论述》(*Discours sur la question proposée par M. l'abbé Raynal*),于1790年发表。以上论著全部用法文撰写,其中多数作者正式向里昂研究院提交了奖项申请,至于里昂研究院是否组织专家对提交的论著进行审读,从中择出最佳者,予以奖励,尚未找到有记载的可信资料。美国历史学家爱德华·黑尔在一篇关于美洲发现之结果的论文中指出,这一奖项设立之后不了了之,"事实上,里昂研究院从来没有给任何人颁发过奖金"。雷纳尔是否拿出这笔钱设立奖金,黑尔也表示怀疑,因为"雷纳尔身无分文,几年之后去世时根本就没有钱"①。无论这个奖项的结局如何,"雷纳尔之问"提出之后在欧洲学界反响很大,还有一些论著试图回答这一问题,但作者只是研究而已,从来没有打算向里昂研究院申报奖项。美国学界对"雷纳尔之问"亦有一定反响。波士顿一家教会牧师杰里米·贝尔纳普1792年10月23日应马萨诸塞州历史学会之请求,提交了一篇回答"雷纳尔之问"的论文,题目为《意在庆祝哥伦布发现美洲之论》。这篇论文很长,正文55页,加上几篇附文和附录,总共140页,完稿之后最早先在其好友圈内传阅,后发表在当地的一家杂志上,在学界影响较大。丹泽尔认为,贝尔纳普撰写的这篇论文为美国人"唯一对这场争论的贡献"。要是贝尔纳普以这篇论义中报里昂研究院设立的这个奖项的话,必可将1200里弗尔奖金尽收囊中。② 对"雷纳尔之问"回答的论著恐怕远不止上述所列,这个论题成为这一时期主要在欧洲学界讨论的热点之一。上述提交或打算提交给里昂研究院的八本(篇)论著从各自研究的角度回答了"雷纳尔之问",一些著述把"雷纳尔之问"

---

① [美]爱德华·E.黑尔:《哥伦布发现之结果》,第199页。
② [美]杰拉尔德·A.丹泽尔:《美洲发现对人类是有用抑或有害?昨日之问题和今日之学生》(Gerald A. Danzer, "Has the Discovery of America Been Useful or Hurtful to Mankind? Yesterday's Questions and Today's Students"),《历史教师》(*The History Teacher*)第7卷,1974年第2期,第193页。

明确写在正文之前，旨在向读者表明作者的研究主要是回答这一问题的。

除个别之外，他们研究的内容大致相同，可划分为观点迥然相异的两大类别。其中，四本（篇）论著在总体上对美洲的"发现"及其后果对人类或欧洲产生有益结果予以"否定"回答。芒德里永的观点比较具有代表性。在他看来，美洲的"发现"是一个十足的错误，给美洲土著人带来罄竹难书的苦难，同时也让欧洲遭遇到巨大的不幸或伤害。他承认，美洲的"发现"会给美洲和欧洲带来一些益处，但与伤害相比益处显得微不足道。从欧洲殖民者来到美洲大陆之后不久，当地土著人就陷入了无尽的灾难之中，他们遭到无端的屠杀或奴役。欧洲"征服者对黄金和宝石的贪婪把虐待、折磨和死亡带给了数以百万计的美洲人，美洲城市和文明由此招致毁灭"。历史事实表明，即使"没有欧洲的帮助，整个美洲迟早也会变得文明化"，墨西哥的阿兹特克文明和印加帝国的文明程度足以证明了这一点。哥伦布远航到"新大陆"之后便中断了美洲文明的发展进程，打破了"土著人生活在新大陆的宁静和幸福"，在殖民者的残酷压榨下这块被欧洲人"新发现"的大陆被迫进入了欧洲大国构建的全球殖民体系之中。其实，美洲的"发现"对欧洲同样产生了消极后果，主要表现在三个方面：一是"欧洲人口大规模地减少，西班牙尤为突出"；二是"从美洲返国的欧洲人带回了伤风败俗的疾病，在欧洲人中间引起大量死亡"；三是"从美洲获得的大量金银提高了日用商品的价格，而劳动者的工资却没有相应的增加"。正是受这些不利因素的影响，欧洲人的"品性越来越腐败；我们的体质一代又一代地在退化；我们的要求与日俱增，更加迫切；我们对休闲的喜爱使劳作对我们来说越来越感到困难；它使我们的身体衰弱无力，让我们精神的适应力大大下降。无论我们通过我们的艺术与科学或许会得到什么，但我们却通过我们的好逸恶劳和轻薄肤浅而失去所得。这便是我们必须向未来几代人展示的可悲图景"。因此，芒德里永以无可置疑的语气断言，美洲的发现"是一个邪恶，其带来的益处（人们无论怎样考虑或描写它们）从来不可能抵消其已经造成的伤害"①。芒德里永的这本书只能算作小册子，共有八十余页，内容主要是针对"雷纳尔之问"展开的。他同年出版了《美洲观察者：北美以及美利坚合众国总论》（*Le spectateur américain, ou Remarques générales sur l'Amérique septentrionale et sur larépublique des Treize – Etats – Unis*）专著，这本书三百余页。《美洲发现的哲学研究》附在该书之后，可以说是对芒德里永研究美洲的补充或深化。

路易斯·让蒂神父的《美洲发现对人类幸福之影响》一书分为两个部分，每部分单独成卷。第一部分回答了四个问题，即美洲的发现对这个大陆的古代居民有益吗？美洲的发现对他们一直是有益还是有害？美洲的发现会对新居民有益吗？美洲的发现对新居民一直有益吗？第二部分回答了三个问题，即美洲的发现对欧洲可能有益吗？美洲的发现对欧洲有益吗？提升美洲发现的益处和减少伤害的方法是什么？让蒂总体上对美洲发现带来的结果持否定回答，同时设想会产生一些益处，让蒂谈及益处时多使用"可能"和"或许"等不肯定副词，但谈到对生活在"新大陆"的土著人、黑人以及欧洲移民的伤害时却是以不容置疑的口气。美洲的"发现"给印第安人带来"飞来横祸"，让蒂在书中对当地人遭受殖民者的屠杀和奴役予以详细描述。其实，在让蒂看来，美洲的"发现"对欧洲同样产生了不利影响，对美洲的征服是欧洲"灾难的无穷根源；它或多或少地直接影响了肆虐于世界这个部分（欧洲）的所有瘟疫；它延长了这个抱有有害偏见之帝国的存在，可能长达两个世纪之久，与此同时阻止了人们掌握真正对人类是有用的知识。它可能使欧洲人的生活方式变得温和，导致他们乐善好施。它使欧洲人变得更为残暴，毫无怜悯之心。它可能提升了人的尊严，让人知道自己起源的崇高。它所带来的一切是激发起一些暴君的欲火，给他们提供了压迫人并使之堕落的新工具。它可能让欧洲变得富有。它的确让欧洲哀痛遍布，在更深的层次

---

① ［法］约瑟夫·芒德里永：《美洲发现的哲学研究》（Joseph Mandrillon, *Recherches Philosophiques sur la Découverte de l'Amérique*），阿姆斯特丹1784年版，第31、33、38、67、86—87页。

上让欧洲成为不毛之地，充满着悲惨与不幸"①。在启蒙运动时代，让蒂在法国学术界只能算作小字辈，除了给后世留下这部回答"雷纳尔之问"的著述之外，很少有研究成果提到他。这本书出版之后在学界没有产生多大影响，但让蒂对美洲"发现"及其产生之结果的看法的确反映出他所处时代很多欧洲人的美洲观。

与雷纳尔一样，这些对美洲"发现"总体上持否定的作者，回答"雷纳尔之问"的主要目的之一是谴责缺乏人性的殖民主义，对自哥伦布远航美洲以来欧洲大国海外殖民扩张产生的结果及其前景丝毫不乐观，这种情绪在他们的论著中明确体现出来。卡尔在提交给里昂研究院的应征论文中写道，殖民主义是威胁人类文明的"痼疾"，导致了人类的堕落，"让我们不要欺骗自己。我们将连根铲除的邪恶之源是人类心灵的堕落。这种堕落在所有世纪一直是相同的。今天之人在他们的心灵里正如过去人们的心灵一样。制度和法律改变不了人，将永远不会使他们发生改变"②。笔者没有找到卡尔撰写的这篇论文，从上述之言来看，他显然对美洲"发现"带来之后果持否定态度。这些作者对在殖民主义肆虐下的人类前途抱着悲观态度，但并未完全失去信心。他们撰写回答"雷纳尔之问"的论著时，英属北美十三个殖民地已经宣布独立。在他们看来，美利坚合众国的建立便是反抗殖民主义的一个结果。这样，他们自然把人类未来的希望寄托于这个新国家。芒德里永认为，美国这个脱胎于英国殖民统治的新国家将会使美洲其他地区文明化，只要美洲明智地服从基于自然与道义之上的法律，从长远来看，善行终究会胜过邪恶。对美国完全为正面的描述反映了他对这个共和国怀抱的希望。③ 让蒂对独立后的美国称赞有加，宣称"美国将变成受到迫害的欧洲人、受到压迫的印第安人和逃亡之

---

① ［法］路易斯·让蒂：《美洲发现对人类幸福之影响》（Louis Genty, *L'influence de la découverte de l'Amérique sur le bonheur du genre – humain*），巴黎1788年版，第92—93页。

② 转引自［美］杜兰德·埃切维里亚《西方的海市蜃楼：至1815年法国的美国社会形象史》，第173页。

③ 芒德里永的《美洲之观察》分为两个部分，每个部分独立成卷，第二部分主要是描述新近独立的美利坚合众国。参见［法］芒德里永《美洲观察者：北美以及美利坚合众国总论》（Mandrillon, *Le spectateur américain, ou Remarques générales sur l'Amérique septentrionale et sur la république des Treize – Etats – Unis*）第2部分，阿姆斯特丹1784年版。

"雷纳尔之问"与美洲"发现"及其后果之争 ● 211

黑人的避难所。美国人口遍及其一望无际的疆域后，贪欲将使美国把新人口迁徙到使之成为荒凉之地的平原地带。美国将靠着竞争让新大陆的其他殖民地变得富有生气。美国的美德在这个新半球将恢复许多世纪被遗忘的自然法则。盎格鲁美国人不会像秘鲁印加人那样靠着武器征服，但他们至少靠着范例、靠着睿智及其恩惠的优势将成为整个美洲的统治者，他们将靠着最强有力和最持久的控制领导其他美洲国家走向繁荣"①。他们对美国的看法几乎与雷纳尔如出一辙，只是表述有所不同，对这个新国家赞扬的同时流露出对欧洲文明将受到崛起后美国之威胁的深切担忧。

里昂研究院征文中另有四本（篇）论著对"雷纳尔之问"总体上予以"肯定"的回答，不过有些著述也不掩盖美洲的"发现"让新旧世界饱受其带来的"灾祸"。布兰所著的《新大陆的胜利》一书比较具有代表性。这本书总共五百余页，分为两卷。全书包括四个部分，在第一部分，布兰详细地阐述了美洲"发现"给人类社会带来的各种益处；在第二部分，布兰提出了纠正美洲"发现"带来弊端或邪恶的方式，表明人类财富的增加是"新大陆发现"的结果之一。在第三部分，布兰强调通过各种方式逐渐在不同国家传播美洲"发现"的幸福成果。第四部分是学术回应，布兰对16个相关问题进行研究，提出了自己的看法。② 从布兰文中涉及的这几个部分来看，他对这一问题的肯定回答建立在对有关论题翔实研究的基础之上。不过，布兰丝毫没有隐讳美洲的"发现"给生活在这块大陆的土著人带来的灾难，欧洲同样深受其害。欧洲殖民者在"新大陆残忍野蛮的行径"，让"数百万人因为我们的贪婪与杀人的狂热而惨遭屠杀"。美洲成为欧洲殖民者推行奴隶制的"天堂"，殖民者"从奴隶制罪恶中的所得导致战争的狂热在旧世界的大片区域永久地延续下去"。他们贪得无厌，欲壑难填，结果"腐化了公共美德与个人品行"，最终导致这些殖民国家难以遏制地衰落下去。美洲疾病传

---

① ［法］路易斯·让蒂：《美洲发现对人类幸福之影响》，第118—119页。
② ［法］让·安德烈·布兰：《新大陆的胜利》（Jean - André Brun, *Le Triomphe du Nouveau Monde*）第1卷，巴黎1785年版，第5、41页；第2卷，第165、211页。

入"旧世界"让欧洲人难以抵制,大批死亡。布兰上述所列是基本事实,为研究美洲问题者所无法回避,但丝毫不会影响到布兰对美洲"发现"的总体肯定评价。布兰在序言中对此讲得很清楚,即美洲的"发现对人类而言的确是个福音,它如同在新大陆和旧世界培育了一颗十分珍贵的幸福种子,种子一天天生长,很可能还会加速成长,其上长满的可口果实通过某种方式能够变得经久不衰,为整个人类所共有"①。

这是站在更高层面上的评价,亮明了布兰对"雷纳尔之问"回答的基本观点。沙特吕侯爵写过多部关于美国的著述,他1786年出版了两卷本的《北美游记》,在法国学界和社会引起强烈反响。针对"雷纳尔之问",沙特吕决定提交一篇文章,主要不在于获得奖金,而是想一吐他多年在这个问题上的思考,亦可借机批驳他视为误导读者的相关错误看法。沙特吕的观点比较明确,即美洲的"发现"带来欧洲商业惊人的扩张,因为对外商业似乎能够纠正现在折磨旧世界存在的大多数弊端,所以美洲的"发现"显然是一个伟大福音。沙特吕在文章中详细地阐述了这种观点,他特别强调美洲的发现给欧洲国家带来的益处。一方面,在美洲拥有殖民地的欧洲国家"从中获得了很大的利益,它们的商业由此得以扩张,它们把特惠商品带到美洲,无疑刺激了一切商品的交换,同时在许多方面发挥了金银的作用"。另一方面,那些没有殖民地的欧洲国家"感受到新的欲望和新的消遣,这些欲望导致这些国家农业的提升和国内活动的增加"。沙特吕在文中逐一反驳了把美洲"发现"视为"错误"的看法,批评了把旧世界人口的减少归因于"新大陆的发现"。至于从美洲输入的疾病导致欧洲人大量死亡的说法更是无稽之谈,美洲的发现"不仅教会我们治愈它所引起的疾病,而且让我们拥有了最有效治疗其他疾病的奎宁"。沙特吕把美洲"发现"对欧洲国家的益处归结于五点:一是"赋予商业扩张更大的动力";二是"在地球的表面上创造了新的财富";三是"以财富的平衡取代了权力的平衡",消除了用武力征服异国土地的根源;四是美洲成为受到迫害者的"巨大避难所";五

---

① [法]让·安德烈·布兰:《新大陆的胜利》第1卷,第1—4页。

是欧洲和美洲两个半球丰富产品的交换保证了"旧世界能够度过极端季节，克服由此而产生的饥荒"①。沙特吕完成这篇论文之后，本来打算提交给里昂研究院参加评奖，后得知该奖项从来没有颁发，便投给杂志发表了。这篇论文观点鲜明，正论反论并行不悖，以商业给人类和欧洲带来巨大利益作为主线，把美洲"发现"是个"福音"贯穿于全文，展现出沙特吕厚实的历史研究功力。

美国革命的爆发和成功对欧洲人的美洲观产生了很大的冲击，很多人由此开始关注大洋彼岸的事务。上述作者撰写应征论著时，英属北美十三个殖民地已经独立，脱胎于英国殖民统治的美利坚合众国大踏步地迈入了建国时期，这个国家一切都显示出与欧洲国家不同的新气象，成为欧洲自由主义者的向往之地。因此，有些作者干脆把这个新国家的出现作为肯定美洲"发现"有益于人类和欧洲的证据。孔多塞在欧洲学界知名度很大，里昂研究院设奖征文后，孔多塞决定撰写一篇论文应征。他最初打算对"雷纳尔之问"予以全面回答，但在撰写过程中感到把研究集中在美国革命对欧洲之影响上更能说明问题。他在正文开始之前交代了这一点，坦言"雷纳尔神父建议设奖，征求关于新大陆发现对欧洲利弊之影响的最佳论文。这个奖项引起了我的兴趣，我不揣浅陋试图回答这一问题，但我逐渐认识到，完成这项工作实为我能力所不及。因此，我将写就的稿子付之一炬，只留下讨论美国独立将对人类、对欧洲，尤其对法国产生影响的那一章"②。这篇论文③被美国学者埃切维利亚翻译成英文，刊登在《威廉玛丽季刊》之上。全文从四个方面论述了美国革命给

---

① [法]弗朗索瓦—让·德·沙特吕：《美洲发现结果对欧洲利弊之论》（François-Jean de Chastellux, "On the Advantages and Disadvantages Resulting for Europe from the Discovery of American"），[美]亨利·斯蒂尔·康马杰、埃尔莫·吉奥丹内蒂：《美洲是个错误吗？一场18世纪的争论》，第206—208、213页。

② [法]孔多塞：《美国革命对欧洲的影响》，[美]杜兰德·埃切维里亚译（Condorcet, Durand Echeverria, trans., "The Influence of the American Revolution on Europe"），《威廉玛丽季刊》（*The William and Mary Quarterly*）第25卷，1986年第1期，第87页。

③ 原文参见[意]菲利波·马泽伊：《关于美国政治的历史研究》（Filippo Mazzei, *Recherches historiques et politiques sur les Etats-Unis de l'Amerique Septentrionale*）第4部分，科莱1788年版，第237—283页。

人类和欧洲带来的巨大益处,一是"美国革命对欧洲舆论和立法产生了积极影响";二是"美国革命有效地维持了欧洲和平";三是"美国革命大大促进了人类的完善";四是"美国革命有助于欧洲商业尤其是法国商业的扩大"。孔多塞还通过对美国与法国和其他欧洲国家的比较,批评了欧洲政治制度的不合理性及其在实际运行中的弊端,把共和制美国的出现作为欧洲复兴的契机,认为只有美国提供的范例才能服务于欧洲的最终改革和整个人类的改善。① 欧洲很多学者对共和制美国的称赞,多是反映出他们对君主专制制度和殖民主义的不满情绪,他们通常是比较激进的自由主义者。孔多塞比他们更深入一步,把美国革命与带给欧洲的益处密切联系在一起,赋予这个新国家具有促进人类和欧洲进步的深刻含义。孔多塞的研究在时空范围缺乏历史感,时间连十年不到,空间没有把整个美洲包括进来,却通过对诸如美洲退化等看法的批评以及美国带来人类历史进程的变革,把美洲的"发现"是个"福音"体现于全文的字里行间,不失为一篇间接回答"雷纳尔之问"的佳作。

回答"雷纳尔之问"的八本(篇)应征论著在"否定"与"肯定"上打个平手,没有角出胜负高下。这种结果大概出乎了雷纳尔的意料。其实,即使"否定"占取了上风抑或相反,也远不足于解决美国革命之后很多欧洲人在认识美洲上产生的困惑。因此,里昂研究院设奖征文的意义不在于对"雷纳尔之问"的回答决出哪种观点胜出,而是在于促进对这一问题的研究,有助于欧洲人对美洲认识的深化。

四 其他学者对这一问题的回答

在启蒙运动时代,美洲在很多欧洲人眼中依然属于尚未开化的大陆,其"野蛮"与"蒙昧"正好衬托出欧洲的"开化"与"理性"。从文明演进的角度来讲,欧洲与美洲两个大陆形成了鲜明的对比。其实,很多欧洲人对美洲并无太深的了解,其中包括一些有名的美洲问

---

① [法]孔多塞:《美国革命对欧洲的影响》,[美]杜兰德·埃切维里亚译,第87—108页。

题专家，他们对美洲的描述游弋于"真实"与"想象"之间。无论他们对美洲的总体看法如何，其研究涉及这个大陆时，大概很难绕开对美洲"发现"及其后果的评价这一问题。从这个意义上讲，"雷纳尔之问"在美洲问题研究中具有普遍性，反映出这一时期欧美学界对这个问题的思考。他们出版或发表的论著或在"雷纳尔之问"提出之前，或没有明确表明为里昂研究院征文而作，但多少与"雷纳尔之问"有些关系，他们对这个引人关注之问题的回答让18世纪后期源于法国的这场争论具有了广泛性和国际性。

黑尔在前边提到的论文中谈到"雷纳尔之问"的来龙去脉，认为里昂研究院设奖征文的公告"在美国、英国和法国引起了广泛的兴趣"①。黑尔是个知名历史学家，凡言必有据，这种说法应该不为夸张。学者们对这一问题感兴趣与其说是获得奖项的诱惑力，倒不如说是他们觉得回答"雷纳尔之问"是一个具有重要意义的论题。设奖公告是在美国独立战争尚未完全结束时颁布的，虽然战火的硝烟依然弥漫在这个新国家的上空，但并未妨碍一些美国学者对这个问题的关注。约翰·埃利奥特1782年2月1日致信贝尔纳普，特此告知了里昂研究院设奖征文之事，问他是否读过雷纳尔最新版的《哲学与政治史》。贝尔纳普当时担任波士顿一家公理教教会牧师，在国内学界已是一位遐迩闻名的历史学家。埃利奥特建议他阅读一下雷纳尔的这部著述，希望"运用您的思考能力来回答一个问题，即美洲大陆的发现是有益还是相反？50金路易的奖金将由里昂研究院颁发给在这一论题上撰写的最佳论著。我很清楚没有一个美国人比您本人更有资格获得这个奖金"。埃利奥特还提到与他关系甚好的马瑟博士打算"在这个论题上撰文。他对获奖似乎信心十足"。6月17日，埃利奥特再次致信贝尔纳普，告知马瑟博士已经寄给里昂研究院一篇专题论文，用法文撰写。奖金将在1783年颁发给最佳论著者。②埃利奥特在信中所言是否为实，无从考证。他显然是想敦促贝尔纳普早日动笔撰文，以他的历史研究功力写一篇摘得这

---

① ［美］爱德华·E. 黑尔：《哥伦布发现之结果》，第200页。
② 两封信的内容转引自［美］爱德华·E. 黑尔：《哥伦布发现之结果》，第200页。

一奖项桂冠的文章。不知何故，贝尔纳普一直对友人的催促无动于衷，或许他根本对这个奖项没有多大兴趣，或许觉得时间来不及，但由此对这个问题进行了长时间的深入思考。十年之后，在1792年10月庆祝哥伦布远航美洲300周年之际，他完成了前边提到的那篇长论。此时，里昂研究院的奖项早已被学界抛诸脑后。不过，贝尔纳普的论文显然是对"雷纳尔之问"的回答。

贝尔纳普既是位历史学家，又是个笃信上帝的虔诚基督教徒。作为牧师，他承担着向教徒和公众传播上帝"福音"的神圣使命。阅读贝尔纳普的这篇论文，我们能够感受到其浓厚的宗教情结，弘扬上帝荣光的词句贯穿于全文，他把美洲的发现归功于全能上帝的指引。这个基调自然决定了他从肯定的角度看待美洲的发现及其产生的后果。贝尔纳普对哥伦布的评价比较高，把哥伦布描述为他所处时代的才华出众者，善于"利用思考和推理作为刺激行动的因素。他不是空谈的规划者，而是一个具有事业心的探险者。他把自己的理论建立在原则之上，决心尽自己最大所能，从实验中来证明真理"。由这位同时代少见的"天才"人物主导的远航美洲，从长远来看，其产生的结果自然对人类是利多弊少了。贝尔纳普从五点总结了美洲的"发现"给人类社会带来的益处：一是"极大地有利于商业的目的，而商业在当代又为知识和人类的提升提供了有力的支持"；二是"大大改进了自然史的科学"，它"赋予人类对上帝作品更为公正和敬畏的观念，其中一些观念似乎比在旧大陆以更大规模以及以更为崇高的方式构建"；三是美洲在动植物以及矿产资源等方面丰富了人类的物质生活，提供了"可以进行交易的许多有用商品"；四是"在人的历史上打开了重要一页。我们发现了人类同胞兄弟，他们散居在美洲大陆的各个地区和邻近岛屿。我们在不同种类的肤色、外形和习俗等方面认识了人类，我们学会把自己视为一个大家庭"；五是一个重要结果是英属北美十三个殖民地反抗殖民统治暴政的成功，美国的"范例将为其他国家所追随，在北美，欧洲受压迫者总能感到安全和宽慰"。美国"不仅为那里的欧洲兄弟打开了安全之门，而且向他们表明，他们在自己的祖国有资格享受相同的权利"。对于很多学者谴责的奴隶贸易，贝尔纳普没有避讳把非洲黑人贩卖到美洲的非人道做法，认为这是美洲"发现"产生的一大弊端,奴隶贸易"证明无益于人的生命和幸福,与此同时还怂恿了贪欲、奢侈、高傲和残暴"。不过,他更强调人类应该从这种毫无人性的贸易中吸取的深刻教训。① 贝尔纳普在文中没有指名道姓地反驳一些欧洲学者对美洲的错误看法,超越了从反对专制主义和殖民主义角度来肯定美洲的"发现"及其带来的后果,完全是站在整个人类利益的立场来看待这一改变世界历史进程的事件,不可避免地把美国看作人类走向光明的"指路星辰"与楷模。这是贝尔纳普与对美洲"发现"持肯定态度的欧洲学者的最大区别之处。对美洲"发现"及其产生之后果的"肯定"包含着弘扬美国反殖民统治成功的因素,不过主要还是凸显这个新国家对世界承担的使命。

弗里德里希·冯·根茨为普鲁士王国的政治家,经常撰写一些针砭时弊的政论文章。"雷纳尔之问"提出时他尚属年轻,还不到20岁。根茨在普鲁士政府任职多年,在政坛上十分活跃,可谓强烈倡导进行改革的自由主义人士。1795年,"雷纳尔之问"虽不再为学界所提及,但根茨觉得从自由主义的角度回答这一问题很有现实意义,遂撰写了一篇论述美洲发现之结果影响的论文。根茨对美洲的"发现"完全持肯定态度,认为美洲"发现"对人类不仅是一个福音,而且促进了人类的启蒙与幸福,欧洲从中获得了巨大利益。他在文中写道,与印刷术的发明、宗教改革、希腊文人从君士坦丁堡移出以及十五六世纪发生的其他重大事件相比,美洲的"发现"和通过好望角抵达东印度航道的开通不仅"带来人类体质和智力状况的更大变革和革命",而且"赋予所有这些其他大事件充分的动力,使之拥有了真正的重要性",促进了"人类朝着幸福与文明的巨大进展"。根茨总结了美洲"发现"带来的有益结果,一是"新大陆"为欧洲提供了丰富的物品;二是人们"把工业视为财富之源",把工业"提升到有益于社会发展"之程度,成为"人类精神

---

① [美]杰里米·贝尔纳普:《意在庆祝哥伦布发现美洲之论》(Jeremy Belknap, *A Discourse Intended to Commemorate the Discovery of America by Christopher Columbus*),波士顿1792年版,第19—20、34—35、36、37、46、48页。

活动的象征或与之同义";三是通过与欧洲人接触促进了印第安人由野蛮向文明的转化。① 根茨在这篇论文中对美洲的"发现"及其后果评价很高,多少有些"理想化"的成分。根茨的研究具有强烈的现实政治关怀,很大程度上旨在促进普鲁士王国进行自由主义改革,不能代表德意志学界对美洲"发现"的主流看法,充其量只能算作"一家之言"。

丹麦哥本哈根大学研究人员尼尔斯·克里斯蒂安·克劳森(Niels Christian Clausson)试图回答"雷纳尔之问",于1785年出版了《关于美洲发现对人类更具有破坏性之研究》的著作。克劳森对美洲发现持明确否定态度,他在书中义愤填膺地控诉了欧洲殖民者给美洲带来巨大的灾难,宣称当地的"海洋与河流被血液染成了红色,沙滩与河岸隐藏在尸首的背后,城镇遭到浩劫和焚毁,上帝眼中最风景如画的花园、草地和田野变成了荒漠"。克劳森在书中详细谈到美洲的发现与征服对欧洲产生的负面影响。在他看来,向美洲移民正在使欧洲人口减少;海外帝国的竞争正在把欧洲国家拖入战争;美洲奢侈品的进口唤起了欧洲人的过度贪婪欲望;欧洲的道德腐败甚至正在引起欧洲人体质发生退化。他由此得出结论,美洲之发现"对人类来说是破坏大于获利"。对"雷纳尔之问"的回答在哥本哈根大学引起了热议,1792年,哥本哈根大学特此设立一个奖项,广泛征集回答"美洲发现对欧洲人产生什么影响"的最佳论著。研究艺术史的学者埃利亚斯·冯·黑文(Elias Chr. von Haven)1794年出版了一本书,从商业的角度回答了这个问题。黑文的结论是,美洲的"发现""对生活在欧洲的所有人产生了下述影响。美洲的剩余产品给欧洲居民提供了本来不会拥有的日用品。一些商品是为了舒适和实用,而另一些商品是为了享乐和炫耀。因此,美洲发现有助于欧洲人对更多东西的享受"。黑文同时发出警告,美洲正在腐蚀欧洲人的身体和心灵。不健康的美洲产品正在减弱欧洲人

---

① [德]弗里德里希·冯·根茨:《美洲发现对人类繁荣与文化的影响》(Fredrich von Gentz, "On the Influence of the Discovery of America on the Prosperity and Culture of the Human Race"),[美]亨利·斯蒂尔·康马杰、埃尔莫·吉奥丹内蒂:《美洲是个错误吗?一场18世纪的争论》,第217—231页。

的生育力，导致欧洲人丧失了"理性的发挥"。正是对这些产品的消费，欧洲人正在养成许多新的恶习，其中包括男性"身体的松软和女性化"①。瑞典乌普萨拉大学研究人员斯韦德利厄斯（J. Svedelius）于1802年发表论文，题目为《美洲发现在欧洲的影响》。② 上述这些论著从不同方面回答了"雷纳尔之问"，反映了斯堪的纳维亚学者对美洲"发现"产生之结果的总体看法。

黑尔提到"雷纳尔之问"在英国学界反响很大，但笔者至今尚未找到英国学者撰写的明确回答"雷纳尔之问"的论著，甚至连征文题目也没有发现。要么存在着相关论著，只是因为无足轻重早已淹没在历史的长河之中，要么反响很大，只是无人撰文回应，因为此时英国正在被失去北美殖民地搞得焦头烂额，顾此失彼。学者们担心对此问题直言回答有可能惹恼政府，给自己带来不测之灾。在启蒙运动时期，英国的人文社会科学研究一直走在世界的前列，出现了很多在国际学术界知名度很高的学者。美洲一向是英国学者关注的一个重点，当时欧洲大陆比较有影响的关于美洲论著很快被翻译成英文在英国出版，英国自然也出现了研究美洲问题的大家。比较有名的当属曾担任过爱丁堡大学校长的威廉·罗伯逊。罗伯逊是位学院派的历史学家，1777年出版了三卷本的《美洲史》，在欧洲学界反响很大，随即被翻译成多国文字出版。罗伯逊由此成为欧洲学界研究美洲史的著名专家之一。罗伯逊与当时大多数学者一样，很少对哥伦布有贬损之词。他把哥伦布称为"伟大的航海家"，始终如一地坚持"向西航行将会导致这个最重要的发现"。在罗伯逊的笔下，哥伦布远航美洲这一事件具有把被海洋隔开的大陆连成一个整体的深远意义。当"我们凝视新大陆时，让我们感到震惊的第一种情况是其幅员辽阔。新大陆不是哥伦布发现的地球很

---

① 克劳森和黑文的观点和引文，参见[丹麦]奥勒·比奇—彼得松《终点美国：19世纪中期丹麦与美国理性相遇》（Ole Bech-Petersen, "Destination U. S. A.: The Mid Nineteenth-Century Danish Intellectual Encounter with the United States"），《斯堪的纳维亚研究》（Scandinavian Studies）第70卷，1998年第4期，第443—446页。

② [美]罗伯特·R. 帕尔默：《民主革命时代：挑战》（Robert R. Palmer, The Age of the Democratic Revolution: the Challenge），普林斯顿大学出版社1959年版，第258页。

小部分，此前如此无足轻重，致使避开了以前时代的观察或研究。哥伦布使这个比欧洲，或亚洲或非洲更大的新半球广为人知"①。罗伯逊没有对美洲的"发现"及其后果做出明确"肯定"与"否定"的判断，但对来到"新大陆"的西班牙殖民者在征服美洲过程中的残暴行径予以谴责，这些征服者"骇人听闻的暴力凶残行为，致使西班牙的名声在这个大陆受到人们憎恶"②。罗伯逊接受了布丰和雷纳尔的美洲退化论，详细地描述了"新大陆"动植物退化和缺乏活力的原因。他把美洲的退化归因于当地潮湿的自然环境，与美洲"发现"似乎没有多大关系，但无疑会对定居在"新大陆"的欧洲人产生不利影响，甚至他们把致命的疾病带回欧洲。数目巨大的殖民者"死于他们突发感染未知疾病，那些幸免于这些来势凶猛的毁灭性疾病的人，却难以逃脱有毒气候的影响。根据早期西班牙历史学家的描写，他们返回到欧洲时，体质虚弱，瘦骨嶙峋，无精打采，肤色呈现出有病的黄颜色。凡此种种表明他们居住之地区的气候对身体有害"③。罗伯逊实际上与雷纳尔等人一样从总体上"否定"了美洲。

亚当·斯密在经济学成为一门主流学科上贡献尤大，这主要归因于他1776年出版的三卷本《国民财富的性质和原因的研究》，简称《国富论》，这本书在启蒙时期对国家制定经济政策和人们经济生活产生了巨大影响，这种影响至今犹存。斯密在书中专章研究了殖民地在全球商业体系中的作用，其中涉及对美洲的"发现"与殖民化的评价问题。斯密从全球层面上肯定了美洲的"发现"，这一事件对人类社会变革具有的深远意义，怎么评价恐怕都不为过。斯密宣称，"美洲的发现以及通过好望角到达东印度航道的发现是记录在人类历史上两个最伟大和最重要的事件。它们带来的结果已经非常重大"。斯密从以下三个方面予以说明，一是从长远看这些"发现"有利于

---

① [英]威廉·罗伯逊：《美洲史》（William Robertson, The History of America）第3篇，《威廉·罗伯逊文集》（The Works of William Robertson）第6卷，伦敦1825年版，第228页。
② [英]威廉·罗伯逊：《美洲史》第3篇，《威廉·罗伯逊文集》第6卷，第215页。
③ [英]威廉·罗伯逊：《美洲史》第4篇，《威廉·罗伯逊文集》第6卷，第237—238页。

当地土著人，他们"会变得更加强大或欧洲人将会变得更加衰弱"。二是"这些发现的主要结果把重商主义提高到光彩夺目的壮观程度，这可谓是前所未有的"。三是那些拥有美洲殖民地的国家"享受到这种伟大商业的全部展示和辉煌"，其他国家则"通常享受从这一伟大商业实际所得中较大的份额"①。作为一名经济学家，斯密主要从有助于全球商业网络形成的角度来看待美洲"发现"及其产生之结果的，自然会做出"肯定"的判断。不管是斯密，还是罗伯逊，他们的研究显然不是针对"雷纳尔之问"的回答，却反映出英国学界在这个问题上的基本看法。

科内利乌斯·德波为荷兰哲学家，长期居住在普鲁士，他对美洲问题很感兴趣，于1768年出版了两卷本的《关于美洲人的哲学研究》。德波这本书出版之后在欧洲学界掀起轩然大波，其关于美洲的观点即刻遭到一些学者的非议，同时对欧洲人树立美洲的负面形象产生了一定的影响，包括雷纳尔在内的研究美洲专家或多或少地从德波的美洲观中获得灵感，在他们的著述中加以发挥。欧洲学界专门研究美洲的学者不是太多，德波可以算作一位，但他又是一个特立独行的人，其对美洲否定程度之激烈，很少有学者能望其项背。读者很难在德波的著述中找到正面描述美洲的语句，他把美洲"邪恶"所表现出的一切皆归于美洲的"发现"。他在"序言"开首便谈到这一点，宣称"对人类来说，没有一个事件比美洲之发现更加引人注目了。回顾从现在到最遥远的时代，我们看到任何事件都不能与之相比；毋庸置疑，地球的一半区域天生地丑陋不堪，致使该区域所包括的一切要么是退化的要么是怪异的，看到这种场面是多么的印象深刻和令人恐怖"②。从德波随后的详细描述来看，美洲的"发现"无论对"新大陆"还是对欧洲，所产生的作用几乎都是负面的。牛津大学知名历史学家约翰·赫克斯特布尔·埃利奥特由此认为，德波"把新大陆的发

---

① ［英］亚当·斯密：《国民财富的性质和原因的研究》第2卷，第458—460页。
② ［荷］科内利乌斯·德波：《关于美洲人的哲学思考》（Cornelius de Pauw, *Recherches philosophiques sur les Américains*），柏林1777年版，第iii—iv页。

现描述为人类历史上最不幸的事件"①。德波倒不是强烈地反对殖民主义，而是想通过把美洲描述为不适宜人类居住之地，借以阻止普鲁士民众移居美洲。他对"新大陆发现"的否定旨在找出美洲"低劣"的根源，显然有着服务于普鲁士王室的现实目的。

美洲的"发现"及其殖民化不仅决定了"新大陆"的发展方向，而且对"旧世界"产生了很大影响，这是一个不争的事实。德波对"新大陆"的负面描述不只是对美洲"发现"及其产生之后果的否定，很大程度上暗含着欧洲最终不会从"退化"或"低劣"的美洲获得什么好处。德波的《关于美洲人的哲学研究》出版时，法国学者安托万—约瑟夫·佩尔内蒂应腓特烈大帝之邀在柏林皇家图书馆任职。佩尔内蒂认为，德波对美洲的描述错误百出，势必会误导读者对美洲的认识，决定即刻奋笔著书，于1770年出版了《关于美洲与美洲人之论》，该书的副标题是对德波《哲学研究》的反驳。针对佩尔内蒂的批评，德波不甘示弱，神速地完成了《哲学研究之辩护》，也于1770年出版。佩尔内蒂很快做出回应，翌年便出版了《对哲学研究关于美洲与美洲人的考察》一书，这本书无多少新意，很多地方重复了第一本书的思想，却把与德波的论战推向高潮。佩尔内蒂书中很少对美洲"发现"的利弊做出评价，内容多是批评德波对美洲各个方面的贬损，但从他的反驳论据中可以明显地感到他对美洲"发现"及其产生之后果的基本看法，即特别强调了美洲对人类或欧洲的贡献。他用带有讥讽的口气说，德波先生"幸亏没有授权作为整个欧洲的发言人来决定我们关于美洲的判断和思想，也没有授权表达我们对新大陆感恩的情绪"。"感恩"一词比较形象地反映出他对美洲的"发现"及其产生的后果持肯定态度。在他看来，欧洲人的日常生活已离不开"新大陆"提供的各种物品。欧洲人"将继续从美洲获得糖、可可豆以及咖啡，以满足我们的味觉和感官"。我们还从美洲获得"制作胶合板的木材以及制作奢侈品与花色布料的印染材料"，还有"来自秘鲁的镇痛软膏、柯拜巴脂、奎宁、黄樟、愈疮木以及上千

---

① ［英］J. H. 埃利奥特：《1492年至1650年的旧世界和新大陆》（J. H. Elliott, *The Old World and the New: 1492—1650*），剑桥大学出版社1998年版，第1页。

种其他药物来医治我们的疾病"。美洲还提供了诸如"金银"等贵金属，还有"宝石、毛皮以及为我们保暖的棉花"[①]。其实，美洲对人类物质生活的贡献远不止上述所列。佩尔内蒂的《关于美洲与美洲人之论》不到130页，与德波的著述相比只能算作小册子，全书差不多都是赞扬美洲自然环境和印第安人体质与智力之语，与德波的美洲观相比实际上走到了另外一个极端。

有的学者不同意德波对美洲的全盘否定，但反驳德波的美洲观时又与佩尔内蒂的看法区别很大。法国学者皮埃尔·鲁博神父就是其中一位。鲁博是个历史学家，出版了多部历史著作，代表作是五卷本的《亚洲、非洲和美洲通史》，他对美洲的看法主要集中在第五卷。鲁博在书中对德波的美洲观予以激烈抨击，认为"新大陆的发现"本身是人类的辉煌成就，但美洲的征服、美洲资源的开发以及对美洲土著民族的剥削给"旧世界"和"新大陆"带来巨大的灾难。鲁博在阐明自己看法之前用了很大篇幅对德波的观点进行辩驳，反问正辩，淋漓尽致。鲁博认为，"新大陆的发现""一直是人类历史上最值得纪念的革命"，但"对美洲的征服是人类遭受的最骇人听闻的灾难"，后者与前者显然有着不可解脱的因果逻辑联系。为了说明这一点，鲁博向读者展示了一幅欧洲征服者给"新大陆"带来的凄惨图景，即"奴隶和野蛮人依然存在，这些奴隶受到最残酷的致命虐待，他们无精打采的愚昧状态是人类苦难的最低级程度。这些野蛮人通常受到我们的军队、我们的阴谋、我们的邪恶、我们的疾病以及我们的烈酒等攻击，被驱赶追捕，自甘堕落，备受摧残。他们像儿童一样变得衰弱不堪，品行败坏"。按照鲁博的观点，自美洲发现以来，欧洲与这个被殖民化的大陆之间"只存在着令人恐怖的邪恶交换，而不存在着善行的互惠交流"。他举例说，欧洲殖民者把天花带到美洲，天花对"新大陆"的毁灭一点都不亚于美洲疾病在欧洲造成的破坏。不管是印第安人，还是欧洲殖民者，死于非命的数目令人瞠目。欧洲殖民者

[①] [法] 安托万—约瑟夫·佩尔内蒂：《关于美洲与美洲人之论：对哲学研究的反驳》(Antoine - Joseph Pernety, *Dissertation sur l'Amériqueet les Américains contre les Recherches philosophiques*)，柏林1770年版，第38—39页。

从美洲获得大量黄金，但黄金最终让这些欧洲殖民大国深受其害。①鲁博对美洲的"发现"评价比较高，但对"发现"之后果的抨击丝毫不亚于德波。德波多是从美洲本身来否定美洲"发现"及其后果的，而鲁博多是从欧洲殖民者带给美洲灾难来做出否定回答的。德波和鲁博"否定"所选择的对象重点有所不同，但观点和结论有异曲同工之妙。

以上介绍的著述远未展现出启蒙时期欧美学术界在美洲"发现"及其后果上的全部成果，一些相关论著或许根本就没有出版或发表，大概随着时间的流逝甚至连文本都未能保存下来。此外，受语言能力的限制，笔者很难了解欧洲有些国家学者在这个问题上的见解。这些皆是研究这一问题留下的很大遗憾，弥补这种遗憾只能是有待来者了。

余 论

在启蒙运动时期，美洲成为欧洲学界关注的重点之一，但绝大多数欧洲人对大洋彼岸的美洲并无真正的了解，受"欧洲中心论"的影响，很多学者对美洲的描述通常是将之置于欧洲的对立面，在他们的笔下，美洲展现出的一切似乎多与欧洲文明反其道而行之，属于尚未"开化"的大陆。这样，欧洲人虚拟出的美洲形象总是负面的和不切实际的，旨在凸显欧洲文明的优越。在美国革命爆发之前，对欧洲民众认识美洲产生较大影响的多是那些在总体上否定美洲的学者，即使有学者对他们的美洲观提出质疑，质疑者的观点也很难在学界占据主导地位，更谈不上在社会上产生较大影响了。美国革命的爆发对欧洲人的负面美洲形象产生了很大冲击，欧洲学界由此掀起对美洲各个方面讨论的热潮，不同观点迭出，形成了意大

---

① ［法］鲁博：《亚洲、非洲和美洲通史选摘》（The Abbé Roubaud, "From the General History of Asia, Africa, and America"），［美］亨利·斯蒂尔·康马杰、埃尔莫·吉奥丹内蒂：《美洲是个错误吗？一场18世纪的争论》，第160—162页。原文见［法］皮尔埃·约瑟夫·安德烈·鲁博《亚洲、非洲和美洲通史》（Pierre Joseph André Roubaud, Histoire générale de l'Asie, de l'Afrique, de l'Amérique）第5卷，巴黎1775年版，第186、187、189页。

利学者安东内洛·杰尔比称之为的"关于新大陆争论"①的局面。欧洲学界关于"新大陆"争论范围很广,对美洲"发现"及其产生后果的利弊祸福之争只是其中很重要的组成部分之一。这场争论涉及研究美洲的一个根本问题,既包含着对欧洲大国殖民化美洲的评价,又暗含着如何能够走出专制主义带给美洲灾难的梦魇,实现启蒙时期思想家提倡的"理性"社会。因此,介入争论的学者显然有着强烈的现实政治关怀,美洲很大程度上成为抨击或维护欧洲现状的"中介",意为借美洲之"题"来发挥对改变或维护欧洲现状的不同看法。美国著名历史学家亨利·斯蒂尔·康马杰等谈到这场争论时一针见血地指出,提出"美洲是一个错误吗"的那些学者"不是真正地谈论美洲,他们谈论旧世界,谈论大自然和文明,谈论重商主义和重农主义,谈论折磨他们自己社会的腐败和不幸。当他们真正转向美洲时,他们从来不会记起他们撰写的美洲是什么样子"②。这段话虽有夸张之嫌,却意味深长,对理解这场争论的真正目的深有启迪。

这场争论的客体是美洲,主体是欧洲,意为主体在客体区域内的殖民活动究竟对两个大陆产生的作用如何。争论最初主要是欧洲学者参与,后来亦有少量的美国学者介入。这场争论从一开始就没有局限在一个国家,不过基本上是在欧洲学者的圈子内打转,表现出明显的"单边性"。对美洲"发现"及其产生之后果的评价,不管是持"否定"意见者,还是持"肯定"意见者,基本上是站在欧洲文明的立场上来观察,"利弊祸福"主要是针对欧洲而言的,给美洲带来的"祸福"尽管是作为论证其观点的实例,但他们的兴趣点或关注点显然不在于此,他们对美洲的描述并不是把美洲作为主体,而是将之置于欧洲大国构建的全球殖民或商业体系之内。因此,"美洲的发现是个错误吗"显然是从欧洲的角度提出这个问题的,"发现"和"错

---

① [意]安东内洛·杰尔比著,杰里米·莫伊尔译:《关于新世界的辩论:一部争论史,1750—1900》(Antonello Gerbi, Jeremy Moyle, trans., *The Dispute of the New World: the History of A Polemic, 1750—1900*),匹茨堡大学出版社1973年版。

② [美]亨利·斯蒂尔·康马杰、埃尔莫·吉奥丹内蒂:《美洲是个错误吗?一场18世纪的争论》,第27页。

误"是主体强加给客体的词汇，离不开客体但在文本上似乎与客体又没有多大关系。这样，把欧洲置于"中心"位置回答这一问题自然为"顺理成章"，更何况读者群主要是欧洲人。在18世纪后半期，启蒙思想家高扬"理性"与"科学"的大旗，向愚昧人们的专制制度发出挑战，但这丝毫改变不了欧洲人以本大陆为中心观察世界的思维定式，美洲的"野蛮"和"蒙昧"恰恰成为凸显欧洲文明优越的衬托。以这种"居高临下"的心态来回答这个问题，势必缺乏客观性，不可避免地把想象夹杂在严谨的学术研究之中，以此展现欧"优"美"劣"的图景。其实，对这个问题回答具有发言权的应该是美洲本土人，他们身临其境，至少对美洲"发现"给他们生活之大陆带来的结果有着切身的体验或感受，更重要的是他们没有以"我"为中心的情结。除了很少的美国学者撰写了相关论文之外，美洲本土人的这种优势显然没有在18世纪后半期这场争论中充分发挥出来，致使这场争论几乎没有美洲本土人的声音，这无疑给这场争论留下难以弥补的缺憾，实际上成为欧洲学者针对美洲的"中心主义"情绪之宣泄。

尽管如此，这场主要发生在欧洲学界的关于美洲"发现"及其后果的争论显然具有难以磨灭的深远意义。对这个问题的争论在"雷纳尔之问"提出之前便已拉开序幕，雷纳尔在美国革命即将成功之际明确提出这一问题，在欧洲学界把这场争论推向高潮。此时，争论的意义更加凸显出来，显然有助于欧洲人进一步深入了解美洲，对专制主义和殖民主义给人类社会带来的"灾难"有了一种新的认识。里昂研究院为"雷纳尔之问"设立的奖项无果而终，但关于这一问题的争论没有落下帷幕，原因主要在于这场争论没有形成人们共识的答案。西格蒙德·弗洛伊德在20世纪初叶带有激动的情绪宣称，美洲的发现"是个错误，是个巨大的错误，真的是个错误"[①]。举出弗洛伊德之例旨在表明这场争论远未结束，即使到了当代，人们对这个问题的认识还是存在着不同的看法。美洲学者的介入让争论具有了名副

---

① ［美］小阿瑟·施莱辛格：《美洲是个错误吗？关于努力揭穿哥伦布及其发现之长期历史的反思》，第15页。

其实的国际性,正是通过他们的描述,美洲不断地把真实的自我展现在世人面前。欧洲人逐渐地走出想象美洲的虚幻图景,对彼岸世界了解的不断加深。对于这种结果,这场争论的持续显然是功不可没。

(原载《世界历史》2019年第1期;王晓德:福建师范大学社会历史学院教授。)

英属东非殖民地的昏睡病防治及其影响

赵晓红　李鹏涛

摘　要：昏睡病是殖民时代非洲主要面临的传染性疾病之一，欧洲殖民宗主国在昏睡病研究和防治方面的投入远多于其他传染性疾病。随着欧洲殖民征服以及随之而来的社会动荡和生态失衡，昏睡病开始大规模蔓延，迫使殖民宗主国开始关注非洲民众的健康问题。在欧洲殖民宗主国之中，英国在昏睡病研究和防治方面投入最多，并且先后集中于乌干达和坦噶尼喀。在这两个东非殖民地，昏睡病防治成为殖民当局对边远地区最早、同时也是最全面的控制机制。这些防治措施利用并加剧了殖民地社会的内部分化。与此同时，殖民地社会并非昏睡病防治政策的被动接受者，而是迫使殖民地国家对于昏睡病防治政策做出调整，由此反映出非洲殖民地国家无法充分支配殖民地社会变迁进程。

关键词：昏睡病；殖民统治；东部非洲

昏睡病（sleeping sickness）又称锥虫病或嗜睡性脑炎，是一种由布氏锥虫经舌蝇（俗称"萃萃蝇"）叮咬而传播的人兽共患寄生虫病，主要分布于撒哈拉沙漠以南非洲。针对人类传染的锥虫病被称作"昏睡病"，而牛畜之间传播的锥虫病被称作"那加那病"（nagana）。殖民时代是昏睡病流行的高潮时期，当时很多档案文献将这两种锥虫病通称为"昏睡病"[①]。对于当时非洲东部和中部的热带医学研究者

[①] Maureen Malowany, "Unfinished Agendas: Writing the History of Medicine of Sub-Saharan Africa", *African Affairs*, Vol. 99, No. 395, 2000, p. 330.

和殖民官员而言，没有其他疾病比昏睡病更为紧迫和严峻。各殖民地政府投入大量资源试图根除昏睡病，并且以前所未有方式实现国际合作。①

昏睡病的内史研究可以追溯至殖民时期西方科学家对于昏睡病的观察研究。②昏睡病的外史研究始于20世纪70年代，当时正值非洲疾病社会史研究刚刚兴起。1971年，生态学家约翰·福特（John Ford）提出锥虫病蔓延与殖民主义之间存在密切联系的观点。③受到福特观点启发，非洲学家开始探讨昏睡病对于非洲殖民地社会变迁的影响。这些研究强调殖民主义与昏睡病蔓延的关联，主要关注殖民时代锥虫病蔓延的政治和流行病学原因，认为昏睡病防治拓展了殖民统治范围。④近年来，非洲史学家的研究集中关注殖民地国家在推行强制性医疗和社会重构政策方面的角色，强调透过殖民地国家的防治措施来理解殖民者与非洲社会之间的复杂关系。非洲史学家日益认识到，昏睡病历史应当放在环境史框架内加以理解，深入考察人类、家养动物、野生动物、蝇虫、锥虫及其聚集地之间的复杂关系。⑤总体而言，现有研究以案例研究为主，较少对于英属非洲殖民地昏睡病防治的起源、演变及其影响进行概况总结。

在非洲的殖民宗主国中，英国对萃萃蝇的研究和防治位于前列。

---

① Michael Worboys, "The Comparative History of Sleeping Sickness in East and Central Africa, 1900 – 1914", *History of Science*, Vol. 32, No. 1, 1994, pp. 89 – 102.

② Rubert Boyce, "Etiology of Sleeping Sickness", *The British Medical Journal*, Vol. 2, No. 2235, 1903, p. 1184; David Bruce, "Sleeping Sickness in Africa", *Journal of the Royal African Society*, Vol. 7, No. 27, 1908, pp. 249 – 260.

③ John Ford, *The Role of the Trypanosomiases in African Ecology*, Oxford: Oxford University Press, 1971.

④ MaryinezLyons, *The Colonial Disease: A Social History of Sleeping Sickness in Northern Zaire, 1900 – 1940*, Cambridge: Cambridge University Press, 1992; Kirk ArdenHoppe, *Lords of the Fly: Sleeping Sickness Control in British East Africa, 1900 – 1960*, London: Praeger Publishers, 2003; James Giblin, "Trypanosomiasis Control in African History: An Evaded Issue?" *The Journal of African History*, Vol. 31, No. 1, 1990, pp. 59 – 80.

⑤ Helge Kjekshus, *Ecology Control and Economic Development in East African History: The Case of Tanganyika 1850 – 1950*, Oxford: James Currey, 1996; Luise White, "Tsetse Visions: Narratives of Blood and Bugs in Colonial Northern Rhodesia, 1931 – 1939", *The Journal of African History*, Vol. 36, No. 2, 1995, pp. 219 – 245.

而乌干达和坦噶尼喀这两个东非殖民地又是英国投入资金和精力较多的非洲殖民地。本文主要通过研究英属东非殖民地的昏睡病防治措施，试图揭示非洲殖民疾病防治与环境、文化和经济殖民化之间的关系，以期深入认识殖民统治与非洲社会之间复杂关系以及非洲社会剧烈变迁。

一 殖民主义与昏睡病流行

昏睡病的分布与萃萃蝇分布范围密切相关。环境、植被和野生动物影响到特定地区存在的萃萃蝇和锥虫类型，从而决定该地区究竟会发生人类锥虫病，还是动物锥虫病，抑或两种同时发生。萃萃蝇一共有20余种，并非每种都会传播锥虫。萃萃蝇滋生需要一定的温度和湿度条件，主要分布在非洲中部和东部，而温差较大的高地则没有萃萃蝇。非洲的昏睡病已经存在数百年，到19世纪初，非洲社会已经形成与当地环境状况相适应的农业技能，并且对于周边的疾病产生一定程度的免疫力。某些强大的非洲城邦国家，它们的经济生产正是在萃萃蝇地带发展起来的。前殖民时代的非洲社会并未根除萃萃蝇，而是与萃萃蝇地带保持一定程度的平衡，主要通过密集居住和集约耕作，以及清除人类定居地区的灌木丛和野生动物。① 为了躲避萃萃蝇，非洲人会在不同季节将牲畜迁徙到没有萃萃蝇的地区，或者在危险程度相对较低的夜间穿过萃萃蝇滋生地带。牲畜主要分布在锥虫病较少的地区。由于这些地区范围较小，因此前殖民时代的牲畜数量较少。②

19世纪八九十年代，随着殖民入侵以及殖民主义所带来的生态、社会、经济和政治变动，非洲发生大规模的昏睡病流行，尤其是在维多利亚湖北岸和刚果河流域。1900年至1905年，维多利亚湖北岸一共有超过20万人死于这一疾病，占当地人口的1/3。1904—1905年，苏丹和德属东非发生昏睡病流行，1908年北罗得西亚和尼亚萨兰爆

---

① Helge Kjekshus, *Ecology Control and Economic Development in East African History*, p. 25.

② James Giblin, "Trypanosomiasis Control in African History: An Evaded Issue?" pp. 63 - 64.

发昏睡病流行。① 昏睡病所造成的死亡率无法准确判断，不过学者保守估计这一时期有 75 万至 100 万非洲人死于昏睡病。② 殖民主义和非洲昏睡病的大规模流行之间存在着密切联系，主要表现在以下几个方面。

首先，19 世纪八九十年代的殖民战争以及对于非洲民众反抗的镇压，直接引发生态灾难，导致萃萃蝇和昏睡病蔓延。殖民征服战争导致饥荒和环境破坏，乡村和可耕地遭受破坏，非洲民众被赶出原有居住地。在非洲人迁出地区，农田牧场荒废，灌木丛滋长，萃萃蝇扩张。随着进入或者穿过昏睡病地区的难民数量增多，更多非洲人与萃萃蝇接触。正因为如此，塞内冈比亚、赞比西河流域、大湖地区和尼罗河流域都曾发生过昏睡病大规模蔓延。

其次，殖民主义所引发的一系列社会经济变革加剧了昏睡病蔓延。当时欧洲殖民者辩解称，昏睡病传播是土著人口流动性日益增强的客观结果，因为非洲人口迁徙和贸易活动在殖民统治确立后趋于活跃，寄生虫随之进入新地区。然而事实上，昏睡病蔓延并不只是殖民统治的客观结果，更是由殖民政府特定的经济与社会政策所导致的。殖民政府的强制劳动需求、经济作物出口配额，以及奴隶贸易和奴隶制的废除，这些因素导致非洲人的生产方式发生重要转变。农民常常需要出售比以往更多的剩余农产品，并且种植更多的经济作物，而非生计作物。这些殖民政策导致非洲土著经济体系和生态环境遭受破坏。雪上加霜的是，1896 年开始出现的"厄尔尼诺现象"导致非洲稀树草原地带普遍缺少雨水，很多地区直至 20 世纪 20 年代降雨量才有所恢复。这些因素共同导致饥荒爆发，人口随之锐减。萃萃蝇和野生动物逐渐扩散到之前的种植区，这些地区在前殖民时代是没有萃萃蝇的。

再者，19 世纪末的牛瘟助长了昏睡病传播。牛瘟在欧亚大陆已

---

① MaryinezLyons, "African Trypanosomiasis", in Kenneth F. Kiple, ed., *Cambridge World History of Human Disease*, Cambridge: Cambridge University Press, 1993, pp. 552 – 561.

② Helen Tilly, "Ecologies of Complexity: Tropical Environments, African Trypanosomiasisand the Science of Disease Control in British Colonial Africa, 1900 – 1940", *Osiris*, 2nd Series, Vol. 19, 2004, p. 24.

经有数个世纪的历史,但是由于地理阻隔直至19世纪末才传播到非洲。对于非洲社会而言,牛瘟作为一种全新疾病引发灾难性后果。在东部和中部非洲,牛瘟导致90%以上的牲畜死亡。起先,牛瘟能够杀死传播萃萃蝇的野生动物,从而抵消牛瘟的破坏性影响;但是野生动物的恢复速度远远快于驯养牲畜。随着野生动物数量迅速增多,萃萃蝇也随之传播。更重要的是,这场牛瘟使得能够忍受锥虫的牲畜大量死亡,因而加剧了昏睡病的破坏性影响。此外,天花、鼠疫和沙蚤等人类疾病限制了人口增长,而疟疾伴随着玉米种植范围扩大而造成严重伤亡,因为花粉成为蚊虫生存和繁殖的重要媒介之一。[1] 这些因素共同导致牲畜数量锐减,人口增长放缓,并使得萃萃蝇和灌木丛得以滋长。

在关注殖民统治时期昏睡病对非洲带来的危害与损失的同时,我们也应当客观分析昏睡病对非洲殖民地经济发展所造成的阻碍作用。殖民统治时期,昏睡病尽管造成严重挑战,但是非洲农业生产总体上仍然不断扩大。

二 英国的昏睡病研究

19、20世纪之交,欧洲当局需要加强对于新获得的非洲殖民地的控制,而流行病为强化殖民统治提供了借口。20世纪前20年里,乌干达殖民政府将昏睡病视作最紧迫问题之一。[2] 很多西方科学家和医学专家投入到非洲昏睡病的研究与防治工作之中,包括昆虫学家、寄生物学家、医生和生态学家等。他们在帝国本土政府和研究机构支持下,利用西方科学技术来研究非洲昏睡病的病因。昏睡病的病原学研究成为热带医学重大成就之一,这与19世纪末以来的科学进步密切相关,尤其是细菌理论。热带医学正是在殖民地环境中形成的,成

---

[1] James C. McCann, *Maize and Grace: Africa's Encounter with a New World Crop, 1500-2000*, Cambridge: Harvard University Press, 2005.
[2] Harvey J. Soff, "A History of Sleeping Sickness in Uganda: AdministrativeResponse, 1900-1970", Ph. D. dissertation, Syracuse University, 1971, p. 24.

为殖民统治的有效工具。① 1899 年，伦敦和利物浦分别建立热带医学学院。万巴德（Patrick Manson）曾经担任伦敦热带医学学院主任，1897 年成为英国殖民部医学顾问，是当时英国殖民地医学权威。

热带医学研究主要关注自然史、寄生虫的生命周期、形态生物学以及寄生环境。昏睡病暴发前，殖民医学主要关注热带地区的疟疾研究与防治，主要服务于白人定居者。昏睡病暴发使得热带医学研究发生重要转变，将非洲人健康问题视作影响非洲殖民地公共卫生的首要问题。② 1902 年，乌干达殖民政府报告称，殖民地南部发生灾难性的昏睡病流行。殖民者认为昏睡病蔓延对于乌干达劳动力健康和生存造成威胁，从而影响到乌干达作为原料产地和英国商品市场的发展潜力，并且危及英国在乌干达的殖民统治。昏睡病很快成为德国和英国殖民政府以及热带医学研究者所面临的首要问题之一。万巴德等具有重要政治影响的科学家极力强调研究和防治昏睡病的紧迫性，希望以此提升科学家在英帝国的权力和影响。③ 在各殖民地政府建立之初，各殖民地分别面临着不同的卫生问题，包括黄热病、疟疾、天花、鼠疫、雅司病和性病，甚至包括殖民地民众心理疾病。然而，就当时整个非洲大陆而言，锥虫病受到的关注程度最高，各殖民宗主国在锥虫病方面的投入远多于其他传染性疾病。

早在 1880 年，科学家已经通过显微镜在哺乳动物血液中发现锥虫。1894 年，戴维·布鲁斯（David Bruce）证实了锥虫是牲畜疾病的病因。在疾病尚未爆发之前，各殖民政府分别向非洲派遣调查队研究昏睡病病因。1901 年至 1913 年，欧洲宗主国一共向非洲派遣了 15 支科学调查队，其中包括英国的 8 支。这些欧洲科学家与殖民政府合作建立研究站，进行实地研究。殖民科学家发现，根据寄生虫种类的

---

① Carol Summers, "Intimate Colonialism: The Imperial Production of Reproduction in Uganda, 1907–1925", *Signs*, Vol. 16, No. 4, 1991, pp. 787–807.

② Deborah J. Neill, *Networks in Tropical Medicine: Internationalism, Colonialism and the Rise of a Medical Specialty, 1890–1930*, Stanford: Stanford University Press, 2012.

③ Douglas Haynes, "Framing Tropical Disease in London: Patrick Manson, *Filaria Perstans* and the Uganda Sleeping Sickness Epidemic, 1891–1902", *Social Science of Medicine*, Vol. 13, No. 2, 2000, pp. 467–493.

不同，昏睡病可以分为布氏冈比亚锥虫昏睡病和罗得西亚锥虫昏睡病，是由不同种类的萃萃蝇所传播。罗得西亚锥虫是英属东非的人类昏睡病的主要感染因素。科学家逐渐明确昏睡病的基本情况。① 布氏冈比亚锥虫昏睡病患者可感染数月甚至数年，但没有患病的明显体征或症状。当出现症状时，患者常常是疾病晚期，中枢神经系统受到影响。相比之下，罗得西亚锥虫昏睡病更为致命，发展更快，在感染后数月或数周可观察到最初的体征和症状，疾病迅速发展并侵入中枢神经系统。

萃萃蝇控制一直是非洲社会昏睡病防治的首要手段。萃萃蝇和携带昏睡病的野生动物主要生存在稀树草原灌木丛和森林。当人们清除灌木和树木而扩大农耕和定居地区时，萃萃蝇滋生地带面积也就相应缩小。昏睡病主要分布在农民、牧民和渔民等人口密度相对较小的地区，这些非洲民众居住地靠近萃萃蝇滋生地带，或者时常需要穿越这些地带。当人们放弃耕地牧场，或者逐渐扩张到萃萃蝇滋生灌木丛时，很容易引发昏睡病流行。在这一意义上，昏睡病传播与非洲社会土地利用的边界变化密切相关，而萃萃蝇活动范围与人类流动存在密切联系。经济和政治变迁推动人口大规模流动，导致萃萃蝇肆虐范围不断扩张与收缩。反过来，萃萃蝇滋生地区的消长也影响着人口流动、经济与政治变迁。②

自殖民时代以来，英国殖民政府一直试图遏制萃萃蝇蔓延，并为此投入大量资源。英国殖民政府将1/4的殖民地研究开支用于昏睡病防治，其中包括遏制萃萃蝇滋生以及针对民众的大规模防治。③ 1929年至1939年，非洲昏睡病防治方面的拨款占到殖民地发展法案中英属非洲殖民地拨款总额的将近一半。1940年至1960年，在殖民地发展基金中，英国拨给生物医学的1/4用于锥虫病，这是英属非洲在疟疾防治方面投入的3倍，是黄热病、伤寒、麻风病和肺结核等合计的11倍。

---

① Gregory C. Knight, "The Ecology of African Sleeping Sickness", *Annals of the Association of American Geographers*, Vol. 61, No. 1, 1971, p. 28.

② Kirk Arden Hoppe, *Lords of the Fly*, p. 8.

③ D. J. Rogers & S. E. Randolph, "A Response to the Aim of Eradicating Tsetse from Africa", *Trends in Parasitology*, Vol. 18, No. 12, 2002, pp. 534–536.

相比于非洲的其他殖民宗主国，英国处于昏睡病研究和防治的前列。从20世纪20年代中期起，英帝国本土政府为多个非洲殖民地提供公共卫生和医疗拨款，主要是通过帝国销售局（Empire Marketing Board）和殖民地发展基金（Colonial Development Fund）。这些计划将坦噶尼喀、尼日利亚、加纳和苏丹等殖民地变成长期研究的试验点，其中获得殖民地发展基金拨款最多的是坦噶尼喀。1925年至1940年，坦噶尼喀是英属非洲殖民地的昏睡病（以及肺结核和疟疾）研究中心，获得英国政府的生物医学拨款的45%，其中75%用于昏睡病研究。1927年，坦噶尼喀萃萃蝇研究部成立，由博物学家和昆虫学家查尔斯·F.斯维纳顿创立。坦噶尼喀萃萃蝇研究部的研究成果为20世纪20年代以后的英属东非昏睡病防治政策奠定基础。英国一共为萃萃蝇研究部投入286037英镑。就当时英属非洲而言，没有其他公共卫生项目获得英帝国政府如此大规模支持。①

两次世界大战之间，英国殖民政府的传染病研究与防治能力大为增强。新的热带医学学院和新成立的殖民地卫生部门强化了殖民地国家的传染病防治能力，而英国殖民部和外交部以及新成立的国联卫生组织推动殖民地公共卫生事业发展。由于昏睡病蔓延，非洲殖民地在生物医学领域开始跨国合作，1907年国际昏睡病会议在伦敦召开，次年成立昏睡病研究局。1921年国联卫生组织（世界卫生组织的前身）成立后，很快就把昏睡病作为它在热带非洲工作的重点。伦敦、巴黎、南非以及各殖民地召开的国际会议，为殖民宗主国在昏睡病研究方面进行协作提供了有效平台，从而为昏睡病防治提供了有力支持。

三 英属东非殖民地的昏睡病防治措施

昏睡病防治与英国殖民统治政策之间存在密切关联。殖民征服和殖民统治建立后，萃萃蝇和昏睡病肆虐问题对于殖民统治构成严峻挑战。一战前，英属非洲殖民地的昏睡病防治主要集中在乌干达，昏睡

---

① Helen Tilly, *Africa as a Living Laboratory*, University of Chicago Press, 2011, p.174.

病防治成为英国针对殖民地边缘地区强化控制的手段。一战后,英国殖民政府认定乌干达的昏睡病危机基本结束,将昏睡病防治重心转移至新获得的委任统治地坦噶尼喀。20世纪20年代起,萃萃蝇控制成为英国在坦噶尼喀西北部强化殖民统治的重要途径。昏睡病防治成为这两处殖民地环境和社会管理的强有力机制,界定着非洲环境,并且对非洲人口的地理流动和资源获取做出全新安排。昏睡病防治手段的变化与英国殖民统治理念的演进也存在密切关联。二战前,英国所采取的防治手段主要包括划定无人区、强迫民众撤离、清理灌木丛、消灭野生动物、诊治昏睡病患者等。二战后,随着殖民统治理念的转变,英国更积极介入非洲殖民地发展,大规模的重新安置计划成为英属东非殖民地独特的昏睡病防治手段。

(一) 划定无人区

划定无人区的设想源自微生物学家戴维·布鲁斯。布鲁斯建议将非洲人与萃萃蝇隔离,然后通过消灭萃萃蝇滋生地以及携带病原体的野生动物,从而达到消灭萃萃蝇的目的。1906年赫斯基·贝尔就任乌干达总督后决定采取这一手段。昏睡病防治计划主要针对乌干达南部,尤其是南布干达、南布索加、锡斯岛和布武马(Buvuma)岛。1906年底,乌干达政府强迫原本居住在这些地区的民众搬离,并且禁止非洲人随意进入。1907年,乌干达政府颁布昏睡病条例,要求所有非洲人从沿湖(包括岛屿在内)地带迁至距离维多利亚湖岸两英里的内陆地区,并且禁止在这里捕捞鱼类或者狩猎和砍柴。坎帕拉港虽对非洲人开放,但需接受医疗检查和登记。

殖民地国家划定无人区的借口是,非洲人是造成昏睡病蔓延的主要原因。当时的流行病学认为,非洲人既是昏睡病蔓延的受害者,同时也是昏睡病的传播者。1906年《恩德培镇法令》(Entebbe Township Ordinance)规定,卫生部门有权对离岸和到岸的独木舟和民众进行检查。倘若卫生官员发现独木舟上有萃萃蝇,船主和船员都受到惩处。处罚标准为100卢比或者1个月监禁,或同时判处两种惩罚。①

---

① Kirk Arden Hoppe, *Lords of the Fly*, p. 60.

乌干达政府划定的无人区曾经历过多次变动，政府分别从1910年和1912年开始放开对于维多利亚湖区的陆地和岛屿的控制。到1920年，殖民政府卫生官员认定该地区的昏睡病蔓延已经停止，并于1924年重新开放大多数地区给民众居住。1939年，该地区再次发生昏睡病蔓延，殖民官员重新将布索加南部和某些岛屿划为无人区，一直持续到乌干达民族国家成立以后。

（二）强迫民众撤离

1906年11月，乌干达殖民政府授权维多利亚湖沿岸的布干达族和布索加族酋长将民众搬迁至内陆地区，并且限期3个月以内完成。殖民政府对民众撤离过程进行严密监管。在1907年3月最后期限之前，人们获准返回以前的家园收割粮食。1907年3月起，殖民地警察烧毁废弃房屋和庄稼，以阻止迁走的非洲人重新返回。在重新安置完成之后，一些非洲人仍然需要穿过定居点之间的萃萃蝇地区，到殖民地矿山和种植园务工。殖民政府为此划定了昏睡病定居点以及进出萃萃蝇地区的主要道路。殖民当局还设置路障和检查站来限制非洲人旅行。殖民官员还试图界定、限制并规范非洲人的经济活动，尤其是需要在野外劳作的经济活动。殖民政府认定的非洲人高危经济活动包括：采集蜂蜜和蘑菇、砍柴、炼铁、捕猎、贩运、制盐和木炭烧制等。非洲人在从事这些活动时需要穿过萃萃蝇地区，因此殖民政府要求从事这些职业的非洲人向殖民当局登记备案，接受医学检测，并且携带许可证和身份证。[①]

（三）清理灌木丛

清理灌木丛是控制昏睡病的重要手段之一，主要集中在河流湖泊以及人类定居地附近。根据坦噶尼喀殖民政府统计数据，到1944年，大约有1000平方英里土地重新变得适宜居住。1947年，乌干达殖民政府建立萃萃蝇控制部。乌干达北部、中部以及维多利亚湖沿岸是萃萃蝇控制中心。昏睡病防治官员不再试图建立无人区以阻止疾病蔓

---

① Kirk Arden Hoppe, *Lords of the Fly*, pp. 119, 148.

延,而是着眼于萃萃蝇防治,试图通过清除灌木丛以建立萃萃蝇屏障。总督约翰·霍尔(John Hall)在1946年乌干达发展计划中写道,倘若不采取大规模的萃萃蝇防治措施,"乌干达将毫无经济或者社会发展前景可言"[1]。清理灌木丛尤其需要大量征用非洲劳动力。英国在非洲殖民地一直面临着强制劳动的合法性问题。英国政府以非洲人的落后为强制劳动制度进行辩护,并于1930年推动各宗主国签署《强制劳动国际协定》,旨在规范私人企业招募和对待非洲劳动力,并且对自由劳动力和强制劳动力做出明确区分。[2] 殖民政府辩称,强制劳动是文明而道德的,强制劳动政策对非洲民众有利,因为萃萃蝇扩张以及一系列环境问题在很大程度上是非洲人所造成的。

(四)消灭野生动物

围绕着是否消灭野生动物,殖民统治者内部存在巨大分歧。野生动物消灭论者认为,野生动物是锥虫的藏匿处,也是萃萃蝇的携带者。而英国殖民地总督和殖民地高级官员反对通过消灭野生动物来遏制萃萃蝇滋生。1903年成立的帝国动物保护协会(Society for the Preservation of the Fauna of the Empire)积极反对将消灭野生动物作为萃萃蝇控制手段。[3] 在动物保护主义的影响下,坦噶尼喀殖民政府强调坦噶尼喀是有着大量野生动物的广袤地区,因此应当实行野生动物保护,而不是把消灭野生动物视作消灭萃萃蝇的手段。

乌干达情况有所不同。乌干达殖民地政府极力推动非洲小农经济发展,因此和传教团共同抵制动物保护主义的压力。它们抱怨野生动物保护地面积过大,以及野生动物对于安可莱(Ankole)和托罗(Toro)等地农业生产造成严重威胁。到20世纪40年代,乌干达政

---

[1] John Hall, *Uganda Development Plan for 1946*, Kampala: Uganda Government Publisher, 1946, p. 3.
[2] Frederick Cooper, *Decolonization and African Society: The Labor Question in French and British Africa*, Cambridge: Cambridge University Press, 1996, pp. 27–29, 43, 212.
[3] John M. Mackenzie, "Experts and Amateurs: Tsetse, Nagana and Sleeping Sickness in East and Central Africa", in John M. Mackenzie, ed., *Imperialism and the Natural World*, Manchester: Manchester University Press, 1997, p. 199.

府坚定支持独立的非洲小农经济作物生产。乌干达萃萃蝇控制部招募白人和非洲人在规定的萃萃蝇屏障地区射杀特定的野生动物。萃萃蝇防治部统计数据显示，1947年至1963年，整个萃萃蝇防治计划一共将7000平方英里原本萃萃蝇滋生地区变得适宜生产和生活，其中仅通过消灭野生动物就夺回了5000平方英里。①

（五）诊治昏睡病患者

昏睡病控制手段还包括建立隔离营来医治昏睡病患者。1906年，乌干达的昏睡病控制机构共设立4个昏睡病隔离营。传教士和殖民官员报告称，非洲人将昏睡病患者遗弃在灌木丛中挨饿等死或者被动物杀死，这些手段并不人道，也不科学，因此应当建立隔离营。然而，由于这些隔离营实际状况较差，病人死亡率较高，因而被当时乌干达人称作"死亡集中营"。殖民官员依靠当地酋长来控制病人或者限制非洲人的活动自由，因而加剧了非洲人对于医学检查和治疗的反对态度。当时昏睡病诊治所需时间较长，且有较大的副作用。在坦噶尼喀和乌干达的昏睡病定居点，医疗人员通常是卫生部非洲雇员，一般不是当地人。殖民政府训练这些非洲人作为野生动物保护部守卫、教师和医疗诊所助手。这些非洲职员需要由当地首领提供给养，并且依靠当地人来开展工作。由于无法得到殖民政府充分支持，他们只能与当地人合作，作为殖民地国家代理人的身份来介入当地事务。昏睡病防治措施与殖民地政府最初的计划和设想有很大出入，并且超出殖民地政府的控制之外。②

（六）大规模重新安置计划

人口大规模重新安置是英属东非独特的昏睡病防治措施。20世纪30年代后，殖民统治理念发生重大转变，开始实行更为积极干预的发展策略，主要表现为1940年殖民地发展与福利法案。1940年至1942年布索加地区的昏睡病暴发成为重要诱因。1935年萃萃蝇委员

---

① Kirk Arden Hoppe, *Lords of the Fly*, pp. 119, 148.
② Kirk Arden Hoppe, *Lords of the Fly*, pp. 73, 3, 110 – 114.

会曾向英国议会提出建议称,最佳的昏睡病防治方式是将非洲土著人口重新安置到新建的村庄之中。坦噶尼喀萃萃蝇控制部根据萃萃蝇肆虐地区及扩张方向,以及被感染者曾经生活和工作的地点,同时还会考虑道路状况、地形和植被等诸多因素,以确定安置点的选址。1935年至1945年间,科学家和殖民官员确定了人口密度和农业可持续发展的标准,即每处安置点至少需要1000户家庭,每个家庭需要5—15英亩土地。直至20世纪50年代之前,尽管没有发生大规模昏睡病流行,殖民国家仍然试图迁徙成千上万的民众,尤其是在维多利亚湖周边地区的民众。① 英国殖民政府希望通过大规模重新安置计划从社会、经济和政治等方面来改造非洲社会。昏睡病防治是理性化和标准化的现代主义国家计划的典型案例,殖民地国家试图根据"清晰性的国家地图"(state maps of legibility)来组织臣属的生产和生活,从而实现对于非洲社会的监管和控制。②

四 昏睡病防治措施的社会影响

殖民地政府的昏睡病防治措施在一定程度减轻了昏睡病对于非洲人健康状况的影响,有助于维持殖民地社会稳定。到20世纪30年代,昏睡病数量逐渐减少。与此同时,殖民地政府的某些昏睡病防治措施可能加剧萃萃蝇蔓延。殖民地国家试图将非洲民众聚集居住,从而将他们与萃萃蝇隔离开来,其负面效应是萃萃蝇活动范围扩大。在政府所划定的无人区,灌木丛重新占据废弃的村庄、田地、牧场和道路,使得这些地区成为野生动物和萃萃蝇滋生地。比属刚果很快放弃集中居住政策,而英国在整个殖民时代一直推行这一政策。

(一) 昏睡病防治与殖民统治的强化

昏睡病防治构成殖民主义"文明使命"的重要组成部分。这一

---

① Kirk Arden Hoppe, *Lords of the Fly*, pp. 73, 3, 110 – 114.
② [美] 詹姆斯·斯科特:《国家的视角》,王晓毅译,社会科学文献出版社2004年版,第2页。

疾病使得殖民者面临亟待解决的具体问题，从而为强化殖民统治和科学干预提供理由。倘若殖民地列强无法防控这一疾病，西方生物医学的有效性将遭受质疑，殖民主义的合法性也将受到挑战。殖民者和技术专家认为，西方医学科技能够克服"原始"社会未能消除的疾病。殖民者为此所投入的资源达到前所未有的程度。英国在东非的昏睡病控制计划，通常是殖民地国家对偏远地区最早采取的经济和社会干预手段，对这些地区社会变革影响也是最大的。通过推行人口重新安置，强制清除灌木丛，并且在昏睡病肆虐地区周围设置隔离带，英国殖民政府对于非洲人口流动、资源利用和定居模式做出限制。殖民政府声称，昏睡病防治目的是遏制疾病扩散，保护非洲人身体健康，保障非洲农业和畜牧业发展。昏睡病防治强化了殖民地国家对于殖民地社会管控与干预，并且重构了非洲社会与当地自然环境之间的关系。

英国殖民政府试图通过消除昏睡病，从而控制经济和政治上的边远地区。1900年，英国正式确立对于乌干达的殖民统治。通过人口迁徙，殖民政府能够获得充足粮食和劳动力供应，并且征缴更多税收。一战后，乌干达的昏睡病流行逐渐减弱，英国在非洲大陆的昏睡病研究和控制转移至新获得的委任统治地坦噶尼喀。1924年，殖民官员认为2/3的坦噶尼喀领土，尤其是远离殖民统治和经济中心的内陆地区，受到萃萃蝇的严重威胁。随着殖民统治由征服转向占领，殖民科学家及其所采用的科学手段的影响力日益明显。疾病防治和医学发展成为实现殖民统治的手段。英国的昏睡病防治完全依靠控制人与萃萃蝇的接触，但由于非洲人的不信任，很多人宁愿选择待在家中。20世纪30年代初，"拜耳205"（Bayer 205）成为医治昏睡病的主要药物，疗效非常明显，但需要在染病后8天内及时诊治。殖民医疗官员认为，单凭病人诊治无法阻遏昏睡病传染，因为病人治愈回家后可能再次被传染。殖民官员担心这些迁延不愈的病例将会导致非洲人对于西医疗效的怀疑。因此，殖民官员强调对哈族人实现重新安置，以控制昏睡病蔓延。

（二）昏睡病防治与非洲社会结构变化

19世纪末是干达人针对布尼奥罗人、布索加人和布武马人的军事扩张时期，这些地区同时也是昏睡病防治重点地区。1890年之后，布干达与英国人日渐接近，英国人将布干达视作乌干达殖民地的中心，而把周边国家和民众视作乌干达殖民地的边缘。英国与干达人实现联合，以对抗邻近的布尼奥罗人、布索加人和布武马人。1900年，英国与布干达签署乌干达协定，布干达国家负责为英国殖民政府征缴税收，并且推行殖民统治。作为回报，英国政府支持干达人精英维持自身地位，并且从殖民政府获得土地和薪资。① 该协定成为干达国家与英国殖民者合作的基础。英国人通过干达代理人推行昏睡病防治政策，从而巩固帝国权威。干达精英试图借昏睡病，实现对于布索加、布武马和锡斯岛等边缘地区的控制，而民众拒绝将集中居住作为疾病控制手段。针对殖民者强制实行的昏睡病防治措施，非洲人的反应还折射出当地社会内部的权力关系。例如，向外迁徙还包含着代际关系和性别关系因素在内。年轻人希望通过重新安置来摆脱原有家族酋长的控制。② 酋长之间也围绕着重新安置地区的土地和人口而发生争夺。一些定居点土壤肥沃，水资源和鱼类资源丰富，或者地理位置优越，例如乌兰雅（Ulanya）和比哈拉穆洛（Biharamulo），这些地区很快发展起来，当地酋长也获得财富和权力，而失败定居点的酋长，或者无法说服自己辖区民众接受重新安置的酋长，则会失去民众支持。坦噶尼喀情况类似。坦噶尼喀曾为德国殖民地，一战后成为英国委任统治地。英国殖民部和殖民地政府的总体目标是，通过现有的非洲政治制度来建立殖民统治，并由此推动非洲自给自足经济发展。③

（三）昏睡病防治与非洲社会反抗

由于昏睡病防治措施对于非洲民众的生产和生活方式造成的消

---

① D. A. Low, *The Mind of Buganda*: *Documents of the Modern History of an African Kingdom*, Berkeley: California University Press, 1971, pp. 32-36.
② Kirk Arden Hoppe, *Lords of the Fly*, pp. 120, 101, 119.
③ Kirk Arden Hoppe, *Lords of the Fly*, pp. 120, 101, 119.

极影响，因此招致非洲民众反抗，这在重新安置计划方面表现尤为明显。1933年，16700户家庭被安置在基戈马（Kigoma）地区，殖民官员报告称，其中18%的民众已经迁徙到其他地区，另有16%的人口下落不明。1935年在布科巴（Bukoba），24%的家庭并未出现在预先划定的安置点。1943年，维多利亚湖省专员写道，15%的逃跑率在各安置点十分常见。① 非洲人频繁进出定居点，到萃萃蝇滋生地带工作或旅行。他们忽视或者躲避通行证制度，或者干脆声称通行证已经丢失。人们憎恨定居点的经济和社会限制以及严密监视，英国地区官员也承认这一计划在当地人中间并不受欢迎。新居住点的密度甚至是原先居住区的上百倍，因而很难维持灵活多样的耕作体系。被迫重新安置，再加上战时对于谷物的巨大需求，导致很多地区出现严重饥荒。很多地区民众被迫再次迁徙。② 非洲精英和农民认为政府的昏睡病控制措施是在争夺土地和资源。例如乌干达国民大会（Uganda National Congress）反对殖民政府的昏睡病重新安置计划，声称这些意图剥夺当地人的土地分配和控制权。在坦噶尼喀，位于昏睡病防治地区的盖塔（Geita）在20世纪50年代曾经多次发生民众反抗，成为坦噶尼喀非洲民族联盟（简称"坦盟"）成立的重要背景。③

总而言之，英国殖民政府的昏睡病防治政策的实际执行过程极为复杂，而且还受到财政资源限制，推行昏睡病政策的殖民政府部门之间观点也有着较大差异，实地研究者和帝国本土专家、白人移民和环保主义者也存在较大差异。殖民统治者将西方医学视作强化统治的工具，但是其实际效果往往超出殖民者预想。④ 包括重新安

---

① Kirk Arden Hoppe, *Lords of the Fly*, pp. 120, 101, 119.
② Jamie Monson, *Africa's Freedom Railway, How a Chinese Development Project Changed Lives in Tanzania*, Bloomington: Indiana University Press, 2009, p. 76.
③ Richard Waller, "Health Policy from Above", *The Journal of African History*, Vol. 45, No. 3, 2004, p. 511.
④ Helen Tilley, "African Environments and Environmental Science: The African Research Survey, Ecological Paradigms, and British Colonial Development", in William Beinart & JoAnne McGregor, eds., *Social History and African Environments*, Oxford: James Currey, 2003, pp. 111–112.

置计划在内的昏睡病防治措施加速了非洲社会关系变化，这包括家庭成员之间、邻里之间、政治精英之间、政治精英及其支持者之间，以及非洲人和殖民官员之间。非洲民众并未完全接受殖民者对于非洲人流动和经济活动所施加的限制，他们并未放弃政府划定的无人区，而是不断调整活动范围。尽管殖民政府的昏睡病控制对非洲人与土地和资源的关系产生影响，但非洲社会的反应迫使殖民政府不断做出调整，从而显示出殖民政府对于非洲社会和环境的控制是有限度的。[①]

结　　论

昏睡病是非洲各殖民宗主国普遍面临问题。乌干达和坦噶尼喀等英属非洲殖民地主要采用环境手段，以实现人与萃萃蝇的分离。另一种则是医学手段，通过针对锥虫来医治昏睡病，以避免病原体扩散到健康人群，这是比属刚果和法属赤道非洲所采用手段。尽管昏睡病防止手段方面有显著差异，但都意味着殖民地国家对于非洲社会更大程度的控制。由于昏睡病发病时机、地点和流行病学机制等因素，昏睡病控制在殖民时代东非乃至整个非洲大陆公共卫生、自然科学和环境干预方面扮演了重要角色。

到殖民时代结束时，昏睡病已经不再是英属东非殖民地所面临的严重威胁。如同鼠疫一样，帝国主义最初推动了这一疾病的扩张，但从长期来看，殖民地国家的昏睡病防治机制以及殖民地社会经济变迁共同消除了昏睡病的影响。20世纪50年代以后，滴滴涕和杀虫剂成为防治昏睡病的重要手段，殖民政府以及独立后的非洲民族国家政府每年都在萃萃蝇滋生地带大规模喷洒药剂，使得昏睡病传播范围进一步缩小。

（原载《安徽史学》2018年第6期；赵晓红：浙江大学历史系副教授；李鹏涛：浙江师范大学非洲研究院副研究员。）

---

① Kirk Arden Hoppe, *Lords of the Fly*, p.5.

日本知识分子对西安事变的评论
——以与"中国统一化论战"的关联为中心

汪 力

摘 要：西安事变发生后，日本知识分子在各种媒体上对事变发表了为数众多的评论。关于蒋介石的生死与中国的命运，不同立场的知识分子或者主张蒋介石身亡将导致中国分裂，或者认为中国将维持统一，或者对大陆政策和"中国统一化论"均提出批判。一些论客强调"赤化"的威胁，而左翼论客则重视"人民战线"的进展。蒋介石归来后，日本舆论界形成"中国统一"的大合唱，并要求对日本的中国政策有所反省，从而引起了围绕"中国统一化"的讨论。这些评论深化了日本知识分子对中国的认识，却未能克服日本外交战略的根本矛盾，从而未能对全面侵华战争的发动起到批判作用。

关键词：西安事变；中国统一化论战；协调外交；人民战线

1936年12月，西安事变的突然爆发，不仅震撼了中国，也给日本朝野带来巨大冲击。虽然日本外交部门决定对西安事变采取不干涉方针①，但是毫无疑问，西安事变本身的根本动因在于日本的侵略，同时，事变的走向也将对中日关系的未来，乃至日本的命运产生重大影响。

自从所谓"币原外交"以来，日本的对华政策就徘徊在部分承认

---

① 《西安事变に対する我が方方針について》（1936年12月16日）、外務省《日本外交文書》昭和期Ⅱ第1部第5卷下、外務省、2008年、1142頁。为了方便读者理解原意，本文引文中的"支那"等词一律不加引号。

中国新政权的"协调外交"与暴力征服的激进大陆政策之间。① 两者在帝国"权益"的维持上高度一致，但同时也使日本外交充满了内在张力。因此，20世纪30年代中期蒋介石领导的南京中央政权的不断巩固，对于在军部"华北分离"与外交部门"对中协调"间调和的所谓"广田外交"而言，自然也就具有十分复杂的意义。一方面，军部进一步推进的对华侵略，要想不引起中国人民大规模的武装反抗，都必须以中国政局的四分五裂为前提；另一方面，既然日本需要一个与自己"协调"的中国，那么一个有力的中央政权，某种意义上自然不乏利用价值。西安事变的突然发生，使得蒋介石实现的中国"统一"面临危机，也就必将影响日本外交政策的走向。

由此，我们也就不难理解，西安事变发生之后，几乎所有的日本媒体都把报道的重心聚焦于此。从1935年左右起，随着以国民政府为中心的中国统一进程，日本外交界、言论界出现了积极评价中国统一的思潮。西安事变前后中国形势的变化，使得中国统一问题一时成为知识分子间讨论的焦点，形成了"中国统一化论战""重新认识中国"的思想热潮。"中国统一化论战"是在日本发动全面侵华战争前夜展开的，许多参与论战的知识分子战后都成为著名的中国研究者。以论战参加者、革命家、左翼中国问题研究者中西功为代表的见解，将论战中的观点分为"传统大陆政策"的"中国分裂"论、"资产阶级自由主义"的"南京政府主导的中国统一论"和"左翼的第三立场"，左翼的立场在批判前两种立场、认识到"中国统一"的内在动力在于抗日民族统一战线的同时，又批判地结合自由主义的立场，因此具有"反战人民战线的性质"②。近年来，西村成雄在继承中西功认识的基础上，进一步强调论战中"自由主义"者和"左翼"所共

---

① 入江昭：《日本の外交》，中央公論新社1966年版，第91—103页。
② 中西功：《尾崎秀実論》，尾崎秀樹《回想の尾崎秀実》，勁草書房1979年版，第57页。野泽丰和浅田乔二分别从尾崎秀实和矢内原忠雄思想的角度拓展了中西的见解。参见野泽丰《尾崎秀実の学問——〈中国統一化〉論争との関連において》，《現代と思想》28号，1977年6月，第180—203页；浅田乔二《矢内原忠雄の植民論（下）》，《駒沢大学経済学論集》20卷3号，1988年12月，第1—75页。类似的研究还有松田昌治《西安事変と〈中国統一化〉論争》，《学習院史学》34号，1996年3月，第67—81页。

通的思想倾向，那就是对大陆政策的批判和对中华民族"民族凝聚力"的发现。①

既有的研究旨在发掘和继承战前日本进步知识分子对侵略战争的批判和对中华民族凝聚力的认识，其意义值得肯定。但是，比照历史的实际，这样的评价也存在明显的问题。例如，如果"左翼"的中国论具有"反战统一战线"的意义，为何其主要的批判目标不是大陆政策的理论，而是矢内原忠雄等"资产阶级"的"中国统一化论"？知识分子间的论战还在进行中的时候，日本帝国主义就发动了全面侵华战争。如果"重新认识中国"的思潮真的与大陆政策对立，为何"中国统一化"的言论不仅没有起到阻止战争的作用，很多论战的参加者反而转而积极地为侵华战争提供理论根据，甚至参与伪政权的意识形态工作？如果我们不是简单地以"太迟了"或"知识分子言论的无力"作为答案，就有必要重新认识"中国统一化论战"的历史实际。本文试图重新审视日本知识分子围绕西安事变的种种评论，回到"中国统一化论战"形成的历史现场，分析当时日本知识分子中国认识的症结所在。

一 蒋介石的生死与中国前途的争论

随着20世纪30年代日本大众社会的发展，时事评论的时效性成为各种媒体在商业上的一大卖点。几乎是在接到西安事变发生消息的当天，各种报刊就紧急邀请记者、评论家们写作时评。事变的轰动性在于蒋介石遇险，媒体最关心的莫过于蒋介石的生死。事出突然，各

---

① 西村成雄：《"中国统一化论争"的历史认识》，《日本学论坛》2002年第3、4期合刊，第92—98页；西村成雄：《日中戦争前夜の中国分析——〈再認識論〉と〈統一化論争〉》、岸本美緒《岩波講座 帝国日本の学知〈第3巻〉東洋学の磁場》，岩波書店2006年版，第294—332頁。根岸智代在继承中西、野泽等人的观点的同时，也注意到"左翼"观点内部的对立。参见根岸智代《1930年代半ば中国再認識をめぐる日本の論壇——〈中央公論〉誌を中心にして》、《現代中国研究》35・36号，2015年11月，第77—91頁。庆应义塾大学玉井清研究会也对日本媒体关于西安事变的报道进行了整理分析，但没有深入讨论其思想意义（慶応義塾大学法学部政治学科玉井清研究会《西安事変と日本のマスメディア》，私家版，2016年）。

路势力纷纷发表各自立场的消息与通电,谣言和秘闻也不胫而走,使得新闻媒体的报道十分混乱。13、14日间,日本各大新闻充斥着"蒋介石终于被杀害"①"蒋介石百分之九十九被杀害"②"蒋介石氏几乎不可能幸存"③之类认为蒋介石已经遇害的报道,同时也有"张学良称蒋氏无事"④的消息。在消息十分混乱的情况下,知识界不得不根据自己对状况的理解发表意见,不同的时局理解,实际上也体现作者自身的某种期待。通过对这些言论的分析,我们可以一窥蒋介石与"中国统一"问题在当时日本言论空间中的意义。

老资格的中国通波多野乾一指出,在消息有限的情况下,预测西安方面的走向非常困难,但认为蒋大概已经遇害,可以探讨"失去蒋介石的国民政府究竟将走向何方"。他按照其习惯的人物论的手法,对南京政府的主要人物与势力进行了一番分析。例如他对何应钦评论说,何虽然长于军事,但不擅政治。这次蒋介石遇害,或许意味着何的良机来临,而且何为人宽厚,不像蒋介石那样刻薄,或许能够与汪精卫、宋子文等巨头协调。至于南京政局的整体走向,波多野认为,虽然孙科、冯玉祥等联苏派可能伺机而动,但是他们没有可以使用的武装,不可能发动政变,而如果召回"知日"派的总帅汪精卫,重用与浙江财阀关系密切的宋子文,再加上何应钦,就有可能形成一种三巨头政治,从而维持反共体制,防止走向联共抗日。然而,这种体制固然可以重组南京政府,却无法像蒋介石那样对全国发挥充分的领导力,各路军阀必将伺机而动,从而回到北伐以前,出现群龙无首的混战格局。⑤

波多野对中国局势走向的看法基于一种以领导人物为中心的英雄史观。中国的统一与分裂取决于各个领导人的资质,而有力的统一领导人蒋介石死于意外,也将导致中国历史出现某种根本的转折。这是

---

① 《蒋介石氏、ついに殺害?》,《東京日日新聞》号外、1936年12月13日、2面。
② 《一方で殺害説》、《読売新聞》朝刊、1936年12月14日、2面。
③ 《蒋介石氏生存は絶望》,《大阪朝日新聞》朝刊、1936年12月14日、1面。
④ 《学良から蒋氏無事の報、夫人自ら救出に西安へ》、《読売新聞》朝刊、1936年12月14日、2面。
⑤ 波多野乾一:《蒋介石を継ぐ者?!》,《中央公論》1937年第1号、第418—422頁。

一种传统的历史认识,重视重大事件对历史走向的影响。这与昭和时期流行的重视"客观必然",具有"历史理性"的历史认识十分不同,而其议论背后又有一种中国总会陷入分裂混乱的传统型中国认识。同时,其对中国政局的具体分析也包含了作者主观的期望。不难看出,波多野所期望的三巨头同盟既能防止孙科等人的"赤化阴谋",出现西安所期待的国防政府,又不像蒋介石政权那样能够推行有力的统一政策,必定比蒋介石更具有广田外交所期待的对日妥协性。而随之出现的军阀混战,更能让日本发挥传统的利用中国国内分裂的政策,从而既能够进一步推进大陆政策,又可以防止中日战争的爆发,维持日本的"东亚和平",波多野可谓道破了大陆政策推进者对事变走向的期待。

与这种"传统"的大陆政策视点的议论不同的是所谓"革新派"① 立场的见解。20世纪30年代作为"革新派"论客活跃的室伏高信就表示,西安事变本身并不令人意外,它表明中国仍然是军阀的国家,统一非常困难,国内不断分裂,外部又为帝国主义列强所环绕。然而,作者却说,"我们不应对支那的命运感到悲观",因为"我们不能无视支那正稳步走在统一化的道路上的事实"。室伏从某种经济决定论的立场提出,虽然中国的统一自从国民革命以来遭遇诸多的"歪曲"与"危机",但是由于以上海为中心的中国资本主义的发展,所以客观的历史进程决定统一化的历史方向不可阻挡。虽然对南京政府的政策特别是对外政策,国民有着种种不满,然而帝国主义的压迫越是强烈,人们就越是意识到,"离开这个政府,就没有人能够领导支那走向统一,并抵御外侮"②。

而对于波多野很重视的蒋介石个人的作用和国民政府的"人物论"问题,室伏也有不一样的看法。他认为,固然不能否认蒋介石个人在统一过程中的作用,失去蒋,统一还要走一段弯路。然而同时,历史转型期总是会涌现一些领袖人物。蒋介石对中国统一的作用好比

---

① 所谓"革新派",是战前日本对提倡克服资本主义经济和自由主义、个人主义的思想制度的各种思潮与运动的统称,参见伊藤隆《大政翼賛会への道——近衛新体制》,講談社2015年版,第25页。

② 室伏高信:《学良事件と中国及び日本》,《日本評論》1937年第1号,第6—8页。

列宁对俄国革命,希特勒与墨索里尼对德意两国法西斯运动的那种作用。就像列宁之后有斯大林,希特勒与墨索里尼之后有戈林和齐亚诺那样,中国的统一运动也必然涌现新的指导者,例如汪精卫就是一位代表。认为蒋个人的命运决定统一的成败,是不知历史的大势。而张学良就是这样"不知大势"的人物,堪称一位"喜剧演员",其阴谋必然失败,"尸首将被示众"。由此,室伏主张,作为"东亚安定势力"的日本,采取"不干涉"的态度可谓理所当然。①

室伏的议论体现出"革新派"论客中国认识的特点。首先,明治以来传统的中国论,充斥着"群雄逐鹿""大陆雄飞"之类的话语,常以诗文小说为例说明一般性的结论。与这种传统的中国论相比,"革新派"的中国论特别重视以近代社会科学的方法,得到客观的"科学"认识。② 在20世纪30年代,马克思主义对社会科学有着非常大的影响力。因此,不论"革新派"论者们对共产主义运动和左翼政党运动持有何种立场,都不免采用某种重视"经济基础"的历史决定论。③ 其次,自从大正期大陆政策遭遇五四运动以来,日本知识分子当中一直存在着对中国民族主义的肯定性评价,以吉野作造、北一辉等人为代表的"革新派"知识分子认为,中国民族主义体现了中国社会客观的发展方向,在世界史的发展中亦有进步意义,必将引导中国走向自主独立。室伏的论调,可以说是从大正以来的这种思潮中发展出来的。"币原外交"以来对中国民族主义的"协调"政策中,可以说也存在与这种思潮的共鸣。这种共鸣,也在20世纪30年代围绕对中国协调的话语中延续。然而正如论者所指出,这种对中国民族主义的肯定的评价中,有着对中国民族主义的同情与日本的帝国权益间的固有矛盾。④ 而到九一八事变后,这种矛盾随着日本侵略的

---

① 室伏高信:《学良事件と中国及び日本》,《日本評論》1937年第1号,第8页。
② 尾崎秀実:《支那論の貧困と事変の認識》,《尾崎秀実著作集》第1卷,勁草書房1977年版,第220—223页。
③ 坂本多加雄:《知識人——大正・昭和精神史断章》,読売新聞社1996年版,第160—163页。
④ [日]野村浩一:《近代日本的中国认识》,张学峰译,江苏人民出版社2014年版,第54—69页。

深入而加剧，最终，这些所谓的"革新派"知识分子在苦恼中走向了拥护大陆政策。室伏高信此时热烈地主张"中国统一"，但日后却作为"革新派"知识分子积极拥护侵华战争。① 尽管这篇评论仅仅止于积极评价政府"不干涉"政策，回避了其话语中的矛盾，但可以说室伏自己最终未能摆脱这种论述的固有困境。

不过，上述两位论者还只是在对事变人物与局势的评论中暗示了他们对事变走向的期待，而著名社会主义者、左翼理论派别"劳农派"指导者山川均，则将这些议论背后的种种复杂心态一举道破。山川指出，南京政权形成以来，日本的对华政策就存在两种不同的意见。一种是以蒋介石能够统一中国为前提，对其予以支援，其目的在于与南京政府商讨中日间的各种"悬案"；另一种则力图阻止蒋介石的统一，维持中国的分裂，以从中渔利，为此不惜勾结一些打着"抗日"旗号的反蒋军阀势力。然而两广和西南军阀的"事变"纷纷失败，第二种策略遭到挫折，中国统一有了很大的进展。此时发生西安事变，无疑使中国的统一进程发生危机，乃至有逆转的可能。这样，企图与蒋介石政府"协调"的外交路线遭到打击，而主张维持中国分裂的路线，则占了上风。②

然而，山川并不支持这两种路线中的任何一种。对于前者，他讥讽道："即使日本希望支那成为强大的统一国家，像日本自己那样，也不可能令支那理解日本人自以为是的看法，即日本有着维护东亚安定的高贵使命。"因此，即便没有西安事变，广田外交的"对支协调"也不免被"粉碎"。而对于后者，山川指出，尽管看起来反蒋事件不断发生，乃至这次蒋介石遭到劫持，分裂中国政策的推进者们却没有看到，中日间民族矛盾的发展，已经到了任何反蒋行动都必须以抗日为旗帜的地步。的确，在"打倒蒋介石"的意义上，事变对日本的某些人有利，然而，"这既不意味着支那和支那全体国民成为日本的友邦，也不意味着发展同支那的友善关系有了希望"。除非南京

---

① 福家崇洋：《日本ファシズム論争——大戦前夜の思想家たち》，河出書房新社2012年版，第223页。

② 山川均《打倒蒋介石のクーデター》、《改造》1937年第1号、第105—107页。

一举解决事变，否则不免以向抗日统一战线的发展为前提。对此，军部叫嚣着"实力解决"。山川尖锐地指出，西安事变既意味着日本对华外交"停滞"的终结，也意味着向"实力解决"的危机的开始。这种解决是"终极的解决"。如果日本真的希望这种"终极的解决"，那么也可以说西安事变对日本有利。① 山川的论述揭示出了围绕"蒋介石的生死"的诸种议论背后的症结所在，即问题的根本不在于中国是走向统一还是分裂，而在于日本的大陆政策。

同样站在左翼立场，并有着强烈的国际共产主义意识形态背景的论客，是《朝日新闻》记者尾崎秀实。尾崎的著名评论《张学良政变的意义》，由于准确地预言了蒋介石的存活，使其一举成名。② 尾崎自身后来将此文收入《风暴中的支那》一书时，也不无得意地补记说："此文大胆预言了蒋介石还活着等诸多结果。此后的事实证明这些预言几乎完全正确。"③ 尽管尾崎作为国际共产党的谍报人员，对有关中共和苏联的情报有着相当的掌握，然而，即便是中共乃至共产国际自身，此时恐怕也不能说对情势的走向有着充分的预见。④ 不能不说尾崎对现实政治有着超出一般知识分子的感觉与分析能力。然而，在这一论断的背后，与波多野乾一或室伏高信等人论旨鲜明的文章相比，尾崎评论围绕蒋介石及其政权前途的见解其实颇为复杂。尾崎自己也在补记中表示："笔者并非在此夸耀自己神机妙算。相信读者会承认这预言的根据。"⑤ 对此处所谓"根据"，有进一步分析的必要。尾崎做出著名的"预言"的段落如下：

  关于蒋介石的命运，有人根据张学良解决杨宇霆的手法，认

---

① 山川均《打倒蒋介石のクーデター》、《改造》1937 年第 1 号、第 06—109 頁。
② 米谷匡史：《尾崎秀実時評集——日中戦争期の東アジア》、《解説》、平凡社 2004 年版、第 453—454 頁。
③ 尾崎秀実：《嵐に立つ支那——転換期支那の外交・政治・経済》、亜里書店 1937 年版、第 307 頁。
④ 关于事变之初中共与共产国际的动向，参见杨奎松《西安事变新探——张学良与中共关系之谜》，《杨奎松著作集：革命》第 4 卷，广西师范大学出版社 2012 年版，第 305—351 页。
⑤ 尾崎秀実：《嵐に立つ支那——転換期支那の外交・政治・経済》，第 307 頁。

为他大概已经将蒋介石杀害。然而，恐怕张学良将会利用这一极为有力的人质与南京进行交易。因此，可以想象蒋介石仍然活着。单看前面引用的张学良的通电和南京的通电与决议，仿佛除了战争以外没有解决的途径了。然而这里有中国式的交易，还会经历很多曲折。①

可以看到，虽然尾崎一贯批判中国通们感性的中国认识②，但从这里"中国式"的说法所体现的，尾崎自身也具有某种中国通式的中国感觉，这显然与其中国体验有关。与此同时，尾崎的预言也基于一种现实主义的政治分析。在张学良实力上处于绝对劣势的情况下，蒋介石这一"极为有力"的人质自然成为与南京讨价还价的最大筹码，张不太可能简单地将其处刑。这体现了尾崎政论中一贯的现实主义的政治感觉。

然而，作为一位忠实的马克思主义者和严肃的"科学"的中国研究者，尾崎的"预言"不仅基于这种现实感觉，也基于对当时国民政府与中国社会的科学认识，但这种认识，又在当时复杂的情境下，包含有着内在矛盾的两个方面。首先，尾崎对蒋介石的统一事业予以了高度的评价，认为其成就有着以下的原因：蒋介石政权得到中国新兴资产阶级的支持；同时列强出于中国市场的重要性，也希望中国政治的统一；蒋介石在掌握军权的同时利用中国传统的秘密结社势力，推行强力政治；蒋介石成功地对民众展示了作为民族运动旗手的外观。在列强压迫加深，民族意识昂扬的条件下，获得了人们广泛的支持。因此，打着"抗日"旗号的军阀张学良，难免将被看作一种"汉奸"。其次，英美等列强害怕中国的"统一"出现破绽，在危机局势下必将进一步援助南京，南京对列强的依附必将进一步加深。尾崎进一步指出，蒋介石的"统一"绝非真正的统一，实际在南京政权"统一"的外表之下，中国的经济命脉日益被帝国主义所掌握，

---

① 尾崎秀实：《張学良クーデターの意義——支那社会の内部の矛盾の爆発》，《中央公論》1937年第1号、第409页。
② 尾崎秀实：《支那論の貧困と事変の認識》，《尾崎秀実著作集》第1卷，劲草书房，1977年，第220—223页。

半殖民地性进一步加深。这次的事变,本质上就是中国社会半殖民地半封建社会性质内在矛盾的表现。① 这两点分析力图说明,南京政权比张学良有着绝对的优势,张学良不可能推翻南京政权,由此不难得到他只能依靠蒋介石和南京谈判的结论。然而,这两点在对蒋介石的评价上却相当不同,前者承认其在统一运动中的成就,而后者则将其贬低为"帝国主义的爪牙"。这一方面固然可以看作是马克思主义中国认识的教义与实际政治状况的距离,但同时也体现着这一时期中国共产党的革命策略仍处在从左翼激进主义向抗日民族统一战线的转换中,作为中共忠实的同情者,尾崎不能不受其影响。不过,从尾崎中国认识的深层逻辑来说,这未必是一种矛盾,其意义需要在"人民战线"这一主题下予以阐明。

二 "防共"话语及其批判

除了事变中遇险的蒋介石,论者们也对发动事变的一方予以了充分的关注。不过,其关注的重点并非直接发动事变的张学良,而是被认为在张背后影响事变的"共产主义势力"。《朝日新闻》记者大西斋在对事变走向做出蒋介石将被杀害,中国将走向分裂内战的悲观预测之后写道:"今天支那全体都主张抗日,这固然值得日本关注,但尽管所有人都主张抗日,其中的内部关系却并不单纯。恐怕随着支那内外形势的发展,即使不出现西班牙那样的情况,全国也可能分裂为共产党的人民战线与反共产派两大势力,进入激烈的内战时代。"② 而另一位论者浅野要也主张,苏联将会支持张学良的"联俄容共"政权,而英美将支持没有蒋介石的南京政权,从而"以支那为舞台的国际政局将越发复杂多彩"③。这类议论围绕"赤化""人民战线""防共"等问题,并联系起欧洲正在迅速发展的西班牙内战。在激烈变动的国际形势之下,论者们对事变的理解不能不联系其国际背景。

---

① 尾崎秀实:《張学良クーデターの意義》、《中央公論》1937 年第 1 号、第 409—413 頁。
② 大西斋:《西安事件と支那の前途》、《改造》1937 年第 1 号、第 92 頁。
③ 浅野要:《張学良クーデターの検討》、《日本評論》1937 年第 1 号、第 5—6 頁。

不过，这种话语的流行，同样也与日本外交政策的走向有关。

众所周知，俄国革命以后，日本政府一直奉行反共政策，除了在帝国统治范围内严厉镇压共产主义运动与民族解放运动之外，也在对华政策上鼓吹所谓"防止赤化"问题。然而，这种政策主要致力于国内统治秩序的巩固与大陆政策的推进，并不意味着日本外交以反共为重心。在"国际协调"方面，苏联与英美一样是重要的"协调"对象。日本虽然一度以沙俄的崩溃为向北方扩张的良机，但随着苏维埃政权的巩固，日本逐渐接受苏俄存在的现实，从而恢复了传统的日俄协调路线，以维护"满蒙权益"。然而，随着20世纪30年代中期"广田外交"的展开，日本不仅将"共同防共"作为"广田三原则"之一向中国提出，也把"防共"作为国际外交的原则，向德、意法西斯势力接近。就外务省的自我理解而言，所谓"防共的国际协调"，无非是在部分满足军部势力的要求的同时，勉强维持华盛顿体系下的"国际协调"，修复对华关系的穷余之策。① 然而，在外交精英单纯的自我想象之外，尾崎秀实对"防共问题的多面性"进行了如下的分析：第一，日俄战争中清国"友好的中立"曾对日本的胜利起了重大的作用。在可能到来的对苏战争中，中国站在苏联一方将对日本非常不利，因此有破坏中苏关系的必要。第二，随着中共调整方针和蒋介石改善与苏联的关系，"抗日人民战线"的呼声高涨。而要防止中国武力抵抗日本侵略，阻止抗日统一战线的形成，可以利用南京资产阶级政权的反共性质，提倡"共同防共"，并最终将南京政权置于日本的支配之下。第三，随着世界资本主义经济危机的深化，资产阶级不得不向法西斯主义寻求生路，法西斯国家与苏联的关系日益恶化。西班牙内战的爆发是法西斯主义对共产主义的世界性矛盾发展的结果，而"防共"则表明了日本在国际阶级斗争中的立场选择。② 在理解了"防共"问题的复杂背景的基础上，我们可以解读围绕西安事变的"防共"话语。

---

① 酒井哲哉：《大正デモクラシー体制の崩壊——内政と外交》，東京大学出版会1992年版，第151—198页。
② 尾崎秀实：《防共问题的多面性》，《尾崎秀实著作集》第1卷，第84—90页。

主要从"防共"视角论述西安事变的是山上正义。山上正义原本是左翼记者，在中国工作期间曾经与鲁迅结下友谊，但此时他的立场却已经发生了根本的变化。他的评论《张学良的作用》，首先以"友人"H 君的谈话，揭示东北军"赤化"问题：

> 1935 年末，陕西省甘泉城被毛泽东徐向前联合的别动队所包围。被困在城中的是张学良军的精锐王以哲一部。包围长达两个月，久攻不下的共产军在城墙外唱起《国际歌》进行示威行军，城内和城墙上的王以哲部拍手表示欢迎。①

"H 君"何许人，如何得到这样的情报，我们不得而知。山上虽然曾经在上海与佐尔格谍报团有所接触，但是关系不深，不可能从苏联途径得知内情。② 不过我们知道山上这里所写的并非虚言，而是描绘了 1935 年 12 月红军通过高福源与甘泉被围的东北军接触这一事实。③

山上由此主张东北军已经被完全"赤化"，甚至根本不存在什么张学良的部队，张学良军已经完全成为红军的一部分，只是还打着东北军的名义进行活动而已。张学良还在主张"改造南京政府""对日宣战"等，是对部下被"赤化"毫无清醒的认识，扮演了"堂吉诃德"的角色。当其部下彻底归于中共之手之时，张学良"就会如一片敝屣般被抛弃"④。

实际上，为了维持与张学良的统一战线，中共曾一再下令不得"赤化"东北军。⑤ 不过，比起山上对情势解释的错误，更有必要理解这种解释的意义。山上在另一篇评论《学良的叛乱与南京政府》

---

① 山上正義：《張學良の役割》，《改造》1937 年第 1 号、第 93 页。
② 丸山昇：《ある中国特派員——山上正義と魯迅》，中央公論社 1976 年版，第 153—158 页。
③ 杨奎松：《西安事变新探——张学良与中共关系之谜》，《杨奎松著作集：革命》第 4 卷，第 43—44 页。
④ 山上正義：《張學良の役割》，《改造》1937 年第 1 号、第 94 页。
⑤ 参见杨奎松《西安事变新探——张学良与中共关系之谜》，《杨奎松著作集：革命》第 4 卷，第 437 页。

中，提出了对西安事变意义的几点思考。首先，由于东北军的"共产化"，蒋介石的"剿匪"事业功亏一篑，中共的西北国际路线战略取得成功，因此从"日满共同防卫"的角度考虑，中日两国间围绕绥远问题的矛盾将再次激化，日本将直接与"国际赤色战线"接触，对于参与"国际防共战线"的日本来说绝不是西北局部的问题。其次，蒋介石的死将导致中国内政的混乱，继而会导致"英美势力"对中国的干涉，而李宗仁如果觊觎南京政权，也会与英国在香港的势力结合。最后，山上对事件有利于"调整日支关系"的论调予以批评，认为事件将导致中日两国被卷入"国际纠纷"①。

虽然山上表明自己对中日冲突感到"担忧"，但是我们已经很难看到这位昔日的"左翼"记者的逻辑与广田外交甚至陆军的对华战略还有多大的区别。无论是"共同防共"还是"摆脱对英美依赖"都是"广田三原则"的内容。对"赤化"的渲染和英美介入的强调，都可以为军部推进激进的大陆政策提供正当性的依据。如丸山升所指出，山上对自己早年因共产主义运动被捕的经历有着深刻的心理创伤，从环境比较自由的中国回到特高监视网络严密的日本，写作不能不特别谨慎。② 不过，虽然这一时期不迎合"国策"，任何文章都可能无法发表，但是如尾崎秀实的众多文章所表现的，并非不可能在"国策"话语背后隐藏某种革命性的内涵。然而从山上的论述中，我们无法读出任何革命性的意味，只有单纯的对大陆政策话语的迎合。我们固然不必苛责处于艰难环境下的山上，却不能不认识到这位"鲁迅友人"身上所体现的战前日本"左翼"知识分子的某种性格。

另一方面，长期追踪搜集有关中共的情报的波多野乾一，当然不会放过这个发言机会。他在有关蒋介石的后继者的评论之外，又从"容共"问题的角度发表见解。他的理解颇能反映此时日本言论界的一般看法。首先，波多野梳理"容共"问题的由来，介绍列宁主义关于殖民地半殖民地革命问题的思想和第一次国共合作的历史。其次，说明20世纪30年代中共"单纯依赖军事路线"的失败和共产国

---

① 山上正義：《学良の叛乱と南京政府》，《文芸春秋》1937年第1号，第172—176頁。
② 丸山昇：《ある中国特派員》，第199—203頁。

际七大以后向抗日统一战线的方向转换。这一转换卓有成效，形成了"大规模的国民运动"。最后，波多野得意地宣称，他早已预见到抗日统一战线的"危险性"。他指出，张学良军与新疆的盛世才结合，将形成横跨陕西、甘肃、新疆的统一战线政权，并得到苏联的有力支持，又与反蒋军阀以及东北抗联相连动，将形成一大"赤色抗日势力"。"容共"已超过宣传阶段，进入"以武力强行"的时期，将使"满洲国"的"安全"受到威胁。波多野主张，必须以实力"自卫"，并迫使南京政府协力"防共"①。

南京政权的弱化，有利于迫使其与日本妥协，同时，以西北抗日联合为目标的"防共"政策，既可以作为军部进一步向华北扩张的借口，又可以成为诱降南京的绝好条件。不过，也应当指出，波多野对中共统一战线政策的演进有一定的理解，并且其关于"西北大联合"的论述，也并非空穴来风。②毋宁说，如果中共坚持"西北大联合"、打倒蒋介石的策略，那么波多野的预见将具有某种现实性。然而，日本的"静观政策"背后的这种对于"蒋介石大概已经遇害"的期待，不难被各方力量所认识，反而使得事变的走向偏离大陆政策激进派的这种期待。这也是代表苏联立场的苏共机关报《真理报》主张事变是"日本阴谋"的现实背景。③

无论是山上还是波多野，他们对西安事变与"人民战线"问题理解的特点在于把统一战线问题理解为"国际共产主义阴谋"的问题，"抗日"无非是中共挽救危机、扩张势力的口号而已。也就是说，他们都刻意回避问题的所在，即本来"抗日"成为中国政治的核心议题，完全是日本对中国侵略的不断推进造成的。因此，这种论调不能不受到对大陆政策持批判态度的论者的批评。例如山川均就指出，日本的"某些势力"竭力维持中国分裂，曾经不惜暗中支持以"抗日"为旗号的西南军阀。这次对于同样以抗日为旗号的西安事变，也充满

---

① 波多野乾一：《〈容共〉与西安事件》，《改造》1937年第1号，第96—102页。
② 关于"西北大联合"，参见杨奎松《西安事变新探——张学良与中共关系之谜》，《杨奎松著作集：革命》第4卷，第85—166页。
③ 《中国事变》（《真理报》1936年12月14日，社论），转引自中国社会科学院现代史研究室编《西安事变资料》第1辑，人民出版社1980年版，第219—221页。

了"对日本有利"的期待。然而他们却没有看到"要得到支那国民大众的支持,'抗日'已经成为绝对必要条件的事实"。山川还进一步指出,西安事变体现的中国民众抗日感情的"兴奋",与刚刚缔结的日德《反共产国际协定》不无关联。"我国的外交部门想必已经预料到,日德协定必然会刺激支那国民抗日感情的爆发。因此,不管西安事变的结果对我国有利与否,就其使得支那的抗日潮流爆发这一点而言,可以说日德协定收获了它想要收获的第一个果实"①,讽刺了"防共外交"的浅薄短视。

不过,山川的分析主要还是基于对日本外交的理解,对抗日统一战线与中国社会内部状况的关系,并无深刻的把握。对于这一点,尾崎秀实有着敏锐的分析。尾崎也洞悉拥护大陆政策的论者们关于中国分裂与"防共"问题的论述的意味,同样指出,这些状况"乍一看似乎全都对日本有利",但真正的问题所在"更加广阔""更加深远"。"今日支那抗日意识的日益强烈,已经到了把昔日东北的大军阀张学良也卷入战线内的程度。"然而,同时,尾崎并不停留在这种对抗日统一战线的力量的单纯强调上,他清醒地意识到,类似波多野那样"对日本有利"的预见并非空穴来风。虽然从对情势的分析,能够得到蒋介石大概会生还的结论,但事变的发生,同样"蕴含着将支那的人民战线分裂的危险性"。如前所述,尾崎指出蒋介石的统一战略取得了相当的成功与广泛的支持,即使人民战线运动深知蒋介石是"最危险的敌人",也必须努力"包摄国内统一的问题",建立包含国民党在内的抗日统一战线。"事实上,今天如果排除处于国民党影响下的民众,就不可能发展起强有力的民族运动。"如果张学良被看作分裂国家的"汉奸",而中共又被认为是政变的幕后势力,那么可以说张学良的政变"有将国民党影响下的民众从左翼分离出去的危险"②。一旦由于事变处理不当而使这种危险成为现实,那么波多野等人所乐见的南京政权与西北"赤色"政权的对抗,以及南京政权

---

① 山川均:《打倒蒋介石のクーデター》,《改造》1937年第1号,第108页。
② 尾崎秀实:《张学良クーデターの意義》,《中央公論》1937年第1号,第411—412页。

屈服于日本的"防共"战略等情形就有可能成为现实。

但是,对于事变与共产主义运动的关系,尾崎不仅指出这一面,同时也指出,东北军由于对中共主张的共鸣而采取行动,这本身是统一战线策略的成功。历来军阀混战都给中共以扩大势力的空间,这次东北军与蒋介石的矛盾也会导致中共在西北地区势力的扩大。最终,就《张学良政变的意义》一文本身而言,尾崎并未如一些论者主张的那样,通过预言蒋介石的幸存"预言"了事变将以什么样的方式"解决"。毋宁说,尾崎深刻地看到了事变的复杂性及其对共产主义运动的"危机性",如果处理不当,将对其所期待的抗日统一战线的发展带来严重的阻碍。同时,尾崎一方面积极评价蒋介石的统一,一方面又批判这种统一不过是表面上的,"半殖民地半封建社会"的矛盾仍在深化,而西安事变正是这种矛盾的集中爆发。这固然可以说是"现实"的政治感觉与马克思主义"教条"的矛盾,但如果从尾崎的立场来看,一方面,不克服中国社会半殖民地半封建的社会性质这一根本问题,不可能真正抵抗日本的侵略,如果南京不走统一战线的道路,则"势将不得不听从于日本"①;另一方面,推进中国革命,也要克服极"左"主义,建立包括国民党在内的广泛的人民战线,只有这样,中国共产党才能够最终在民族解放战争中解决中国社会的根本矛盾,取得对中国命运的主导权。② 这无疑构成了对所谓"防共的国际协调主义"的根本的对抗。从这种战略意义上,则或许又可以说,尾崎"预言"了事变的结局。

三 "中国统一化论"的流行及其批判

当1937年新年前后登载有关西安事变的评论的新年号杂志出现在书店窗口时,蒋介石已经在张学良的护送下返回南京。于是,大谈"蒋氏生还希望渺茫"并作出关于此后政治动向的种种分析的杂志评

---

① 尾崎秀实:《張学良クーデターの意義》,《中央公論》1937年第1号,第412—413頁。
② 尾崎秀实:《支那は果して赤化するか》,《尾崎秀実著作集》第1卷,第197頁。

论，就显得颇为尴尬。面对急转直下的局势，日本舆论不能不感到惊讶，也使人们感到中国社会的某种变化，成为言论界探讨"重新认识中国"的契机。

一向对论坛动向敏感的《改造》杂志，立即在2月号上组织了两篇内容充实的评论报道，一篇来自在上海的著名记者松本重治，另一篇则由社长、评论家山本实彦本人前往中国实地考察，记述见闻与观感。二人的报道可以代表此时日本知识界对事变看法的基本倾向。

松本重治是最先向日本国内报道西安事变消息的记者，他的评论体现了其卓越的情报搜集与分析能力。首先，松本分析了张学良发动事变的思想与时势的背景。针对一些论者专从军阀间矛盾的角度看待事变的观点，他引用了张学良发动事变后发表的宣言和谈话指出，兵变的思想显然出自"抗日人民战线"的意识形态，不能单纯归结为军阀投机主义的反中央行动。东北军接受"人民战线"思想，固然有对蒋介石"整理杂军"政策的不满，但根本原因在于希望返回故乡。其次，松本对事变达成妥协的政治过程进行了分析。他指出，张学良发动兵变，期待的是中央政府的动摇与各个地方势力的响应。然而，南京政府采取不妥协的强硬方针，宣布张为逆贼，并声称要兴师讨伐。这种态度打击了政府内的妥协论调，保障了南京的权威，使得各路军阀不敢乘机造次，张学良遂处于骑虎难下的境地。宋子文与宋美龄救援蒋介石的工作固然重要，但政府的强硬政策保持了中央威信，使得张的计划破产，才是事变得到和平解决的关键所在。第三，松本对蒋介石释放后事变的走向及其对中日关系的影响进行了展望。国民政府虽然展开所谓"无条件解决"的宣传，然而从"剿匪"的中止，对东北军的待遇改善等政策的实际来看，显然不可能是无条件的；不过，张学良毕竟已经身处遭到处罚的危险中，说"兵谏"成功也为时过早，西安方面会不会接受南京与张学良间妥协的条件，也难以断言。中国的人们大多相信，事变的意义在于蒋介石"安内攘外"政策的扬弃，"容共抗日"将成为南京的政策走向。不过这种政策转换是否能够成为现实，尚有待观察。最后，松本指出，国民政府会在多大程度上走向"容共抗日"，决定性的因素之一是日本的政策。西安事变应当成为日本重新认识中国、调整政策的契机。日本人不应该"徒然大声叫嚷抗日容共时代将要到来而惊慌失措。应当好好把握大势的真相，向树立与实行统一的外交政策迈进。希望不要再同时拿出出鞘的匕首和算盘，并没有决心却高喊什么'断乎'如何如何了"①。

山本实彦为报道事变之后的状况，特地在1937年新年之际来到中国。由于他在日本舆论界的影响力，得到了采访孔祥熙和蒋百里两位国民政府要人的机会。在对孔祥熙的访谈中，对于政府是否接受张学良"容共抗日"的主张，孔表示现在不会接受，不过未来不能保证。对于列强的军备扩张问题，孔祥熙发表了一通文王百里而能得天下，"以德服人"的议论，或许旨在隐晦地批判日本的军国主义，令山本颇为困惑，反问中国的军费每年增加如何理解。不过最后孔祥熙还是明确表示，政府力求完全和平解决西安问题，但"容共抗日"是否成为现实，还取决于日本的行动。对此，山本评论道，可见关于以"容共"为条件释放蒋的传言并非空穴来风。不过，山本认为，蒋介石并非决心抗日才接受这一条件，而实在是在兵变处境下的不得已。蒋介石在有战胜日本的自信前大概还会隐忍，加之支持蒋介石的宋、孔家族背后是江浙财阀势力，他们也不想和日本断绝联系。中国军事整顿的成果，还远远不足以和日本对抗。山本认为中国不大可能真的走向抗日。②

而对蒋百里的访谈中，蒋百里主要谈了他所体验的事变情形，而没有对相关政治问题进行评论。不过山本还是就事变发表了一番评论。他批评张学良说，无论是抗日，还是除掉蒋介石，张都没有真正的自信，与共产党的联系也并不紧密，其言行"不可以以常识计"，令人困惑。山本还对宋子文的角色进行了评论，指出宋所提倡的容共抗日的解决方针在国府中并非主流，宋子文如果得到行政院院长一类的实权职务，会对日本造成更大的威胁。不过山本自信地认为，日本的实力之强大，不论中国的政客们持什么主张，一旦要实际承担政治

---

① 松本重治：《西安事変の中間報告》，《改造》1937年第2号，第76—92頁。
② 山本実彦：《中国の近状を報告す》，《改造》1937年第2号，第205—207頁。

责任，都不敢正面与日本对抗。①

山本同样认识到，日本必须认识到中国发生的变化。他指出，蒋介石被监禁之后，日本的论坛充满军阀混战再起之类的预测，结果在蒋介石生死未卜的十几天之间，中国的社会秩序和经济都维持了稳定，出乎日本的预料。进而，山本评论道，中国如此迅速地实现了统一，不能不令人反观日本的现实，他希望日本也像苏联、美国、英国等国一样，国民和政府、政党、官僚能够团结一致处理对外问题。"混乱的行动消耗了国力，使得国民意气消沉，也损失国家的信用。古人云立国必以信用为重"。山本在上海感到，上海的财界乃至各界都有仍希望改善对日关系的人，尽管可能已经为时过晚，但还有机会确立"坚定不移的对华方针"，并努力获得国民的一致支持。②

从松本与山本的评论中，可以看到日本言论界对蒋介石归来的主流反应。首先，蒋介石的归来被看作"重新认识中国"的契机。松本与山本都认为，西安事变中中国保持稳定的状况，表明传统的认为"封建"的中国总是会反复陷入割据混战的观念，已经不符合实际。企图利用中国内部分裂谋取利益的对华政策，开始出现破绽。日本必须应对中国走向统一的新现实，调整对华方略。其次，他们又都对中国是否会走向"容共抗日"表示怀疑。这当然一方面是尽可能淡化所谓"共产主义威胁"，与迎合军部激进政策的"防共"论述保持距离，另一方面也表明了一种日本帝国的傲慢，对中国民众中的抗日要求缺乏足够认识。第三，在"统一"问题上，他们都揭示了中日两国间国家发展的辩证法，即中国逐步走向统一，而日本国家意志的统合却走向崩溃，各个国家权力机关分头行动，政府与国民意志不一，对此，他们呼吁日本国民与政府的团结。不过，这种认识一方面固然是反躬自省，但在另一方面也表明所谓的"协调外交"论者对中日间矛盾所在的认识。即在他们看来，无论是"满洲国"的建立还是华北的"特殊化"或者"经济合作"，都不足以构成中日间的根本矛盾，中日间仍然存在种种开展"协调外交"

---

① 山本実彦：《中国の近状を報告す》，《改造》1937年第2号，第208—223页。
② 山本実彦：《中国の近状を報告す》，《改造》1937年第2号，第223页。

"维持和平"的空间。① 而之所以中日间的"悬案"无法解决,主要是日本的国家意志不统一造成的,特别是外交与军部之间的对立,造成松本所谓的"同时拿出匕首与算盘"的状况,如果两者统一于"算盘",则中日间的冲突就能够避免。这种思考的背景在于,事实上日本的政党与外交部门一直试图恢复政治权力的统合,以缓和外交困局。但这丝毫不意味着放弃"满洲国"或中止推进大陆政策。② 因此,可以说关于"中国统一"的这类论述,并没有从根本上克服种种围绕大陆政策论述的局限,亦即总是通过转移中日关系中根本矛盾的所在,维持日本帝国治下的"协调"与"和平"。如果说所谓"防共的国际协调"是以"反共"的名义隐蔽了中日间的矛盾的话,那么所谓"中国统一化论"的话语又是在以"中国统一"的名义,企图达到同样的目的。

其他关于西安事变解决的各种"中国统一"论述,大致有着同样的结构,不过围绕着中国统一的程度和对激进的大陆政策的看法表现出一定的摇摆。如朝日新闻记者太田宇之助在认为蒋介石成功赢得民众信任,中国统一大为推进的同时,又认为"剿共"战争将会继续。③ 而持有右派"革新"思想的满铁职员梨本祐平同样认为,事变的解决与"容共抗日"无涉。蒋介石将专心实力培养和国内整顿,地方军阀势力必将进一步被挤压。华北的中央化不可避免,这将使得华北的税收、资源等都被南方"掠夺",华北人民"生灵涂炭"。因此日本必须改善"外交技术",一方面对中国的统一予以"道德的支援",另一方面积极推进华北的"经济工作"④。这种主张实际与军部激进派推进华北分离的意识形态别无二致。

在"中国统一化"的大合唱中,最强烈的异议来自持左翼立场的

---

① 参见服部龍二《広田弘毅——〈悲劇の宰相〉の実像》,中央公論新社1951年版,第70—75页。
② 参见井上寿一《政党政治の再編と外交の修復——一九三〇年代の国内政治と外交》,《日本の外交 第1卷 外交史 戦前》,岩波書店2013年版,第185—205页。
③ 太田宇之助:《西安事変以後》,《日本評論》1937年第2号,第248—255页。
④ 梨本祐平:《英国の勝利と日本の窮迫——支那問題の一項目として》,《文藝春秋》1937年第2号,第160—164页。

论客。左派的中国问题研究家藤枝丈夫发表了《国民政府的新动向》和《抗日的核心——中国共产党》两篇评论。《国民政府的新动向》首先指出,原先人们认为西安事变随着蒋介石被释放已经大体解决,可是新年之后南京与西安之间又陷于紧张,这种发展的根本动力是中国共产党领导的人民战线运动。藤枝指出,蒋介石政权一方面不敢抗日,一方面又以抗日为旗号战胜各路军阀,推进统一。如果镇压抗日运动,其合法性必然动摇,也可能被试图利用国民政府阻挡日本大陆政策的英美列强所抛弃。同尾崎秀实一样,藤枝也认为,近年国民政府所谓的"强化"不过是在英美帝国主义支援之下的表面现象,实际上中国内部依然矛盾重重。形势的发展日益要求国民政府不得不走向抗日,但同时中国的国力又显然不足以抗日,支持国民政府的英美列强,从国际局势的考虑也不会全力支援国府抗战。然而,日本既不可能放弃"满洲",中国也无法再向日本让步,那么结果国民政府还是只有走向抗日,对欧美的依存也会进一步加深,"这种一般的方向,随着下层抗日势力发展程度的变化时而紧张时而缓和,但只要日本不变更既定方针,将在看不到根本的解决手段的情况下,一步步走向最后破灭的结局"①。《抗日的核心——中国共产党》论旨大体相同,认为国民政府乃至张学良,出于阶级本性都不可能主动走向抗日,但抗日人民战线的发展,又以蒋介石也无法正面对抗的规模扩大着,结果必然与日本的大陆政策相冲突,引起战争危机。②

藤枝的见解体现了此时左派中国论的一般特征,首先是激烈地批判将介石已经大体实现中国统一的观点,指出蒋介石统治的强化丝毫没有改变中国半殖民地半封建社会的社会性质。在藤枝看来,真正推动中国社会的发展进程的并非蒋介石政权,而是中国共产党和它领导下的抗日人民战线运动。这当然首先是对"协调外交"的论客们的批判,如前所述,他们将承认蒋介石政权主导的中国统一作为"调整中日关系"的基础。其次,藤枝正确地看到,中日间矛盾的根本并非

---

① 藤枝丈夫:《国民政府の新動向》,《文藝春秋》1937 年第 2 号,第 148—153 页。
② 藤枝丈夫:《抗日の核心——中国共産党》,《中央公論》1937 年第 2 号,第 220—226 页。

日本的政策"不统一",抑或不能"正确认识"中国社会的走向,而是中国的民族主义的发展(表现为抗日人民战线)与日本大陆政策的矛盾,这个矛盾具有不可调和的性质,从而充满引发战争的危险。正因为左派的中国论的这种内涵,中西功将其评价为"代表了日本的反战人民战线"的思想。①

然而,这种似乎很"革命"的论述,实际上包含着内在缺陷乃至危险。首先,仅就藤枝的论述本身而言,在与尾崎秀实论述的对比中就可以发现,尾崎更加清醒地看到了蒋介石主导下的统一与大众的民族主义运动共鸣的一面,指出西安事变导致了抗日人民战线与民族主义影响下的大众相分离的危险性,从而提示了建立包括国民党在内的广泛的人民战线的必要性。虽然尾崎和藤枝对南京政权本质的认识基本一致,但在现实分析中,藤枝片面强调南京政权半封建半殖民地的属性,从一种左翼教条主义角度,将人民战线运动看作天然绝对的主流,从而缺乏说服力。

其次,就包括尾崎在内的整个左派的中国论述而言,也存在共通的问题点。第一,他们都拥护苏联与中国马克思主义关于国民政府的社会性质基础的理论分析,从而批判国民政府主导了中国统一的见解。但是他们的所谓"国际主义"的心态,在批判南京政府的问题上,又表现出对自己在日本言论界发言的位置缺乏自觉的缺陷。这种批判在以蒋介石为"协调"对象的"反共的国际协调论"或者"中国统一化论"时,固然对日本政府的政策具有批判意义,但对致力于推翻蒋介石政权的激进的大陆政策而言,则呈现出某种微妙的共鸣关系;而对南京政府从属英美的"半殖民地"性质的揭露,也与日本帝国主义"打倒美英"的所谓"倒错的反帝国主义"②和亚细亚主义论述,存在着某种共通点。第二,就这一时期重要的"日本人民战线"问题,即最广泛地团结各阶层人士反对新的侵略战争这一课题而言,左派的中国论述,实际上以列宁主义的帝国主义论和世界革命论

---

① 中西功:《尾崎秀実論》,尾崎秀樹:《回想の尾崎秀実》,第57页。
② 酒井哲哉:《大正デモクラシー体制の崩壊》,東京大学出版会1992年版,第59—62页。

为理论前提，而以"协调外交论"为代表的"资产阶级自由主义"的中国论，固然对军部的激进侵略政策有一定的批判，但却并未从根本上反对日本的东亚统治，而是把"满洲国"的存在和华北的所谓"经济合作"作为论述的前提。① 尽管此时驻共产国际的日本代表野坂参三在给日本共产主义者的指示中，提出要将资产阶级政党的领导人与在其影响下的中下层资产阶级人士相区别②，自由主义知识分子也自然成为共产主义者争取团结的对象③，然而，双方立场上的巨大鸿沟，使得这种团结受到了极大限制。在对西安事变的评论中也可以看到，尾崎和藤枝实际都以自由主义者提倡的"中国统一论"为主要的批判对象。左翼政治势力的式微，加之"日本人民战线"运动举步维艰，能够构成左派政治论述的行动主体的政治势力几乎已经消亡。左派尽管还能够表达对中国革命的赞扬与憧憬，但在对中国问题上却已经无法展开有力的政策论述。

更有甚者，由于马克思主义的实践要求，不允许左派采取对现实冷眼旁观的态度。日本的左翼知识分子既不愿意被沉浸在狂热的民族主义中的大众所孤立，又没有勇气直面政府残酷的镇压。从而在九一八事变后日本共产主义者纷纷"转向"、叛变革命的风潮中，出现了一种危险的倾向，那就是把日本帝国主义的侵略战争粉饰为"打破现状"，推动中国社会变革的积极因素；将左翼的中国社会论中对蒋介石政权和英美帝国主义的批判歪曲用于正当化日本的侵略；把日本社会主义运动摆脱共产国际的大国主义指挥的合理要求，歪曲为建立以天皇制为中心的"日本型"社会主义的倾向。④ 事实上，在藤枝的论述中已经能看到这种危险的征兆。例如他在分析蒋介石对英美的从属性时，肯定地引用了当时正觊觎首相大位的近卫文麿的发言。近卫称

---

① 参见上田美和《自由主義は戦争を止められるのか——芦田均・清沢洌・石橋湛山》，吉川弘文館2016年版，第168—174頁。
② [日]野坂参三：《作为人民战线的口号，我们提出反对增加军费——答一同志》，《野坂参三选集·战时篇》，人民出版社1963年版，第161—162页。
③ 福家崇洋：《日本ファシズム論争》，第148—150頁。
④ 这种思想的典型表现，可见于1933年日本共产党领导人佐野学和锅山贞亲在狱中宣布"转向"时的声明。参见佐野学、鍋山貞親《共同被告同志に告ぐる書》，日本警察社《思想警察論》，日本警察社1940年版，第243頁。

"南京政权为了维持一直以来与英美乃至苏联等国的关系,不可能降下抗日这块招牌",对此,藤枝赞扬近卫"表达得巧妙"①。他指出了军部的侵略行动与中国的抗日人民战线爆发冲突的危险性,却完全没有提示有什么现实的方法可以阻止战争爆发,甚至也没有明确表达反对发动侵略战争的态度。藤枝的论述中的这些缺陷,随着形势的变化很容易发展为对侵略战争的公然支持。藤枝关于西安事变的这两篇评论,后来收入了评论集《新生支那与日本》。在该书序言中,藤枝表示自己"与其说是要追踪支那社会客观的动向,不如说是以最大的憎恶,论述如何打倒阻碍支那社会的真正统一和东洋和平的重建的要素——抗日支那"②,明确了他支持侵华战争的立场。

结语:"重新认识中国"的局限

1937年第2期的《中央公论》上发表了殖民地政策学家矢内原忠雄的著名论文《支那问题的所在》,矢内原将西安事变所触发的关于中国问题的议论提升到理论的高度,指出西安事变的解决揭示了中国社会走向以蒋介石政权为中心的统一的方向。他对右派所主张的中国从本质上就必然不断陷入分裂混乱的观点,和左派所主张的南京政府主导的统一不过是虚假的表面的统一,只有中国共产党领导下的人民战线运动才能真正实现中国统一的观点都提出了批评,认为这两种观点都夸大了中国社会的半殖民地性与半封建性,忽视了中国资本主义在西方资本主义影响下的发展,和这种发展带来的统一国家的形成与民族主义的成长。矢内原忠雄由此主张以南京政权为中心的中国统一是不可阻挡的历史潮流,日本必须认识到这一点,调整对中国的政策。③ 这一论文引起了思想界的广泛的讨论,围绕西安事变和中国政局而展开的议论,由此向着对中国社会的理论认识的高度发展,形成了"中国统一化论战",这一论战甚至影响了林铣十郎内阁的对华政策。④

---

① 藤枝丈夫:《国民政府の新動向》,《文藝春秋》1937年第2号,第149页。
② 藤枝丈夫:《新生支那と日本》,育生社1938年版,第4页。
③ 矢内原忠雄:《支那問題の所在》,《中央公論》1937年第2号,第4—17页。
④ 参见臧运祜《近代日本亚太政策的演变》,北京大学出版社2009年版,第188—191页。

如果我们将日本对中国侵略的思想原因理解为对中国的蔑视，那么应该如何理解，在全面侵华战争的前夜，日本知识分子对中国的评价达到了近代以来的最高点？如果不能单纯地用"已经太晚了"来解释，我们必须思考这种中国认识的内在问题。就矢内原个人而言，我们不必怀疑这位虔诚的基督教和平主义者对侵略战争的反对立场。[①]同样也不必否认既往的研究所指出的，在中日全面战争前夜日本知识分子积极评价中国民族主义、认识中华民族的凝聚力所具有的正面历史意义。但是，通过以上对西安事变后日本知识分子的言论的探讨，我们不难看到这一时期日本知识分子"重新认识中国"思潮的局限。无论是所谓"自由主义"的、积极评价中国统一的见解，还是"左翼"的强调"人民战线"的作用的见解，固然都包含了对日本明治以来大陆政策思想的批判。然而，前者不论如何强调认识中国统一的必要性，其政治意图总不出"协调外交"的范围，即旨在通过加强国民政府主导的中国统一，发展与国民政府的交往，来维系日本与英美的外交关系，从而维持日本外交的安定，防止战争导致帝国瓦解。而后者貌似激进的论述，往往缺乏对自己身为帝国主义国家日本的国民这一自身所处位置的反省，总是将中日间的民族矛盾置于"世界""东亚"规模的变革过程中来把握，却回避了这样一个基本的事实，即日本对中国的侵略使得中国无论什么阶级、什么政党都不得不团结起来，一致抗日。最终，这两种思潮都未能彻底克服日本帝国思想的局限，从而未能对日本发动全面侵华战争构成抵抗和批判。进而在战争中，他们对中国民族主义的认识，走向了如"东亚协同体"等美化战争的"理论"，最终在汪精卫政权这一符合日本帝国主义的需要的伪中国民族主义的意识形态中，找到了最终的归宿。

（原载《抗日战争研究》2018年第4期；汪力：东北师范大学历史文化学院博士研究生。）

[①] 关于矢内原忠雄对侵华战争的批判，参见浅田乔二《矢内原忠雄の植民論（下）》，《驹沢大学经济学论集》20卷3号，1988年12月，第56—62页。

全文转载·古代中世纪史

数字人文框架下《德意志人物志》的群像描绘与类型分析

王 涛

摘 要：《德意志人物志》是德语世界关于历史人物信息的一部重要工具书。历史学家往往关注的是其实用层面的价值，而对这套大型工具书内容本身的研究并不多见。运用数字工具对人物志的数据挖掘，发现了德意志历史人物群体的隐含问题，甚至有悖于常识的结果，由此揭示出德意志主流历史学家对"德意志人"的想象构建。对大量德意志人物诞生地与逝世地的社会网络分析，构成了历史人物的"死亡地图"，清晰显示了德意志重要历史名城由南部向北部扩散的过程。在数字人文框架下挖掘《德意志人物志》的隐含信息，需要研究者既尊重数字方法的客观性，又要有结合历史语境的想象力。

关键词：德意志人物志；群体传记；德国；大数据

《德意志人物志》（*Allgemeine Deutsche Biographie*，以下简称 ADB）是德语世界关于历史人物信息的一部重要工具书。它在巴伐利亚科学院历史委员会（Historische Kommission bei der Bayerischen Akademie der Wissenschaften）主持下，历经三十多年编撰完成（1875—1912），共计 56 卷，收录人物信息约 26500 人。ADB 的编撰目的是协助学术研究，历史学家往往关注其实用层面的价值，而对这套大型工具书内容本身的研究并不多见。笔者在作了必要的学术梳理后，发现对《德意志人物志》的整体性研究极为薄弱，至多是对 ADB 编撰过程的梳理，或者对特定卷册的内容简介。① 造成这一局面的原因有二：一是学者的研究习惯性关注 ADB 作为资料的实用性，而忽略了从整体上把握这部大型工具书所蕴含的信息。二是即便有学者意识到 ADB 作为群体传记研究的价值，但在"数字人文"方法和思路得到认可之前，还找不到合适的角度切入庞杂的数据。本文试图作一次尝试，用新的思路与方法对《德意志人物志》进行挖掘，希望让德国史研究同行留意，以揭示人物辞典的另类价值。②

一　工具书概貌

实际上，《德意志人物志》是能够充分折射德意志史学传统的经典项目。这部大型工具书的执行机构"历史委员会"，在德意志著名历史学家兰克（Leopold von Ranke）的推动下于 1858 年成立，其宗旨是促进德意志历史科学的发展。委员会成立之初，兰克就计划编撰一部助力德国历史人物研究的工具书，但并没有被即刻执行。约十年后，时任历史委员会主席的兰克旧事重提，并且委任里利恩克龙（Rochus von Liliencron）负责具体操办，不久又有威格勒（Franz Xaver von Wegele）加入，正式启动了这个庞大的计划，最初预计全套丛书有 20 卷，并于 1875 年出版第 1 卷。ADB 致力于为历史研究提供高

---

① F. A. Stafleu, "Review, Allgemeine Deutsche Biographie", *Taxon*, Vol. 35, No. 2, 1986, p. 440. 在《德意志人物志》编写过程中，也不断有评论文章报告编者的思考、最新的进展和分卷的内容，比如 E. D., "Allgemeine deutsche Biographie", *Historische Zeitschrift*, Bd. 36, H. 2, 1876, S. 502 – 508.《历史杂志》在 1886 年、1893 年、1901 年，报道了完成卷册（1901 年已经完成了 45 卷）的概括。从 1904 年开始，考夫曼（G. Kaufmann）连续在《历史杂志》上介绍最新进展，参见 G. Kaufmann, "Allgemeine Deutsche Biographie. Bd. 46 u. 47", *Historische Zeitschrift*, Bd. 92, H. 1, 1904, S. 89 – 95; "Allgemeine Deutsche Biographie. Bd. 48: Nachträge bis 1900", *Historische Zeitschrift*, Bd. 95, H. 1, 1905, S. 71 – 76; "Allgemeine Deutsche Biographie. 50. Bd. Nachträge bis 1899", *Historische Zeitschrift*, Bd. 96, H. 3, 1906, S. 460 – 461; "Allgemeine Deutsche Biographie. 51. Bd. Nachträge bis 1899", *Historische Zeitschrift*, Bd. 99, H. 1, 1907, S. 125 – 126; "Allgemeine Deutsche Biographie. 55. Bd.: Nachträge bis 1899", *Historische Zeitschrift*, Bd. 108, H. 2, 1912, S. 337 – 339; "Allgemeine Deutsche Biographie, 56. Bd. Generalregister", *Historische Zeitschrift*, Bd. 115, H. 3, 1916, S. 582 – 583.

② 关于"数字史学"在国内学术界的进展与问题的梳理，可以参见王涛《数字史学：现状、问题与展望》，《江海学刊》2017 年第 2 期。

标准的基础资料，不仅在文献保存方面成为标杆，也是德意志史学传统在实践层面的具体呈现。① 其实，在第 1 卷前言，编撰者就坦言，虽然收录的人物囊括古今，但是对仍然在世的人物一律不收录。尽管这些人物可能作出了非常重要的贡献，但编撰者顾忌的是，他们无法找到能够不偏不倚对这群人物进行历史定位的编写者，② 许多参与编写人物志的作者甚至是这些人物的门生或者至交，这样就很难用中立的态度进行书写，更谈不上兑现兰克史学观念中"如实直书"（wie es eigentlich gewesen）的主张了。从这个意义上说，ADB 是以兰克为代表的德意志历史学家践行客观史学理想的具体案例。

不过，学界仅仅以工具书的态度看待《德意志人物志》，低估了"人物志"的学术价值，虽然 ADB 在编撰之初确实定位于工具书。然而，在更加开放的思路下，我们可以从许多方面解读 ADB 的意义。比如，人物入选的标准、人物传记的书写与历史研究的关系等，③ 都是值得思考的问题。在最初的设计中，ADB 的编委会曾经试图推进一项囊括 4 万人的庞大计划。在实际的工作中，编撰者意识到这个容量不太现实，随即就涉及如何取舍的问题。历史人物的筛选标准，往往又同如何界定"德意志人"紧密相关。在人物志的编撰过程中，关于德意志的认知确实存在扩大化倾向，既没有"局限在德意志的地理范畴"，也没有拘泥于德意志的民族性。收录的德意志人物，在时间跨度上往前可以追溯到公元 1 世纪的罗马时代，历史委员会的编委们用独特的方式展现了他们对德意志早期历史的认知。从地理范畴看，有出生在奥地利、瑞士、波兰、捷克等地区的历史人物，这些区域曾经隶属于"德意志"文化区；也不乏来自荷兰、意大利、比利时等国家的人物，他们由于家

---

① Lothar Gall, Hrsg., "…für deutsche Geschichts – und Quellenforschung", *150 Jahre Historische Kommissionbei der Bayerischen Akademie der Wissenschaften*, München: Oldenbourg Wissenschaftsverlag, 2008, S. 22.

② 这里使用的是电子版，参见 Rochus von Liliencron, Franz Xaver von Wegele, "Vorrede", in *Allgemeine Deutsche Biographie*, herausgegeben von der Historischen Kommission bei der Bayerischen Akademie der Wissenschaften, Band1, 1875, S. V – XVⅡ, https://de. wikisource. org/wiki/ADB: Vorrede_ （Band_ 1）. 访问时间: 2018 年 5 月 28 日。

③ 关于历史传记与历史研究的关系，参见孟钟捷《魏玛德国"历史传记之争"及其史学启示》，《历史研究》2017 年第 3 期。

族背景、诞生地、发挥主要影响等因素与"德意志"有千丝万缕的联系而被 ADB 收录。换句话说，入选 ADB 的考量完全基于是否与"德意志"存在"紧密的精神关联下的共同的生活经历"①，毫无疑问，这样的标准建构了一个外延极其宽泛的"大德意志"想象。

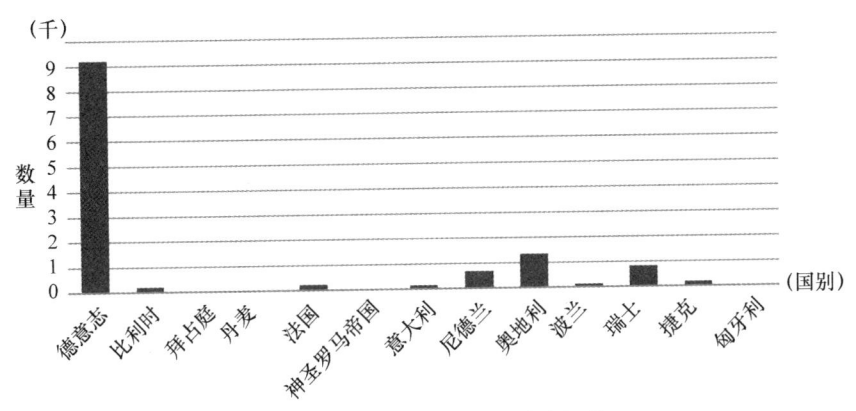

图 1　ADB 收录历史人物的来源②

ADB 开始编撰的时候，恰好是德意志帝国统一不久，在这样的历史背景下由政府来启动如此声势浩大的文科工程，难免让人怀疑与彰显德意志的民族主义不无关联。兰克从一开始就将这项工作定位于记录"著名的德意志人"，从文化的角度激发"民族"自豪感是他没有言说的潜台词，但 ADB 的后续工作一直朝着编撰一部"国民传记"的目标迈进。实际上，早在"记忆之场"（Lieux de Mémoire）的概念出现在德意志思想语境之前，③ ADB 就已经开始了塑造"民族纪念

---

① Rochus von Liliencron, Franz Xaver von Wegele, "Vorrede", S. VI.
② 本文涉及的图表与地图，除非特别说明，全部由笔者根据 ADB 的数据制作而成。
③ "记忆之场"的概念由法国历史学家皮埃尔·诺拉（Pierre Nora）提出，意指通过对记忆场所的研究，探寻残存的民族记忆，以期找回法兰西群体、民族和国家的认同感和归属感，中译本见［法］皮埃尔·诺拉主编《记忆之场》，黄艳红译，南京大学出版社 2015 年版。关于德语学界"历史记忆"研究也有阿斯曼（Aleida Assmann）、尼佩尔代（Thomas Nipperdey）等人的推动。2001 年，舒尔茨（Hagen Schulze）等学者开始编撰德意志历史语境下的"纪念地"（Erinnerungsorte），参见 Étienne François, Hagen Schulze, Hrsg., Deutsche Erinnerungsorte, München: Beck, 2001.

碑"(nationales Denkmal)的种种努力,"通过历史人物来呈现德意志在历史、学术、艺术、经贸等领域的发展"①。

ADB 除了能够折射出史学观念的变迁之外,我们还可以用"群体传记研究"(Prosopography)的思路对历史人物进行解读。在西方史学传统中,向来就存在把具有相似出身、经历、思想、职业等群体并置在一起进行书写的习惯,如《圣经》的使徒列传、普鲁塔克的希腊罗马名人传、中世纪的圣徒传等。②在学术的意义上,"群体传记"的概念在 1743 年就出现了,20 世纪 70 年代劳伦斯·斯通对这个概念的内涵给出了简洁的定义,他这样写道:"群体传记通过对历史上一群行动者经历的集体研究,探索这一群体具有共性的背景特征。"③简而言之,"群体传记"关注某个社会群体的共性特征,研究者对相关群体提出一组相同的问题,通常需要收集被研究对象的姓名、生卒时间、地点、婚姻与家庭、社会出身、职业、教育背景、宗教信仰等信息。④通过对各类信息的并列组合,研究者试图发现变量之间的内在关联,由此找出思想史、建制史或历史演进的潜在模式。"群体传记"作为一种研究方法,对于厘清社会结构和社会变迁等问题,往往具有很强的说服力。随着电脑技术的进步,群体传记研究方法更加容易落实,不论是构建人物数据库,⑤还是把地理信息系统(GIS)运用到历史人物的研究中,⑥都能够看到数字人文技术与群体传记方法的相互配合。

不过,在运用群体传记方法对《德意志人物志》进行数据挖掘之前,有必要作一些预先的限定。首先是 ADB 的代表性问题。虽然

---

① Hans Günter Hockerts, "Vom Nationalen Denkmal zum Biographischen Portal", *Akademie Aktuell*, Heft 2, 2008, S. 19.
② 国内已经有学者对英格兰乡绅群体进行了研究,参见陈日华《近代早期英格兰的"乡修志"现象》,《世界历史》2017 年第 4 期。关于"群体传记"的介绍,见该文第 50 页。
③ Lawrence Stone, "Prosopography", *Daedalus*, Vol. 100, No. 1, 1971, p. 46.
④ 刘兵:《关于科学史研究中的集体传记方法》,《自然辩证法通讯》1996 年第 3 期。
⑤ Donald Jackman, "German Prosopography of the Central Middle Ages and the Advent of Data Analysis", *History and Computing*, Vol. 12, No. 1, 2000, pp. 23–29.
⑥ Peter K. Bol, "GIS, Prosopography and History", *Annals of GIS*, Vol. 18, No. 1, 2012, pp. 3–15.

ADB 收录的人物在绝对数量上并不少，时间跨度也涵盖各个时期，但显然不是"全体德意志人"；虽然也收录了所谓"非凡的小人物"，比如激进的鞋匠，① 但往往也是由于他们参与政治活动、进行文学创作或者宗教思想等事迹载入史册，而非单纯的"鞋匠"身份。因此，"沉默的大多数"在 ADB 里毫无踪迹可循。从统计学的角度看，《人物志》是样本量非常小的数据集，如果我们试图用"以小见大"的方式来描述宏观层面的德意志历史，或许违背了统计学的科学性。然而，史学研究的规范模式在于，任何结论都要有史料支撑。所以，如果我们并不奢望用 ADB 的样本量来建构"全体德意志"的宏大叙述，这种定量的挖掘就并非毫无价值。而且非常遗憾的事实在于，任何历史问题的探寻，都不可能穷尽所有史料，搜集到尽善尽美的文献，专业历史学家都应该懂得如何在残缺的材料中按图索骥。

从另一个角度说，ADB 的体量确实比不过《中国历代人物传记资料库》（CBDB），② 但它成为人物群体显然不是偶然的。如前所述，两万多名德意志人物被搜罗进来，是经过编撰者裁剪的结果，这个极其主观的梳理，构建的当然是德意志主流历史学家关于德意志人物的想象。在长达 30 多年的编撰工作中，先后有近 1850 名学者贡献了自己的智慧，③ 让这样一个历史人物"共同体"的面向极其复杂与多元，但它究竟有哪些属性，存在哪些未知的隐秘信息，其实并没有出现在历史研究者的问题意识中。我们试图通过技术手段把类似的追问暴露出来，或许能够为其他研究者提供思考的灵感。

---

① 霍布斯鲍姆在研究"激进的鞋匠"时，提到德意志同样存在积极参与政治斗争的鞋匠群体，参见［英］艾瑞克·霍布斯鲍姆《非凡的小人物》，王翔译，新华出版社 2001 年版，第 28—73 页。ADB 至少为 8 名鞋匠作了传记，其中比较有代表性的人物是反抗普鲁士占领布雷斯劳的杜博林（JohannChristian Döblin），参见 Colmar Grünhagen, "Döblin, Johann Christian", *Allgemeine DeutscheBiographie*, Band 5, 1877, S. 274, https://www.deutsche-biographie.de/pnd135697964.html. 访问时间：2018 年 5 月 28 日。

② 截至 2018 年，CBDB 已经收录了超过 41 万个历史人物的传记资料，参见徐力恒《中国历史人物大数据》，《中国计算机学会通讯》2018 年第 4 期。

③ F. A. Stafleu, "Review, Allgemeine Deutsche Biographie", p. 440.

二 群像的描绘

ADB 收录的每个历史人物都是一个鲜活的个体,但是他们聚合在一起,就成了一个整体。我们试图以"只见森林,不见树木"的鸟瞰视角,从整体上为 ADB 的历史人物作群像素描,来描摹他们的共性特征,勾勒"德意志人"的剪影。

(一) 人口学的统计

基于常识,我们就能够理解 ADB 收录历史人物的时段分布并不均匀,这需要我们在进行量化分析时做一些取舍。从图 2 可以看到,虽然 ADB 涉及的人物最早可上溯到公元 1 世纪,但是在 14 世纪之前历史人物的数量过于稀疏,并不具备统计价值,因此不会成为我们研究的重点。

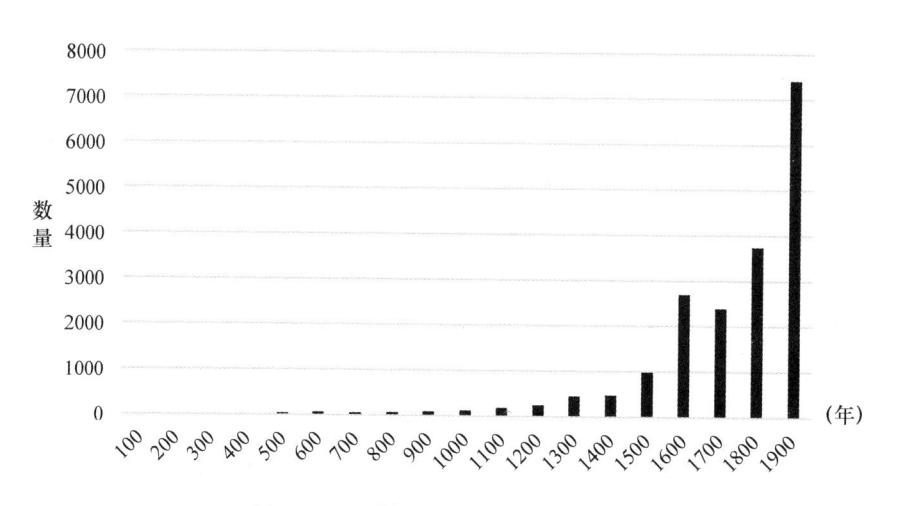

图 2 ADB 收录历史人物的年代分布

如果我们试图透过 ADB 了解德意志社会的普遍状况,或许会南辕北辙。毫无疑问,人物志的编者有自己的一套主观标准来筛选收录对象。如果要兑现兰克所谓"著名德意志人"的要求,ADB 显然无法涵盖平头百姓。所以，基于这种特异性样本的量化分析，只能让我们看到德意志语境中社会中上层的状态。这是我们时刻需要注意的前提。另外，参与ADB编撰的都是职业历史学家，他们经过科班的学术训练，当然懂得ADB需要提供准确的信息才具有价值。对于收录的历史人物，编者都经过多方考证，力图信息的完整和准确，但仍然无法排除有些数据存在缺漏，比如，生卒年份等人口信息。我们在使用的过程中，将尽量剔除那些明显模糊的、有歧义的信息。

群体传记特别在意人物寿命的趋势。整个ADB收录的历史人物将近26000名，生卒年信息准确的辞条达到2万人，平均寿命数值为63.29岁。这个数字或许远远超出我们对历史真实的想象。不同学者根据多种信息来源，对欧洲历史上人口状况有过宏观层面的描绘。总体上看，欧洲人的平均寿命一直在低水平上缓慢增长，古典时代的平均寿命只有18岁，中世纪达到20岁，18世纪提升到30岁，直到一战结束的20世纪初，欧洲人的平均寿命也只有55岁。[①] 如果我们将空间范畴缩小到德意志，时间截至19世纪，ADB当中历史人物的平均寿命仍然比总体德意志人的平均数高出不少。按照有学者的估算，德意志帝国建立后普通德意志人的寿命为35.6岁；[②] 根据另一些学者的数据，如图3所示，19世纪的平均寿命也只有39.46岁，而ADB的数值高达62.94岁。实际上，2015年一项对30万历史名人的研究明确表明，在长达几千年的历史进程中，普通人的平均寿命明显低于历史名人，后者在工业革命之前就开始有比较显著的预期寿命提升，比普通人群的寿命提升开始得更早。[③]

当然，具体到个别历史人物，总是存在超出平均值的个案。长寿

[①] Thomas L. Baier, *Lebenserwartung im Mittelalter*, http://www.dorfling.de/index.php/home/dorflinger-blog/beitraege-von-dorflinger/67-lebenserwartung-im-mittelalter. 访问时间：2018年5月28日。

[②] Reinhard Rürup, *Deutschland im 19. Jahrhundert*, 1815–1871, Göttingen: Vandenhoeck & Ruprecht, 1992, S. 28.

[③] David de la Croix, "The Longevity of Famous People from Hammurabi to Einstein", *Journal of Economic Growth*, Vol. 20, No. 3, 2015, pp. 263–303.

者中，有 1 位百岁老人，① 90 岁以上的高寿者接近两百人（他们主要分布在十八九世纪）；活了 83 岁的歌德，活了 74 岁的弗里德里希大王（Friedrich der Große，1712—1786），用现在的观点看，都算得上高寿之人。同样也存在英年早逝的历史人物，其中包括莫扎特；② 更有许多还未成年就已夭折的王室成员，比如不伦瑞克（Braunschweig）公国的王子海因里希（Albrecht Heinrich，1742—1761），由于意外伤害，不满 20 岁就去世了。③

图 3　德意志人的平均寿命④

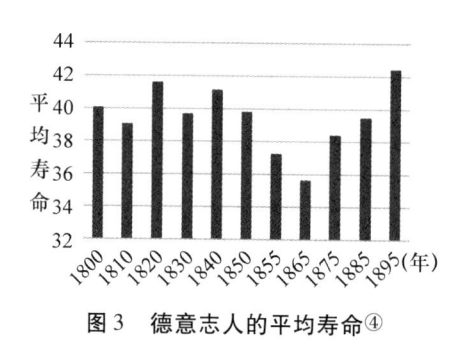

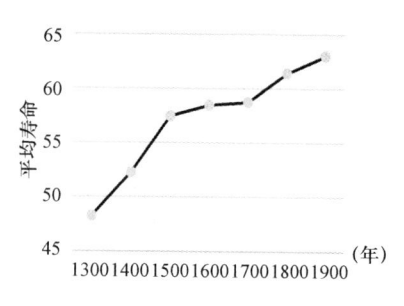

图 4　ADB 的平均寿命

我们似乎可以想象出造成这种差异的原因。全体德意志人的平均

---

① 完全依据 ADB 数据的话，百岁老人有四位。但是，许多信息存在谬误，比如 ADB 收录了一位名叫阿让托（Argentau）的军官，享年 105 岁，参见 Wilhelm Edler von Janko, "Argentau, Eugen Graf von", *Allgemeine Deutsche Biographie*, Band 1, 1875, S. 524, https://www.deutsche-biographie.de/gnd138541205.html. 访问时间：2018 年 5 月 28 日。实际上，ADB 弄错了阿让托的出生年，不是 1714 年，而是 1743 年。所以，比较没有争议的寿星是享年 100 岁的法学家、政治家戈尔曼（Heinrich Dietrich von Grolman），参见 Teichmann, "Grolman, Heinrich Dieterich von", *Allgemeine Deutsche Biographie*, Band 9, 1879, S. 713, https://www.deutsche-biographie.de/pnd11686298X.html. 访问时间：2018 年 5 月 28 日。

② 参见 Ludwig Meinardus, "Mozart, Wolfgang Amadeus", *Allgemeine Deutsche Biographie*, Band 22, 1885, S. 422 – 436, https://www.deutsche-biographie.de/gnd118584596.html. 访问时间：2018 年 5 月 28 日。

③ Ludwig Ferdinand Spehr, "Albrecht Heinrich", *Allgemeine Deutsche Biographie*, Band 1, 1875, S. 265, https://www.deutsche-biographie.de/gnd104183764.html. 访问时间：2018 年 5 月 28 日。

④ 数据来源：Arthur E. Imhof, Hrsg., *Lebenserwartungen in Deutschland, Norwegen und Schweden im 19. und 20. Jahrhundert*, Berlin: Akademie - Verlag, 1994, S. 411.

寿命被占总人口绝大多数的普通人拉低，他们是沉默的大多数，过着平凡的生活，没有什么丰功伟绩值得被纳入 ADB。这个群体要从事艰苦的体力劳动，但只能生活在"简陋的泥棚或木棚中，用茅草作屋顶。他们的食物只有黑麦面包、麦麸粥、豌豆、扁豆；饮料只有水或者乳清；身穿毛毡蔽体御寒"①。毫无疑问，这样的生活条件根本无法保证良好的寿命预期。社会阶层的不平等导致健康水准的不平等，已经是现代社会学通过大量数据得出的结论。② 虽然这样的研究主要基于工业革命之后的数据，但是我们有理由相信，同样的原理可以解释前工业化时代贫富差距引发的健康差距。在前现代的德意志社会，抢掠、战争、天灾等都可能引发农业歉收，由此带来的营养不良是底层民众的常态，考古学家发掘中世纪墓穴中的尸骨显示，佝偻病在民众当中相当普遍，而它是与缺乏饮食紧密相关的疾病。③ 总而言之，整个社会食物短缺，贫穷之人受到的冲击更甚，良好的生活习惯无从谈起，更容易出现心血循环系统方面的严重疾病。④ 如果说这些因素是决定生命质量与寿命长短的重要因素的话，那么 ADB 当中历史人物的物质条件、生活方式等要比同时代的普通人领先是不争的事实，由此造就了寿命的不同也就是水到渠成的结果。

贫富差距引发的健康差距一直没有得到很好解决，从 18 世纪 70 年代开始，德意志出现了一股"民众启蒙"（Volksaufklärung）浪潮，其核心宗旨是企图改善乡村民众的生活方式，达到提升民众生存质量的目的。民众启蒙思想家开出的药方包括：在农业生产方面进行技术革新，以此提高粮食产量来消灭贫困，以及向乡民推广公共卫生知识与健康的生活习惯。为此，德意志印刷业迎来了"民众读物"的出版热：据统计，到 1800 年左右，与医学知识、卫生习惯相关的读物

---

① Johannes Janssen, *History of the German People at the Close of the Middle Ages*, Vol. 4, London: Paul, 1900, pp. 358 – 359.

② Patrick Bernau, "Soziale Ungleichheit: Arme Menschen sterben früher", *Frankfurter Allgemeine*, 4.3.2016, http://www.faz.net/aktuell/wirtschaft/arm – und – reich/soziale – ungleichheit – arme – menschen – sterben – frueher – 14105632.html. 访问时间：2018 年 5 月 28 日。

③ Ernst Schubert, *Essen und Trinken im Mittelalter*, Darmstadt: Wissenschaftliche Buchgesellschaft, 2016, S. 13.

④ Robert – Koch – Institut, Hrsg., *Armut und Gesundheit*, GBE kompakt 5/2010.

达到1000种,可见启蒙思想家的热情。① 这个历史现象从一个侧面反映启蒙精英(大多数人在 ADB 中占有一席之地)有他们所认同的、健康的生活方式,也是他们的人均寿命远远高于普通民众的重要原因。

社会上层人物与普通百姓之间的差异不仅仅体现在寿命的绝对数值上。我们从历时性维度,可以看到两个群体在宏观层面的巨大差异。图4表明 ADB 群体在平均寿命上是一个缓慢增长的态势,这个画面似乎与我们熟悉的历史背景不太贴切。我们能够理解的德意志人口的演进过程,具有明显的断裂与延续的阶段,如图5所示,在神圣罗马帝国历史上存在两次明显的人口锐减,适逢黑死病的肆虐以及三十年战争的侵袭:德意志地区至少20%的人口减少与黑死病直接相关,而由三十年战争引发的人口锐减达到20%—45%,有些地区如符腾堡(Württemberg)甚至损失3/4的人口。② 令人感到困惑的是,给德意志带来沉重打击的三十年战争,对 ADB 人物的影响几乎可以忽略不计;令人闻风丧胆的黑死病在 ADB 当中似乎没有呈现;至于其他一些烈性传染病,比如天花,也选择性地隔离于社会上层。根据我们的统计,在整个 ADB 的2万多人名中,死亡原因跟天花直接相关的只有不到11人。③ 反而有大量医生由于在对抗天花传播、改善疫苗接种等过程中发挥了巨大作用而被收录到 ADB,比如维尔德(Peter Wilde,1732—1785),年轻时本有志于法学研究,后来感染天花,

---

① Heidrun Alzheimer–Haller, *Handbuch zur narrative Volksaufklärung. Moralische Geschichte 1780–1848*, Berlin: Walter de Gruyter, 2004, S. 57.

② 参见 Geoffrey Parker, "Crisis and Catastrophe: The Global Crisis of the Seventeenth Century Reconsidered", *American Historical Review*, Vol. 113, No. 4, 2008, p. 1058. 三十年战争带来的损失存在地区差异,参见 John Theibault, "The Demography of the Thirty Years War Re–Revisited: Günther Franz and His Critics", *German History*, Vol. 15, No. 1, 1997, pp. 8, 16, 20.

③ 当然,根据史料记载,也有不少上流社会的成员罹患天花等恶性传染病,甚至会导致整个家族的灭亡,比如萨克森—阿滕堡(Sachsen–Altenburg)的公爵威廉三世(Friedrich Wilhelm Ⅲ),年仅15岁就死于天花。但总体而言,上层人物抵抗疾病的能力要强得多,参见 August Beck, "Friedrich Wilhelm Ⅲ", *Allgemeine Deutsche Biographie*, Band 7, 1878, S. 794, https://www.deutsche–biographie.de/gnd118953346.html. 访问时间:2018年5月28日。

痊愈后弃文从医，开设医院，治病救人，并建立了自己的印刷厂，推广当时最先进的天花治疗方法。①

ADB 的人物，极少从事直接的劳动生产，却分享了最大多数的"蛋糕"，让他们具备了享受良好生活方式的条件，生命质量与寿命预期均有品质保障，成为社会进步实质的获益者。ADB 呈现出来的人物寿命数据，直白地暴露出历史最残酷的一面：民众往往是战争、瘟疫等天灾人祸首当其冲的牺牲品，普通民众被历史的车轮无情碾压，连一份文字记录都未曾留下来，最终成就了 ADB 量化分析中的数据模型。

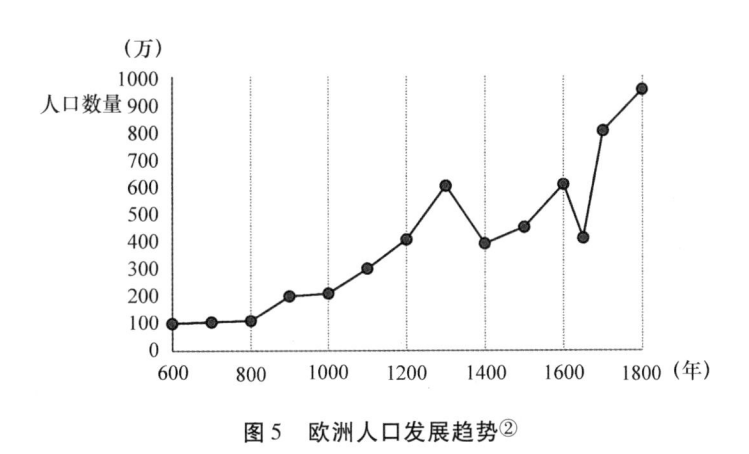

图 5　欧洲人口发展趋势②

职业是否也是影响预期寿命的因素？这个角度非常有意思，但统计起来存在难度。首先，许多历史人物的职业身份是多重的，比如莱布尼茨，他作为哲学家、数学家、外交官等身份在历史上都留下了印记。好在这些职业尽管在专业技能上存在诸多差异，但都可以归到"专业人员"的大类属性下。对于其他具有"跨界"身份的 ADB 人物，我们归纳出世俗贵族、宗教人士、专业人员以及手工业者等四个

---

① Ludwig Stieda, "Wilde, Peter Ernst", *Allgemeine Deutsche Biographie*, Band 42, 1897, S. 496 – 498, https://www.deutsche-biographie.de/gnd102668981.html. 访问时间：2018 年 5 月 28 日。

② 数据来源：Hagen Schulze, *Germany: A New History*, Cambridge, M.A.: Harvard University Press, 1998, p. 38.

类型，以最大可能地涵盖不同的身份。在把平均寿命与职业类型进行关联之后，我们得到如下数据：

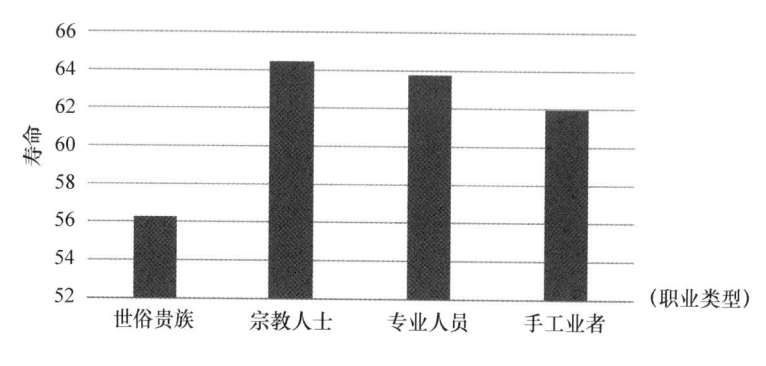

图6　职业与平均寿命

图 6 揭示的信息非常有趣，有一些符合我们的常识判断，比如手工业从业者比专业人员的平均寿命要低，但也有一些现象让我们感到意外：德意志的世俗贵族是平均寿命最短的群体。毫无疑问，世俗贵族是德意志历史上享尽各种特权的一类人，但政治特权并没有直接兑换为良好的生命预期。反观宗教人士，虽然他们舍弃了尘世的一些权利，却收获了较高的生命质量，或许也是一个不错的取舍。相比较而言，专业人员和手工业者凭借一技之伴生，过着小富即安的稳定生活。

当然，世俗贵族与宗教人士在寿命上的差距令人费解。因为在神圣罗马帝国，乃至整个欧洲文化中，贵族与神职人员的边界其实非常模糊。神职人员，特别是主教、修道院长等享有一定宗教权力的教会诸侯，往往是贵族出身，更有亲王主教（Fürstbischof）这种兼顾世俗统治权与教会控制权的身份。在贵族家庭的政治实践中，长子继承贵族头衔，次子就不得不去教会。宗教改革时期的威廉（Wilhelm）家族就是如此，威廉五世（Wilhelm der Reiche，1516—1592）是尤里希—克莱维—贝格联合公国（Vereinigte Herzogtümer Jülich - Kleve - Berg）的第二代继承人，他的长子卡尔（Karl Friedrich，1555—1575）最初继承了公爵爵位，甚至被当时的罗马教宗寄予厚望，意图对抗新教势力。可惜卡尔英年早逝，已经在明斯特（Münster）担任主教的弟弟约翰（Johann Wilhelm，1562—1609），放弃了在教会进一步晋升的机会，回到家族继承公爵头衔。① 所以，像约翰这样具有跨界身份的人，如何将其归类，一定会影响两类群体的状况。我们用他们最终的身份作为归类的依据。

如何去解释贵族群体的短寿现象非常具有挑战性。有一个显而易见的原因，这是由传记编撰者刻意选择的结果。贵族与其说是职业，不如说是一种身份，一出生就能获得；但是像科学家、手工业者等职业，需要经历足够长的专业训练，一定要在成年之后获得业务头衔；即便是宗教人士，也往往要等到成年后才有机会。所以，未成年而夭亡的历史人物，基本上都是贵族出身，他们被收录到 ADB，拉低了这个群体的平均寿命。例如，乔治·威廉（Georg Wilhelmvon Liegnitz，1660—1675）继承了皮雅斯特（Piasten）王朝的血脉，当年只有 15 岁，去世时同时兼任利格尼茨（Liegnitz）、布里格（Brieg）的公爵。② 威廉之所以能够被人物志收录，完全由于他的公爵身份，因为这个年纪在平常人家，还看不出将来要成为学者还是修士。简言之，ADB 当中贵族群体的平均寿命最短，或许并不是因为贵族更加短寿，而是因为他们的数据更加准确。而其他类属的群体，没有那些拉低平均值的人物，因此造成人均寿命更长。当然，单纯只有这个因素不可能导致平均寿命的差距高达 6 年。如果把那些未成年就夭折的人物排除（18 岁成年），平均寿命仍然是贵族群体最低。我们还需要找寻其他解释。

从基因、遗传的角度能够解释得通吗？毕竟，欧洲贵族家族间的通婚非常频繁，一些隐性的遗传疾病，在经过几代人的发酵后，会以强大的方式显现出来。比如，源自维多利亚女王的血友病基

---

① 参见 Felix Stieve，"Johann Wilhelm"，*Allgemeine Deutsche Biographie*，Band 14，1881，S. 228 - 230，https：//www. deutsche - biographie. de/gnd129674850. html. 访问时间：2018 年 5 月 28 日。

② Carl Krebs，"Georg Wilhelm"，*Allgemeine Deutsche Biographie*，Band 8，1878，S. 696 - 698，https：//www. deutsche - biographie. de/gnd115395792. html. 访问时间：2018 年 5 月 28 日。

因，曾经困扰许多欧洲皇室。① 然而，正如上文提到的那样，贵族与神职人员在很大比例上来自同一个阶层，具有相似的身体素质，人均寿命应该差别不大。所以，从生理学角度进行解释，并不能说明问题。

因此，生活方式反而成为影响生命周期的重要原因。在很多情况下，世俗贵族与宗教人士来自同一个社会阶层，但两种身份带来的生活方式的差异却是显而易见的。世俗贵族常常以各种理由举行庆典活动，每逢庆典必定有盛宴，音乐和杂耍，② 酒肉穿肠过的纵欲早就透支了健康，还要面对各种钩心斗角的政治博弈，宫廷社会并不是一个理想的生活场景。教会框架下的宗教人士并非伏尔泰笔下只会"吟唱、吃喝、消化"③ 的慵懒之士，修道院的生活规律而单纯，食物只为果腹，而不是为享口腹之欲，还有各种宗教的清规戒律所要求的禁食；"祈祷与劳动"的传统让修士的日常生活充盈着祷告、读圣经、手工劳作等属灵的维度，令人无暇顾及俗务的羁绊。总而言之，入世与出世的状态，带来的是两种不同的生活意境，也意味着两种不同的生命预期。

这个假设也可以找到科学研究的依据。大量的心理学、医学、社会学研究从不同角度证明，社会关系对人的寿命会带来直接影响。良好的社会关系、适度的人际交往会让人享有比较健康的生活质量和比较长的生命预期，而紧张、矛盾、焦虑的社会关系则给人的生命周期带来负面影响。④ 钩心斗角的人际关系除了带来心理上的负资产外，也会给肉体带来实质性伤害：死于政治暗杀的比例，在贵族群体中显

---

① Evgeny Rogaev et al., "Genotype Analysis Identifies the Cause of the Royal Disease", *Science*, Vol. 326, No. 5954, 2009, p. 817.

② [德]汉斯—维尔茨·格茨：《欧洲中世纪生活》，王亚平译，东方出版社2002年版，第211—225页。

③ John Merriman, *A History of Modern Europe: From the Renaissance to the Present*, New York: W. W. Norton, 2010, p. 319.

④ Julianne Holt-Lunstad and Timothy B. Smith, "Social Relationships and Mortality Risk: A Meta-Analytic Review", *PLOS Medicine*, Vol. 7, No. 7, 2010, pp. 1-20; Yang Claire Yang and Courtney Boen, "Social Relationships and Physiological Determinants of Longevity across the Human Life Span", *PNAS*, Vol. 113, No. 3, 2016, pp. 578-583.

然高于其他类型。比如荷兰伯爵弗洛里斯五世（Floris V，1254—1296）在42岁时被谋杀，壮年而逝，其子约翰一世（Johann I，1283—1299）也未能摆脱政治暗杀的宿命，年仅15岁就死于政治斗争，① 荷兰伯爵的血脉甚至就此绝嗣。另有西方学者对欧洲国王寿命的长时段研究表明，皇族有非常高的暴力死亡率，22%的国王死于非命。② 由此可见，贵族身份其实是一个高风险职业。一个更加显著地影响贵族群体寿命的因素是战争。贵族的身份被赋予更多的责任，当政治斗争不得不用战争来解决的时候，贵族就化身为战士，成为保家卫国的天然承担者。由贵族身份而引申出来的义务，一直到一战还有延续。这场被称为"大战"的战争，消耗了欧洲贵族大批生力军。我们或许可以认为，在很多情况下，世俗贵族出逃进入修道院，恰恰是为了逃避血雨腥风的政治斗争，或者本身就是政治斗争的失意者而已；③ 但这种生活场景的转换，无心插柳柳成荫地让这些人士从紧张的人际关系过渡到相对静默的生活方式，从此改变了他们的生命质量。

（二）诞生—逝世地的网络模型

ADB当中历史人物的另外一组基本信息，是他们的出生地与逝世地。在数字人文研究领域，最为津津乐道的研究方法是社会网络分析（Social Network Analysis，简称SNA）。④ 但是，"社会网络"不应该被狭隘地理解为仅仅是人与人之间的交往，任何能够发生关联的事物，比如瘟疫的流行、观念的传播、商品的流通、信息的传递等，都能够

---

① P. L. Müller, "Florens V", *Allgemeine Deutsche Biographie*, Band 7, 1878, S. 126 – 129, https：//www. deutsche - biographie. de/gnd119360675. html. 访问时间：2018年5月28日。

② Manuel Eisner, "Killing Kings Patterns of Regicide in Europe, AD 600 – 1800", *British Journal of Criminology*, Vol. 51, No. 3, 2011, pp. 556 – 577.

③ 比如曾经当过查理大帝宠臣的艾因哈德（Einhard，770—840），在查理帝国解体后，不堪忍受宫廷的各种阴谋，主动退隐于塞利根施塔特（Seligenstadt）修道院，直到840年去世，参见 Wilhelm Wattenbach, "Einhard", *Allgemeine Deutsche Biographie*, Band 5, 1877, S. 759 – 760, https：//www. deutsche - biographie. de/gnd118529560. html. 访问时间：2018年5月28日。

④ 林聚任：《社会网络分析：理论、方法与应用》，北京师范大学出版社2009年版。

组成网络结构，值得我们关注。基于 ADB 的信息，不同历史人物从出生地到逝世地的走向，组成了一张最简单的网络，而且具有方向性；① 借助可视化工具，我们能够将其中隐秘的信息暴露出来，勾勒历史人物迁移的图景，从而推演德意志中心城市的生成。需要强调的是，ADB 中涉及的地名由于时间跨度大，还存在古今地名不统一等因素，无法实现所有地名——还原经纬度。本文的研究只考察可以找到经纬度信息的地名，虽然会损失很多数据，实属无奈之举，但这也能让计算结果更加精准。我们的统计显示，诞生地与逝世地都出现了相对集中的情况，即某些地点诞生了更多历史人物，或者某些地点更多的人在这里逝去。出生地涉及的地名有近 1900 个，远远多于死亡地名，后者不到 900 个，我们已经能够想象出一幅画面：ADB 的历史人物从"大德意志"区域内分散的地点，逐步向几个中心城市汇聚。我们把这些因素作为加权项体现在可视化图例中，制作成德意志历史人物的"出生地图"和"死亡地图"，获得了更多有趣的发现。

图 7 呈现的最直观信息是中心城市的凸显：莱比锡、德累斯顿、慕尼黑、柏林等城市诞生了更多 ADB 人物，也是死亡人数最多的地方。显然，从现代政治疆域看，维也纳、布拉格、巴塞尔、苏黎世、萨尔茨堡、柯尼斯堡等城市超出了联邦德国的范畴，但是它们出现在"出生地图"和"死亡地图"的排行榜，充分说明"德意志"范畴在历史上的纵深。ADB 编委无疑试图强调这些地点在历史上与德意志存在千丝万缕的联系，图 7 也让我们更加直观地认识到，"大德意志"与"小德意志"的竞争具有错综复杂的历史事实。值得强调的是，尽管有相对集中的中心城市的存在，但从整个德意志的范畴看，城市的分布与发展相对均衡。

巧合的是，通过从"出生地图"到"死亡地图"的流向分析，

---

① 我们的研究主要基于 ADB 的信息，对德意志历史人物的流动作了一个微观的案例分析。本文与希赫（Maximilian Schich）于 2014 年发表在《科学》杂志上的一篇文章有相似之处，希赫团队进行的是更加宏观的研究，时间跨度大，区域范围广，参见 Maximilian Schich, "A Network Framework of Cultural History", *Science*, Vol. 345, No. 6196, 2014, pp. 558-562. 我们的研究相互印证。

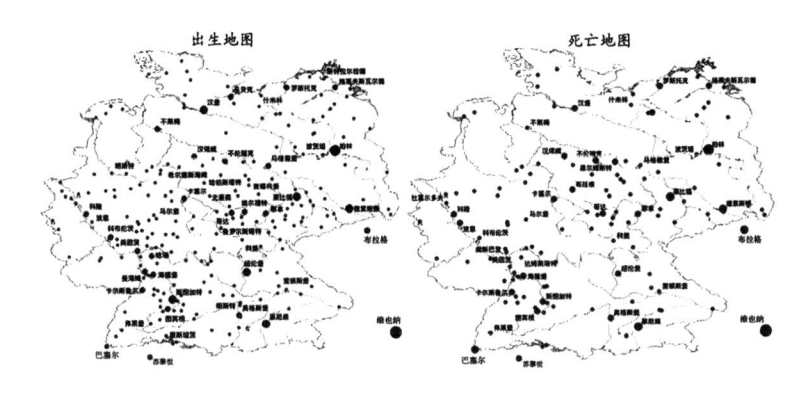

图7 德意志的"出生地图"与"死亡地图"

我们发现这个轨迹与德意志主要城市高度吻合。ADB 的人物有很大一部分人出生在乡村、名不见经传的小城、边陲地带，但他们最终选择在大城市建功立业。这个结果证明城市发展史上普遍存在的现象，人才的流动往往遵循从低到高的模式，逆向的流动极其罕有：大城市吸引了各路人才安家落户；聚集起来的人气，反过来又推动了大城市的不断发展。一波又一波新鲜移民的进入，让这样的大城市在历史的沉淀中越来越重要。

除了宏观意义上德意志中心城市的生成之外，我们还可以观察到一些细节信息。在把时间轴信息加入之后，我们发现：城市的吸引力随着时代而发生改变。对比 15 世纪与 18 世纪德意志的"死亡地图"，我们清晰地看到由南部向北部扩散的过程。这个趋势刚好对应着普鲁士的崛起，以及柏林逐步登上历史舞台：[①] 图 8 展现了柏林逐步演进为中心城市乃至于德意志首都的轨迹。不过，我们也可以从对照图中看到纽伦堡、维也纳长期占据着重要地位，在德意志城市发展演进的过程中不容忽视。

另外一个值得关注的因素是距离，即计算出生地与逝世地在地理空间上的长度，我们可以通过这个数据来分析历史人物流动性的时代

---

① Christopher Clark, *Iron Kingdom: The Rise and Downfall of Prussia, 1600 – 1947*, Cambridge, M. A.: Belknap Press of Harvard University Press, 2006. 中译本参见 ［英］克里斯托弗·克拉克：《钢铁帝国：普鲁士的兴衰》，王丛琪译，中信出版集团 2018 年版。

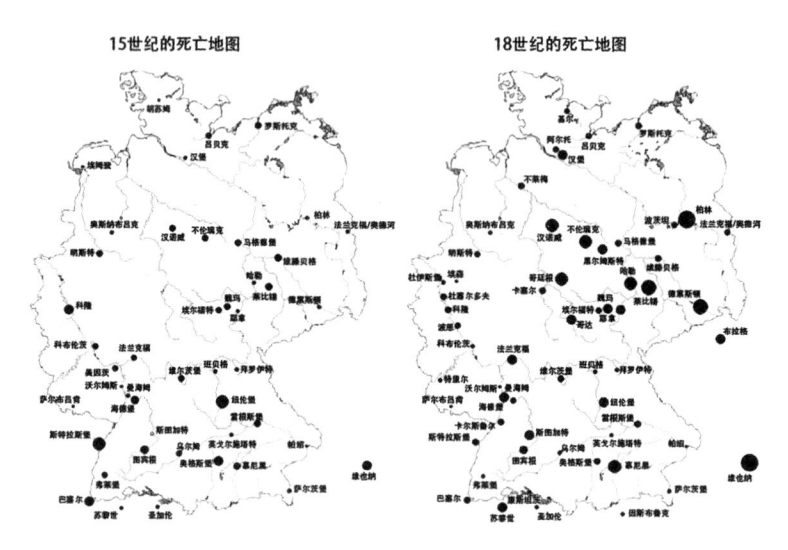

图8 15世纪与18世纪"死亡地图"对照

变迁。当然，这个数据存在天然缺陷，我们不能用它来推算历史人物的所有轨迹，因为许多历史人物在有生之年游历了不少地方，比如伊拉斯谟，出生在鹿特丹（Rotterdam），卒于巴塞尔（Basel），年轻时他在巴黎求学，后来游历剑桥、弗莱堡等地，① 地点转换的总长度，远远高于从生到死的单向度流动距离。同时，基于地理信息系统的经纬度坐标精度的不同，会影响距离的测算，结果的误差在若干千米之内都是常见的情形。不过，从出生到死亡的平均距离确实反映了人口流动性的增强，从13世纪开始，平均值从140千米逐步增长到19世纪的230千米。同时，整个ADB人物的生死距离的平均值为210千米，也高于普通民众的生活半径。据学者对中世纪社会史的研究，普通民众可能终其一生都在自己隶属的庄园、城镇，生活半径极其有限，唯一长距离的旅行可能只有朝圣。② 兴盛于18世纪的"大旅行"（grand tour）则是只有贵族才有财力与闲暇支撑的游历，意大利等胜

---

① 关于伊拉斯谟在弗莱堡的经历，可以参见王涛《"心怀二意"的伊拉斯谟？——以六年的弗莱堡生活为例》，《历史研究》2009年第6期。
② Mary Fulbrook, *A Concise History of Germany*, Cambridge: Cambridge University Press, 2004, p. 14.

地对歌德这样的 ADB 历史名人也充满吸引力。① 当然，进入 19 世纪后，随着火车和轮船等公共交通工具的普及，普通民众的活动空间也得以扩大，而这是技术发展带来的社会进步副产品，为各个阶层的人群带来了一种形式上的"平等、自由与文明"②。

另外，我们可以利用 RAG 数据库，③ 分析"大学生"这个具有代表性的群体，深度描绘他们的流动性。RAG 项目组发现了一个有趣现象：1472—1550 年间，神圣罗马帝国境内大学生的流动存在明显的由北向南趋势，④ 这个进程同德意志城市的"死亡地图"刚好相反。在大学生的流动过程中，英戈尔施塔特（Ingolstadt）成为重要的结点，背后的因素或许有政治的相似度，许多人更加认同哈布斯堡王朝的统治。当然，这个时间区间与宗教改革重合，也是让英戈尔施塔特大学变得更具吸引力的重要原因。大学恰好成立于 1472 年，是巴伐利亚地区得到罗马教宗特许开设的第一所大学，这奠定了大学的天主教立场。所以，宗教改革时期，与马丁·路德发生过激烈交锋的天主教对手艾克（Johannes Eck）在此任教（直到 1543 年去世），⑤ 让英戈尔施塔特成为反宗教改革的中心，也让信仰保守的天主教徒倾向于在此学习。

---

① 关于"大旅行"的简介，参见［美］彼得·赖尔《启蒙运动百科全书》，刘北成、王皖强编译，上海人民出版社 2004 年版，第 65—66 页。歌德的意大利之旅，中文节译可参见［德］歌德：《意大利游记》，周正安、吴晔译，湖南文艺出版社 2006 年版。

② ［德］沃尔夫冈·希弗尔布施：《铁道之旅：19 世纪空间与时间的工业化》，金毅译，上海人民出版社 2018 年版，第 117—120 页。

③ 我们在这个部分的分析使用了另外一个主题人物数据库，即 Repertorium Academicum Germanicum，简称 RAG，由瑞士伯尔尼大学（Universität Bern）以及德国的吉森大学（Justus - Liebig - Universität in Giessen）共同开发的数据库项目，收录了 1250—1550 年间在神圣罗马帝国境内大学注册、学习过的历史人物，是研究欧洲中世纪大学史的重要资料。根据最新统计，该数据库已经收录了近 5 万人的信息，参见 http://www.rag-online.org/

④ Christian Hesse, "Universitätsranking und Gelehrtenmobilität im Mittelalter", Akademie Aktuell, Heft 2, 2008, S. 15—18.

⑤ Adolf Brecher, "Eck, Johannes", Allgemeine Deutsche Biographie, Band 5, 1877, S. 596–602, https://www.deutsche-biographie.de/gnd11852870X.html. 访问时间：2018 年 5 月 28 日。

三　类型分析：职业变迁的时代特征

在对德意志人物群像作了素描之后，我们有必要对具体的人群作深度分析。职业身份是一个很好的切入点。正如前文提到的那样，ADB 当中涉及历史人物的职业名目繁多，许多人还具有跨界情况。为了方便分析，我们想到一个办法，对于具有多重职业身份的历史人物，就以 10 年为界，把所有从事过的职业都统计进来，以勾画一幅完整的职业图景，如图 9 所示。

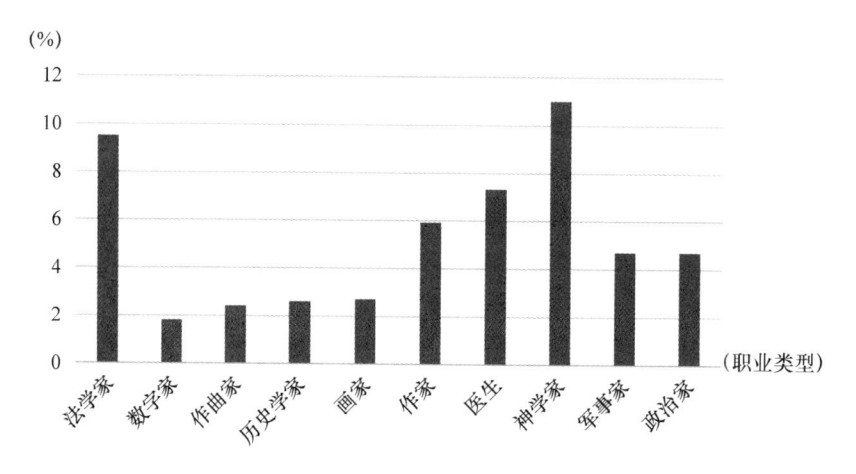

图 9　ADB 收录职业类别

我们发现一个有悖常识的现象。许多涉及德意志的现代通俗读物，往往把德意志描绘成哲学家的国度。这种错觉或许源自大众媒体的宣传，一些期刊推出的文化议题，会刻意强调德国古典哲学的价值，在各种评选德意志历史上最具影响力的人物排名时，马克思、康德等哲学家通常作为名列前茅的人物进入大众视野。另外，德意志从 18 世纪以来确实为人类的精神世界贡献了大批哲学家，西方文化的精神内核至今还要拜莱布尼茨等哲学家的思想体系所赐。然而，透过对 ADB 的观察，德意志盛产"哲学家"的表述似乎是一种神话，虽然从学术渊源上讲，"哲学家"同"神学家"有着千丝万缕的联系，但是 ADB 的编撰者给历史人物贴上不同的标签，必定有他们的充分理由。我们基于这样的数据，发现了这样的事实：在排名前十的职业中，"神学家"、"法学家"才是真正代表德意志人水准的职业（如果把作曲家、作家、画家等都贴上"艺术家"的标签，人数最多的职业其实是"艺术家"）。我们对于"神学家"脱颖而出并不感到意外，施特伊德林（Karl Stäudlin）早在 1804 年就提到德意志文化的一些关键特征，"德意志在总体上是非常宗教化的民族，他们对宗教问题的思考比其他民族更加深刻……没有哪个民族像德意志那样在宗教问题上投入如此多的精力、体验和耐心。"① 与此同时，除了医生、数学家算得上具有理科背景的群体，大部分德意志人都是文科背景出身，这个现象也证实了许多学者的猜测，德意志的立国是一群文人首先在纸面上构建起来的。②

就职业的整体状况而言，ADB 给我们提供了 10 世纪以来的丰富数据，如何从它们当中挖掘出有效信息？美国学者默顿（Robert Merton）用量化分析方法研究 17 世纪英格兰的职业状况，为我们带来了启示。默顿试图找到 17 世纪英国科学异军突起的原因，他通过职业转换的宏观研究发现，17 世纪英国科学的加速发展与当时英格兰社会精英的职业兴趣转移存在关联。③ 在德意志人物志的语境中，世俗职业的变化是否也能反映时代变迁的特性？为了分析方便，我们重点关注四类职业，它们分别是艺术类、人文类、宗教类以及科学类。

先看 16 世纪以前的职业状况：首先，宗教类职业一直居于强势地位，对德意志人的吸引力远远高于科学类工作，而且科学类工作在很晚才开始出现。

其次，人文类工作增速明显，特别是在 14 世纪人文主义革命兴起以后，其增长速度远远高于宗教类工作，大有赶超的意味。

---

① Karl Stäudlin, *Kirchliche Geographie und Statistik*, Band 2, Tübingen: Cotta'schen Buchhandlung, 1804, S. 324 – 325.
② ［英］乔治·皮博迪·古奇：《十九世纪历史学与历史学家》（上），耿淡如译，商务印书馆 2011 年版，第 249 页。
③ ［英］罗伯特·默顿：《十七世纪英格兰的科学、技术与社会》，范岱年译，商务印书馆 2009 年版，第 36—70 页。

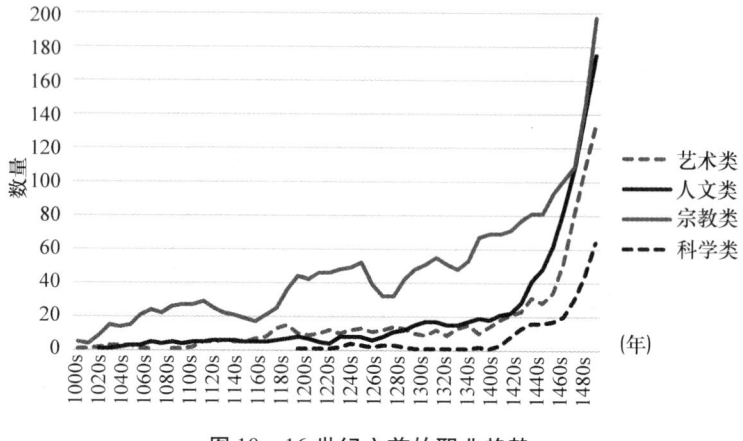

图 10　16 世纪之前的职业趋势

16—18 世纪近三百年的趋势也具有鲜明的时代特色，有几个时间节点尤其值得关注。宗教改革之前，宗教类行业对人的吸引力一如既往地强烈，大部分人选择了与宗教相关的职业；但是在宗教改革时期，艺术类的工作发展起来。

启蒙时代是一个全新时期，人文类工作变得时髦起来，很快就超过宗教的吸引力。科学类职业在三个世纪的时间长河里，一直不温不火地缓慢增长，终于在 18 世纪末，首次超过宗教类工作，这可以被

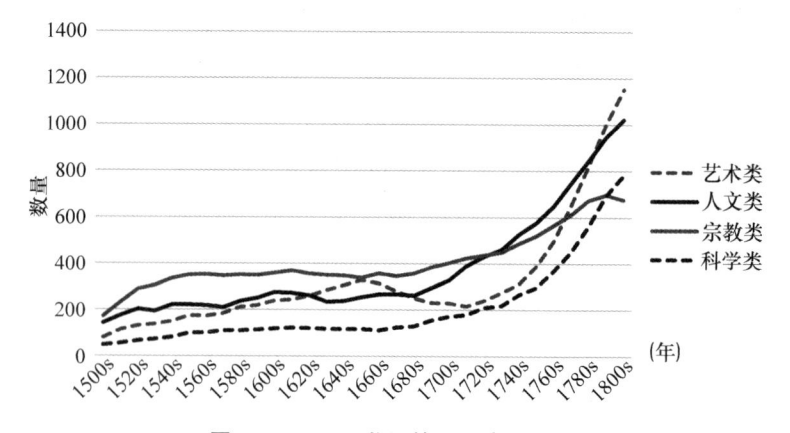

图 11　16—18 世纪的职业发展趋势

认为是启蒙运动的一项重要成果。但同默顿关于英格兰的研究进行横向比较，ADB 的职业变化曲线显示了德意志社会独特的风格，这或许是两种文化的差异在职业吸引力上的呈现。

对一些小众的职业群体而言，比如出版业、商业、手工艺等行业的人，他们与时代的变迁存在更加紧密的联系。在图 12 中我们看到了 15 世纪古腾堡的印刷术发明之后，出版类工作从无到有迅速发展的过程。据统计，到 1500 年，德意志的印刷出版社就超过 1000 家，[①]吸引了大量从业者。但在三十年战争期间，它也跟其他行业一样受到极其严重的打击。同样是在启蒙运动时期，出版类工作再度兴旺发达，出现了所谓的"媒体革命"，真正迎来了"图书工业"的春天。[②] 另外，我们也注意到商业类工作在 18 世纪后的迅速增长，它同"民众启蒙"的理念有暗合之处。启蒙思想家认为，国家的福祉跟民众的经济状况紧密相关，所以政府的首要工作是帮助民众实现财富增殖，商业活动得到空前重视，[③] 图 12 的趋势彰显了独特的时代面貌。

最后，我们还可以将历史人物的职业身份与"死亡地图"结合起来，发现城市的多重属性。我们选取了几个具有代表性的德意志城市，考察它们是否呈现出对不同职业的吸引力。预设的前提是，不同的职业能够展现城市的不同维度，通过计算在某个城市死亡的不同职业的人数，我们就能够实现对城市属性的描述。我们将统计的结果制作成图 13 的示例，获得了几项重要发现。

我们选择的这几个城市分布在德意志的不同区位，既有德意志的核心区域，也有"大德意志"范畴的巴塞尔以及布雷斯劳（Bres-

[①] Georges Renard, *Life and Work in Modern Europe*, New York: Routledge, 1996, p. 12.

[②] 在德意志地区，从 18 世纪中期开始，每年出版的新书逐年递增，到 1800 年，每年有 3560 本新书出版。可以说，图书工业的从业人员极大地推动了"启蒙"理念的传播，甚至带来了被学者称为"阅读革命"的现象：拉丁语的书籍由 18 世纪 40 年代的将近五分之一，降至 19 世纪初的区区 3.9%，神学类的书籍由超过半数，下降到不足 13%，参见 James von Horn Melton, *The Rise of the Public in Enlightenment Europe*, Cambridge: Cambridge University Press, 2004, pp. 86 – 92.

[③] Holger Böning, "Entgrenzte Aufklärung: die Entwicklung der Volksaufklärung von derÖkonomischen Reform zur Emanzipathonsbewegung", Holger Böning, Hrsg., *Volksaufklärung. Eine praktische Reformbewegung des 18. und 19. Jahrhunderts*, Bremen: Lumiere, 2007, S. 13 – 50.

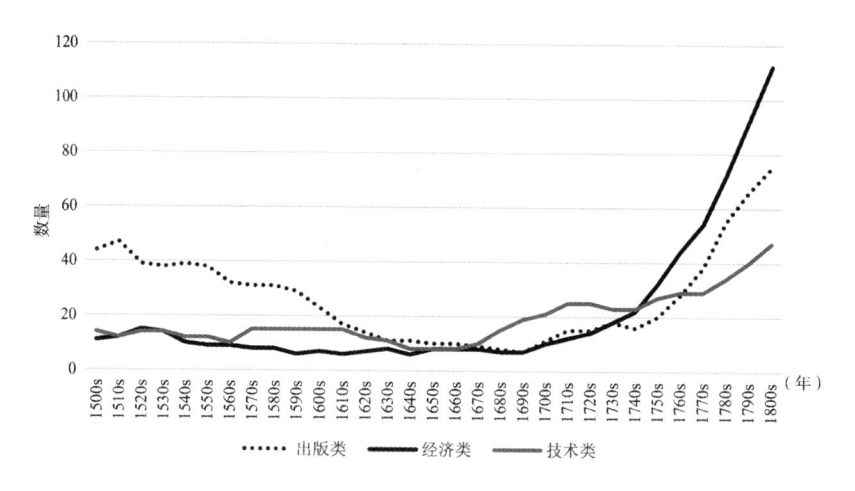

图12　其他行业的趋势

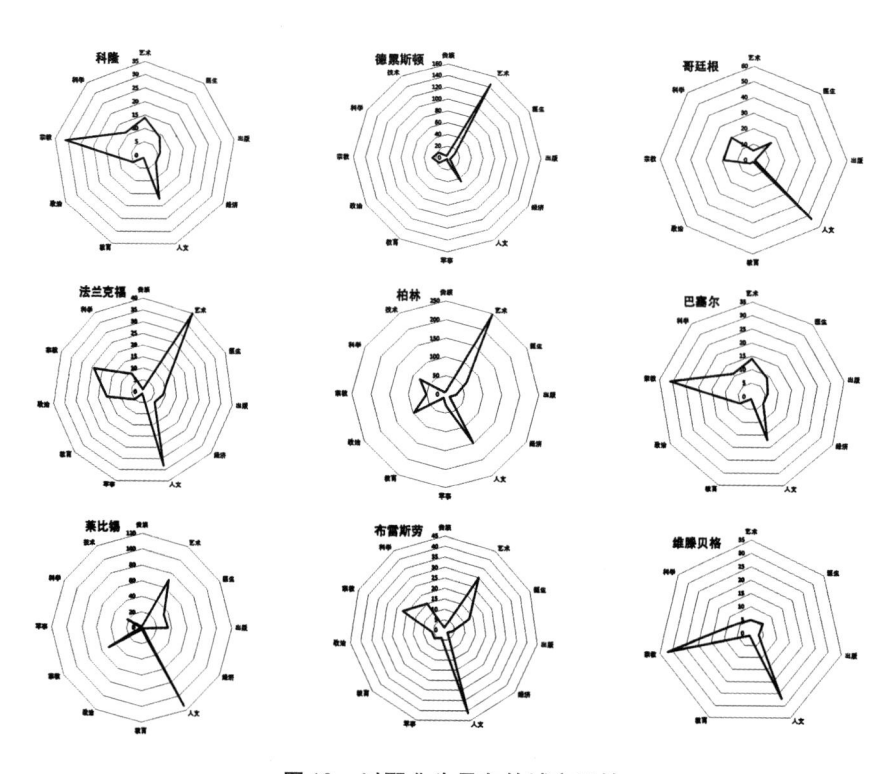

图13　以职业为导向的城市属性

lau），既有大都会如柏林，也有小城镇如维滕贝格（Wittenberg）。总体而言，德意志的城市发展比较均衡，对许多职业都有吸引力，展现了它们的开放度。然而，通过更加仔细的解读，我们找到了有趣的隐含信息：艺术家更倾向于选择大城市，比如柏林、法兰克福，而像德累斯顿这样的艺术之都，从历史的维度看也并非浪得虚名。哥廷根则汇聚了各路学者，成就了它作为"大学城"的意义，以及它在德意志大学史上的重要地位。① 而科隆大主教座堂在科隆的地位，也影响到这个城市的职业趣味；当然，作为神圣罗马帝国历史上重要的三大教会封建选侯之一，城市的宗教和政治维度得到了强化。柏林以及法兰克福贡献了不少政治人物，与它们在政治史方面发挥的作用不无关联。莱比锡则在德意志启蒙运动中扮演着重要角色，这里有大量的思想家以及出版商。②

结　　语

人物始终是推动历史演进的主角，传记资料是我们理解历史发展脉络的重要线索。所以，ADB 具有特别的示范作用，学界也越来越重视人物资料的整理工作。ADB 工程在 1912 年完结后，德国学界于 1953 年启动了 ADB 的升级补充版《新德意志人物志》（Neue Deutsche Biographie，NDB）。随后，在历史学领域还出现了试图囊括更广泛人物的传记资料汇编，包括运用数据库方法，将与人物相关的资料透过"关系型"数据库思维整合起来的努力，并用互联网的开放思维，实现相关资料的免费共享。在得到德国科学基金会（Deutsche Forschungsgemeinschaft，DFG）的支持后，德国学界开展了更加庞大的"德意志人物"（Deutsche Biographie，DB）计划，不仅扩大了"德意志人"

---

① Thomas Biskup, "The University of Göttingen and the Personal Union, 1737 – 1837", in Brendan Simms, ed., *The Hanoverian Dimension in British History, 1714 – 1837*, Cambridge: Cambridge University Press, 2007, pp. 128 – 160.

② Hazel Rosenstrauch, "Leipzig als Centralplatz des deutschen Buchhandels", in Wolfgang Martens, Hrsg., *Leipzig, Aufklärung und Bürgerlichkeit*, Heidelberg: Schneider, 1990, S. 103 – 124.

的外延（截至2015年，DB总计收录了50万历史人物的信息），① 还在技术形态上对人物传记的呈现方式进行换代，日益成为德语世界重要的"历史人物信息系统"②。毫无疑问，人物数据库愈庞大，数量愈丰富，能够说明的问题就愈详细。

不过，无论人物数据扩大到何种规模，其容量总是"残缺的"；它们在统计学上永远只能是"全体德意志人"的一个子集，对这个子集进行研究的价值难免会受到是否具有"代表性"的质疑。推而广之，这种质疑会连带地指向"数字人文"方法的有效性。从逻辑上看，数字人文的方法在实施过程中，只要数据是真实的，算法是合理的，哪怕得到的结果有极其严苛的前提，甚至以传统学者的眼光看来略显拙劣，也应当受到研究者的重视。与此同时，两万多历史人物的资料，或许并没有"大数据"的体量，但其中隐藏的信息，也不是用传统方法就能够轻易发现。从某种程度上说，对于以ADB为代表的历史文献而言，我们并不缺乏信息，而是缺乏发现有效信息的手段。所以，数字人文的一个重要价值在于，能够为研究者激活一种新的历史眼光，正如鲁滨孙（James Robinson）鼓吹"新史学"的概念，强调历史研究要综合借鉴包括自然科学在内的成果来分析历史问题一样，作为21世纪的史学工作者，我们也可以尝试让数字人文作为"历史的新同盟"③贯穿于整个研究之中，给历史阐释带来更多可能性的呈现。

需要强调的是，数字人文方法被运用到历史研究层面时，并没有谋求对历史问题作出"一揽子"的解决方案。与所有其他方法一样，它只能有限地解决某些问题。但是，数字人文能够带给我们新的历史眼光，对历史研究无疑是有益的尝试。当然，在具体的研究实践中，

---

① Matthias Reinert and Maximilian Schrott, "From Biographies to Data Curation: The Making of www. deutsche‐biographie. de", in BD2015, *Biographical Data in a Digital World*, Proceedings of the First Conference on Biographical Data in a Digital World 2015, Amsterdam, The Netherlands, April 9, 2015, CEUR Workshop Proceedings, Vol‐1399, pp. 13‐19.

② Hans Günter Hockerts, "Zertifiziertes biographisches Wissen im Netz. Die Deutsche Biographie auf dem Weg zum zentralen historisch‐biographischen Informationssystem für den deutschsprachigen Raum", *Akademie Aktuell*, Heft 4, 2012, S. 34.

③ ［美］鲁滨孙：《新史学》，何炳松译，上海古籍出版社2012年版，第44—58页。

真正具有挑战性的任务在于，如何将基于量化的结果转化为符合历史认知的解释，而不是生硬的相关性分析，①否则就有沦为数字游戏的危险。这需要研究者既尊重数字方法的客观性，又要有结合历史语境的想象力。

附识：方法与数据

本研究展开之所需数据，来自于《德意志人物志》这套工具书。笔者用 Python 编写代码，对文本化的数据进行了结构转换，将涉及的人物姓名、职业、生卒年、出生地等信息作为字段，用 Excel 制作成电子表格，形成一个小型数据库。本文所有涉及的统计研究，都基于这张 Excel 表格。如果有读者感兴趣，可以与笔者联系索要原始数据。

在方法上，本文采用最基本的统计方法，涉及的算法有平均值、统计频率等，都可在 Excel 中使用相应的函数实现。从数据分析的角度看，这是最低限度的一种"数据挖掘"。

"诞生—逝世地的网络模型"使用了"社会网络分析"的概念，用 Excel 作统计，最终用 QGIS 软件制图。

（原载《历史研究》2018 年第 5 期；王涛：南京大学历史学院教授。）

---

① 正如哈佛大学定量社会研究中心主任加里·金（Gary King）教授在某次演讲中提到的那样，在大数据时代，重要的是对数据进行合理分析，而不是大数据本身。参见 http://www.sipa.sjtu.edu.cn/info/1103/4391.htm. 访问时间：2018 年 5 月 28 日。如果研究者不能用恰当的方式分析数据，就会得出"人均鸡肉消费量"与"原油进口量"具有正相关的荒谬结论。

"王在法下"抑或"王在法上":中西学术视阈下的王权与法律关系研究

王 栋

摘 要:改革开放以来,中国史学界对中世纪英国史的研究逐渐深入。20世纪90年代,学界在唯物史观的指导下开始对中世纪英国政治史进行研究,并对王权与法律的关系进行了初步探索,形成了"王在法下"和"王在法上"两幅政治图景。这两幅图景的产生有着中国学界自身的学理根源,同时也存在对西方学术传统的继承与创新。解决王权与法律关系的学术争论,既需要理解唯物史观和中国经验指导下的中国学术史,也需要梳理西方的学理传统和学派争论,并在此基础上灵活地运用唯物史观和回到历史现场。

关键词:王权;法律;唯物史观;学术史;政治史

英国是第一个实现现代化的国家,英国史因而一直都是中国史学界讨论的重点。中世纪英国政治史是这一研究的重要方面,产生了具有中国视角的一系列研究成果。但是由于研究方法和观察视角的不同,学者的研究成果一定程度上存在歧异。一个并未言明的争论是中世纪英国国王与法律的关系。早期的英国政治史研究者将"王在法上"和"王在法下"争论归结为两种传统的矛盾,即日耳曼有限君权传统和罗马无限君权传统的矛盾。[①] 这一争论在中国史学界没有展

---

① 马克垚:《中英宪法史的一个共同问题》,《历史研究》1986年第4期。

开，而是形成了两幅并行不悖的图景。① 认为王在法下的研究者关注"英格兰'王在法下'法治理念的生成"②；反对王在法下的研究者批评"'王在法下'的浪漫想象"，试图对"中世纪英国'法治传统'再认识"③。这些研究虽然没有产生正面的论争，但其内在的张力不容忽视。学界需要进一步探究其中独特的问题意识和学理传统，以得出更为统一的结论。

一 两幅并行不悖的政治图景：王在法下和王在法上

王权和法律关系的命题，不仅涉及命题背后的史实考察，往往也蕴含着对概念的理解和论争。正是因为学者对法律的不同理解，才令他们的研究重点和研究思路各不相同。学者往往会考虑中世纪的法是习惯法还是制定法，进而分析法律与权力，法律与王权的关系。侯建新认为："法律，不仅仅作为一个约束人行为的规则体，而且包括法律活动和使法律得以运行的制度、程序、规范以及思想价值观念。"④ 因此他关注多元法律体系和多元司法管辖权，以及两者背后的教会、王权、城市、领主、商人等力量的相互制约。侯建新从庄园法开始分析，认为庄园法是习惯法，基于传统而非统治者的意志，可以有效地保障农民的生产生活。他援引马克·布洛赫的话："习惯法已经变成了法律唯一的有活力的源泉，甚至诸侯们在其立法中，也不过是要求对它加以解释而已。"此外英国庄园法从13世纪下半叶开始成文化，众多成文惯例散见于庄园案卷、庄头账簿、劳役惯例簿、货币租税清册和庄园土地估价册中。成文化的庄园法规对周工和劳役进行了细密

---

① 孟广林：《中世纪西欧的"法大于王"与"王在法下"之辨析》，《河南大学学报》2002年第3期；侯建新：《原始个人权利与西欧封建政治制度》，《河南大学学报》2002年第3期。
② 陈刚：《论英格兰"王在法下"法治理念的生成》，《比较法研究》2015年第5期。
③ 孟广林：《"王在法下"的浪漫想象：中世纪英国"法治传统"再认识》，《中国社会科学》2014年第4期。
④ 侯建新：《西欧法律传统与资本主义的兴起》，《历史研究》1999年第2期。

地规定，进一步减少了普通法本身的含混，限制了领主对权力的滥用。

在司法实践中，庄园法庭理论上是由领主主持，但在实践中庄头往往是实际主持者。佃户和农奴参与并进行审判，因为一个人的犯罪被认为是对共同体的犯罪。梅特兰称之为："在理论上，被告不是接受领主，而是接受法庭出席人全体的审判。"① 这些"诉讼参与人"如不能按时出席则会被课以罚款，法庭也可能因此延期。庄园法庭的一些案例显示领主处置农奴土地会遭到限制，农奴被认为享有一种程度较低的权利。此外，集体谈判、逃奴和起义也是维护农奴利益的重要手段。② 学者进一步强调了领主权力受限，认为"不仅领主与佃户发生的争议要经过法庭，即使是对庄园的日常管理也要经过法庭"。总体上，共同体实施的法律保障了农奴的权利，农奴也享有对外申诉的权利。③

在这样的理路下，王权也被认为是受限的，体现在国家机构和国王收入两个方面。政府是国王的"私人的政府"，国王在领地内设计政府，任命少数官吏，并由其个人支付所需费用。在很长时期内，全国性的中央行政管理机构和全国财政系统仍未建立，官员只是大臣和侍从。国王的生计则遵循"国王靠自己活"的原则，无论巡行就食，还是领地纳贡，消费品都来自国王领地之内。收入是国王领地的收入，生活则被认为与"私人的政府"一致，包括王室生活和政府开销。只有在战争等特殊情况下，国王才能从国民处征税，这也是征税协商制和"议会授予制"的由来。税收被认为只能应用于特定目的，并有少批和不批之案例。总之，国王在领地内受习惯法制约，在领地外受议会约束，王在法下。④

王在法下的基础则是个人权利，"以潜在的个人权利为核心的主

---

① Frederick Pollock, F. W. Maitland, *The History of English Law*, Vol. 2, Cambridge University Press, 1968, p. 593.
② 侯建新：《社会转型时期的西欧与中国》，高等教育出版社2005年版，第51—56、53—58页。
③ 王玉亮：《英国中世纪晚期乡村共同体研究》，人民出版社2011年版，第170—187页。
④ 侯建新：《社会转型时期的西欧与中国》，第58—61页。

体权利,是契约关系的基础与前提"。罗马的权利意识和马尔克公社传统影响了中世纪个人权利的形成,并在此基础上建立了封君封臣制,双方的权利义务关系被"原始契约"规定。基督教则进一步确认和维护了这种契约政治。《大宪章》被认为是国王与贵族的第一次成文约定,《牛津条例》和《威斯敏斯特法》将约定对象扩展到第三等级。同样领主和农奴佃户之间也有原始契约,在领主超经济强制下保留的个人权利是财富积累的理由。① 与此相对,否认王在法下的学者更强调法律的国家制定法的性质,探讨国家法律制度的建立和司法管辖权。马克垚先生从法律制定的角度探讨诺曼征服前的王权与法律关系。诺曼征服前的法律是找到的、收集的和共同讨论制定的,比国王更有权威。马先生同时也注意到史实和理念的背离。威廉一世之后国王多有违法之举,法律对国王的限制变成了力量对比问题。不过在观念上索尔兹伯里的约翰、格兰维尔、布拉克顿和福蒂斯丘都在一定程度上认为国王应该尊重和服从法律。②

孟广林则强调王权与法律的关系是事实问题而非理论问题。他更为广泛地分析了不同史家对"法"的不同理解,科恩这种受"宪政主义"影响的史家认为法律是"客观法律秩序",厄尔曼这种强调"封建"对王权制约的史家认为法律是"国王与臣属的契约",强调国王处于上帝神权之下的教会史家狄金森则强调法是神法。不过正如雷诺兹强调的"法律理想是一回事,它的实际运作又是另一回事",孟广林认为中世纪法学家的主张往往与历史实际相悖,不能作为判断王权地位与性质的主要依据。国王是实休法的制定者,享有"一种不可否认的最后命令的权力",法在王下是难以抹杀的政治现实。③

孟广林还分析了这一时期的政治理论。索尔兹伯里的约翰认为国王的权力来自上帝,具有正当性和神圣性。暴君是背弃上帝和神法的异教徒,是臣民邪行招致的结果,只能由上帝审判。"诛暴君"理论的关键不是反对君主,而是试图消灭王国政治动荡和社会混乱的根

---

① 侯建新:《社会转型时期的西欧与中国》,第136—140页。
② 马克垚:《中英宪法史的一个共同问题》,《历史研究》1986年第4期。
③ 孟广林:《英国封建王权论稿》,第371—379页。

源。约翰通过王权神授和诛暴君学说协调了当时的教俗矛盾。① 15 世纪福蒂斯丘区分了"王家统治"和"政治的和君主的统治",认为政治的统治意味着多数人同意的法律,君主统治意味着在法律基础上的单个人的统治。这样民众共同体构成王国,君权则是共同体的最高权威。福蒂斯丘还为整固君权提出了具体措施,他分析了国王开源节流的方法和必要性,并提出了国王咨议会的改革方案。福蒂斯丘突破了传统的神权政治和道德思考,强调法律和议会对君主权力的限制,但更多的还是试图重建君权。②

学者基于不同的研究理念和分析视角提出了王权与法律关系的不同命题。至此,我们可以看到两幅"体系广阔,视阈初成"③ 的中世纪英国政治图景。一方自下而上进行分析,从习惯法的保障出发,分析浸润国家的契约政治和法治精神,勾勒出一幅"王在法下"的光辉画卷。另一方自上而下分析,从国王的公共性出发,分析封建向心力和国家机构的建构,深描出另一幅"王在法上"的冷峻图景。两者相互独立,却又暗暗互补,理解和协调两者既要求我们回溯中国学界的问题意识和命题论争,又需要我们理解西方学术界的研究脉络。

二 双重图景的理论根源:问题意识、命题论争和比较视野

中国史学界的中世纪英国政治史研究为何会关注王权和法律的关系?又是如何研究王权和法律的关系?对此我们需要回溯中国史学界研究的学术史。因为政治史争论的产生不仅在于政治史本身,还受到中国史学界封建社会研究特殊的研究进路和研究视野的影响。改革开放以前英国中世纪史研究受政治影响相对少些,20 世纪 80 年代中世纪史研究和英国史研究渐趋繁荣,其中唯物史观指导下的封建社会研

---

① 孟广林:《试论中世纪英国神学家约翰的"王权神授"学说》,《世界历史》1997 年第 6 期。
② 孟广林:《试论福特斯鸠的"有限君权"学说》,《世界历史》2008 年第 1 期。
③ 这里借用了刘景华的描述,参见刘景华《视阈广阔,体系初成》,《史学月刊》2015 年第 7 期。

究是研究的焦点。

（一）问题意识与命题论争：唯物史观指导下的生产率和剥削率论争

在西方学术界，封建制度一直存在狭义和广义两种理解，分别以冈绍夫和布洛赫为代表。中国的马克思主义史学家则将封建社会理解为社会发展的某一阶段，关注封建社会的生产力和生产关系，但是一定程度上受苏联教条化史学的误导。改革开放以后，一批中世纪史学术前辈认识到"首先必须在史学研究的指导思想上正本清源，恢复马克思主义唯物史观的本来面目"，并"力图将唯物史观的基本原理化作用以观察、考量与分析具体历史现象的方法，去探讨中世纪史的重要问题"①。在唯物史观的讨论中，历史动力论首先获得了关注。② 吴于廑先生关注马克思的判断："只要农民有出售多余生产品的可能和为交换他不能生产的物品而有出售自己生产品的必要，他就会扩大这个生产可变量，就有可能导致新的经济发展，包括商业、市场、市集以至城市的兴起。"③ 庞卓恒先生也认为生产力的发展是社会发展和转型的关键，庞先生认为中世纪农民中的"多数或相当不少的一部分人在正常年景下可能有10%—20%的剩余率"，"农业劳动者的物质力量和精神力量的发展状况，决定着封建社会的面貌和他的历史命运"④。庞先生的思考反映出其深厚的唯物史观学养，认为"最终决定历史命运的力量是人民群众"⑤。马克垚先生则批评庞先生误将贝内托的计算当作波梁斯基的计算。在考察罗杰斯、格拉斯、贝内托、蒂托和科斯敏斯基等人的计算结果后，马先生认为庞先生低估了农户的受剥削量和口粮数量。

---

① 孟广林：《对我国世界中世纪史研究的历史回顾与存在问题的探讨》，《河南大学学报》1999年第6期。
② 吴英：《唯物史观与历史研究》，《历史研究》2008年第6期。
③ 庞卓恒：《开拓世界史新视野的第一创举》，《武汉大学学报》（人文科学版）1993年第4期。
④ 庞卓恒：《西欧封建社会延续时间较短的根本原因》，《历史研究》1983年第1期。
⑤ 庞卓恒：《新中国马克思主义史学发展历程》，《史学理论研究》2009年第4期。

双方争论的焦点首先是劳动生产率的高低。劳动生产率的计算方法是每亩地的产量乘以人均土地领有量。研究者都是在贝内托的基础上进行估算的。贝内托估计每英亩小麦的产量是9.12蒲式耳。① 马先生认为贝内托估计农民剥削和农民口粮过低，科斯敏斯基认为一个全份地农不过是饱受剥削的中农。蒂托是在波斯坦剥削率50%的基础上计算的，马先生则在蒂托的基础上计算出农民温饱的最低土地标准在两田制下是18英亩，在三田制下是13.5英亩。其中刚能生活和不足维持生活的占78%，无以生活的占45%。② 庞先生对波梁斯基的研究仍有所坚持，但至少认可贝内托的计算，贝内特的计算也为学界所认可。

在生产率基本确定的情况下，争论的焦点变成了剥削率的大小。庞先生的一个关键反驳是"怎能肯定农民份地的单产一定比领主自营地低呢"，并采用了马克思的论断：

> 例如，我们假定为地主进行的徭役劳动原来是每周两天，这每周两天的徭役劳动因此会固定下来，成为一个不变量，而由习惯法或成文法在法律上规定下来。但是直接生产者自己支配的每周其余几天的生产效率，却是一个可变量。这个可变量必然随着他的经验的增多而得到发展，正如他所知道的新的需要，他的产品的市场的扩大，他对他这一部分劳动力的支配越来越有保证，都会刺激他去提高自己劳动力的紧张程度；在这里，不要忘记，这种劳动力的使用决不限于农业，也包括农村家庭工业。因此，这里已经有了某种经济发展的可能性。③

现在最根本的问题变为自营地的权利能不能获得法律保障，即国王和贵族是否受到法律的限制。因为如果国王不受法律限制，那很难证明土地权利受到足够的保障。而如果国王受到法律的限制，土地权利当然能获得保障。

---

① Henry Stanley Bennett, *Life on the English Manor*, Cambridge University Press, 1956, p. 87.
② 马克垚：《关于中世纪英国农民生活状况的估算》，《历史研究》1983年第4期。
③ 庞卓恒：《应对封建社会农民状况多做具体估算》，《历史研究》1983年第4期。

马、庞两位先生对生产率和剥削率的争论正是"王在法下"和"王在法上"之争内在的学理进路。在剥削率问题上,单纯经济史①的研究是不够的,政治史成为学者寻求答案的新路径。这种问题意识的转型在马先生身上表现得十分明显。他1985年的著作《西欧封建经济形态研究》聚焦于西欧中世纪经济结构,②次年的《中英宪法史上的一个共同问题》则集中讨论中西历史中都存在的王在法下状况。1992年的《英国封建社会研究》也明确指出"和前一本书(《西欧封建经济形态研究》)有所不同的是,本书探讨了封建社会的政治、法律组织,以揭示它和经济的关系"。马先生认为该书有三点突破,其中两点是"作为西欧封建社会典型结构的封臣制(及与其相联系的封土制)、庄园制、农奴制等,原来主要根据法律规定所形成的概念和其实际状况往往很不相同","英国的王权在中世纪时并不软弱。当时全国的行政、财政、司法机关均相当发达"③。马先生认识到既存在王在法下的状况,也存在王权强大和法律与实际不同的情况,这极大地启发和影响了学界。但马先生持论谨慎,并未给出更一般性的论断,认为"君权受不受法律限制,是一个不易说清的问题"④。相较于马先生对经济史和政治史的进一步研究,庞先生则更关注探索历史规律。庞先生引申了农民主动性,强调"个人的物质实践活动和精神实践活动引发的个人独立性的成长,不断地推动人类社会从低级向高级的历史的发展和演进"。庞先生也因此被当时的学生称为"马克思主义的马丁·路德"⑤。总体上,在封建社会和中世纪英国经济史的讨论中,以吴先生、马先生和庞先生为代表的学者,在唯物史观的指导下,从经济形态和经济发展的角度来解释社会变革,并对政治史进行了初步讨论。

---

① 虽然研究者有更为细化的社会经济史、经济史和经济—社会史的分类,但本文以经济史泛称之。
② 不过该书已经注意到了法律形式和经济事实之间的联系与区分。
③ 马克垚:《英国封建社会研究》,序言,第1—3页。
④ 马克垚:《政治史杂谈》,《河南大学学报》2002年第3期。
⑤ 邓啸林、张玉蕾:《孟广林:历史学的成果就是"坐"出来的》。http://wenhui.whb.cn/zhuzhan/shufang/20171212/67533.html? timestamp = 1513087990291&from = groupmessage&isappinstalled = 0 [2017 – 10 – 12].

随着老一辈学者年事渐高，事务愈多，改革开放以后的新一代学者继承了已有的指导思想、问题意识和研究理路，进行了更为深入彻底的研究。可以看到，侯建新受庞先生的教导和启发很深。1982年侯建新成为庞先生的研究生，不仅追随庞先生关注现实农村改革，而且继续庞先生对农民历史的研究，讨论了中英封建社会晚期的农民个人力量。他在1991年的《现代化第一基石》一书中系统总结了农业劳动者的个人物质力量和精神力量，认为这是向现代化过渡的根本原因。

这里农民的生产力已经获得了证明，于是之前农民保障的问题又浮现出来。侯建新继承并发挥了庞先生的论断，即通过"不变量"和"可变量"的概念，证明"生产者个人财产和财富的有效积累，不仅源于劳动生产率的提高，还因其劳动成果受到一定程度的保护，从而减少或避免了来自封建主和封建政府的任意侵夺"①。侯建新着重论述了"西欧的法律体系与庄园习惯法""劳役量限定与法庭审判"和"王权非生产性消费与'王在法下'的传统"②。这里我们可以清晰地发现，"王在法下"理论的生成，源于20世纪80年代唯物史观指导下的经济史研究，并在唯物史观论断的基础上发展出来。不过侯建新并未止步于此，而是进一步提出了"主体权利"的概念作为契约关系的基础与前提。③ 总体上，随着《社会转型时期的西欧与中国》一书的出版，侯建新把西欧社会转型归纳为"社会财富积累机制，生产性经济活动的法律保障机制，产品和要素市场的流通机制"。其中以原始个体权利为核心的法律保障机制融合了日耳曼人马尔克制度、古代罗马法和中世纪基督教思想，是"西欧最深层、最典型的社会特质"④。

在经济史研究推进的同时，政治史研究者则直接切入了王权和法律关系的研究。马先生的博士生孟广林注意到在封建主义向资本主义过渡的讨论中，很少有政治史角度的讨论，中古前期的西欧封建政治史更鲜有问津。他因此选择了封建王权作为研究主题。孟广

---

① 侯建新：《西欧法律传统与资本主义的兴起》，《历史研究》1999年第2期。
② 侯建新：《社会转型时期的西欧与中国》，第51—61页。
③ 侯建新：《原始个人权利与西欧封建政治制度》，《河南大学学报》2002年第3期。
④ 赵文君：《廿载不变的追求》，《历史教学》2003年第10期。

林的博士论文在马先生研究的基础上展开，对王权的兴起、王权的政治制度和王权与诸种政治力量的关系等方面都进行了深入分析。该书深受唯物史观的影响，最后一章更有专节讨论"唯物史观与西欧封建王权研究"。孟广林在研究中坚持"唯物主义的社会历史观与实事求是的科学态度"，从国家与阶级本质的内在关联出发，强调了国家权力的公共性。他强调封建制度对英国封建王权的形成与发展主要是积极作用，认为"王在法下"只是一种虚幻的表象和中古哲人的理想。①

（二）比较视野：基于中国经验

值得注意的是，除了唯物史观和问题意识，老一辈史家的封建社会研究还提供了比较视野。国外学者对西欧中世纪的研究虽然传承不断，硕果累累，但是很少关注西欧之外的历史领域。相较之下，中国学者一直关注中西比较。这在20世纪八九十年代的研究中蔚然成风。总体上，中西比较关注两个方面，即中国和西方的发展，究竟是相似，还是根本不同。②这种比较视野影响了后一代的学者，他们在研究生涯的早期大都发表过中西比较甚至中国史方面的论文。不过到90年代中后期，比较史学逐渐走向淡化。比较史学的困难存在三个方面，第一，比较史学主要围绕中西比较展开，单调又难以深入。第二，往往是外国史研究者进行历史比较，缺乏对中国史的深入了解。第三，最大的问题在于中西史学传统的不同，很多领域难以比较。③随着世界史研究者深耕于自己的领域，直接进行中西比较的作品已不多见。但是在中西比较的视野下研究中世纪史已经成为学者有意识的选择和比较优势，学者认为，中国的世界史研究者能"比较容易摆脱西方人特有的思维方式与学理模式的困扰，用中国人的眼光与视野去分析问题"④。这一比较视野在20、21世纪之交的世界史研究者那里十分明显。

---

① 孟广林：《英国封建王权论稿》，第429—433、375—385页。
② 马克垚：《漫谈史学比较研究》，《历史教学》1998年第8期。
③ 邹兆辰：《历史比较与西欧封建社会研究》，《首都师范大学学报》2005年第5期。
④ 孟广林：《英国封建王权论稿》，第430页。

中国人的眼光，或者中国经验，主要表现在三个方面。中国经验首先是历史经验。如孟广林通过对中国君主政治中"皇权"与"法"关系的理解，质疑中古西欧"王在法下"的虚幻。其次，中国的时代经验也极大了启发了研究者。我们可以注意到侯建新对富裕农民的重视与20世纪80年代农村改革的现实密切相关，90年代对法治的关注也与当时的市场经济改革息息相关。最后，中国经验也指学者的个体经验。即知青一代历经"文革"后，对国家和民族命运的关注。如侯建新和孟广林都试图通过理解英国的转型来探求中国的转型。

至此，我们可以清晰地看出"王在法下"和"王在法上"图景背后的学理传统和问题意思。该学理传统以唯物史观为指导，受到中国经验的启发，最初以经济史为研究路径，进而发展出独立的政治史研究路径。即从经济史的生产率和剥削率论争，产生了法律保障机制和王在法下的政治图景。同时生产率和剥削率论争也呼唤独立的政治史研究，基于对王权的多重研究，学者发现了广泛的王在法上的现象。由此，中世纪英国的"王在法下"和"王在法上"双重图景轮廓初显。

三　西方中世纪政治史研究的流变：继承与创新

理解和协调"王在法下"和"王在法上"双重图景，不仅需要理解中国学界的问题意识和命题论争，也要求我们梳理西方学术界的研究脉络及其对中国学界的影响。我国中世纪史研究的复兴不仅在于灵活地运用唯物史观，也在于与西方学术界交流的加强。对相关学术史的梳理，不仅可以展现相关命题受到何种学术传统的影响，也能够为进一步的理论反思和史实研究奠定扎实的基础。

（一）中世纪政治史研究：19世纪到20世纪40年代

王权与法律的关系问题，牵涉政治史和法律史两个学科。[1] 19世

---

[1] 这种分类比较僵化，研究者往往不拘泥于特定学科的划分。参见王栋《建构大宪章的现代性》，《杭州师范大学学报》2016年第2期。

纪现代史学逐渐形成，首先表现为政治史，英国政治史最初是宪法史。亨利·哈兰开创了这一写作方式，并为斯塔布斯所承继。斯塔布斯的《英国宪法史》和《英国早期宪法史宪章及案例选》奠定了中世纪史研究的基础。牛津学派注重研究政治制度、政治思想和法律学说，认为存在"日耳曼自由传统"。英国的历史就是恢复这种自由、建设宪政的历史。斯塔布斯的学理模式正是"王在法下"的理论模式，他甚至认为整个英国宪法史不过是对《大宪章》的评论罢了。①斯塔布斯影响深远，梅特兰在他逝世时甚至感慨："我们感觉曾有位国王，而今没有了。"②不过，梅特兰并没有盲从斯塔布斯，他从法权理论和历史事实出发，认为国王事实上控制议会的运作，国王即使违反法律也无法强制他改正。③梅特兰不仅深受斯塔布斯影响，也深受梅因的影响。梅特兰认为梅因是英国最杰出的法律史家，利用比较法学观察世界法律发展，但是忽略了英国法的研究。④梅特兰综合法律分析和历史技艺于一身，在英国开创了法律史的研究路径。

20世纪初宪法史和法律史研究分道扬镳，历史学家习惯于在宪法史路径下研究公法，法律家则关注私法的技术性。⑤在辉格史学的影响下，制度史研究全面推进。20世纪20年代T. F. 图特的《中世纪英国行政制度史》在具体政治活动中研究王权，分析国王与贵族在行政制度中的斗争。同时法律史方面，霍兹沃斯继受了波洛克和梅特兰的方法，完成了17卷本的《英国法律史》。霍兹沃斯主要是对二手研究结果的总结，但也因此缺乏原创性，到50年代就被学界完全抛

---

① William Stubbs, *The Constitutional History of England: Its Origin and Development*, Vol. 1, Cambridge University Press, 2011, pp. 563–572.

② George Peabody Gooch, *History and Historians in the Nineteenth Century*, Green and Co., 1913, p. 346.

③ F. W. Maitland, *The Constitutional History of England: A Course of Lectures Delivered*, Cambridge University Press, 1908, pp. 100, 195.

④ F. W. Maitland, "Why the History of English Law Is Not Written", in H. A. L. Fisher, ed., *The Collected Papers of Frederic William Maitland*, Cambridge University Press, 1911, pp. 483–492.

⑤ 也有例外，如［英］麦克奇尼的《大宪章》，参见William Sharp McKechnie, *Magna Carta*, James Maclehose and Sons Pulishers to the University, 1914；王栋：《神话与现代之间》，《中山大学法律评论》第14卷第2辑，广西师范大学出版社2017年版，第239—253页。

弃了。

20世纪30年代宪法史和法律史都遭受了重大挑战。宪法史的挑战首先来自于时代，宪法史曾是帝国公民教育的关键内容，但帝国的衰落导致其地位日渐式微。其次在于学术的内在危机。一战后外交史、文明史和社会史相继兴起，阶级、种族和性别分析法蔚然成风。同时法学研究更为关注部门法的发展，开始进行专题研究，法律史写作日趋没落。大卫·舒格曼评价道："现代法律史在1937年，善意地说，死亡了。"①

这些反思中最重要的是巴特菲尔德对牛津学派和辉格解释的系统批评。1931年巴特菲尔德出版了《历史的辉格解释》一书，认为20世纪初的研究者站在历史进步的顶峰，从现在出发判断历史，忽略历史主体的真实意态和历史的复杂性，犯了时代错置的错误。他批判了中世纪"王在法下"的幻象，认为《大宪章》只是封建背景下的封建性文献，并非我们假设地与现在相似的某物。② 斯蒂尔的《理查德二世》也批驳了"兰开斯特宪政主义"，认为兰开斯特伯爵不过是个平庸的伯爵。③ 到20世纪80年代初，伯罗将辉格解释提炼为：古老而自由的条顿宪法，《大宪章》，下议院的古老起源和十四五世纪的宪政实验。④ 总体而言，牛津学派和辉格解释在西方学术界受到挑战，"王在法下"的观点也遭到质疑。

（二）中世纪政治史研究：20世纪50年代至今

20世纪50年代剑桥学派逐渐兴起，该学派很大程度上是在对牛津学派反思的基础上发展起来的，如约翰·波考克就是巴特菲尔德的博士生。⑤ 剑桥学派主要关注近代共和主义思想，对辉格史学多有纠

---

① David Sugarman, "Reassessing Hurst: A Transatlantic Perspective", *Law and History Review*, Vol. 18, 2000, p. 215.
② Herbert Butterfield, *The Whig Interpretation of History*, Cambridge University Press, 1931, pp. 10 – 11, 35 – 36.
③ A. Steel, *Richard II*, Cambridge University Press, 1962.
④ J. W. Burrow, *A Liberal Descent*, Cambridge University Press, 1981, pp. 3 – 4.
⑤ J. G. A. Pocock, *The Ancient Constitution and the Feudal Law*, Cambridge University Press, 1987, p. xi.

正,但对中世纪研究影响有限。这一时期最有影响的政治史学家是沃尔特·厄尔曼。他关注整体制度的变迁,以法律为进路理解整体社会。厄尔曼关注"治理的"而非严格意义上的"政治的"思想,立法、法律成为统治思想的体现。厄尔曼在此基础上认为中世纪是"自上而下"和"自下而上"两种权力斗争的历史。他认为13世纪的"封建契约"协调了国王与总封臣的关系,个人独裁的王权因法律变成了承载公共权利的君权。国王受到君权的限制,遵守法律,这时的王权是宪政王权。① 厄尔曼深刻影响了20世纪六七十年代的政治史解释。此外威尔逊在《中世纪英国宪政史》一书中采用了斯塔布斯编年和记事相结合的方式,对"宪政王权"的理论多有继承。②

在辉格传统削弱的同时,君主的个人作用被进一步强调。20世纪50年代议会史学家格林已经开始关注中世纪后期国王的广泛权力和个人影响。1962年R. W. 萨瑟恩的《论亨利一世在英国历史上的地位》强调政治操纵和庇护制。70年代J. R. 马蒂科特和J. R. S. 菲利普也开始关注王权政治中的个人因素,淡化宪政主义的倾向。③ 马蒂科特擅长十三四世纪贵族研究,他通过分析孟福尔本人的家族、婚姻和社会关系,分析贵族政治群体的品质、观念与行为,进而分析英国封建君主政治的历史趋势。斯伯尔曼则强调国王为应对战争创建了议会,后者促进了王国共同体和国王间的联系。④ 十三四世纪王权强大,当时的研究者也看重个人因素对政治发展的重要作用。以耶鲁大学出版社的"英王列传"为代表,政治传记成为历史研究的新方法。这些细化的研究对"王在法下"提出了进一步的质疑。

最终取代牛津学派的是麦克法兰学派,取代辉格模式的是变态封

---

① Walter Ullmann, *Principles of Government and Politics in the Middle Ages*, Methuen & Co Ltd, pp. 18 – 19, 179 – 181;[英] J. H. 伯恩斯主编:《中世纪政治思想史》(上),程志敏、陈敬贤、徐昕、郑兴凤等译,生活·读书·新知三联书店2009年版,第8页。

② B. Wilkinson, *Constitutional History of Medieval England*, 3 Vols., Longman, 1960.

③ R. W. Southern, "The Place of Henry I in English History", in *Proceedings of the British Academy*, Vol. 58, 1962; J. R. Maddicott, *Thomas of Lancaster, 1307 – 1322: A Study in the Reign of Edward II*, Oxford University Press, 1970; J. R. S. Phillips, *Aymer de Valence, Earl of Pembroke 1307 – 1324: Baronial Politics in the Reign of Edward II*, Oxford University Press, 1972.

④ W. M. Spellman, *Monarchies 1000 – 2000*, Reaktion Press, 2001, pp. 148 – 152.

建主义模式。研究对象也从制度转向贵族,从行为转向动机。20世纪70年代初K. B.麦克法兰关注制度史中的人及其行为和动机,通过对贵族群体内部政治联系的研究,发现了中小贵族对大贵族的依附,提出了利益庇护交换原则。他的"变态封建主义"模式为E.波威尔、R.霍诺克斯、C.卡朋特、S.拉班等人所借鉴,成为中世纪后期英国政治社会结构的重要思路。相较于辉格解释强调的民众反抗专制的英国史传统,麦克法兰关注创造制度并在其中活动的人,由此展现的丰富史实,使许多概念都被推翻和摒弃。中世纪英国政治史是贵族政治博弈,而非保护财产和权利的历史。下议院的地位是依附和妥协的,贵族对国王的依附是时代主流。

麦克法兰学派虽然是中世纪英国政治史最具影响力的学派。但20世纪80年代之后,史学家开始重新关注价值观和原则在政治生活中的作用。其中法律和公共利益成为新宪政史研究的重点。法律既是重要价值的体现,又是社会运作的事实,恶法的运作往往会激化政治事件。"公共利益"实质上是国王和上层贵族的利益,常常只是政治修辞,但也是政治和议会需要考虑的原则。农民和地方政治的参与得到强调,中央机构的研究重新得到关注。H. G.理查德森、G. O.塞勒斯的法律史理路和J. S.罗斯科尔的传记理论直到80年代仍是主流。

值得注意的是,随着英国史学界对政治史研究的日趋深入,坎贝尔、马蒂科特和阿莫诺开始关注盎格鲁—撒克逊时期的政治传统,并肯定这些传统与英国宪政的关联性。从这个角度看,他们在一定程度上回归了"斯塔布斯"模式。马蒂科特的《英国议会的起源》关注公共生活中的代表性,重新勾连了盎格鲁—撒克逊政治集会与14世纪议会的联系。阿莫诺关注中世纪英国不同政治群体的政治倾向、政治活动和政治联系,分析王权与议会关系的演变,并通过"政治社会"的概念揭示宪政的社会基础。不过阿莫诺仍将废黜国王视为大贵族的武力僭夺。① C.卡朋特也认为国王在领主权之外,更有公共权威。国王与

---

① Mark Ormrod, *The Reign of Edward Ⅲ*: *Crown and Political Society in England*, *1327 - 1377*, Yale University Press, 1990; *Political Life in Medieval England*, *1300 - 1450*, Macmillan, 1995; *The Evolution of English Justice*: *Law*, *Politics and Society in the Fourteenth Century*, Macmillan, 1999.

大贵族合作，并通过司法权威控制地方。议会是伴随战争和征税产生的，只是国王的机构。议会不能在财政上控制国王，只有武力才能迫使国王服从法律。① 总体上政治史研究增进了学者对特定历史阶段王权和法律的了解，但是对王权与法律关系的理论凝练仍在进行。

20世纪70年代学者反思并复兴了法律史，并在更为宽广的视域中展开讨论。约翰·贝克是主要领导者之一，在他的努力下法律史成为剑桥大学的重要学科。贝克1971年出版了《英国法律史导论》，到2002年已经出版了4版。这本书标志着沉寂五十年之久的法律史重新焕发生机，回到主流视野。1976年剑桥大学的密尔松教授出版了《普通法的历史基础》。密尔松认为梅特兰夸大了王室法庭的作用，而忽略了地方法庭的作用，亨利二世改革不过是恢复已有的地方法庭。1983年哈佛大学教授哈罗德·J.伯尔曼出版了《法律与革命》一书，全书主要强调教皇革命以及由此产生的教会法和世俗法两种体系，并对法律体系进行了系统梳理。

另一个重要的法律史研究者是约翰·哈德森。1995年为纪念《英国法律史》出版一百周年，英国国家学院举行了专门的纪念会议，并在次年出版了由约翰·哈德森主编的《英国法律史：纪念波洛克和梅特兰百年文集》。哈德森在本书中并没有提出新问题，而是发掘了新因素。不同于梅特兰对12世纪的看重，哈德森深入探究了盎格鲁—撒克逊传统对普通法发展的重要影响。哈德森在1996年的纪念文章中指出，梅特兰忽略了盎格鲁诺曼法和早期普通法之间的继承关系，而过度强调普通法对于王室救济、令状和陪审团的应用。② 同年哈德森出版了《英国普通法的形成》一书，书中强调了盎格鲁—撒克逊时期就有强大的王室立法权、政府和与王室密切联系的地方法院。安茹帝国的司法改革促进了法律的常规化、官僚化和书面化。2003年以来牛津英国法律史系列陆续出版，是近年来英国法律史研

---

① C. Carpenter, *The Wars of the Roses: Politics and the Constitution in England*, pp. 29, 12–39.

② J. Hudson, "Maitland and Anglo-Norman Law", in J. Hudson, ed., *The History of English Law: Centenary Essays on "Pollock and Maitland"*, Oxford University Press, 1996, pp. 45–46.

究的权威成果，2012年出版的第二卷作者就是哈德森。① 总体上在中世纪普通法的论述中，王权与法律主要是合作关系，王权的强大促进了普通法的发展。

（三）中世纪政治史研究：美国

20世纪初哈佛大学教授查尔斯·哈斯金斯对诺曼传统进行了梳理，认为诺曼征服带来的封建制度和强大的宗主权影响了美国历史的发展，这开创了美国的中世纪史研究。其后他的学生约瑟夫·斯特雷耶继承了这一衣钵，关注国王的公共权威及其对封建制度的利用，克服了"封建割据模式"。这一时期美国史学界关注中世纪历史与美国历史的渊源，相信理性、合法、有效的国家终将形成。斯特雷耶是美国中世纪政治史的权威，影响一直延续到80年代。

相较于斯特雷耶对封建制度的关注，他的学生卡尤珀则摒弃了封建主义的概念，使用"公共秩序"进行分析。在《战争、司法与公共秩序》一书中，卡尤珀强调王权的公共性和贵族对王权的依赖，认为封建主义与公共秩序之间没有内在的联系。公共权威的建立也是从罗马法和基督教神权政治中获得理论支持。卡尤珀同样注意到法律的复杂性，批评了"王在法下"的学理模式。值得注意的是，卡尤珀试图从中世纪西欧的角度观察"国家"政治的变迁和异同。在坎贝尔提出的盎格鲁—撒克逊与加洛林王朝的相似性的基础上，卡尤珀分析并存于英法两国因领土大小不同而命运迥异的"加洛林模式"。盎格鲁诺曼的权力和盎格鲁—撒克逊的传统在英国发展开来，英国更多的是国王监督下的地方自治政府，而议会在国王与臣民的互动中发展成为全国规模的机构。②

同为斯特雷耶学生的比森也反思了师承的学术范式，认为权力而非

---

① John Hudson, *Oxford History of the Laws of England 871–1216*, Volume II, Oxford University Press, 2012.

② Richard W. Kaeuper, *The Anglo-Saxons*, Cambridge University Press, 1996; *Bankers to the Crown: The Riccardi of Lucca and Edward I*, Princeton University Press, 1973; *The Book of Chivalry of Geoffroi De Charny*, University of Pennsylvania Press, 1996; *War, Justice and Public Order: England and France in the Later Middle Ages*, Clarendon Press, 2002.

政府才是中世纪最典型的特征。比森研究中世纪欧洲整体的权力变迁,他认为950—1150年间,暴力破坏了公共秩序,城邦、骑士和有条件保有地猛增,"封建革命"由此发生了。领主权是领主以骑士为控制力量,以城堡为中心行使的权力。领主权的所有者大多不具统治资格,只是凭借暴力进行自下而上的掠夺。领主权是非政府和非政治的。12世纪领主权遭到挑战,负责任的管理制度开始形成,这就是权力的政治化。比森关注被统治者经历的"权力的历程",希望重历中世纪生活。比森对权力的研究超越了传统的制度史的范畴,关注社会领域和微观权力,并对权力关系进行了区别和细分。① 总体上美国的中世纪政治史研究,更侧重公共权威的形成,较少讨论对王权的限制。

就对西方学术传统的继受而言,侯建新关注庄园法对法律的保障,吸收了布洛赫《封建社会》对庄园法和中世纪政治结构的诸多研究,并借鉴了亨利·斯坦利·贝内特的《英国庄园生活》对庄园生活的描述。在法律讨论中则主要采用了梅特兰《英国法律史》和哈罗德·J. 伯尔曼的《法律与革命》中的史实和论断,② 在主体权利和法律保障的讨论中,侯建新主要受到蒂尔尼《自然权利的观念》和伯尔曼《法律与革命》的影响。可以看到,20世纪90年代伯尔曼和布洛赫的相关著作在国内的译介和传播,对国内政治史和法律史研究产生了深刻的学术影响,促进了中世纪"王在法下"图景的形成。

相较之下,孟广林更为倚重英国政治史的研究。他细致梳理了王权的研究状况,提炼出辉格史学和法律史研究中的不同学理模式,并进行不同程度的扬弃。我们可以看到,厄尔曼的思想较大地启发了孟广林的写作,这也与厄尔曼的时代影响基本重合。孟广林认为厄尔曼突破了传统的"西欧封建政治分裂割据"模式,一定程度上也克服了"王权非封建"的学术缺陷。孟广林在此基础上重新探索了封建制度对王权的促进作用,对王权的兴起、王权的政治制度和王权与诸种政治力量的关系等方面都进行了深入分析,其中王权违法的各种史

---

① 黄春高:《追寻中世纪"权力的历程"》,《历史研究》2008年第5期。
② 值得注意的是伯尔曼大体上也是对梅特兰研究的继承和发挥。

实成为"王在法上"图景的重要组成部分。

四 唯物史观与回到历史现场：国王与法律关系研究的可能路径

改革开放以来，中世纪英国史学界发生了一系列论战，描绘出一幅幅多姿多彩的画卷。20世纪90年代问题意识和论战之风消退，学者进入专业领域，各自为战。① 这种深耕有益于专业知识快速增长。但由于研究方法和观察视角的不同，学者的研究成果存在诸多歧异。这一趋势又因为史学碎片化进一步加剧。虽然有识之士强调学术争鸣对人文社会科学发展的关键作用，呼吁对学说体系进行论辩，进行深层次、建设性的争鸣。② 但遗憾的是学术对话和学术争鸣基本消失了。③ 因此中世纪英国出现了"王在法上"和"王在法下"两幅截然相反却又并行不悖的图景。

对于这种悖论，首先需要反思观念，反思对"法"的理解。这里一定程度上可以用梅特兰的观点解释。奥斯丁的理论将法律视为主权者的命令，梅特兰说刚学习奥斯丁理论的学生，很难理解国王与法律的关系："你陷入了两难的境地：国王或者是主权者，或者不是；如果他是，那么从法律上来说他不在法律之下，他遵守法律的义务最多不过是一种道德义务；另一方面，如果他处于法律之下，那么他就不会是主权者，他处于某个人或某些人之下，比如他应遵守议会（王在议会）的命令，而后者才是王国真正的统治者和主权者。"④ 对此，梅特兰提醒读者注意，主权是17世纪的一种发明，中世纪的信念和现代理论完全相反，国家和教会是双元的。

---

① 王学典：《放逐"现实"回避"问题"》，《山东社会科学》2004年第8期。
② 孟广林：《学术争鸣与人文社会科学的发展》，《光明日报》2005年6月28日。
③ 柴英、王栋：《2013年中国世界史研究的新趋势》，《历史教学》2014年第5期；《2014年中国世界史研究概述》，《学海》2015年第5期；《2015年中国世界史研究概观》，《历史教学》2017年第2期。
④ F. W. Maitland, *The Constitutional History of England: A Course of Lectures Delivered*, Cambridge University Press, 1908, p. 101.

按照梅特兰的理解，对国王与法律关系的研究，"回到历史现场"是解决问题的有益方法。权力的行使是在具体情境中展开的，意识形态和思想深深地嵌入具体行为中。权力的展开绝非是逻辑的展开，而是生活的展开。对法律的理解绝非是同一的，但并不意味着没有统一的社会共识。如在格兰维尔和布拉克顿的著作中我们可以清楚地看到，二者都认为社会规则既包括制定法又包括习惯法。对现代研究者而言，习惯法和制定法都是理解政治结构的重要路径，都有不容抹杀的重要性。概言之，法律在斗争中形成，它既是社会习惯的汇聚，又是国王意志的体现。习惯法是法律内容的重要甚至主要渊源，但是立法者的修改在某些情况下可能更为关键，因为他们在很大程度上重新定义了权利义务关系。这要求政治史研究者关注原始史料和历史情境，回到历史现场。就像梅特兰在指出中世纪国王应该遵守法律的同时，也提醒读者法律实际上对国王没有强制力。[①]

不过中世纪人的理解并不能代替现代人的理解，历史还需要以现代人可以理解的方式呈现。卡尤珀认为中世纪英国的"宪政主义"应理解为政治"协商"（negotiation），即国王与臣民为了共同的利益或者"公共秩序"进行协商。[②] 中国的王权和法律关系研究也是在这种意义上展开的，即英国历史需要以中国人理解的方式被书写。中国学者在唯物史观的指导下，在中国经验（或者中国问题）的启发下，探索英国中世纪史的内在机理。也是在这个意义上，中国学者在唯物史观指导下进行的王权和法律关系研究就有了独特和不可替代的理论价值。正如有学者所言："最为系统、科学的历史理论仍是唯物史观，体现在理论的体系性、解释时段的完整性、追溯因果关系的深刻性。"[③] 钱乘旦先生也曾深刻地指出：" '苏联体系'以马克思主义和

---

① F. W. Maitland, *The Constitutional History of England: A Course of Lectures Delivered*, Cambridge University Press, 1908, pp. 101 – 102.
② 孟广林、[美]卡尤珀：《比较视野下的中世纪西欧政治史研究》，《史学月刊》2008年第4期。
③ 吴英：《史学理论研究面临重要机遇》，《中国社会科学报》2016年6月3日。孟广林也认为："必须以唯物史观为理论指南，强化原始资料的运用，克服对西方史学学理模式的'路径依赖'，全面、系统、批判地借鉴域外研究成果。"参见孟广林《世界史研究"中国学派"建构的反思与展望》，《新疆师范大学学报》（哲学社会科学版）2017年第6期。

列宁主义为指导思想,正因为这样,它才能独树一帜,在国际学术界造成深刻的影响。"① 马蒂科特同样承认英国政治史研究给唯物史观留出了空间,"在英国中世纪社会,封建等级的划分掩盖了阶级的分野,而史学家又常常注重从封建制度(封君封臣制)探讨各种政治冲突与社会变革的根源"②。总之,解决"王在法上"和"王在法下"争论,需要理解中国的问题意识和西方的学理传统,但关键还在于灵活地运用唯物史观和回到历史现场。

(原载《史学理论研究》2018 年第 3 期;王栋:深圳大学法学院助理教授。)

---

① 钱乘旦:《现代化与中国的世界近现代史研究》,《历史研究》2008 年第 2 期。
② 孟广林、[英] 马蒂科特:《中世纪英国政治史研究的路径与选择》,《清华大学学报》2007 年第 3 期。

全文转载·史学理论与史学史

历史语言学、考古学与希腊人种族起源研究

徐晓旭

摘 要：希腊人的种族起源是一个技术难度大且极具理论和方法论意义的问题。正是历史语言学和考古学，而非相信起源神话包含历史真实性的历史实证主义史学，对该问题的研究发挥了实质性的奠基作用。并且，在历史语言学和考古学主导下的多学科交叉合作、多种方法和理论模式的综合运用，使得人们对原始印欧人及其语言和故乡、前希腊底层语言、"希腊人的到来"等史前历史的认识日益走向深入。这项研究的一系列的成功可以为史前史、古代史乃至新兴的全球史若干领域提供诸多技术、路径和视野上的经验参照。

关键词：历史语言学；考古学；原始印欧人；前希腊底层；原始希腊人

希腊人的种族起源是希腊史、古代史和史前史领域内一个重要且具有理论和方法论意义的问题。作为一个具体的历史问题，它是观察希腊史的起点。其理论和方法论意义则在于它是一个难题，一宗难破的史前疑案。调查其"案情"，需要取用和甄别传统文献、语言、文字、考古、基因等各类证据，要采用古典学、历史学、历史语言学、考古学、古文字学、遗传学等学科的多种方法和路径。其研究当中发展出的诸多有效的理论和模式，无疑又可以为古代史和史前史领域其他起源及类似问题的研究提供经验、样板以及理路的多种可能参照。

本文旨在提供一份关于希腊人种族起源问题研究史的理论性观察和解析，但重点展现的是历史语言学和考古学在当中的地位和作用。

原因是这两个学科提供的证据和研究路径为该项研究奠定了可行且可靠的基础，关于希腊人起源的各种理论也都是由这两个学科提出和发展的。相比之下，相信神话传说具有历史性的"历史实证主义"（historical positivism）[①]方法，在严格的史料批判面前，在考古发现、历史语言学证据、新的人类学理论和古遗传学研究成果的检验之下，已被证明无效，因此本文只对其方法论缺陷做一简要评析。近些年来，古遗传学替代了以往的体质人类学，成为人类种群历史研究的新手段，产生了一大批关于欧洲人血缘和印欧人起源的研究成果。但基因证据的分析依然离不开以历史语言学、考古学和主要建立在两者基础上的史前史研究已获得的各种认识作为参照系。只有同这些认识进行比对，实验结果才可能获得更为合理的解释。基因研究的目标和结论也通常表现为证实、否定或修正这些认识。由于这一点，同时也考虑到本文的关注重心及篇幅限制，笔者仅在相关场合对希腊人种族起源以及与之最为相关的古遗传学研究结论做顺带的简介。

一 神话传说与历史

古代希腊人关于自身起源流传最广的传说是：希腊大陆最初为皮拉斯基人等众多族群所占据，希腊人只是其中一个小族群，后来不断扩展并同化其他族群，最终发展成一个遍及希腊的大族群。希腊人（Hellenes，单数 Hellen）及其各大支系的得名始祖是希伦（Hellen）及其子孙。[②] 相信神话传说保存了所谓真实的历史内核的人会以此为据，并经常会将考古、人种和语言等证据与之对应加以解释，重构一部希腊种族在前希腊人占主体的大陆扩张的史前史。[③] 19 世纪和 20

[①] 历史实证主义认为史料无需批判和解释，史家的任务是汇集史料，让史料为自己说话。该术语与日常所谓的"实证"（即用证据证实）不同。

[②] [Hesiodos], frs. 9, 10, 10 (a) 6 – 7, 20 – 24 (Merkelbach – West); Herodotos, 1.56, 7.94, 8.44; Hellanikos, FGrH 4 fr. 125; Euripides, *Ion* 57 – 75, 1589 – 1594; Thoukydides, 1.3.1 – 4; Herakleides Kritikos, fr. 3.2 (Pfister); [Apollodoros], 1.7.2 – 3; Konon, *FGrH* 26 fr. 1.27; Strabon, 8.7.1; Pausanias, 7.1.1 – 7.2.1.

[③] 例如 John Linton Myres, *Who Were the Greeks*? University of California Press, 1930。

世纪初期盛行这种把神话传说直接当作历史对待的历史实证主义。

今天历史实证主义已成明日黄花。① 我们不妨从霍尔对它的批判中看一下其方法论缺陷。霍尔指出，历史实证主义学派将族群起源神话看成对晚期青铜时代末人口迁移的模糊曲折的记忆，把这些神话有时相互矛盾的异文视为对某种"真实的"历史记忆的病态偏离，即由于时间流逝而造成的一种集体失忆，甚或歧忆；历史实证主义者的任务是把这些相互矛盾的异文调和到一个单一的、合理化的综合解释当中，以揭示"实际发生了什么"。对此霍尔以人类学为依托批评道："族性不是一种原生的既定事实，而是通过话语策略被重复地和主动地建构的。""族群起源神话显然正是这些策略运作时所凭借的媒介之一。其功能是界定和主动建构群体身份认同，乃至于只要是群体关系变化了，谱系也会随之发生变化。能让我们追溯这种谱系改动的东西，恰恰就是神话异文的出现，即偶然幸存下来的较早因素与更晚因素并存，但并不协调。这样，我们就不应该把神话异文看作集体记忆衰退的不可避免的结果，而应看到它们标示了族性话语建构中的特定阶段。存在于这些异文之间的矛盾或'断裂点'可以用于廓清族群起源神话被编造、重组和改造时所用的各个建筑砌块。"② 另外，正如我们后面看到的，也有新发现的基因证据否定神话传说和以之为基础的历史实证主义结论的实例。

事实上，甚至在历史实证主义盛行的时代，都不乏对神话传说的史料批判者。迪勒就是这样一位。他指出，古代希腊大部分起源神话都是后荷马时代人为编造的产物，代表希腊人的希伦家族谱系神话更为晚出，促使更早存在的其他名祖谱系被当时人归为非希腊和前希腊

---

① 当然不排除偶尔会有较另类的历史实证主义著作问世，例如［英］马丁·伯纳尔的《黑色雅典娜：古典文明的亚非之根》（Martin Bernal, *Black Athena*: *The Afroasiatic Roots of Classical Civilization*, Vol. Ⅰ – Ⅲ, Rutgers University Press, 1987, 1991, 2006）。伯纳尔遭到了众多学者的批评。抛开其非洲中心主义意识形态以及对考古和语言证据解释上的技术性问题不谈，单就神话传说证据的使用而言，其方法是典型的历史实证主义。参见 Edith Hall, "When Is a Myth Not a Myth? Bernal's 'Ancient Model'", in Thomas Harrison, ed., *Greeks and Barbarians*, Edinburgh University Press, 2002, pp. 133 – 152。

② Jonathan M. Hall, *Ethnic Identity in Greek Antiquity*, Cambridge University Press, 1997, pp. 41 – 42.

的族群所有。① 正因如此，今天在讨论希腊人生物学意义上的起源时，希腊古典文献中保留的名祖神话和起源传说是需要排除的，它们作为史料的合理使用场合应该是关于历史时期以"希腊人"为族称的族群及其次族群的身份认同的研究领域。

与此相关，还须澄清一个族称使用问题。"希腊人"在荷马史诗中还不是说希腊语的人口的总称。它发展成全体意义的族称以及围绕它形成新的族群身份认同，是后荷马时代的事情。可是对这些自称为"希腊人"的人群之前的与之说同一种语言并构成其生物学祖先的人口，我们不也称为"希腊人"吗？其实，从人类学视角来看，希腊人的自称和身份认同表述是一种"主位观"（emic），即当事人视角；我们对他们的称呼和描述则属"客位观"（etic），即研究者的观察和认知。为了方便，我们采用"客位观"把尚未自称为"希腊人"的说希腊语的人口也称为"希腊人"。历史实证主义学派却混淆了两种不同的认识主体。

不过，历史语言学研究的确显示，说希腊语的人口是更晚到达希腊的移民，此前的居民因而被学者称为"前希腊人"。这岂不也证实了起源神话的历史性？！然而这不过是一种由巧合带来的幻象：两者仅在各自所言的"前希腊人"和"希腊人"的前后次序或者说相对年代上达成了偶合。深究其各自绝对年代，便不难发现两者揭示了两段不同的历史：历史语言学要研究的"希腊人"和所推定的"前希腊人"属于史前时代；希腊的历史时期开始于公元前8世纪后半期荷马史诗被用字母记录下来，起源神话大多是后荷马时代出现的，作为希腊人名祖的希伦及其子孙的神话最早于公元前6世纪才见诸一部诗作。由此来看，是在荷马之后的某一时期，所有说希腊语的人口才最终选择将"希腊人"作为自己的共同族称，具有相应身份认同的族群意义上的希腊人也才得以形成。而希伦及其家族的谱系神话、希腊人同化前希腊人的传说，正是希腊人建构自身认同的一种历史投射式的话语表述。②

---

① Aubrey Diller, *Race Mixture among the Greeks before Alexander*, The University of Illinois, 1937, pp. 32 – 39.
② 参见 Jonathan M. Hall, *Hellenicity: Between Ethnicity and Culture*, The University of Chicago Press, 2002, pp. 56 – 89, 125 – 171。

二 原始希腊人与原始印欧人

正如历史实证主义者时常会求助历史语言学证据一样，一位历史语言学家有时也免不了受神话传说的影响。不过，相较历史实证主义对史前史研究的损伤而言，历史语言学对神话传说基本上是免疫的。这是因为历史语言学对其研究对象——语言，实施一种孤立封闭的对策，即仅从分析语言本身来推断语言及其使用者的历史，从而能够最终排除文本叙事的干扰。历史语言学最常用的方法是对不同语言的语音、词汇和语法进行比较，以发现它们之间是否存在系统的相似性或对应关系。比较研究不仅证实了希腊语属于印欧语系，还发现了希腊语中包含数量不菲的前希腊底层语言成分。前一项研究结果暗示了希腊语及其持有者即学者所谓的"原始希腊人"起源于希腊之外，后一项则意味着"前希腊人"是希腊更早的居民。

1786年英国东方学家威廉·琼斯爵士指出，梵语与希腊语、拉丁语在动词词根和语法形式上具有"不可能是偶然产生的相似性"，因而应"来自某个共同的源头"，他还推测哥特语、凯尔特语和古波斯语也与之有共同起源。[①] 人们通常将此视为"印欧语系"被"发现"的标志。尽管有学者认为琼斯"发现"的重要性被夸大了，[②] 但的确紧随其后，历史比较语言学作为一门学科兴起了。19世纪的语言学家运用系统的比较方法，证实了印欧各语言在语音、词汇和语法上的同源关系。印欧学家们的探索热情一直持续至今。[③]

被划归印欧语系的语言大约有140种，它们又被大致划分为凯尔

---

① William Jones, "The Third Anniversary Discourse: 'On the Hindus'", reprinted in *The Collected Works of Sir William Jones* III, John Stockdale, 1807, p. 24.

② 在琼斯之前就不断有人注意到欧、亚若干语言之间的相似性。参见 J. P. Mallory, "A Short History of the Indo-European Problem", *Journal Indo-European Studies* 1 (1973), p. 25; J. P. Mallory, *In Search of the Indo-Europeans: Language, Archaeology and Myth*, Thames and Hudson, 1989, pp. 10-13, 273 note 1。

③ 参见 Benjamin W. Fortson, *Indo-European Language and Culture: An Introduction*, Blackwell Publishing, 2004, pp. 8-11; John V. Day, *Indo-European Origins: The Anthropological Evidence*, The Institute for the Study of Man, 2001, pp. xiv-xv。

特语族、意大利语族、日耳曼语族、波罗的语族、斯拉夫语族、阿尔巴尼亚语、希腊语、亚美尼亚语、弗吕吉亚语、安纳托利亚语族、印度—伊朗语族和吐火罗语12个主要的语族或语言以及一些孤立的语言。各语族（或语言）之间关系远近并不相同。希腊语与亚美尼亚语通常被认为关系最亲密，两者或拥有共同祖先，或在分化成独立的语言之前有过密切的接触。希腊语与印度—伊朗语族也具有较近的相似性，但其间关系不及与亚美尼亚语紧密。希腊语与相邻的弗吕吉亚语和马其顿语（如果它不构成希腊语一种方言的话）也被认为存有强烈的相似性，但这两种语言语料较少，不允许人们对其关系做进一步判断。

围绕原始希腊人和原始印欧人的诸多问题，目前并未最终获解：各印欧语言扩散到欧亚广大地区之前，其祖语（parent language），即原始印欧语是在哪里被说的？原始印欧人的故乡（Urheimat）在哪里？原始希腊语的前身是何时从原始印欧语中独立出来的？原始希腊人何时迁入希腊？学者采用多种研究手段，提出了各种理论，但至今仍未得到一致信服的答案。[①]

[①] 某些方法和理论还是部分地解决了问题。词汇—地理学方法可以提供反证。"橄榄""橄榄油""柏树""驴""狮子"在印欧各语言中不同，表明原始印欧语中缺乏这些名词，从而排除了原始印欧人居住在具有这些动植物的地中海地区或安纳托利亚的可能性。"琥珀"一词在原始印欧语中的缺乏否定了盛产琥珀的波罗的海地区为印欧人故乡的假说。利用词汇—考古学方法，将原始印欧语词汇所反映的原始印欧人文化与考古学证据比对，有助于确定原始印欧人活动的时空。重构的原始印欧语有"牛""绵羊""山羊""猪""狗"等家畜名称和"镰刀""磨石""陶器"等农具名称，它们指示的是自新石器时代农业革命以来才可能存在的经济因素，农业革命发生于约公元前9000—前7000年的西亚，那么原始印欧人共同体的存在不会早于公元前7000年。通过把"马""轮子""轮车""轭""犁""奶""羊毛"和"银"等同源词和考古学所揭示的这些事物出现的年代进行对照，又可以把共同的原始印欧语词汇的年代降至约公元前4000年。还可推知，此时原始印欧人无论是否已有扩张或运动，都还没有明显的语言分化迹象。到大约公元前2500年，至少有一些印欧语族和语言已经同重构的原始印欧语有很大的不同，其某些词语应被视为外来借词。但在大约公元前4000—前2500年，表现出这种原始印欧文化特征的物证在欧亚大陆多处都有发现，这又给寻找印欧人发源地带来了新的困难。参见 J. P. Mallory & D. Q. Adams, eds., *Encyclopedia of Indo-European Culture*, Fitzroy Dearborn Publishers, 1997, pp. 290 - 299: s. v. "Indo-European Homeland"。

在关于印欧人故乡的诸种假说当中,① 由立陶宛学者玛利娅·金布塔斯女士最先系统阐述的"库尔干假说"被认为与重构的原始印欧语所反映的原始印欧人的文化特征最为接近,从而在印欧学者中获得了最广泛的接受,"库尔干文化"也经常被用作原始印欧人的同义语。② 它是黑海—伏尔加地区的一系列铜器和青铜时代文化的总称。金布塔斯将其特点归纳为:季节性定居、半地穴式住宅、畜牧业经济、等级制的社会结构、强有力的家长制的家族制度、尚武好战、小屋式墓室的巨坟(俄语 kurgan"库尔干"即"巨坟")、动物用牲、马的使用与崇拜、太阳神崇拜。在她看来,这种文化与"旧欧洲"文化,即库尔干部落侵入前的欧洲新石器和铜器时代各文化有着明显的差异。后者的特点是:居民是在大村落或城镇中过着和平定居生活的农民;社会为平等的母系制;女性神崇拜受到特别的重视。金布塔斯提出,公元前 4500—前 2500 年,库尔干文化从它在乌克兰和南俄草原和森林—草原地区的故乡向亚洲草原和森林—草原地区西部、高加索地区、东南欧和中欧扩张。向欧洲扩张有三次大的浪潮,分别发生在约公元前 4500—前 4300 年、约公元前 3500 年和约公元前 3100—前 2900 年。在第三次扩张浪潮期间,原始希腊人的前身正在即将到达希腊的途中。属于此次扩张的代表文化之一的亚姆纳(乌克兰语 Yamna,俄语 Yamnaya)文化从黑海—里海一带的草原和森林—

---

① 多个地区被作为原始印欧人的故乡而提出,但影响较大的理论有四种:安纳托利亚说、巴尔干—多瑙河流域说(或称"中欧—巴尔干说")、北欧—欧亚草原西部说(或称"波罗的海—里海说")、欧亚草原西部说(或称"黑海—里海说""库尔干说")。其中"库尔干说"影响最大,其次是"安纳托利亚说"。参见 J. P. Mallory & D. Q. Adams, eds., *Encyclopedia of Indo - European Culture*, pp. 290 - 299; s. v. "Indo - European Homeland"; David W. Anthony, *The Horse, the Wheel, and Language: How Bronze - Age Riders from the Eurasian Steppes Shaped the Modern World*, David W. Anthony, 2007, p. 83。

② Kenneth Shield, Jr., "Sociolinguistics and the Reconstruction of Proto - Indo - European", *Anthropological Linguistics* 22 (1980), pp. 225 - 232; David W. Anthony, "The 'Kurgan Culture', Indo - European Origins, and the Domestication of the Horse: A Reconsideration", *Current Anthropology* 27 (1984), pp. 291 - 313; Susan Nacev Skomal & Edgar C. Polomé, eds., *Proto - Indo European: The Archaeology of a Linguistic Problem, Studies in Honor of Marija Gimbutas*, The Institute for the Study of Man, Inc., 1987; Joan Marler, "Introduction: In Honor of Marija Gimbutas", *Journal of Archaeomythology* 7 (2011), pp. 1 - 4。

草原地区向多瑙河流域和东巴尔干扩展，散布于巴尔干的几千座"库尔干"巨坟一直向南扩散至阿尔巴尼亚和北希腊。金布塔斯把希腊境内发生于早期希腊底Ⅱ和Ⅲ之间的文化变化归因于说印欧语言的库尔干人口到达了希腊。[①] "库尔干理论"所受的质疑主要在于考古资料的解释方面。库尔干文化的某些所谓"特征"在库尔干扩张之前的一些欧洲文化中也有发现。尽管如此，第三次扩张浪潮是得到了最好证实的一次，亚姆纳文化为之提供了重要证据。

另一种与之竞争并颇具影响力的理论是剑桥大学考古学家科林·伦弗鲁提出的"安纳托利亚假说"。伦弗鲁把印欧人的故乡放在安纳托利亚东部及其以东和以南的邻近地区，把原始印欧人共同体存在的时间确定在约公元前 6000 年以前。他将印欧人的扩散同新石器时代初期农业经济的传播联系起来，认为传播农业的正是说印欧语的人口。[②] 这种理论最主要的缺陷恐怕有二。一是它主张的年代过早，超过了原始印欧人共同体存在的时间深度，同源词所指示的犁、羊毛、轮车、马等印欧文化特征在公元前 6000 年之前尚未出现。二是它所描述的印欧语言扩散模式与印欧语言的实际分布格局不相兼容。按照该理论的逻辑，农业是呈波状从西亚向外扩散的，那么随之传播的印欧各语族、语言也得呈现出亲缘关系与地理分布成正比的循序渐进格局。但在实际的语言地理当中，各印欧语族、语言却表现出逆序和离散的分布状态。例如，希腊语与亚美尼亚语、印度—伊朗语族关系最近，按此假说，三者应在地理上相连，但在实际当中，希腊语与后两者为安纳托利亚语族乃至非印欧语言所隔离，而安纳托利亚语族和与之关系较近的意大利—凯尔特语族之间又有希腊语和巴尔干半岛的其

[①] Marija Gimbutas, "Proto-Indo-European Culture: The Kurgan Culture during the Fifth, Fourth, and Third Millennia B. C.", in George Cardona, Henry M. Hoenigswald & Alfred Senn, eds., *Indo-European and Indo-Europeans: Papers Presented at the Third Indo-European Conference at the University of Pennsylvania*, University of Pennsylvania Press, 1970, pp. 155–197; Marija Gimbutas, "The Collision of Two Ideologies", in T. L. Markey & John A. C. Greppin, eds., *When Worlds Collide: The Indo-Europeans and the Pre-Indo-Europeans*, Karoma Publishers, Inc., 1990, pp. 171–178.

[②] Colin Renfrew, *Archaeology and Language: The Puzzle of Indo-European Origins*, Jonathan Cape Ltd, 1987, pp. 263–273.

他印欧语言插入。这种语言分布格局的形成显然无法用农业从安纳托利亚向外波状扩散来解释。最近些年遗传学领域发展出了从古人类遗骨中提取DNA检测的技术，这比之前单纯依靠研究现今人群基因更能准确地重构人类的演进、分化、迁徙、融合和分布等复杂的种群历史。在印欧人起源问题上，最新的研究都是建立在古样本以及古样本与现今人群基因比对基础上的，其结论大多从不同角度不同程度地支持"大草原假说"，即"库尔干假说"[1]。拉扎里迪斯及其同事提出，至少有三个人群对今天欧洲人的血缘有贡献：一是古欧亚北部人群，他们与旧石器时代晚期的西伯利亚人有着最近的亲缘关系；二是西欧狩猎采集者；三是来源于近东的早期欧洲农民。[2] 琼斯等研究者又发现，高加索狩猎采集者构成欧洲人的第四个祖源。[3] 不过，"古欧亚北部人群"仍是一个推想出来的人群，被归于他们的基因连同高加索狩猎采集者的基因被研究者认为主要是由亚姆纳文化人群直接带入的。亚姆纳文化人群拥有混合祖源。一部分祖先来自东欧狩猎采集者，他们与2.4万年前的西伯利亚人群有着密切的亲缘关系。另一部分祖先来自一支近东人群，在基因构成上很像今天的亚美尼亚人，很

---

[1] Christine Keyser, et al., "Ancient DNA Provides New Insights into the History of South Siberian Kurgan People", *Human Genetics* 126：3 (2009), pp.395 – 410; Ewen Callaway, "Language Origin Debate Rekindled: Eurasion Steppe Gains Ground as Indo – European Birthplace", *Nature* 518：7539 (2015), pp.284 – 285; Morten E. Allentoft, et al., "Population Genomics of Bronze Age Eurasia", *Nature* 522：7555 (2015), pp.167 – 172; Wolfgang Haak, et al., "Massive Migration from the Steppe Was a Source for Indo – European Languages in Europe", *Nature* 522：7555 (2015), pp.207 – 211; Iain Mathieson, et al., "Genome – wide Patterns of Selection in230 Ancient Eurasians", *Nature* 528：7583 (2015), pp.499 – 503; Chiara Batini, "Large – Scale Recent Expansion of European Patrilineages Shown by Population Resequencing", *Nature Communications* 6：7152 (2015), pp.1 – 8; Iosif Lazaridis, et al., "Supplementary Information: The Genetic Structure of the World's First Farmers", 2016, doi: 10.1038/nature19310 [2018 – 06 – 02]; Carlos Quiles, *Indo – European Demic Diffusion Model* (2nd edition), University of Extremadura, 2017; Peter de Barros Damgaard, et al., "The First Horse Herders and the Impact of Early Bronze Age Steppe Expansions into Asia", *Science* 10：1126 (2018), pp.1 – 20.

[2] Iosif Lazaridis, et al., "Ancient Human Genomes Suggest Three Ancestral Populations for Present – day Europeans", *Nature* 513：7518 (2014), pp.409 – 413.

[3] Eppie R. Jones, et al., "Upper Palaeolithic Genomes Reveal Deep Roots of Modern Eurasians", *Nature Communications* 6：8912 (2015), pp.1 – 7.

可能属高加索狩猎采集者;① 或者是一支来自伊朗西部的铜石并用时代人群,该人群由伊朗西部和利凡特的新石器时代人口与高加索狩猎采集者混合而成。② 更直接地说,现代欧洲人就是西欧狩猎采集者、欧洲早期农民和亚姆纳牧人三个古代人群的混血。他们当中常见的Y染色体单倍型类群R1a和R1b便是由亚姆纳牧人携带而来。③ 哈克等人指出,中欧的绳纹陶文化人口有大约75%的血缘可追溯至亚姆纳人,这证明了一场由欧洲东部边缘向欧洲腹地进发的大规模移民。④ 阿伦托夫特等人也宣布,他们提供的基因组证据证实了来自黑海—里海草原的亚姆纳人群向欧洲北半部和中亚的扩展,这与推测的印欧语言的扩张相一致。⑤

相比于中、西和北欧人群拥有高比例的亚姆纳血缘,南欧地中海居民的基因构成似乎并未受到大草原移民的深度改变。⑥ 这也被萨尔诺等研究者理解为亚姆纳文化并非所有印欧语言支系的来源,巴尔干和地中海沿岸各人群内少量亚姆纳文化的基因只是更晚才进入的,他们拥有的与高加索及利凡特人群相关联的血缘意味着一次更早的单独移民事件,印欧语言在这些地区的出现可能与此次移民有关。⑦ 休吉

---

① M. Gallego‐Llorente, et al., "The Genetics of an Early Neolithic Pastoralist from the Zagros, Iran", *Scientific Reports* 6: 31326 (2016), pp. 1 – 7.

② Iosif Lazaridis, et al., "The Genetic Structure of the World's First Farmers", 2016. doi: https://doi.org/10.1101/059311 [2018 – 06 – 01]

③ Iain Mathieson, et al., "Eight Thousand Years of Natural Selection in Europe", 2015, doi: http://dx.doi.org/10.1101/016477 [2018 – 05 – 19]; Iain Mathieson, et al., "Genome‐wide Patterns of Selection in 230 Ancient Eurasians", pp. 499 – 503; Wolfgang Haak, et al., "Massive Migration from the Steppe Was a Source for Indo – European Languages in Europe", pp. 207 – 211; Martin B. Richards, Pedro Soares & Antonio Torroni, "Palaeogenomics: Mitogenomes and Migrations in Europe's Past", *Current Biology* 26: 6 (2016), pp. 243 – 246.

④ Wolfgang Haak, et al., "Massive Migration from the Steppe Was a Source for Indo – European languages in Europe", p. 207.

⑤ Morten E. Allentoft, et al., "Population Genomics of Bronze Age Eurasia", pp. 170 – 171.

⑥ Flavio De Angelis, et al., "Mitochondrial Variability in the Mediterranean Area: A Complex Stage for Human Migrations", *Annals of Human Biology* 45: 1 (2018), pp. 5 – 19.

⑦ Stefania Sarno, et al., "Ancient and Recent Admixture Layers in Sicily and Southern Italy Trace Multiple Migration Routes along the Mediterranean", *Scientific Reports* 7: 1984 (2016), pp. 1 – 12.

等人则证明了克里特青铜时代的米诺斯人与新石器时代居民和现代欧洲人有着密切的遗传关系，并将其祖源追溯至安纳托利亚农民。他们认同伦弗鲁的理论，即原始米诺斯语是大约 9000 年前由原始印欧语分化出的一个分支。①

2017 年公布的一项关于米诺斯人和迈锡尼人基因的研究又显示，亚姆纳文化人群的基因流入了希腊。拉扎里迪斯等研究者发现，克里特的米诺斯人和希腊大陆的迈锡尼人在基因上是相似的。两者至少有 3/4 的血缘来自"本地"祖先，即西安纳托利亚和爱琴海新石器时代的第一批农民。其余血缘大部分来自"东方"祖先，他们与高加索和伊朗古人群有亲缘关系。这部分"东方"血统以前被包括拉扎里迪斯本人在内的研究者解释为青铜时代来自欧亚草原的牧人带入欧洲的，他们是东欧狩猎采集者和来自高加索和伊朗的人群的混血。此次研究发现，"东方"祖先也可以是自己独立到达的，至少对于米诺斯人如此，他们身上没有东欧狩猎采集者的血缘。与米诺斯人不同，迈锡尼人还有另外一群"北方"祖先。迈锡尼人 4%—16% 的血缘最终与东欧和西伯利亚的狩猎采集者相关联。这种"北方"血统有它更近的直接来源，它可以解释为由与铜石并用时代到青铜时代亚美尼亚人群有亲缘关系的人群带入的，或者还可能是青铜时代来自大草原的移民引进的，两者都携带了东欧狩猎采集者的基因。

但研究者也指出，迈锡尼人的"北方"祖先的到来是属于对希腊的零星渗透，还是如同发生在中欧的那种快速移民，还有待进一步研究。如果是后者，那它将支持原始希腊人构成印欧人自人草原入侵的南翼的观点。然而，来自安纳托利亚的皮西狄亚（Pisidia）的青铜时代古人样本缺乏"北方"祖源，而那里已被证实古代存在印欧语言，这种情形又给基因和语言的关联投上了疑问。这就需要收集更多的古

---

① Jeffery R. Hughey, et al., "A European Population in Minoan Bronze Age Crete", *Nature Communications* 4: 1861 (2013), pp. 1-7; Colin Renfrew, "Word of Minos: the Minoan Contribution to Mycenaean Greek and the Linguistic Geography of the Bronze Age Aegean", *Cambridge Archaeological Journal* 8 (1998), pp. 239-264.

代安纳托利亚语族人群的样本来检测。[①]

在历史时期的古代希腊人群样本缺乏的情况下，这项对米诺斯人和迈锡尼人样本展开的研究对于观察历史时期古代希腊人的血缘构成无疑具有重要的参照意义。研究者也将古样本与现代希腊人样本进行了比对，发现现代希腊人与迈锡尼人的基因成分相似，但同迈锡尼人比起来，他们与新石器时代农民共有的等位基因更少，这显然是由于后来历史上发生的人口混入而使新石器时代的血缘受到一定程度的稀释所致。从这点来看，这项研究也证实了希腊大陆自接纳印欧移民和使用原始希腊语以来人群血统的延续性。此外，研究者并没有发现米诺斯人和迈锡尼人的祖源当中有来自埃及或利凡特的成分，从而否定了伯纳尔用其三大卷《黑色雅典娜》精心编织起来的青铜时代埃及和腓尼基殖民者征服希腊的理论。这也等于宣告了他以达那奥斯和卡德摩斯移民希腊的神话作为指引和证据的历史实证主义方法的失败。

三　希腊语中的前希腊语言底层

希腊语是原始印欧语的一个保守的代表。在印欧各语言中，其语音最为保守。它保留了原始印欧语中的全部元音（即长、短 i，e，a，o，u）、原始印欧语的自由重音（动词重音除外）、不送气清塞音（$^*p, ^*t, ^*k$）、不送气浊塞音（$^*b, ^*d, ^*g$）和送气浊塞音（$^*b^h, ^*d^h, ^*g^h$，以送气清塞音 p^h, t^h, k^h 的形式出现）的对立。希腊语在形态上也同样表现出保守性。它保持了名词和动词的三个数（单数、双数和复数）、动词的三个体（现在体、不定过去体和完成体）和主动与中动和被动的区别、名词和形容词的五个格以及另外两个格的痕迹。没有证据表明希腊语的词法和句法曾受过非印欧底层的严重影响。但另一方面，从词汇上看，据估计希腊语有一半以上的词不能和其他印欧语言做同源词比较。一项对《新约》中《马太福音》2 和《路加福音》15 两章的印欧语言译本的词汇调查显

[①] Iosif Lazaridis, et al., "Genetic Origins of the Minoans and Mycenaeans", *Nature* 548: 7666 (2017), pp. 214–218.

示，非印欧及词源不明的词语数量在俄语译文中为 15 个，立陶宛语中为 34 个，意大利语中为 48 个，希腊语中则高达 171 个。①

除后来通过贸易和文化接触流入的外来语借词外，希腊语词汇中非希腊根词的主体来自前希腊底层语言。其非希腊特征表现在：或找不到可信的希腊语词源；或形态在希腊语内部无法获得解释；或不符合从原始印欧语到希腊语的音系发展规律；或以上若干情况兼具。希腊存在大量的前希腊语地名，很多以 -σσος（或 -ττος）、-ινθος（或 -ινδος）、-ανα（或 -ηνη）和 -αναι（或 -ηναι）结尾，如 Παρνασσός、Κνως（σ）ός、Κόρινθος、Τίρυνς/Τίρυνθος、Πίνδος、Αθῆναι、Μυκήνη/Μυκῆναι、Θῆβαι（线文 B te-qa-）、Λῆμνος、Ολυμπος。同类地名也见于小亚细亚西部。地中海地区自然环境名词（如"海"、"岛屿"）、动植物和物产名称（如 άμπελος "葡萄"、ελαία "橄榄"、δάφνη "月桂"、σῦκον "无花果"、κυπάρισσος "柏树"、τερέβινθος/τέρμινθος "笃耨香"、νάρκισσος "水仙"、υάκινθος "飞燕草"、άψινθος "苦艾"、μίνθη "薄荷"、ορίγανον "牛至"、ερέβινθος "鹰嘴豆"、θύννος "金枪鱼"）和工艺名称[如 λαβύρινθος "迷宫"（线文 B da-pu$_2$-ri-to-）、"澡盆"]也具有前希腊起源。这些名词很多也带有上述词尾。

对于前希腊底层到底属于什么语言，学者意见大体可以分为两派，即"爱琴派"和"印欧派"。前一派通常将前希腊底层冠以"地中海语"或"爱琴海语"之称，认为它是一种遍及地中海，属于新石器时代和早期青铜时代文化的非印欧语言。其理由是希腊语中的前希腊词语很多都无法从印欧语角度进行分析，而一些也出现于地中海地区的其他语言当中。②

"印欧派"在承认某些词语来自非印欧语的同时，认为更多的非希腊词语应属印欧语言。这派当中有两种理论影响最大。一种是"卢

---

① J. P. Mallory & D. Q. Adams, eds., *Encyclopedia of Indo-European Culture*, pp. 240-246: s. v. "Greek Language".

② Shane Hawkins, "Greek and the Languages of Asia Minor to the Classical Period", in Egbert J. Bakker, ed., *A Companion to the Ancient Greek Language*, Blackwell Publishing, 2010, pp. 216-219.

维语理论"。该理论以上述在希腊和小亚细亚大量出现的同类型地名为根据，认为希腊语中的后缀 -νθ- (拉丁转写 -nth-) 和 -σσ- (-ss-) 和小亚细亚地名后缀 -(w)ant/da- 和 -ašša/i- 均来自卢维语构词后缀 -(w)anta- 和 -ašša/i-。-ašša/i- 是卢维语领属形容词后缀，在楔形文字卢维语方言中它已取代名词属格，其义为"……的"。-(w)anta- 是卢维语分词后缀，也已词汇化为领属形容词后缀，意即"……的"；其词源是原始印欧语分词后缀 $*-n\!\!°t-$ 和 $*-ent-/*-ont-$。还有学者进一步主张线形文字 A 的语言就是卢维语。①

"印欧派"中另一种较有影响的理论是"皮拉斯基语理论"。持这种理论的学者注意到，希腊语里有些词语看起来具有印欧语特征，其语音却不符合由原始印欧语到希腊语的语音发展规律，但如果换一套音变规则来衡量的话，印欧词源就能在其身上获得解释。这套音系所代表的印欧语言被这些学者称为"皮拉斯基语"（这一标签来自传统文献中经常提到的一支分布广泛的"前希腊"民族"皮拉斯基人"）。例如，希腊语"坟墓"可证实由印欧语 $*d^hmb^hos$ 经规则音变发展而来，即 $*d^hmb^hos > *t^hap^hos$ ($*θάφος$) $> tap^hos$ ($τάφος$)。希腊语里还有另一个意义同为"坟墓"的词 $τύμβος$，它不仅和 $τάφος$ 看上去很相似，而且也与其他印欧语言中的同源词相似，但它不符合由原始印欧语到希腊语的音变法则，因而被认定为来自皮拉斯基语。其来源被推测为 $*d^hmb^hos > *dumb^hos > tumbos$ ($τύμβος$)。这样的推测也是建立在与其他不合希腊语语音法则且疑似印欧语词语的系统比较基础上的。$πύργος$ "塔楼"就属这类词语，它和原始印欧语 $*b^hr^gh-$ 之间似乎存在渊源关系。$*b^hr^gh-$ 若发展至希腊语，其演变进程应为 $*b^hr^gh- > p^hark^hos$ ($φπάρχος$) $> park^hos$ ($πάρχος$)，但这一期望的 $πάρχος$ 却与实际当中的 $πύργος$ 不相吻合。如仿照上述 $τύ$

---

① Leonard R. Palmer, *The Greek Language*, University of Oklahoma Press, 1996 (1st ed. 1906), pp. 9 – 26; Leonard R. Palmer, *Mycenaeans and Minoans*: *Aegean Prehistory in the Light of the Linear B Tablets*, Faber and Faber Limited, 1961, pp. 232 – 250; M. Finkelberg, *Greeks and Pre – Greeks*: *Aegean Prehistory and Greek Heroic Tradition*, Cambridge University Press, 2005, pp. 42 – 64.

μβος 音变模式构拟的话，从 *bʰrgʰ - 到 πύργος 的音变则为 *bʰrgʰ - > *burgʰos > purgos（πύργος 比较德语 Burg）。从两例中可以观察到从原始印欧语到希腊语和从原始印欧语到皮拉斯基语音变的某些异同：原始印欧语响音 *m 在希腊语中演变为元音 a，在皮拉斯基语中演变为 um；响音 *r 在希腊语中演变为 ar，在皮拉斯基语中演变为 ur；希腊语（和梵语一样）两个以送气塞音开头的音节连续时，通常第一个音节的送气塞音异化为不送气塞音（*tʰ—pʰ > t—pʰ），皮拉斯基语也经历过类似的异化（*dʰ—bʰ > *d—bʰ，*bʰ—gʰ > *b—gʰ）；原始印欧语送气浊塞音在希腊语中清化（*bʰ > pʰ，*dʰ > tʰ，*gʰ > kʰ），在皮拉斯基语中则是失去送气（*bʰ > *b，*gʰ > *g），而不送气浊塞音清化（*d > *t，*b > *p）。主张"皮拉斯基语理论"的学者认为皮拉斯基语从语音和词汇上看同日耳曼、凯尔特、波罗的—斯拉夫等语族关系更近，但它仍为一种独立的印欧语言。他们还将 -νθ- 和 -σσ- 论证为来自皮拉斯基语后缀，并认定它们与卢维语后缀 -nt/d- 和 -ss- 有着共同的印欧来源。①

各理论都不乏看上去令人信服的理由，这也提示人们需要估计到希腊语中前希腊底层构成的可能的复杂性：非印欧因素和印欧因素也许都存在，而且在构词方面非印欧语言因素有些时候可能与前希腊的印欧底层或希腊语自身已整合在一起。希腊学者萨凯拉里欧就发展了这样一种复合式底层的理论：前希腊的希腊先后为"地中海"因素和印欧因素所占领；前希腊的印欧人有四支，即皮拉斯基人、（原始）阿凯亚人、海摩奈斯人和德吕奥佩斯人。②

---

① A. J. Van Windekens, *Le Pélasgique. Essai sur une langue indo - européenne préhellénique*, Pulications Universitaires, 1952, pp. V - IX, 3 - 22, 152 - 159; Vladimir I. Georgiev, *Introduction to the History of the Indo - European Languages*, Publishing House of the Bulgarian Academy of Sciences, 1981, pp. 96 - 107; J. P. Mallory & D. Q. Adams, eds., *Encyclopedia of Indo - European Culture*, pp. 240 - 246: s. v. "Greek Language"; Y. Duhoux, "Pre - Greek Languages: Indirect Evidence", in A. - F. Christidis, ed., *A History of Ancient Greek: From the Beginnings to Late Antiquity*, Cambridge University Press, 2001, pp. 227 - 228; Shane Hawkins, "Greek and the Languages of Asia Minor to the Classical Period", p. 216.

② Michel B. Sakellariou, *Peuples préhelléniques d'origine indo - européenne*, Ekdotike Athenon, 1977, pp. 281 - 306.

多种前希腊语言遗存也暗示了前希腊底层的复杂性。在希腊和爱琴海地区发现的各种文字中，迈锡尼线形文字 B（约公元前 1400—前 1200 年）已被文特里斯破译，其语言为希腊语；① 大多数塞浦路斯音节文字铭文也已被证实记录的是希腊语。其他文字虽未获破译，但其语言均表现出不属希腊语的特征，至少绝大部分应被视为前希腊语言的直接证据。米诺斯象形文字（公元前 2100—前 1450 年）、"法伊斯托斯圆盘"铭文（公元前 1800—前 1600 年）、"阿尔卡洛科里双头斧"铭文（公元前 1600 年）、线形文字 A（公元前 1750—前 1450 年）皆未被破译。对线形文字 A 记录何种语言不断有人给出答案：塞姆语、卢维语、赫梯语、卡里亚语、吕基亚语、胡里语等。由线形文字 A 直接或间接发展来的所谓"塞浦路斯—米诺斯文字"实际上包含了几种文字变体，它们也许被用于书写不同的语言。其各文本在年代上跨越约公元前 1600—前 1050 年。与之有谱系联系的塞浦路斯音节文字也具有两种变体。其铭文绝大部分书写的是希腊语塞浦路斯方言，少量记录的是一种尚未破译的语言，学者称之为"真正的塞浦路斯语"。塞浦路斯音节文字一直被使用到公元前 3 世纪，其最早的铭文（书写塞浦路斯方言）年代也许早到大约公元前 11 世纪。真正的塞浦路斯语铭文年代在公元前 6 世纪后半期到公元前 4 世纪末。除与线形文字 A 有亲缘关系的各种线形音节爱琴文字外，在克里特还发现了另一种用希腊字母拼写的非希腊语言铭文，该语言被学者称为"真正的克里特语"（名称来自传统文献中的"真正的克里特人"），也没被破译。铭文年代约为公元前 650 年至公元前 3 世纪或公元前 2 世纪。莱姆诺斯岛出土的约公元前 6 世纪的墓碑铭文在字母和语言上与埃特鲁里亚语相似，人们普遍认为两者之间存在关联。② 在萨摩色雷斯发现的公元前 6—前 4 世纪的 70 多件陶器等小物件铭文均用希腊

---

① Michael Ventris and John Chadwick, "Evidence for Greek Dialect in the Mycenaean Archives", *The Journal of Hellenic Studies* 73 (1953), pp. 84 – 103; *Documents in Mycenaean Greek*, Cambridge University Press, 1956, pp. 21 – 23.

② Wilhelm Brandenstein, *Die tyrrhenische Stele von Lemnos. Mitteilungen der altorientalischen Gesellschaft*, Ⅷ, Band, Heft 3, Verlag von Otto Harrassowitz, 1934, pp. 1 – 8, 15 – 18, 35 – 40, 46 – 50.

字母书写，但又不是希腊语，有学者将之断定为色雷斯语。① 目前尚不能确定这两种语言是前希腊语言，还是在希腊人定居爱琴海地区之后由新移民带入的。

日益深入的古遗传学研究也会对观察前希腊人问题提供帮助。一系列古基因检测都证实了考古学所揭示的农业从近东向欧洲扩散是通过移民而非单纯的农业文化传播实现的，来自近东的早期农民构成了今日欧洲人的三大祖源之一，爱琴海和希腊恰是新石器时代农业和农业移民到达欧洲的第一站。② 考古显示农业是沿地中海和中欧两条路线传遍欧洲的。菲尔南德斯等人通过对古人样本基因的研究认为，最早是利凡特的农民沿安纳托利亚南岸，取道海路，经由塞浦路斯、克里特和爱琴海岛屿，前往希腊西海岸并殖民欧洲的。③ 但这种认识为更新的研究所否定，拉扎里迪斯等人证实了新石器时代欧洲农民与安纳托利亚农民要比利凡特农民共享更多的等位基因。④ 西北安纳托利亚和希腊新石器时代的农民目前被研究者

---

① Giuliano Bonfante, "A Note on the Samothracian Language", *Hesperia* 24 (1955), pp. 101 – 109; Claude Brixhe, "Zônè et Samothrace: Lueurs sur la langue thrace et nouveau chapitre de la gramaire comparée?", *Comptes rendus des séances de l'Académie des Inscriptions et Belles - Lettres* 150 (2006), pp. 121 – 146; Sandra Blakely, "Kadmos, Jason, and the Great Gods of Samothrace: Initiation as Mediation ina Northern Aegean Context", *Electronic Antiquity* 11 (2007), pp. 68 – 95.

② Iosif Lazaridis, et al., "Ancient Human Genomes Suggest Three Ancestral Populations for Present – day Europeans", pp. 409 – 413; IainMathieson, et al., "Genome – wide Patterns of Selection in 230 Ancient Eurasians", pp. 499 – 503; Iain Mathieson, et al., "Eight Thousand Years of Natural Selection in Europe", 2015, http://dx.doi.org/10.1101/016477 [2018 – 05 – 19]; Martin B. Richards, Pedro Soares & Antonio Torroni, "Palaeogenomics: Mitogenomes and Migrations in Europe's Past", pp. 243 – 246; Iosif Lazaridis, et al., "Genomic Insights into the Origin of Farming in the Ancient Near East", *Nature* 536: 7617 (2016), pp. 419 – 424; Ayça Omrak, et al., "Genomic Evidence Establishes Anatolia as the Source of the European Neolithic Gene Pool", *Current Biology* 26: 2 (2016), pp. 270 – 275.

③ Eva Fernández, et al., "Ancient DNA Analysis of 8000 B. C. Near Eastern Farmers Supports an Early Neolithic Pioneer Maritime Colonization of Mainland Europe through Cyprus and the Aegean Islands", *PLOS Genetics* 10 (6): e1004401 (2014), pp. 1 – 16.

④ Iosif Lazaridis, et al., "Genomic Insights into the Origin of Farming in the Ancient Near East", *Nature* 536: 7617 (2016), pp. 419 – 424.

认为是欧洲早期农民的祖源。① 因此，将前希腊底层语言推定为他们的语言也不无理由。在克里特和安纳托利亚高频出现的 Y 染色体单倍型类群 J2a—M410 人群被推测为说安纳托利亚语族的一种语言，米诺斯人的线形文字 A 被认为记录的就是这种语言；或者另一可能是他们说一种与安纳托利亚中部的哈梯语有亲缘关系的非印欧语言。②

米诺斯人和迈锡尼人的早期青铜时代与高加索人群有亲缘关系的"东方"祖先也可构成前希腊底层的选项，毕竟其到来更为晚近，且移民横扫地中海南欧。这次基因流入不仅与希腊大陆、克里特和安纳托利亚出现的大量非希腊语地名相关联，③ 整个爱琴海地区早期青铜时代出现一种同质的考古学文化也很难说与这次移民无关。纵或可以令这次移民为印欧语言在巴尔干和地中海的出现负责，④ 但这样解释会违背印欧各语族的关系原则：意大利语族和凯尔特语族关系最为密切，甚至经常被归为一个更大的语族，后者的基因已被证实由亚姆纳移民带入，前者的到来却被归因于此次"东方"移民！既然这批移民与高加索人群有基因上的联系，不妨可以将其语言往高加索语言或其亲属语言上推测。当然，高加索地区语言生态复杂，并存好几个语系的语言，胡里语是其一。索斯伯根即采用胡里语解读线形文字 A。⑤

---

① Ayça Omrak, et al., "Genomic Evidence Establishes Anatolia as the Source of the European Neolithic Gene Pool", pp. 270 – 275; Zuzana Hofmanová, et al., "Early Farmers from across Europe Directly Descended from Neolithic Aegeans", *Proceedings of the National Academy of Sciences of the United States of America* 113: 25 (2016), pp. 6886 – 6891. 与目前认识不同的是，更早的一项 Y 染色体单倍型类群的分析显示，来自希腊新石器时代遗址的样本表现出与巴尔干的样本之间有着很强的亲缘关系，而克里特的样本显示出了与安纳托利亚的地中海沿岸和中部样本之间的亲缘关系。见 R. J. King, et al., "Differential Y – chromosome Anatolian Influences on the Greek and Cretan Neolithic", *Annals of Human Genetics* 72: 2 (2008), pp. 205 – 214.

② R. J. King, et al., "Differential Y – chromosome Anatolian Influences on the Greek and Cretan Neolithic", pp. 205 – 214; Jeffery R. Hughey, et al., "A European Population in Minoan Bronze Age Crete", *Nature Communications* 4: 1861 (2013), pp. 1 – 7.

③ Iosif Lazaridis, et al., "Genetic Origins of the Minoans and Mycenaeans", pp. 214 – 218.

④ Stefania Sarno, et al., "Ancient and Recent Admixture Layers in Sicily and Southern Italy Trace Multiple Migration Routes along the Mediterranean", *Scientific Reports* 7: 1984 (2016), pp. 1 – 12.

⑤ Peter George van Soesbergen, *Minoan Linear A*, Vol. I, *Hurrians and Hurrian in Minoan Crete*, Part I, Text, Brave New Books, 2016; Part II: Text, Bliography and Indices, Brave New Books, 2017.

四 希腊人的到来

人们对原始希腊人在何时由何地到达希腊也有意见分歧。既然重构的原始印欧语词汇反映的物质文化特征与考古资料对照所确定的原始印欧人共同体存在的时段为公元前 4500—前 2500 年，那么"希腊人的到来"不应早于公元前 2500 年。这样，目前被讨论的可能年代主要有四个，依据是考古学地层中的四次文化中断或变化：早期希腊底Ⅱ和Ⅲ之间即约公元前 2100 年、早期希腊底和中期希腊底之间即约公元前 1900 年、中期希腊底和晚期希腊底之间即约公元前 1600 年、晚期希腊底ⅢB 和ⅢC 之间即约公元前 1200 年。被考虑的可能来自线路方向大致有二，即由北（巴尔干）或由东（爱琴海、安纳托利亚）。①

持"约公元前 1200 年说"者最少。他们把希腊人到来的时间放在迈锡尼文明被毁的时刻，这也意味着他们要面临如何对待线形文字 B 的问题，这种属于迈锡尼文明的文字已获破译并被证实记录的是希腊语，其年代约在公元前 15 世纪到公元前 1200 年。②

---

① James Mellaart, "The End of the Early Bronze Age in Anatolia and the Aegean", *American Journal of Archaeology* 62 (1958), pp. 9 – 33; Robert Drews, *The Coming of the Greeks: Indo - European Conquests in the Aegean and the Near East*, Princeton University Press, 1988, pp. 3 – 24; Jean - Nicolas Corvisier, *Aux origines du miracle grec. Peuplement et population en Grèce du Nord*, Presses Universitaires de France, 1991, pp. 7 – 15; J. P. Mallory & D. Q. Adams, eds., *Encyclopedia of Indo - European Culture*, pp. 240 – 246; *s. v.* "Greek Language".

② 汉普尔一方面接受线形文字 B 的破译结果，另一方面又倾力将希腊半岛的"完全或者至少非常广泛的希腊化""真正的希腊化"和"全面希腊化"放在约公元前 12 世纪。他设想了一系列复杂的"希腊人到来"场景：先是所谓"线形文字 B 希腊人"的小群体到达克里特攫取当地政权，继而被驱逐。他们又占领了希腊大陆的迈锡尼世界多地并进一步扩张。最后在公元前 13 世纪末和公元前 12 世纪，其统治连同尚存的迈锡尼文化的非希腊小国为更大规模的希腊人入侵群体所摧毁。这些由北方侵入的说阿尔卡狄亚—塞浦路斯方言、伊奥尼亚方言和（北）爱奥利斯方言的希腊人，紧接着又被另一波入侵的希腊人——说多里斯方言和西北希腊方言的群体——驱赶或吞并。见 Franz Hampl, "Die Chronologie der Einwanderung der griechischen Stämme und das Problem der Nationalität der Träger der mykenischen Kultur", *Museum Helveticum* 17 (1960), S. 57 – 86. 格鲁马克赞同汉普尔降低"希腊人到来"年代的主张，但不情愿接受线形文字 B 的破译结果。在他看来，迈锡尼方言和其他希腊语方言之间的关系并未获得合理的解释。他认为希腊语各方言之间关系紧密，因而彼此分离的时间不会很长，希腊人也不可能在很早的年代迁入希腊，其到达不会早于公元前 13 世纪和公元前 12 世纪。见 Ernst Grumach, "The Coming of the Greeks", *Bulletin of the John Rylands Library* 51 (1968 – 1969), pp. 73 – 103. 但胡克对此指出，希腊语各方言群体在希腊境内也可以像在境外一样保持紧密联系。见 J. T. Hooker, "The Coming of the Greeks", *Historia* 25 (1976), pp. 129 – 145.

主张"约公元前 1600 年说"的学者各自的论证不甚相同,其中最常被使用的证据是迈锡尼"竖井墓"和马拉战车。"竖井墓"中的青铜武器、金、银、象牙、琥珀等贵重随葬品所反映的好战而富有的"竖井墓王朝"被他们视为由刚刚到达的希腊人入侵者所建,而非社会进步和革新的产物。一系列的考古资料,如"竖井墓"墓碑和随葬的金指环上描绘马拉战车的浮雕、墓中出土的马嚼子部件、线形文字 B 记载的马拉战车清单,都证实了马拉战车于大约公元前 1600 年在希腊首次出现。一些学者认为,希腊语中称呼马拉战车部件的名词具有印欧语词源这一情况意味着原始希腊人进入希腊之前就已知道使用战车,从马拉战车在希腊出现的时间来看,希腊人移入希腊不可能在大约公元前 1600 年之前。①

"约公元前 1900 年说"曾是最广为接受的正统理论。② 20 世纪初迈耶和贝洛赫等人通过对印欧语言分化及希腊语方言分化和当时已有考古资料的分析,将第一批希腊人到达的时间推测在公元前 3000 年代和公元前 2000 年代之交。③ 1918 年,魏斯和布里根又注意到,希

---

① Chrestos Tsountas & J. Irving Manatt, *The Mycenaean Age*: *A Study of the Monuments and Culture of Pre - Homeric Greece*, Macmillan and Co., 1897, pp. 71, 248, 345; Martin P. Nilsson, *Minoan - Mycenaean Religion and Its Survival in Greek Religion*, Lund. C. W. K. Gleerup, 1927, pp. 11 - 46; Leonard R. Palmer, *Mycenaeans and Minoans*: *Aegean Prehistory in the Light of the Linear B Tablets*, pp. 232 - 250, 321 - 357; William F. Wyatt, Jr., "The Indo - Europeanization of Greece", in George Cardona, Henry M. Hoenigswald & Alfred Senn, eds., *Indo - European and Indo - Europeans*, *Papers Presented at the Third Indo - European Conference at the University of Pennsylvania*, University of Pennsylvania Press, 1970, pp. 89 - 111; Robert Drews, *The Coming of the Greeks*: *Indo - European Conquests in the Aegean and the Near East*, pp. 21 - 24, 158 - 201; J. P. Mallory & D. Q. Adams, eds., *Encyclopedia of Indo - European Culture*, pp. 240 - 246: *s. v.* "Greek Language".

② Alan J. B. Wace, "The Coming of the Greeks", *The Classical Weekly* 47 (1954), pp. 152 - 155; Robert Drews, *The Coming of the Greeks*: *Indo - European Conquests in the Aegean and the Near East*, pp. 11 - 15; G. Horrocks, *Greek*: *A History of the Language and Its Speakers*, Addison Wesley Longman Limited, 1997, p. 11.

③ Karl Julius Beloch, *Griechische Geschichte*, 2. Auflage, 1. Band, Strassburg: Verlag von Karl J. Trübner, 1912, S. 67 - 96; Eduard Meyer, *Geschichte des Altertums*, 3. Auflage, 1. Band 2. Hälfte, Stuttgart und Berlin: J. G. Cotta'sche Buchhandlung Nachfolger, 1913, S. 806 - 808, 856 - 857; James Henry Breasted, *Ancient Times*: *A History of the Early World*, Ginn and Company, 1916, pp. 252 - 258. 克莱池默通过复原希腊语方言史得出结论:希腊人分三波迁入希腊,先后为伊奥利亚人、阿凯亚人(爱奥利斯方言和阿尔卡狄亚—塞浦路斯方言的祖先)和多里斯人。他还援引伊文思为克里特人口的各族属层次所建立的年代框架。据此,最早一批希腊人在公元前 1800—前 1500 年已占据克里特。而这也意味着他们是在更早时候进入希腊大陆的。见 Paul Kretschmer, "Zur Geschichte der griechischen Dialekte", *Glotta* 1 (1909), S. 9 - 59。

腊大陆的"早期希腊底陶器"与同时期早期米诺斯和早期基克拉迪陶器之间存在着密切关联，这表明希腊大陆和克里特岛、基克拉迪群岛的早期青铜时代文化属于同种文化类型。到中期希腊底初，一种新型的灰色光滑的轮制陶器即"米尼亚式陶器"突然出现，几乎同时"早期希腊底陶器"消失，这种中断标志着一种新的文化类型的引进。晚期希腊底的迈锡尼文明则是克里特的米诺斯文明影响并吸纳本土中期希腊底文化的产物。在两人看来，弄清"米尼亚式陶器"所标志的中期希腊底文化对早期希腊底文化的取代以及后者的种族不可能被灭绝等问题的重要性，在于它们能够揭示"历史时期在希腊居住的人种的种族起源和亲缘"①。

1928年，布里根又与哈雷合作发表了极具影响力的论文《希腊人的到来》。哈雷在前人菲克和克莱池默对于希腊语中前希腊语地名的研究成果②的基础上，绘制了一份希腊和爱琴海地区的前希腊语地名地图，并对这些地名的分布进行分析，进而推断其可能的来源。这些为数不菲的非希腊语地名表现出与小亚细亚的大量地名之间存在关联的特征：或完全等同，或具有共同的后缀 [很多带有后缀 - nth - 或 - s（s）-]，或词根相同或相似，或前两种甚至三种情况兼具。小亚细亚西部的这类地名一直散布至相当远的内陆，有的甚至出现在中部腹地，均超出希腊人的影响范围。而且，小亚细亚的很多地名虽带有同类后缀，却并未出现在希腊或根本没有进入希腊语。这些情况表明，这类地名可能都是被从小亚细亚带到希腊的。③

布里根更详细地分析了这些地名的分布，认为它们所指示的一个前希腊语言家族占据了克里特、基克拉迪群岛、伯罗奔尼撒南部和东部以及中希腊，其分支进一步向北、西北和西扩展至邻近地区，这也

---

① A. J. B. Wace & C. W. Blegen, "The Pre - Mycenaean Pottery of the Mainland", *The Annual of the British School at Athens* 22 (1916 – 1918), pp. 175 – 189.

② Paul Kretschmer, *Einleitung in die Geschichte der griechischen Sprache*, Göttingen: Vandenhock und Ruprecht, 1896, S. 293 – 311, 401 – 409; August Fick, *Vorgriechische Ortsnamen als Quelle für die Vorgeschichte Griechenlands*, Göttingen: Vandenhoeck und Ruprecht, 1905.

③ J. B. Haley, "The Coming of the Greeks: I. The Geographical Distribution of Pre - Greek Place - Names", *American Journal of Archaeology* 32 (1928), pp. 141 – 145.

意味着一次由南向北的语言移民。接下来是要寻找一个考古遗存分布与这些地名分布相吻合的时期，因为断定了前希腊语所属的考古学地层，就可以认定最初的希腊人是在随后的地层上到达的。通过对比不同时期爱琴海各地考古学文化特征，布里根将与前希腊语地名相一致的考古学年代断定在早期青铜时代。早期米诺斯、早期基克拉迪和早期希腊底文化构成一种同源文化的地域分支，而之前新石器时代、之后中期和晚期青铜时代克里特、基克拉迪群岛和希腊大陆的各考古学文化均不具备这一同质特征。克里特的中期米诺斯文化是由早期米诺斯文化毫无中断地发展而来，语言和种族都在延续；在希腊大陆，早期希腊底文化在遭受入侵中终结，入侵者带来了"米尼亚式陶器"，文化和种族都有很大改变；在中期基克拉迪的地层中则能看到"米尼亚式陶器"和来自克里特的"卡马瑞斯式陶器"同时流入。从中期到晚期希腊底，考古遗存表现的是文化的延续发展。这一切表明，早、中期希腊底之交带来"米尼亚式陶器"的入侵者就是第一批希腊人。①

"约公元前2100年说"是目前最流行的观点。1952年凯斯齐在阿哥利斯的莱尔纳发掘，这座城镇也许是全希腊最重要的早期希腊底文化中心。发掘表明，约公元前3000—前2100年，莱尔纳存在一个具有较高发展程度的社会，其宏伟的建筑引人注目。但到约公元前2100年，莱尔纳被毁，随后的早期希腊底Ⅲ相对贫穷。在被毁后的地层中，凯斯齐发现了一种早期形式的米尼亚陶器，即"原始米尼亚式陶器"②。经调查得知，阿尔戈利斯、阿提卡，甚至南拉哥尼亚的其他一系列地点在早期希腊底Ⅱ和Ⅲ之间似乎也遭到破坏。虽然早期希腊底Ⅲ的证据较为缺乏，但某些学者在重新检验后认为中期希腊底与早期希腊底Ⅲ之间存在着连续性。这促使很多人把第一批希腊人迁

---

① Carl W. Blegen, "The Coming of the Greeks：Ⅱ. The Geographical Distribution of Prehistoric Remains in Greece", *American Journal of Archaeology* 32 (1928), pp. 146 – 154.

② John L. Caskey, "The Early Helladic Period in the Argolid", *Hesperia* 29 (1960), pp. 285 – 303; John L. Caskey, "Greece, Crete, and the Aegean Islands in the Early Bronze Age", in I. E. S. Edwards, et al. eds., *The Cambridge Ancient History*, 3rd ed., Vol. I, Part2, Cambridge University Press, 2003, pp. 771 – 807.

入希腊的时间前推至约公元前 2100 年。①

不过，最先发现早期希腊底Ⅱ和Ⅲ之间中断的凯斯齐却倾向于维护"约公元前 1900 年说"，从而提出了"两波说"，认为发生过两次入侵：约公元前 1900 年的入侵者是希腊人，约公元前 2100 年的入侵者可能同希腊人有亲缘关系。他试图将他们推测为鲁维人，但又对此存疑。② 萨凯拉里欧也持"两波说"。他以接受"库尔干假说"为前提，认为两次入侵者均为原始希腊人，且当中伴有巴尔干移民，第二次入侵的是原始希腊人的大部。他还将"达那奥伊人"［Dana（w）oi］断定为原始希腊人的族称，③ 该称正是荷马称呼希腊人的族称之一。

综上来看，公元前 2100/1900—前 1600 年这半个世纪的首尾是希腊人到来时间的最有可能的选项。"约公元前 2100/1900 年说"影响虽大，仍无法否定"约公元前 1600 年说"的某些理由，后者也难于说服每位公众。选择关键在于对迈锡尼文明的评估。线形文字 B 表明迈锡尼世界是一个使用希腊语的人口和文化共同体。如果希腊语是其唯一的语言，那么是否意味着原始希腊人同前希腊人的融合早已完成，原始希腊语也早已取代前希腊语言并吸纳了其若干因素而发展成了迈锡尼希腊语及其他方言？如果这种猜测成立，希腊人的到来就要远早于迈锡尼文明。这是否也能增强"约公元前 2100/1900 年说"作为正统理论的合法性呢？

结　语

关于希腊人种族起源的研究构成了一个集团长线作战式的较为成

---

① 例如 R. J. Buck, "The Middle Helladic Period", *Phoenix* 20 (1966), pp. 193 - 209; J. B. Bury & Russell Meiggs, *A History of Greece to the Death of Alexander the Great*, 4th ed., Macmillan Press Ltd, 1978, p. 7; M. I. Finley, *Early Greece: The Bronze and Archaic Ages*, WW Norton & Company, 1981, pp. 13, 19。

② John L. Caskey, "Greece, Crete, and the Aegean Islands in the Early Bronze Age", pp. 771 - 807; John L. Caskey, "Greece and the Aegean Islands in the Middle Bronze Age", in I. E. S. Edwards, et al., eds., *The Cambridge Ancient History*, 3rd ed., Vol. II, Part1, Cambridge University Press, 2000, pp. 136 - 140.

③ Michel B. Sakellariou, *Les proto - Grecs*, Ekdotike Athenon, 1977, pp. 251 - 262.

功的学术范例。研究者虽尚未搞清该问题的每一细节，但已提供了诸多富有框架意义的答案。对同类及其他若干领域，其经验也具有广延性，它动用的各类技术方案和手段昭示了研究理路的多种可能。

经过不断争论和筛选，在希腊人种族起源研究领域内，起源神话和传说越来越不再被视为有效可用的史料而趋于被淘汰，历史实证主义的方法遭到批评而没落。这提示我们，史料的类别和性质是须首要考虑的因素，对于神话传说历史性的迷信亦应打破，传统文献首先要接受严格的"史料批判"，且不能被当作历史语言学、考古学和基因学研究的导引。这对于我们长时间内以传统文献为导向的"三代"考古和中国文明起源研究是一条十分有益的经验。

历史语言学能够最先在原始印欧语重构和原始印欧人历史研究方面获得成功，固然跟印欧语系有更多的语言在更早的年代被记录下来有关。但语料问题并非制约研究的唯一因素。近些年来关于上古和原始汉语、汉藏语系等方面的研究也取得了长足进展，但这些成果未能被充分利用到中国早期历史的研究当中。与西方学界在古代史和史前史领域长久以来惯于历史学、语言学、考古学等多学科联手、协同攻关的学术传统不同，我们的历史学家、考古学家多不关心历史语言学的成果，考古学家与历史学家的合作更多体现在对于传统文献的共同信念的基础上。跨学科研究和多学科合作理应成为未来中国上古史和史前史研究的主流路径。

当下，在全球史的理论探讨持续升温之际，人们更呼唤将该理论加以贯彻的个案研究更多问世。希腊人种族起源研究，不单以希腊为对象，其观察场景还包括地中海、近东、欧亚草原，乃至一大片旧大陆，它关注的主题又是"联系"。它够得上是具有全球史视野、性质和意义的研究个案。而且，在全球史理论热浪翻滚之前，它就以其严谨的专业技术性实践着全球史的理念。正因如此，它不仅能构成全球史的一个案例，而且为全球史提供了一种范例。

（原载《史学理论研究》2019 年第 1 期；徐晓旭：中国人民大学历史学院教授。）

晚期古代和中世纪早期史研究中的新价值取向

侯树栋

摘　要：晚期古代是最近半个世纪以来书写古代世界结束和中世纪生成的主导概念和模式，中世纪早期史的研究也向诸多传统假设和论断提出挑战。特别值得关注的是，一系列新论断显示了价值观的再定向。从古典文化本位论到多元文化论、从政治史和制度史到宗教文化史、从民族主义到欧洲主义，反映了晚期古代和中世纪早期史研究领域新的价值取向。晚期古代说、罗马世界转变说、连续说等，无疑包含当代价值，具有当下关怀。价值观的再定向，显示了20世纪后期以来欧美历史科学与意识形态之间紧密而复杂的关联，呈现出史学与时代的互动。

关键词：晚期古代；中世纪早期；史学的价值取向

一　引言

地中海世界古代历史的结束和欧洲中世纪的发生，一向为人所关注。四、五十年以前，有关这一进程的主流叙事是古典文明的"衰亡"和文明的"倒退"。罗斯托夫采夫的基本论断和《泰晤士世界历史地图集》中的相关文字，令人难以用平静、中性的笔触描绘从古代到中世纪的过程。罗斯托夫采夫认为，罗马帝国3世纪的危机"摧毁了古代世界的社会经济生活和文化生活的基础，而不可能产生任何正面的成绩。它在一个以历史悠久的古典文明和城市自治为基础的、繁荣而组织完善的国家的废墟上建立了一个以普遍的愚昧无知、以强迫横暴、以奴役作践、以欺诈行贿为基础的国家"①。《泰晤士世界历史地图集》的编写者指出："公元5世纪，古典世界的危机到了顶点。……危机的原因是骑马的游牧民族从西北方侵入了从地中海延伸到中国的大新月形的古文明地区。其结果是文明的一次倒退，从而不仅在欧洲而且在整个欧亚大陆引起了所谓的'黑暗时代'。"②

然而，1999年出版的《泰晤士世界历史》对3世纪以后的地中海世界却有另一番描述："帝国在3世纪的危机中完好无损，但并非没有变化。""公元500年左右，整个欧亚大陆处于动乱时期。亚洲草原上的游牧民族侵袭了当时所有的文明中心。虽然古典时期的成就并未完全消失，但中国与西方、北非与意大利、拜占庭和西欧之间的联系却大大减弱。在随后的几个世纪中，各个地区又退回到依靠自身资源独立发展的状态。""欧洲处于落后状态。但即使如此，欧洲也在发展。"③ 对世界历史特别是欧洲历史的这一重新书写，源于20世纪六七十年代以来开始兴盛的晚期古代（Late Antiquity）研究④，以及欧洲中世纪早期史研究的新进展。学术发展逐渐重塑了3世纪以后地中海世界和欧洲中世纪早期的历史形象，罗马帝国"衰亡"说、古典文明"崩溃"论和所谓"黑暗时代"等一类传统话语似乎不再适宜，晚期古代说、罗马世界"转变论"和所谓"后罗马时代"则相应流行起来⑤。

---

① ［美］M. 罗斯托夫采夫：《罗马帝国社会经济史》，下册，马雍、厉以宁译，商务印书馆1985年版，第722页。中译本据1957年英文第二版翻译。

② ［英］杰弗里·巴勒克拉夫主编：《泰晤士世界历史地图集》，生活·读书·新知三联书店1982年版，第94页。中译本据1979年英文重印本翻译。

③ ［英］理查德·奥弗里等：《泰晤士世界历史》，毛昭晰等译，希望出版社、新世纪出版社2011年版，第90、95页。

④ "Late Antiquity"一词在我国有几种不同译法，以"古代晚期"多见。我将其译为"晚期古代"，以之对应"古典古代"（Classical Antiquity）。

⑤ 近年来我国学者开始关注晚期古代研究，并撰文给予介绍和分析。参见刘林海《史学界关于西罗马帝国衰亡问题研究的述评》（《史学史研究》2010年第4期）；李隆国《古代晚期研究的兴起》（《光明日报》2011年12月22日）、《从"罗马帝国衰亡"到"罗马世界转型"：晚期罗马史研究范式的转变》（《世界历史》2012年第3期）；康凯《"蛮族"与罗马帝国关系研究述论》（《历史研究》2014年第4期）以及拙文《断裂，还是连续：中世纪早期文明与罗马文明之关系研究的新动向》（《史学月刊》2011第1期）和《晚期古代研究中的长时段视角与泛文化史模式》（载孟广林、王大庆主编《新世史》第1辑，社会科学文献出版社2017年版）。

晚期古代作为一个方便的时间断限，现在普遍应用于学术研究的实践，已是一个常见术语。作为历史分期，晚期古代介于古典古代和中世纪之间，一般指称3世纪以后罗马帝国至欧洲中世纪之间地中海世界的历史。近半个世纪以来，晚期古代研究领域成果突出，令人瞩目。对此，一个有力的证据是，《剑桥古代史》（第二版）的编写者原计划出版12卷，后改变计划，再扩充两卷，加写第13、14卷，以集中展示晚期古代研究的进展和成就[1]。其实，细究起来，晚期古代是一个困难重重的概念，其涵盖的时间和空间并无定说，有所谓"较短的"晚期古代（3—6世纪）和"漫长的"晚期古代（3—8世纪）之分。多数学者的讨论集中在地中海世界，而彼得·布朗（P. Brown）等人的"晚期古代"却包括萨珊波斯和伊斯兰世界。2012年出版的《牛津晚期古代概览》一书的主编向各位作者提议，可将晚期古代的时间和空间分别确定为从君士坦丁到穆罕默德，从大西洋到中亚[2]。这样，晚期古代不仅时间相当漫长，而且地域十分广阔。至于晚期古代的内涵和特点，更是歧见纷呈。所以有论者提出从四个方面把握这个概念：第一，时间上或长或短的一种分期；第二，地理上或大或小的一个区域；第三，多样化或相对单一的研究主题，例如宗教、文化、商贸、生产等；特别是第四，特定历史解释和价值判断[3]。确实，在布朗的《晚期古代世界》一书面世以前，晚期古代仅仅是一个时间范围，此后这个术语始具价值色彩。当前学界虽然对晚期古代的时间和地理范围有不同意见，对其内涵和特点更是争执不休，但对其作为一种历史分期是基本认同的。欧洲中世纪早期的时限通常划定为5、6世纪至8、9世纪，接续"较短的"晚期古代。《新编剑桥中世纪史》总计七卷，其中两卷属中世纪早期史，足见这一领域的成果受到学界高度重视。晚期古代是最近半个世纪以来书写古代世界结束和中世纪生成的主导性概念和模式，中世纪早期史研究也向

---

[1] A. Cameron, B. Ward-Perkins and M. Whitby, eds., *The Cambridge Ancient History*, Vol. 14, Cambridge: Cambridge University Press, 2000, p. 972.

[2] S. F. Johnson, ed., *The Oxford Handbook of Late Antiquity*, Oxford: Oxford University Press, 2012, pp. 4-5.

[3] S. F. Johnson, ed., *The Oxford Handbook of Late Antiquity*, p. 3.

一系列重大传统论断提出挑战。特别值得关注的是，一系列新论断显示了价值观的再定向。本文拟检视新的价值取向，剖析其利弊得失，揭示近几十年来欧美历史科学与意识形态之间紧密而复杂的关联在特定研究领域内的表现，展现史学与时代的互动。

二 从古典文化本位论到多元文化论

近代关于罗马时代告退和西欧中世纪生成的经典话语体系，是爱德华·吉本奠定的，这就是所谓罗马帝国"衰亡"说。一直以来，学者大都在"衰亡"说的模式下认识罗马帝国后期和中世纪早期的进程，把罗马帝国后期（特别是其西部）的历史归结为一部"衰落"并走向"灭亡"的历史。1957年出版的罗斯托夫采夫《罗马帝国社会经济史》英文第二版，虽然在基督教和教会方面有自己的认识，但仍然把3世纪以后的罗马帝国和古典世界归结为一部"衰亡"史。今天，相关争论仍在继续，但最近几十年来的晚期古代和中世纪早期史，已将晚期古代概念和罗马世界的转变作为书写3世纪以后地中海世界历史进程的主流话语，罗马"衰亡"说已趋边缘化。1993年，欧洲科学基金会设立一个为期五年的跨国、跨学科的大型研究项目，题为"罗马世界的转变"（The Transformation of Roman World）。这项研究成果突出，成绩斐然。《新编剑桥中世纪史》第一卷主编佛拉克里（P. Fouracre）阐释了罗马世界"转变"这一命题对学界的重要影响。他指出，罗马统治的结束固有一系列直接后果，但更持久的影响则是"欧洲、中东和北非社会对变化中的经济、政治、宗教和军事环境的逐渐适应。这一过程通常被描述为'罗马世界的转变'"。"转变"这个主题现在已经是"国际学界的主要焦点"[①]。作为《新编剑桥中世纪史》第一卷主编和"导言"的执笔人，佛拉克里的这番论述反映的不止是个人的观点，也是相当范围的学界共识。

[①] P. Fouracre, ed., *The New Cambridge Medieval History*, Volume I c. 500 – c. 700, Cambridge: Cambridge University Press, 2005, pp. 1, 2.

步入3世纪的罗马帝国在经济、政治和文化方面发生了一系列深刻变化，在以往的解释中，这些变化预示着帝国"衰亡"和古典文明崩溃，现在的解释却用其证明帝国步入晚期古代并逐渐实现自身的"转变"。这里的"晚期古代"与此前的"古典古代"既有联系又有区别，联系在于两者同属古代社会，区别在于晚期古代毕竟不是古典古代，应当依其自身的特点和性质而不是古典社会的标准作判断。从晚期古代而非古典古代的视角着眼，以往被目为罗马帝国"衰亡"的那些征兆，倒是罗马世界实现"转变"的迹象。从罗马"衰亡"到"转变"，一定程度基于新的史实判断。论者指出，吉本的阐述有的是不能成立的，如他把蛮族目为罗马大道的破坏者；有的则有明显缺失，如他虽然承认蛮族首领奠定了新政治制度的基础，却没有看到新制度与罗马制度的联系；有的则与他的主题存在悖论，如他时而明显、时而含蓄地论述了帝国后期罗马制度的变化与发展，特别是罗马法的变化与发展，却没有意识到这些内容与他探讨的主题即"衰亡"之间的矛盾[1]。但需强调的是，从"衰亡"到"转变"，从古典文明崩溃到晚期古代兴起，更加突显的是新的价值取向，这就是多元文化论（也称多元文化主义或文化相对主义）。

卡梅隆（A. Cameron）指出，"衰亡"说的核心在于把古典古代作为固定的、一成不变的文化价值，作为"西方准则"的基础。在古典与中世纪之间掘出一条文化的深沟，意味着历史学家对历史和文化采取了一种道德和审美立场。这种"自信"已经不切合当今更加包容、更加多元的文化价值[2]。客观的、显示价值中立的词语如"转变"或"变化"，应当取代"衰亡"一词，因为"衰亡"一词太富感情色彩，内含历史学家的道德评断[3]。现在，人们之所以普遍回避"衰亡"一词，很大程度上是出于对古典一切皆好这种文化价值观的

---

[1] R. McKitterick and R. Quinault, eds., *Edward Gibbon and Empire*, Cambridge: Cambridge University Press, 1997, pp. 2, 5.

[2] T. P. Wiseman, ed., *Classics in Progress*, Oxford: Oxford University Press, 2002, p. 177.

[3] A. Cameron, *The Mediterranean World in the Late Antiquity*, AD 395 – 600, London: Routledge, 1993, p. 198.

反动，历史学家需要取一种文化相对主义的态度①。由此观之，后古典世界（postclassical world）较之古典世界"不是低劣，而是不同"（not inferior, but different）②。卡梅隆认为，对晚期罗马帝国的研究一直是借"古典的透镜"进行的，对新的族群和文化，也作如此观察，而晚期古代概念意在"颠覆"基于古典文化的"价值判断"。她还说，布朗1971年出版的开创性著作《晚期古代世界》，旨在"突破传统古典学者建立的文化帝国主义的屏障"③。用价值中立的词句（"变化"和"转变"等）而不是包含价值判断的词句（"危机"和"衰亡"等）表述古代世界的结束，在今天多少是一种共识④。鲍尔索克（G. W. Bowersock）论述了多元文化主义的历史阐释所具有的时代必然性。他强调："相对主义的潮汐使我们接受——可以说太易接受——似乎曾与传统模式（或许应当说是价值？）不相容的各种形式的文化与行为方式。"他甚至说，现在没有一个研究古代或中世纪的严肃史学家，会接受或承认罗马衰亡是"一个事实"或"模式"。他们把"古典世界的衰落改写成晚期古代的兴起"。作为一种学理建构，"罗马衰亡的模式结束了。……这一模式代表了欧美思想者面对他们所归属的文明处于危机时所产生的恐惧"。然而今天的世界已经大大缩小，吉本笔下的宗教和域外文化已经是现今世界文明中"肯定性的组成部分"，这个世界"从晚期古代的宗教力量和混合文化中"能够看到希望，获得灵感。所以"我们不再需要罗马衰亡的模式"⑤。就连坚定维护罗马"衰亡"模式的学者也指出，晚期古代概念已经动摇了人们对罗马"危机"和"衰亡"的信念，从而对有关古代世界结束的历史认知产生重要影响。现在"危机"和"衰亡"一类词

---

① L. Laven. ed., *Recent Research in Late-Antique Urbanism*, Rode Island: Portsmouth, 2001, p. 239.

② L. Laven and W. Bowden, eds., *Theory and Practice in Late Antique Archaeology*, Leiden: Brill, 2003, p. 8.

③ T. P. Wiseman, ed., *Classics in Progress*, p. 175.

④ 转引自 B. Ward-Perkins, "The Making of Late Antiquity", *Bulletin of the Institute of Classical Studies*, Supplement, No. 91, 2007, p. 14.

⑤ G. W. Bowersock, "The Vanishing Paradigm of the Fall of Rome", *Bulletin of the American Academy of Art and Sciences*, Vol. 49, No. 8, 1996, pp. 39, 42, 43.

句之所以不再流行，是因为这类表述会被视为"落伍"和"武断"①。

多元文化主义强调，对一种文化的认识与评判，应首先着眼于这种文化的"内部"。古典文化本位论一旦让位于多元文化论，晚期古代社会的文化创新和活力就能为人所感知和认识。在当今众多学者的笔下，晚期古代社会不是令人绝望的一潭死水，而是奔流不息的活水，在文明史的链条上占据重要位置。下文将会展示，论者对晚期古代社会特别是宗教文化领域的创新和活力给予了积极和高度评价。受此影响，治中世纪史的学者现在普遍拒绝把"黑暗时代"这顶帽子戴到中世纪早期史的头上，而是称之为新发展的"漫长黎明"或罗马世界转变的结果。戴维斯（J. R. Davis）和迈考密克（M. McCormick）说："在中世纪早期的漫长黎明中，西欧人在异常富有生命力的罗马文化和传统废墟中重建了他们的社会。这座大厦的框架构成直到今天西欧的结构。"中世纪早期既是"转变"，也是"新方向"。"我们从400—1000年的西欧看到的不是黑暗时代，而是一个不断发展和变化的世界的漫长黎明。"② 在英尼斯（M. Innes）看来，"视中世纪早期的经济和社会为转变而非衰亡的结果，现在是共识"。他从多元文化角度看待城市在从罗马到中世纪期间的变化，认为以往学者多以古典城市为标准，把中世纪早期的城市归于衰落状态。"其实，伴随社会和政治制度在3—5世纪的重构，城市必然变化。我们更应当认识晚期古代各方面的转变是怎样和为什么发生的，而不是根据某种静止的、'真正的'城市生活标准对城市发展状况进行判断。"③ 英尼斯显然是说，中世纪早期城市固然不同于古典城市，但这是变化的结果，而不是衰落的产物。

上述观点现今流行于学界，但其间并非没有学术交锋。围绕罗马帝国"衰亡"说，论辩双方各陈己见，激烈争论。坚持"衰亡"说的学者指出，罗马帝国从危机走向衰亡既是价值判断，也是史实判断，因为帝国衰亡在政治、军事、经济和文化领域的表现都是客观事

---

① B. Ward – Perkins, "The Making of Late Antiquity", p. 14.
② J. R. Davis and M. McCormick, eds., *The Long Morning of Medieval Europe: New Directions in Early Medieval Studies*, Aldeshot: Ashgate, 2008, p. 10.
③ C. Lansing and E. D. English, eds., *A Companion to the Medieval World*, Oxford: Wiley – Blackwell, 2009, pp. 13, 15.

实，无法否认，拒绝吉本的解释模式实在是一种"特定的偏见"。而且，对吉本模式的拒绝与历史学家个人的研究经验并没有什么关系，与研究主题甚至也没有关系，而是现代"整个西方社会思想和文化的产物"，是对文化或文明的"优"与"劣""拒绝进行'判断'的产物"，"这种信条的源头当然在于现实政治"①。近来相关学术研究的一个显著特征，正"在于拒绝作价值判断"②。论者指出，从意识形态方面看，大部分史学家是多元文化主义者，这意味着他们的主要关注点是不同文化的和谐共存，这又反映了20世纪后期以来主流的政治观念。而拒绝罗马衰亡概念不过是实践"多元文化主义的结果"③。反对吉本模式的学者则认为，所谓"衰亡"说根本就是一种道德和价值判断，甚至是一种意识形态，它与一个日益多元化的时代不相容。还有论者提出，经济史、技术史，甚至政治史都可以纳入"发展"或"衰落"的模式进行讨论，宗教史、思想史、文化史则适用于相对主义的方法论④。

这里的学术论争已经涉及多元文化论在多大程度上可以作为一种合理、可靠的历史学方法论的问题，涉及历史进步观念与多元文化论的关系问题。晚期古代概念和罗马世界转变说为书写3世纪以后的罗马世界提供了根本不同于"衰亡"说的另一种模式，指出晚期古代社会特别是其宗教和文化领域的一系列根本变化赋予这个时代以自身规定性，因而要从其自身特点看晚期古代。晚期古代和古典古代一样，都是古代世界的合法构成，晚期古代文化和古典文化并无优劣和高下之分，而是各不相同，各具价值。这种多元文化论的解释在平等看待不同文化或文明方面，在提倡多元化视角方面确有合理性。然而，一味回避或拒绝"判断"的相对主义解释，其实是将历史平面

---

① L. Laven, ed., *Recent Research in Late-Antique Urbanism*, pp. 237, 238. B. Ward-Perkins 对 Liebschuetz 观点的支持，见第239—241页。

② J. H. W. G. Liebschuetz, *Decline and Change in Late Antiquity: Religion, Barbarians and their Historiography*, Aldershot: Ashgate, 2006, pp. xv, 16-17.

③ J. H. W. G. Liebschuetz, *Decline and Change in Late Antiquity: Religion, Barbarians and their Historiography*, pp. xvii, 646.

④ L. Laven, ed., *Recent Research in Late-Antique Urbanism*, pp. 239, 243, 244.

化了。经验事实告诉我们,历史不是均衡发展的。迄今为止,发展的不平衡性是历史常态,先进与落后、先发与后发,以及它们之间的相互转换,是不能否认的客观历史现象。对于历史发展的这种非同步同态性,多元文化显然无力解释。相对主义强调一切价值都是相对的,但一切相对的价值并非绝对等值。考古学家普遍认为,罗马帝国后期和中世纪早期物质文化的突出特点是"简单化"(simplification),罗马世界很多地区尤其是其西部在5—7世纪都经历了"简单化"过程①。西部行省间的贸易网络解体,人口中心严重萎缩。据估计,罗马城的人口在不到两个世纪里从50万减少到4万以下,还有人认为罗马城在8世纪初的人口仅为1万人②。罗马帝国后期和中世纪早期物质文化方面的这种"简单化"的意义何在?对于这种历史"变化"或"转变"不应作价值判断吗?维护罗马帝国"衰亡"说的学者坚持把晚期罗马帝国的"变化"视为"衰落",晚期古代说则拒绝"衰亡"甚至"危机"这类词语,这里显现的正是历史进步观念与多元文化论的冲突。基于经验事实,多元文化论是不能取代历史进步观念的。至于论者提出的把物质文化和精神文化分别归入历史进步观念和相对主义的解释模式,无异于是在说历史学不可能求得一种整体性的、综合性的解释,这也是难以令人信服的。这样来看,晚期古代概念和罗马世界转变说,尚不能根本取代罗马帝国"衰亡"说,新价值取向的充分合理性仍有待学术实践和社会实践的检验③。

严格说来,多元文化论的历史阐释并非没有自己的价值"判断"。布朗等人把晚期古代(具体来说是晚期古代的宗教文化)目为中世纪及其以后欧洲文化的直接土壤,指出晚期古代文化"仍然流淌在我

---

① Luke Lavan and William Bowden, eds., *Theory and Practice in Late Antique Archaeology*, pp. 385 – 386, 396; L. Laven ed., *Recent Research in Late – Antique Urbanism*, p. 244.

② C. Ando, "Decline, Fall, and Transformation", *Journal of Late Antiquity*, Vol. 1, No. 1, 2008, p. 38; C. Lansing and E. D. English, eds., *A Companion to the Medieval World*, p. 16.

③ 李隆国强调,"罗马帝国衰亡"与"罗马世界转变"作为两种学术范式各有庞大的史料支撑,它们是竞争与互补的关系,见李隆国:《从"罗马帝国衰亡"到"罗马世界转型"》,《世界历史》2012年第3期,第124—126页。

们的血管里","一直是我们自己世界的基石"①。这已经是对晚期古代之历史地位的价值判断了。

三 从政治史和制度史到宗教文化史

在议题上,晚期古代研究领域的突出特征是宗教文化史占有显著位置,政治史和制度史被边缘化了。44卷本《古典遗产的转变》是由布朗领衔的一套丛书,其中32卷以宗教和精神生活为议题,属于制度史方面的只有5卷②。卡梅隆说,忽视晚期古代宗教文化方面的种种问题和丰富证据,在今天某种程度会被作为堂吉诃德式的人物③。晚期古代研究之所以如此重视宗教文化方面的议题,笔者认为主要有三方面原因:第一,20世纪后半期西方史坛出现从政治史和制度史转向文化史的趋势,形成文化史研究的热潮。第二,在宗教文化方面晚期古代留有丰富的历史证据。第三,20世纪后期以来的世界提出了宗教文化方面的一系列问题,这些现实问题引人关注,并成为历史学家走进历史的重要推动力和切入点。

晚期古代概念的内涵主要是从宗教文化方面来界说的,这几乎是论者的一致看法。对此,布朗的影响不可忽略。布朗1971年出版的《晚期古代世界》,就其篇幅和形式来看,有如一本通俗小书。然而这本书所展示的晚期古代世界特别是晚期古代世界的精神生活,吸引了大批学者走进这一领域。布朗开篇就说:"本书是对社会与文化变化的研究",要考察"晚期古代世界(约3世纪到8世纪)怎样以及为什么逐渐不同于'古典'文明",探讨"这个时期的迅猛变化怎样决定了后来西欧、东欧和近东各自不同的演进道路"④。在布朗笔下,

---

① G. W. Bowersock, P. Brown and O. Brabar, eds., *Interpreting the Late Antiquity: Essays on the Postclassical World*, Massachusetts: The Belknap Press of Harvard University Press, 2001, pp. ix – x.

② E. James, "The Rise and Function of the Concept of Late Antiquity", *Journal of Late Antiquity*, Vol. 1, No. 1, 2008, p. 26.

③ T. P. Wiseman, ed., *Classics in Progress*, p. 181.

④ P. Brown, *The World of Late Antiquity*, New York: W. W. Norton & Company, 2013, Reprinted, p. 7.

"这个时期的迅猛变化"就是指宗教文化领域的变化。在回顾自己写作《晚期古代世界》一书时,布朗认为,正是对晚期古代宗教文化的研究使自己摆脱了罗马衰亡的历史观念,"从宗教和文化的创造性角度看,'旧制度的摇动'对于传统社会只能意味是好事"①。所以宗教文化成为《晚期古代世界》的主题。

布朗等人集体编纂的《释晚期古代:后古典世界研究》,可以作为晚期古代宗教文化史研究的方法论宣言。作者把晚期古代首先作为各种宗教文化的发生、发展史。他们是这样界定晚期古代概念的内涵的:"琐罗亚斯德教徒视萨珊帝国时代为其正统信仰得以恢复和宗教文献产生的时代。基督徒热情拥抱由君士坦丁及其后继者开始的基督教的罗马帝国。穆斯林则从罗马帝国和萨珊帝国的废墟中迅速建立了自己的帝国。很简单,这就是我们所说的'晚期古代'的意思。"② 宗教文化的繁荣促成一系列新制度和新观念的产生,赋予晚期古代社会以活力。"晚期古代不仅持续了半个千年以上;这一时期的大量历史创造仍然流淌在我们的血管里。例如,正在从晚期古代而不是罗马史上任何更早的时期,我们继承了法典化的罗马法,这些法典成为欧美众多国家司法制度的基础。……基督教会的基本结构和教义,无论是拉丁公教会,还是多种形式的东部基督教,都是在这一时期奠定的。"因此,这一富于社会活力的历史时期并非仅仅是"曾经辉煌"和"比较高级的"文明国家的一部解体史,也不是"不可逆转的衰亡期"和"更好的历史场面开演前的一段狂躁不安的前奏"。相反,"晚期古代创立的制度和观念一直是我们自己世界的基石"。相形之下,古典时期于我们的世界是"超现实的","古典时代是西方文明的梦想时期,它可以提供永不枯竭的灵感之源。但我们不能说我们仅仅是来自那个古典世界,因为组成现代世界的各个部分在古典世界毫无位置。相反,现代世界的各个部分来自250—800年之间的时期"。这个时代的遗产是鲜活

---

① P. Brown, "So Debate the World of Late Antiquity Revisited", *Symbolae Osloenses*, 72 (1997), p. 14.

② G. W. Bowersock, P. Brown and O. Brabar, eds., *Interpreting the Late Antiquity: Essays on the Postclassical World*, p. ix.

的,"理应值得关注"①。这个时期,不同宗教文化成为社会集团区分彼此的身份标识,其各自的凝聚力源于共有的宗教观念。无论基督徒、犹太人、异教徒、正教徒、异端、教士和俗人,不管彼此喜欢与否,他们都"共同生活在同一文明的空气当中,这就是晚期古代文明"②。由此而言,所谓晚期古代的自身规定性,端赖这一时期形成的各种宗教文化,它们展示着晚期古代世界的基本面貌,且直接影响了后世。布朗还指出,着眼晚期古代的宗教文化,是对狭隘的民族主义史观的突破。他说:"对于从印度尼西亚到克罗地亚的千百万人民来说,形成于晚期古代的权威性宗教传统,作为认同意识的基础,且经常作为政治和道德动员方面前所未有的努力的合理性,而受到欢呼和喝彩。在晚期罗马帝国的文本中首次出现且转瞬即逝的那些族群,以某种方式诉诸这一点作为其行为的正当性,这种方式改变了那些学者的意识,他们作为研究晚期古代和中世纪早期史的警觉的学者,把研究主题从19世纪更为丑陋的极端民族主义中解放出来。"③

布朗等人对晚期古代世界的阐述赢得不少论者的高度赞赏。卡梅隆说,虽然布朗等人的论证主要基于宗教和文化方面的证据,但这一历史视角对于确立"晚期古代"自身的合理性具有巨大价值,晚期古代的确是大范围内文化变革和文化适应时期④。

《牛津晚期古代概览》一书"导言"作者因格勒伯特(H. Inglebert)的阐述与布朗等人的观点基本相似。他说,一旦从心态角度描述晚期古代世界,就会使这个世界呈现某种"心理的"统一性,即某些"共有观念"(shared ideas),据此可重构晚期古代的精神世界。例如,这些观念就存在于犹太人、基督徒、琐罗亚斯德教徒、摩尼教徒、新柏拉图主义者和穆斯林当中,尽管他们各自的宗教经典不同,但都相信真理就在启示性的宗教经典当中。这种信念导致

---

① G. W. Bowersock, P. Brown and O. Brabar, eds., *Interpreting the Late Antiquity: Essays on the Postclassical World*, pp. ix – x.
② G. W. Bowersock, P. Brown and O. Brabar, eds., *Interpreting the Late Antiquity: Essays on the Postclassical World*, p. xi.
③ P. Brown, "So Debate the World of Late Antiquity Revisited", pp. 79 – 80.
④ A. Cameron, *The Mediterranean World in the Late Antiquity*, AD 395 – 600, pp. 6, 199.

特定宗教世界的形成①。"在晚期古代世界，对于世界的构想，对于言说和行动的合理性，宗教变成中心价值甚至是最高价值。"宗教主导了精神世界并成为身份认同的标准，而且变成世界的主要表象。在3世纪，人们的身份认同主要是政治性的，即强调人们的市民归属或族群归属。到7世纪，身份认同变成宗教性的，即突出人们的宗教归属。"晚期古代是政治概念和宗教概念并存的一个历史时期，后者战胜了前者。"这一变化带来的主要结果是"'文明化'的标准得以重构"②。

　　以上所论两书的共同点在于都从宗教文化的角度规定晚期古代的历史内涵，强调宗教文化对整个社会的形塑，由此也就突出了身份认同、情感、记忆、想象、意义、思想观念的交流与传播等议题。这种史观和方法论的流行不是偶然的，是当代世界发展在历史学领域的一种投影。国家或政治制度似乎不再适合历史学家的口味，或者说，人们对国家或政治结构曾经抱有的确定信念已经难以维持了。"集中化的权力不再是我们的口味，其实，我们这代人已经失去了对帝国甚至政治结构的信念，即使是暂时的。……权力消失了，即使存在，它也在多个地方以多种方式消散于社会当中。没有人能够预测这会带来什么结果。"③ 所以不少历史学家从国家和政治转身拥抱宗教和文化。

　　20世纪90年代，为纪念布朗《晚期古代世界》出版25周年，布朗等一批学者共同作了学术回顾。布朗把20世纪中叶以后欧洲的精神氛围与自己写作《晚期古代世界》的视角和思路紧密联系起来。他说社会流动是20世纪中叶以后欧洲很多知识分子关注的主要问题之一，同样关注社会流动问题的他把目光投向宗教和欧洲域外元素（布朗的用词是"exotic"，他用它指代欧洲域外元素、非古典元素），在他看来各种宗教和文化观念的碰撞使社会富于活力，是促进社会流动的动力。他觉得罗斯托夫采夫《罗马帝国社会经济史》关于3世纪以后古代世界的描绘和论断令人悲观和压抑，完全遮掩了宗教文化领

---

① S. F. Johnson, ed., *The Oxford Handbook of Late Antiquity*, p. 6.
② S. F. Johnson, ed., *The Oxford Handbook of Late Antiquity*, pp. 16, 18, 22, 23.
③ 转引自 A. Cameron, ed., *Late Antiquity on the Eve of Islam*, Surrey: Ashgate, 2013, pp. 4 – 5.

域的鲜活景象。于是他走进晚期古代而非古典古代。他认为，3世纪以后各种宗教观念特别是基督教的兴起和传播促进了社会的垂直流动，即社会和文化阶层的上下流动，这是那个时代文化和精神活力的表现。所以他以乐观和自信的态度看待晚期古代的宗教文化，视其为那个时代的创造力而非衰败的征兆。这就是写作《晚期古代世界》的新学理模式。他说这个新模式"当然来自现实社会，它有助于解释垂直流动即社会和文化阶层上下流动的类似模型，这种流动是伴随各种宗教观念的兴起和传播特别是基督教兴起而来的。这种信念在我写作《晚期古代世界》时最终使我能够以自信甚至张扬的热情，骄傲地叙述古代世界结束时发生的宗教和文化革命的整个历史，中间既没有援引罗马危机概念，也没有赞同普遍的罗马衰退观念。"① 由此可见，布朗的研究和写作展现了历史与时代之间的强烈共鸣。

可以说，正是20世纪后期以来的社会状况和精神氛围，驱动历史学家从宗教文化的视角观察历史，阐释历史，晚期古代说因而具有某种"当代性"。卡梅隆认为，历史学当然要忠于证据，但使其摆脱意识形态是不可能的。晚期古代概念有赖于意识形态的前提，"晚期古代研究并非外在于文化战争之外"。这个研究领域的一系列议题（如多元的宗教文化、身份认同问题、对历史认知的质疑和再界定，等等），既是历史的，也是政治的。"历史不可能不是政治，因为我们向历史提出的问题都是我们自己的经验导出的"②。鲍尔索克指出，把罗马帝国衰亡史改写成富于创造和活力的晚期古代史，正是从我们的时代即20世纪后期着眼的。我们的时代证明宗教文化仍然是强大的政治力量，这样我们就不得不把宗教崇拜及其文化作为社会结构的重要组成部分。"晚期古代的新柏拉图主义和沙漠中的基督教苦行主义几个世纪以来第一次在当代社会中得到回响。"③

由此可见，20世纪后期以来的世界历史进程与学者的历史认知

---

① P. Brown, "So Debate the World of Late Antiquity Revisited", pp. 14, 15.
② L. Laven and W. Bowden, eds., *Theory and Practice in Late Antique Archaeology*, pp. 16, 17.
③ G. W. Bowersock, "The Vanishing Paradigm of the Fall of Rome", p. 39.

是统一的。既然20世纪后期以后的历史变化(例如中东伊斯兰运动和苏联、东欧剧变等)表明宗教和文化仍然是当代世界的强大力量,既然"对我们这个时代的历史学家来说,当代重大宗教现象都令人想到晚期古代的宗教现象"①,那么,结果就是"晚期古代再次变成'当代史'"②。这样一来,晚期古代就成为多个族群的宗教文化史的舞台,国家和政治让位于宗教文化,罗马帝国衰亡这个传统主题被搁置一边,至多是宗教文化的附带现象。

关注宗教文化的晚期古代研究,既深受文化人类学或社会人类学、布罗代尔的长时段方法的影响,也不可避免地受到所谓"语言学的转向"的影响。布朗和受布朗影响的一批学者积极引入人类学方法,专注个体,发潜阐幽。布朗对晚期古代人在道德想象力方面的变化情有独钟,受人类学研究的启发和激励,他关注"身处晚期古代社会边缘,为数很少但又惹人注目的人在道德想象力和社会生活中扮演的角色,禁欲的'圣人'就是这类人当中最著名的例证"。他认为晚期古代社会对这些人的赞叹可以让人读懂"那个社会的价值、需求和冲突"③。布朗还直言布罗代尔的长时段方法给自己的启发,正是布罗代尔使他的历史视野冲破政治史的框架,超越传统分期,专注长时段内宗教文化的演化,从而突破往往以政治变化为基准的传统年代界限④。他认为,应当把公元二三世纪至8世纪的宗教文化现象视为一个整体,不能用武断的、人为的年代界限断裂历史的有机发展。所以他的《晚期古代世界》能够把2世纪中叶至8世纪中叶作为时间框架,以展现宗教文化的连续性。布朗的研究具有示范性,他的思路和视野影响了一批人。把注意力从发生在某个"时间点"上的具有标志性意义的具体事件转向对长时段历史进程的关注,从而将以往的年代分期消解在对长时段历史进程的综合之中,是晚期古代研究领域的

---

① A. Cameron, ed., *Late Antiquity on the Eve of Islam*, p. 5.
② P. Brown, "So Debate the World of Late Antiquity Revisited", p. 79.
③ P. Brown, "So Debate the World of Late Antiquity Revisited", p. 76.
④ G. W. Bowersock, A. Cameron, and I. Wood, "Comments", *Symbloae Osloenses*, 72 (1997), pp. 32, 36, 63.

一大特点，也是晚期古代说立论的一个前提①。

晚期古代研究在方法论上也受到"语言学的转向"的明显影响。伍德（I. Wood）在为课题"罗马世界的转变"撰写的总结报告中，称自己的方法论是"温和的后现代主义"。他说，在"罗马世界的转变"这种大型的多学科研究中，方法论的争执是异常激烈的。"如果说人们在某一点上比在其他方面取得更多共识的话，那么这一点最好称之为是对'表现'（Representation）——个体或群体公开或私下有意识或无意识地对自己的呈现——的研究。"他认为："把我们的文本和物质遗存当作个人或特定集团的意见或信念的呈现，比视其为能够精确地进行重构的叙事拼图的组成部分要好。更为重要的是要意识到，要重构的不止一块而可能是若干块拼图。其中有些是主要的，有些是次要的。"② 这种"温和的后现代主义"在当代史家中很有代表性。布朗承认史料是一种建构，史家面对的毕竟是历史的"表现"。然而他反对说史家"一直是与修辞打交道"，认为这种论断会导致人们不再关注历史本身。他强调鉴别史料的那些传统方法不能丢弃，认为后现代方法能够让自己意识到文本建构的"表象"在何种程度上是历史过程的积极因素，指出审慎对待文本能让史家看到更多的历史实际的复杂性，对修辞策略的仔细分析可重新捕捉历史的真实③。就是说，承认并吸纳后现代主义的一些合理性，并不等于放弃对历史真实的追索。

对地中海甚至更广大区域内宗教文化之多元性、多样性及其相互关系的探索，展示了几个世纪当中广阔地理范围内的宗教信仰及以信仰为基本载体的文化互动和社会交往的图景，这是晚期古代研究的突出贡献。论者的解释逻辑也不无其合理性和价值。然而，基于宗教文

---

① A. Cameron, *The Mediterranean World in the Late Antiquity, AD 395 – 600*, p. 198; L. Laven and W. Bowden, eds., *Theory and Practice in Late Antique Archaeology*, pp. 7 – 8.

② I. Wood, "Report: The European Science Foundation's Programme on the Transformation of the Roman World and Emergence of Early Medieval Europe", *Early Medieval Europe*, 1997, 6 (2), pp. 220, 226.

③ P. Brown, "So Debate the World of Late Antiquity Revisited", *Symbloae Osloenses*, p. 79.

化史的历史解释实难成为一种综合性的阐释模式。从罗马帝国到中世纪的进程，涉及政治、经济、社会、思想、信仰和文化等各个领域的一系列深刻变化，涉及历史学家的史实判断和价值判断。即使赞赏并支持宗教文化史的解释逻辑的卡梅隆，也冷静地指出，这种解释对于确立"晚期古代"自身的合理性固然有重要价值，但其适用范围有待检验①。在这一点上，最有说服力的还是布朗本人在1997年的反思。他说他在20世纪六七十年代形成的"晚期古代"观念排除了罗马国家，这也正是他的《晚期古代世界》一书的缺陷之一。那时的他全力关注宗教文化史，却忽略了罗马帝国的政治结构，帝国于他仿佛变成遥远的存在。他说是因为亨利·皮朗（H. Pirenne）的观点影响了他，皮朗认为社会生活具有相对独立于政治结构的属性，所以罗马时代的社会生活在罗马帝国崩溃后仍然延续。"但我现在认为皮朗误导了我。"②宗教文化史模式不仅忽略了国家的历史，也在很大程度上忽略了经济史，它为人们呈现的其实主要是晚期古代人的观念、精神世界和某些社会行为的历史。这种研究其实是将宗教文化作为既是"自变量"又是"因变量"的一个封闭整体。从宗教文化史切入晚期古代的很多学者都有着以微观见宏观、以个体见天下的抱负。他们普遍不满于吉本、罗斯托夫采夫有关3世纪后罗马帝国历史进程的整体论断，不满于古典文明的"文化霸权主义"，试图为3世纪后兴盛于地中海世界各地的各种宗教文化"正名"，甚至预设这些宗教文化的"现代性"。然而，脱离经济基础和政治结构的晚期古代宗教文化，本身又是一个待解的"历史之谜"。

四 从民族主义到欧洲主义

最近几十年晚期古代和中世纪早期史研究的另一个价值取向，是反思和批判民族主义的史学模式。正如格里（P. Geary）所言，对晚期古代和中世纪早期历史的解释，于民族主义问题之争极其重要，因

---

① A. Cameron, *The Mediterranean World in the Late Antiquity*, AD 395–600, p. 6.
② P. Brown, "So Debate the World of Late Antiquity Revisited", p. 24.

为"对罗马帝国解体和蛮族移动的解释是欧洲大量政治话题的支点"。可能再没有其他时期像这段历史那样为民族主义的学术所遮掩,"正是这种晦暗不明使这段历史容易成为种族民族主义宣传的牺牲品"①。探讨晚期古代的宗教文化而不再是现代欧洲诸民族的起源,在布朗看来是对狭隘的民族主义史观的突破②。获得欧洲科学基金会资助的大型科研项目"罗马世界的转变",自20世纪后期以来主导了欧美特别是欧洲学者对罗马帝国后期和中世纪早期历史的研究。伍德强调,欧盟需要在曾经彼此交战的欧洲各国之中"铸造合作精神","罗马世界的转变"这一研究置于欧盟的这种需要之中看待,所以这个研究项目的主导话题不是民族,而是"欧洲"③。还有学者将这种研究趋向径直称作"欧盟学术"(European Union scholarship),其主旨在于探寻 欧洲 历史和文化共同的"根",并关注欧洲的现在与未来④。由此"欧洲认同"成为当前的一个热门议题⑤。

致力欧洲认同而非现代欧洲诸民族起源和发展的学术研究,前所未有地突出欧洲文明发展的连续性。

在关于罗马帝国终结和欧洲中世纪生成问题的认识上,长期存在所谓文明的"连续与断裂"(continuity versus break)的"纠葛":从罗马帝国到欧洲中世纪,是文明的连续发展,还是文明的断裂。为此19世纪有"罗马派"和"日耳曼派"的交锋。前者从罗马内部看问题,肯定文明的连续性;后者着眼蛮族,突出文明的断裂。罗斯托夫采夫断言,中世纪是从旧文明的废墟上开始的,这自然是把古代与中世纪视为断裂的关系。最近半个世纪以来,强调文明连续性的观点渐成主流。尽管伍德认为不应把"罗马世界的转变"理解为是以连续

---

① P. Geary, *The Myths of Nations*: *The Medieval Origins of Europe*, Princeton: Princeton University Press, 2002, pp. 7, 9.
② P. Brown, "So Debate the World of Late Antiquity Revisited", pp. 79 – 80.
③ I. Wood, *The Modern Origins of Early Middle Ages*, Oxford: OUP, 2013, pp. 6 – 7.
④ C. Lansing and E. D. English, eds., *A Companion to the Medieval World*, p. 39.
⑤ 例如,麦基特里克(R. McKitterick)研究查理曼的新作就取名为《查理曼:欧洲认同的形成》(*Charlemagne*: *The Formation of a European Identity*, Cambridge: Cambridge University Press, 2008)。

性为基本观点的研究课题①,但事实上连续说广为流行。"危机""衰亡""征服""黑暗""退化"等词语,在当前相关论述中消退了,取而代之的是"连续""融合""整合""适应""变化"等②。这些词语旨在表明,从罗马到中世纪是连续的过程,是各种文明元素相互吸纳、交融的过程,是不同文化相互适应的过程,是罗马世界在长时段内逐渐实现自身转变的过程,而不是各种元素相互排斥和对立、一方最终取代另一方的过程。

持文明连续说的论者不否认政治结构特别是罗马帝国西部政治发生的显著变化,但却认为:"从较长时期来看,无论是西部蛮族王国的建立还是阿拉伯人的征服,在欧洲基本的社会和经济结构方面都没有带来 11 世纪以后出现的那种变化。"以往人们专注罗马帝国的衰亡问题,很少注意"长时段的连续性"③。现在很多论者提出,3—8 世纪期间孕育的是一个没有断裂的历史进程。教会有如连接古代和中世纪的一座宽阔的桥梁,籍此不止教义和教会机构自身,而且古代的国家、法律制度和文化传给后世。所以从社会和日常生活角度看,传统历史分期是成问题的,把 500—700 年作为过渡也是不能令人满意的。在历史进程的转折点上,连续就成为变化、转折、变革。但断裂不能作为一个议题,它意味着历史的中断④。布朗说,所谓罗马帝国的衰亡,"不过是指罗马帝国西部行省的政治结构;而晚期古代文化之源——东地中海和近东——完好无损。即使在西欧的蛮族国家当中,在六七世纪,位于君士坦丁堡的罗马帝国仍然被目为世界上最伟大的文明国家。它仍然以其古代的名字名之:*Respublica*"⑤。现在,有关蛮族在西部定居并建立王国过程的研究,已经让位于对罗马与后罗马

---

① I. Wood, *The Modern Origins of the Early Middle Ages*, p. 317.
② 有关这一历史叙述模式的变化,参见李隆国《从"罗马帝国衰亡"到"罗马世界转型":晚期罗马史研究范式的转变》,《世界历史》2012 年第 3 期。
③ A. Cameron, *The Mediterranean World in the Late Antiquity*, *AD 395 – 600*, pp. 199 – 200.
④ T. Koezer und R. Schieffer, Heraus, *Von der Spaetantike zum Fruehen Mittelalter: Kontinuitaeten und Brueche, Konzeptionen und Befunde*, Ostfildern: Jan Thorbecke Verlag, 2009, pp. 10, 101 – 102, 337.
⑤ P. Brown, *The World of Late Antiquity*, p. 19.

之间复杂关系的研究。"可以认为,在图尔的格雷高利和比德之间的时期所发生的政治、宗教和文化生活的显著变化,或许根本就不是'黑暗时代'",因为这些变化"没有显示"基督教文化活力的"任何衰败"①。布朗把晚期古代而非中世纪作为开创基督教文化的时代,他在《晚期古代的形成》一书中追溯的晚期古代的宗教、文化和社会生活,在他看来才是培育基督教文化的真正土壤②。这本书的书名可谓精心为之,其实是对萨瑟恩(R. Southern)的名著《中世纪的形成》一书主题的回应:真正的开创性时代不是中世纪,而是晚期古代③。

如果说,宗教、文化和社会生活的视角是持文明连续说的论者立论的一个基点,那么另一个基点则是对蛮族问题的再认识。

在过去,论者总是突出日耳曼元素在中世纪早期社会中的作用,某种断裂的历史图景也由此而出。对蛮族问题的再认识,也就是对中世纪与罗马文明之关系的再认识。最近几十年来的晚期古代和中世纪早期史研究,已经把所谓蛮族"入侵"或"征服"的影响降至最低。现在"很少史家会认为是蛮族大规模的、持续不断的进攻瓦解了罗马帝国",相反,"我们应当把看待蛮族迁移和西罗马结束的常见方式颠倒过来。与其把西罗马帝国的结束目为蛮族入侵的结果,不如把蛮族作为被拖进帝国政治之中的因素,这个帝国完全是由于其他原因已经分崩离析;蛮族移动是西罗马帝国结束的产物"④。波尔(W. P. Pohl)说,没有证据表明在罗马帝国后期发生了外族入侵或暴力现象,倒是有强烈迹象表明,新来者顺利地融入处于连续演进中的罗马世界⑤。

何为蛮族?何为日耳曼人?传统论断借以立论的这些前提,现在

---

① P. Brown, "So Debate the World of Late Antiquity Revisited", p. 70.

② P. Brown, *The Making of Late Antiquity*, Massachusetts: Harvard University Press, 1993.

③ G. W. Bowersock, "The Vanishing of Paradigm of the Fall of Rome", p. 34.

④ P. Fouracre, ed., *The New Cambridge Medieval History*, Volume I c. 500 – c. 700, pp. 2, 37.

⑤ W. Pohl, ed., *Kingdoms of the Empire: The Integration of Barbarians in Late Antiquity*, Leiden: Brill, 1997, p. 9.

都是有待探讨的议题。蛮族进入罗马帝国究竟造成多大破坏,带来多大影响,当前是一个颇富争议性的问题,W-伯金斯(B. W-Perkins)与哥发特(W. Goffart)的争论,表明论者的看法有时仍然针锋相对①。不过,围绕晚期古代和中世纪早期的蛮族问题,以下三点似乎是学界当前的主流意见:第一,蛮族迁移时代和中世纪早期所谓"人群"(gentes)不是固定的族群,不是生物学意义的共同体,而是历史的、文化的、不断变化中的群体。所以这些"人群"不是既定的"存在"(being)②,而正处于"生成"(becoming)之中。这些"人群"与其说是族群单元,不如说是政治单元。对此,波尔有简洁的概括:"中世纪早期人群的族群生成(ethnogenesis)并非血缘所致,而是源于共同的传统和制度;对于共同起源的信奉可以给相当异质的群体带来内聚力。"③ 政治因素和对所谓共同起源的意识,决定了这些"人群"怎样变成了"族群",所以族群生成是一个政治进程。至于"日耳曼人",当下研究揭示更多的,是这一术语不是什么,而非是什么,"我们意识到,很多问题看来无法提供明确答案"④。

第二,罗马人与蛮族不是严格对立的概念。用哈索尔(G. Halsall)的话说,"罗马人"与"蛮族"是流动的范畴(floating categories),它们主要是从文化而非生物学意义上界定的。罗马人的蛮族观,说到底是针对罗马人自身的一种修辞手法,是罗马人文化观

---

① B. Ward-Perkins, *The Fall of Rome and the End of Civilization*, Oxford: Oxford University Press, 2005; W. Goffart, *Barbarian Tides: The Migration Age and the Later Roman Empire*, Philadelphia: University of Pennsylvania Press, 2006. 希瑟(P. Heather)对蛮族问题的认识基本上仍是传统的,见他的 *The Fall of the Roman Empire: A New History of Rome and the Barbarians*, Oxford: Oxford University Press, 2005.

② H. W. Goetz, J. Jarnut and W. Pohl, eds., *Regna and Gentes: The Relationship between Late Antique and Early Medieval Peoples and Kingdoms in the Transformation of the Roman World*, Leiden: Brill, 2003, pp. 4–5.

③ L. Webster and M. Brown, eds., *The Transformation of the Roman World AD 400–900*, London: British Museum Press, 1997, p. 46.

④ H. W. Goetz, J. Jarnut and W. Pohl, eds., *Regna and Gentes: The Relationship between Late Antique and Early Medieval Peoples and Kingdoms in the Transformation of the Roman World*, p. 8.

念中"他者"的镜像。这种镜像集负面性与正面性于一身：一方面是野蛮、冷酷、残暴，另一方面则是勇敢、质朴和单纯。罗马作家既可以因一个罗马将军战胜蛮族而称赞他，也可以借颂扬蛮族而批评罗马人。"罗马人"与"蛮族"一定意义上能够互通互换。塔西佗《日耳曼尼亚志》其实是作者借助"他者"对罗马社会提出的长篇批评和警戒，然而他可以在别处继续把日耳曼人看作是劣于罗马人的野蛮人①。

第三，罗马人与蛮族早有交往和联系，它们不是相互隔绝、根本对立的两个世界。罗马帝国后期在经济、政治、思想文化等方方面面的诸多变化，与蛮族实在没有什么直接关系。蛮族移动没有改变罗马帝国后期的进程，更谈不上蛮族"征服"罗马。随着罗马与蛮族交往广度与深度的不断进展，彼此相互作用、相互影响，但更多是罗马对蛮族的影响。传统观点趋于从蛮族看罗马，现在则从罗马看蛮族。格里的一段话很能反映当前的趋势："日耳曼世界或许是罗马人政治和军事天赋造就的最伟大、最持久的产物。受造者后来取代了创造者这一点不应遮掩这一事实：是罗马的创造性，是几个世纪中罗马皇帝、将军、战士、地主、奴隶贩子和普通商人，为把（在罗马人眼中）混乱无序的蛮族从政治、社会和经济上改造成罗马人能够理解甚或能够控制的社会而进行的持续不断的努力，造就了日耳曼世界。"②

对蛮族问题的再认识直接改写了相关的历史。在不列颠，新证据表明的并非是比德笔下"盎格鲁—撒克逊人的入侵和征服"，反而是"当地居民与新来者之间的融合与文化适应"。意大利伦巴德地区也不是如执事保罗所说，随伦巴德人一道而来的是屠杀、破坏和罗马文化的消亡，证据倒是有可能让我们看到一种可靠得多且远非那么悲观

---

① P. Fouracre, ed., *The New Cambrige Medieval History*, Volume I c. 500 – c. 700, pp. 38 – 39；哈索尔的详细讨论，参见他的 *Barbarian Migrations and the Roman West 376 – 568*, Cambridge: Cambridge University Press, 2007。勒高夫《中世纪文明》引证了5世纪的牧师萨尔维安（Salvian）的一段叙述，这段资料可以佐证哈索尔的观点，见［法］雅克·勒高夫：《中世纪文明（400—1500年）》，徐家玲译，格致出版社2011年版，第11页。

② P. Geary, *Before France and Germany: The Creation and Transformation of the Merovingian World*, Oxford: Oxford University Press, 1988, p. vi.

的历史景象:"伦巴德文化融入意大利社会。"①

对文明连续性的强调和蛮族问题的再认识,重塑了欧洲中世纪早期历史的形象。过去的蛮族王国现在成为"罗马的诸继承国"(The Successor States to Rome),以往的"黑暗时代"变成"后罗马时期"(The Post–Roman Period),这些新的术语和表述意在修补传统观念中罗马与中世纪之间的断裂。然而,这番论证在带来启发和洞见的同时,也带来了困惑,有的观点甚至有强为之说之嫌。拒绝民族主义就需消除传统观念中蛮族与罗马的对立,消除蛮族与罗马世界之间的相互隔绝,但也不需回避它们之间的矛盾、隔阂和不协调。蛮族与罗马肯定是发展程度不平衡、不协调的两个世界。罗马帝国是武力征服的结果,帝国各地的经济、政治和文化之间,帝国与蛮族之间,存在种种不平衡、不协调。中世纪时代的到来,正是这种不平衡、不协调的结果。

率先论证文明连续性的是宗教文化史家,所谓晚期古代一说,特别是布朗意义上的晚期古代,彰显的是4—8世纪宗教文化史的连续性。不少人支持这种解释,但也有人批评说,一味从宗教文化强调连续性是新的偏颇,因为它忽视了其他领域的状况,忽视了考古学提供的物质文化方面的证据,以偏概全②。布朗本人也承认,他早年的研究完全忽视了政治史。所以不能放大宗教文化史家对文明连续性的论证的合理性。还应看到,宗教文化史家的论证面临逻辑上的困境。要论证从晚期古代到中世纪是文明的连续发展,势必彰显古典古代与晚期古代之间的断裂:随着基督教成为罗马的国教,古典文化反而成为"异教"文化。有论者称"教会为连续性的载体"③,在古代,教会从无到有本身就是一大议题。换言之,文明的断裂问题还是绕不开。

欧洲认同作为现实议题,正经受着社会实践的检验,作为学术议

---

① P. Fouracre, ed., *The New Cambridge Medieval History*, Volume I c. 500 – c. 700, p. 5.
② L. Lavan and W. Bowden, eds., *The Theories and Practices in Late Antique Archaeology*, pp. 385 – 386.
③ "Kirche als Traeger der Kontinuitaet",是德国学者一篇论文的标题,载 T. Koezer und R. Schieffer, Heraus, *Von der Spaetantike zum Fruehen Mittelalter: Kontinuitaeten und Brueche, Konzeptionen und Befunde*, pp. 101 – 141。

题同样面临挑战，其中之一就是怎样看待中世纪与罗马文明的关系。中世纪与罗马之间既有继承性，也有非继承性，这是不争的事实。然而这里首先存在一个概念问题：文明的继承性就是连续性吗？刘家和教授曾对亚里士多德《形而上学》中何为连续，何为断裂的观点作了精辟阐述：顺联、顺接着的事物之间既可以是连续的，也可以是断裂的。当这些事物的外限是同一个时，它们是连续的；当它们的外限不是同一个时，它们是断裂的。刘先生用图一 A—B—C 和图二 A—B、C—D 给予了直观的说明：图一 AB 和 BC 显示的两个线段的外限同时为 B，因而是连续的；图二 AB 和 CD 显示的两个线段的外限不是同一个，而是一个为 B，一个为 C，因而是不相连续的，是断裂的①。循此而论，能否因中世纪与罗马文明有继承关系而视之为罗马文明的连续发展呢？如是，"转变"又何所指？

应当从发展趋向看问题。中世纪文明是由多种元素构成的，如果仅从横剖面看，就会孤立、静止地考察各种元素。更要从纵剖面看问题，从各种元素的相互联系、相互作用看问题，从发展趋向看问题。由此就会看到，作为中世纪的历史，的确是罗马世界"转变"的结果，与罗马文明是不相连续的。最近几十年论者所注重揭示的罗马与中世纪之间的"连续性"，实应作为继承性来理解。矗立在亚欧大陆东端的中国古代文明历史悠久，连续发展。在当前有关罗马文明与中世纪早期史关系的讨论中，若引入中国古代历史与文化发展的视角，从中国古史特点看亚欧大陆西端的历史演进，在比较研究中思考什么是文明的继承性与非继承性，什么是文明的连续与断裂，当有助于破解难题，走出困境。

五　结束语

晚期古代和中世纪早期史研究中的新价值取向，显示了20世纪

---

① 刘家和：《中西古代历史、史学与理论比较研究》，北京师范大学出版社 2013 年版，第 9—11 页。也可参见刘家和《关于历史发展的连续性与统一性问题》，《北京师范大学学报》（社会科学版）2009 年第 1 期。

后期以来欧美历史科学与意识形态之间紧密而复杂的关联，呈现出史学与时代的互动。历史学家提倡多元文化论、关注宗教文化以及对民族主义史学模式的再思考，皆有时代动因，都具当下关怀。史家价值取向的转换折射时代的变换，价值判断必然具有"当代性"。晚期古代说、罗马世界转变说、连续说等论断，无疑包含当代价值。而历史学作为一种科学认识活动，作为一门学术，又自有其法度，只有合乎其法度的论断，才是合理的。历史学不可能超脱意识形态，摆脱价值，但其一切论断都要接受学术实践的检验。明乎此，可知成文的历史固非纯真的客观历史，但这并非是说人们不能获取客观的历史知识。

［原载《北京师范大学学报》（社会科学版）2019 年第 4 期；侯树栋：天津师范大学 欧洲文明研究院教授。］

论点摘编·欧美史

核武器、美苏关系与冷战的起源

　　表面看来，在原子能国际控制问题上，美苏围绕着核查、主权等问题争执不下，实际上，双方的谈判主要是出于政治和道义以及宣传上的需要，都不会而且也没有为达成协议做出必要的妥协和让步。就美国而言，不论是艾奇逊—利连撒尔计划还是巴鲁克计划，实质上都是在竭力维护美国核垄断地位的同时，将苏联的原子能研究置于其监控之下。美国原子能国际控制政策之所以失败，根本原因在于这一政策的矛盾性。一方面，为了阻止苏联研制原子弹，美国决策者将原子能国际控制列为其对外政策和国家安全的核心议题；但另一方面，美国又将核武器视为实现政治和外交目标的重要工具，无意放弃对核武器的垄断，担心一旦失去这种垄断，美国的安全就会变得异常脆弱，因为原子弹用来打击美国这类高度发达、工业集中的国家最为有效。

　　美国向日本投掷原子弹之后，杜鲁门即发表声明称，在一个法纪荡然的世界里，原子弹如若失控，将造成极大危险。他强调，不会公开有关原子弹研制过程及其军事用途的任何信息，美国必须担负起这一新型武器的"托管人"的角色，以保护美国以及世界其他国家免遭被全面摧毁的危险。随后他又多次表示，美国是原子弹"神圣的托管人"，不会与任何国家分享核秘密，宣称由美国来托管核武器不会对任何国家构成威胁。不言而喻，所谓"托管"不过是"垄断"的代名词而已。杜鲁门坦承，美国的政策有可能导致军备竞赛，但美国"将处于领先地位"。就在美、英、加三国领导人会晤结束不到一周，杜鲁门就公开宣称，出于"试验"需要，美国将继续制造原子弹。

　　从美国国内政治来看，自1946年初，美国政府的对苏政策变得更趋强硬。驻苏使馆代办凯南、白宫顾问克利福德和埃尔西都先后对苏联外交政策的"僵硬性""扩张性"以及美苏关系的发展前景作了详细分析和阐释，强调不论美国如何行事，都不会改变苏联政策的基本特性及其对西方的敌意；为了应对苏联的"威胁"，美国必须大力扩充军备，唯有实力才是使苏联领导人明白的唯一语言。这些观点赢得了美国最高决策者的赞成，并为遏制政策的出台奠定了基础。丘吉尔则由杜鲁门陪同在密苏里州富尔顿发表演说，公开指责苏联在东欧构筑起一道"铁幕"。甚至连一直要求对原子能实施国际控制的史汀生也改变了原来的立场，建议美国政府应立即尽可能多地制造各类核武器。可以想见，在美国决策者对苏联的敌意日渐加深的情形下，双方围绕原子能国际控制的谈判注定难以成功。

（摘自《历史研究》2018年第5期；赵学功：南开大学世界近现代史研究中心教授。）

美国威尔逊政府对华政策转变探源

在坚持门户开放原则上，新总统威尔逊与塔夫脱并无本质区别。两人都是老国务卿海约翰门户开放政策的坚决拥护者，只是在具体做法上有所不同。如果说塔夫脱是执行门户开放政策的现实主义者，威尔逊则是理想主义者。塔夫脱曾长期担任驻菲律宾总督，对远东局势的复杂性非常了解。因此，塔夫脱坚信与列强合作是最有效的对华政策。但是，民主党出身的威尔逊从未去过远东地区，只能通过间接渠道获取情报，所以其判断也在很大程度上受制于信息来源。不过，威尔逊对远东事务却有浓厚的热情，这源于他"与生俱来"的对弱小民族的"怜悯之情"。作为出身美国南部长老会家庭的虔诚教徒，威尔逊对远东的兴趣主要集中在美国对华传教活动，而他对中国的了解也主要是通过他的传教士亲戚吴板桥（S. I. Woodbridge）。

吴板桥与威尔逊有总角之谊。吴板桥于1882年来华传教，两年后，吴板桥与威尔逊的表妹珍妮·伍德罗在日本结婚。巧合的是，珍妮与威尔逊的第一任夫人也是童年伙伴。从1902年起，吴板桥奉中国区长老会的号召来到上海，创办基督教周刊《通问报》（The Chinese Christian Intelligencer）。这份周刊广销海内外，影响很大。1909年，吴板桥又担任英文基督教杂志 Bi-Monthly Bulletin 的主编。通过与吴板桥的书信往来，威尔逊不仅熟悉了"美国在中国的传教工作，也掌握了中国的政治与社会发展动态"。在威尔逊任总统后，吴板桥更是积极地向其提供"有价值的中国情报"，并经常"夸赞中国人"。此外，威尔逊还通过他的学生史苨臣（Charles E. Scott）、在山东布道的传教士以及北京地区的美国教会领袖贝思福来获取中国情报。

1913年3月1日，史苨臣致信威尔逊，建议美国应该抓住机遇，"鼎力支持中国，以获得中国人对我们的信任与友谊"；并对美国政府迟迟不承认中华民国表示遗憾。吴板桥也致信威尔逊称，"中国人已经觉醒，传教士们正在向他们传播基督教真正的利他主义"。这些来信，总是能激发威尔逊对中国的浓厚兴趣，吸引他密切关注美国传教事业在"中国的进展"。吴板桥等人的亲华言论具有普遍性。根据美国国务院保存的1911年至1913年间有关"承认中国问题"的公众舆论领袖的社会身份统计，排名前三位的依次是：传教士、牧师或宗教领袖（约占30%），商人（约占17%），律师（约占9%）；而另一项根据上述舆论领袖提出的观点比重而进行的统计，排名前三位的依次是：传教士（47%）、商人（17%）、律师（9%）。简言之，由美国亲华宗教势力主导的公众舆论，几乎一致渴望美国承认"中华民国"。

在宗教人士的影响下，威尔逊在就任总统前已经形成了"美国在中国拥有特殊角色的信念"，即"传播民主观念、培养宗教道德以及帮助促进中国的稳定与进步"。尽管很难精确量化传教士对威尔逊对华外交观念的影响力，但威尔逊接任总统之前对中国的了解主要是通过传教士提供的情报，则是确凿无疑的。传教士的影响、威尔逊本人的宗教信仰，与美国彼时深受进步主义思潮影响的党派政治一起，共同促成威尔逊新外交的产生。

（摘自《历史研究》2018年第5期；马建标：复旦大学历史系副教授。）

冷战与艾森豪威尔政府和平利用原子能计划

对艾森豪威尔政府来说，和平利用原子能不仅仅是军备控制措施或宣传工具，它融核武器、经济和外交政策目标于一体，意在使莫斯科把用于军事计划的裂变资源和技术转移到民用，并促使发展中国家把核能纯粹用于民用。它把宣传和空洞的承诺精细有效地结合起来，是精心设计的实现美国整个大战略的协调行动的一部分，是美国实现冷战战略的重要手段和工具；它在和平形象的构建与军事需要的优先性之间架起桥梁，把两个看似矛盾的现象协调起来，为实施大规模报复战略营造了合适的舆论和心理空间。它有助于维持美国战略核优势，争取了国际舆论，改善了美国国际形象，实质上是通过使苏联拒绝从而为实现大规模报复战略谋求正当性的策略。尽管艾森豪威尔政府强调和平利用原子能计划的严肃性，但对美国来说，和平利用原子能本身是个伪善的说法，因为在美国大力推动其他国家和平利用原子能的同时，却不断扩大和完善自己的核武库，以至于它拥有的核武器很快达到确保摧毁世界和人类的水平。尽管如此，它也意味着美国不再坚持反对核裁军立场，其核心思想后来成为核不扩散条约的基石，并为生物和化学武器协议所吸收。

（摘自《史林》2018年第6期；刘子奎：上海师范大学人文学院教授。）

美国历史协会与美国史学专业化的发展

美国历史协会与美国史学专业化之间存在着密切的关系。第一，从专业角度讲，协会是美国史学由业余史学向专业化转变发展到一定阶段的产物。史学专业化的发展一方面为协会的创建提供了必要的人才条件，另一方面也对美国史学组织的发展提出了更高要求，不仅要求史学组织要跳出单纯收集、保存史料的狭隘范围，还要求形成区域性乃至全国性的大范围协作，更要与专业学者合作，可见组建全国性史学专业组织成为美国史学专业化发展到一定阶段的必然要求和必然产物。

第二，专业学者不仅是推动史学专业化转变的中坚力量，也始终主宰着协会的创建、发展。这不仅体现在以 H. B. 亚当斯为首的专业学者在协会创建过程中所起的决定性作用，他们不仅把"促进史学研究的发展"写进《章程》，为协会以后全方位推进史学发展提供了理论依据，而且还把执委会确定为协会的领导机构，尽管协会中很多会员甚至最初的主席都是非专业人士，但是协会的领导权却一直牢牢地掌握在专业学者手中。无论是协会的秘书一职，还是历史手稿委员会等常设委员会的主席职务，无不是由专业学者充任。而且如前所述，在协会所开展的各项活动中，专业学者都是领导者和主力，尤其是 H. B. 亚当斯从协会筹备之日起组建临时委员会到成立大会的代理秘书，再到正式秘书，在随后的 17 年中（至 1901 年 7 月逝世前），他始终占据着协会最核心的领导岗位——秘书，主宰着协会的发展，成为协会名副其实的"首要缔造者"。这一点从协会 1902 年的一项决议中也可以得到佐证："从一开始，在协会创办、成功组织方面没有人比协会秘书做得更多，没有人比他给协会的帮助更大，他怀着聪慧的策略和对协会极大的忠诚来扩大协会的影响。"H. B. 亚当斯不仅将后半生的主要精力献给了协会，而且将其遗产的很大一部分——5000 美元捐献给了他所挚爱的协会，协会从 1902 年开始专门设立了"赫伯特·巴克斯特·亚当斯奖"，每两年评选一次，以奖励欧洲史研究领域的优秀著作，一直延续至今。

第三，以 H. B. 亚当斯、詹姆森为代表的专业学者带着一种"舍我其谁"的使命感，始终以"促进史学研究发展"为目标，从史料的系统收集、整理、编目和对学者开放，到促进学者之间的交流、为学者提供学术平台，全方位地加快了美国史学专业化的转变进程。

可以说，美国历史协会是美国史学专业化发展到一定阶段的产物，反过来，以专业学者为主导的美国历史协会也成为促进史学研究发展的"公认的加速器"，全方位推进了美国史学专业化的转变进程。在短短的30年里，美国史学"已经从紊乱、无序的状态转变为有组织、有秩序的状态"。可见，美国历史协会的创建是美国史学发展史上具有里程碑意义的重大事件。

（摘自《史学史研究》2018年第3期；张艳玲：陕西师范大学历史文化学院副教授。）

略论20世纪中后期英国工党修正主义

盖茨克尔深知工党大选失败的原因，这就是，一些现有的国有企业名声不佳，不适当的投资使所谓国有化有害无利；再就是工党对未来发展政策的解释混乱。这种解释混乱不仅引起反对者抗议，而且使很多人担心会把更多私企转为国有。他希望在两种极端观点中寻找中间道路。可困难在于：首先，公有和私有的界限应不予以改变；其次，"原教旨社会主义者"的国有化或公有制的信仰事关一切，是社会主义的第一原则和目标。可实际上，这种信仰是混淆了社会主义的目标和方式。为了消除党内分歧，盖茨克尔认真思考"英国民主社会主义最基本的第一原则"。这关乎平等分配财富的社会正义，即没有势利、特权和社会等级壁垒的"无阶级社会"的理想，一个兑现自由和民主的自治政府。这肯定是一个范围广大的平等和人道主义的理想。在此基础上，盖茨克尔得出结论说，工党要对全国声明两点：一是"无意放弃公有制"，但"不是视公有制为目标，而是为工具"；二是公有制不是工党唯一的政治追求，还有充分就业、更好的平等和更高的生产力。

盖茨克尔的年会发言，是党内修正主义者对公有制问题清晰的表述。他的基本原则得到当代社会学和经济学的印证，与当时克洛斯兰和加伊的观点相呼应，形成一个较完整的理论体系。它将若干社会民主的修正主义论点融合在一起，强调将公有制当作手段而非目标，并用混合经济取而代之。回头看来，这并非以前所说的是理论的倒退和反动，是对当时国际上修正主义思潮的迎合，而是本着一种积极态度、实事求是精神，依据英国社会发展的现实，果敢提出的新的政治战略目标和策略。

针对盖茨克尔的演讲，率先发出批评声音的是芭芭拉·卡斯尔。她曾在工党年会中担任主持人，对党内修正主义者美化资本主义、抛弃国有化和公有制的言行嗤之以鼻。卡斯尔褒扬正统社会主义，宣传公有制是工党现今的核心思想，可用于取代"商业化社会"及其他形态。她又说，以全社会的名义接管和控制私有企业，不仅使它们提高效率，"还能使其对我们大家负责"。比较起来，支持盖茨克尔者寥寥、势力弱小，反对者气势汹汹。盖茨克尔的观点被普遍认为是极其危险的，摧毁党内对有关方向和目标的共识，并败坏了社会主义在人们心目中的形象。

（摘自《史学月刊》2019年第1期；阎照祥：河南大学历史文化学院教授、区域与国别史研究所研究员。）

从概念变化的视角理解19世纪俄国革命运动

以鲁德尼茨卡娅为代表的俄罗斯学者，将19世纪中后期主张以革命方式实现俄国改造的思想及其影响下的革命运动，概括为"俄国革命激进主义"。之所以强调"俄国革命激进主义"，是为了将其与原生于法国大革命时期的"革命激进主义"区分开来。从思想史的角度来看，用"革命激进主义"概括19世纪中后期的俄国革命思想和运动是有依据的。因为在这一时期的各个革命派别、组织和代表人物，全都或多或少地接受和发展了法国大革命中雅各宾派所代表的革命激进主义。

19世纪俄国革命激进主义经历了一个从思想到实践的发展过程。作为早期的俄国雅各宾主义者，十二月党人彼斯特里比较系统地表达了革命激进主义的思想。19世纪三四十年代，赫尔岑、别林斯基也都曾崇拜过罗伯斯庇尔。不过，直到1861年改革前，激进主义基本上仍在一般民主主义思想的轨道上发展，并且主要体现为一种思想的表达，还没有进入实践和行动的阶段。但是，农民改革不能满足激进知识分子的社会和政治理想，反而引起了他们对改革的强烈不满和抵制。没有任何政治经验的俄国知识分子以为，他们可以通过暴力革命破坏现存制度来实现自己所渴望的目标，他们"不能抵制这种想法的诱惑"，并以投身革命的方式给自己关闭了参与改革的道路，把自己排除在可能成为其政治活动学校的实际工作之外。

俄罗斯学界推出"俄国革命激进主义"这个概念，来概括19世纪中后期俄国革命运动，抓住了这一时期革命运动中各个派别、组织和主要人物的思想和行动共有的本质特征，找到了他们之间的最大公约数：对现实持绝不妥协的彻底否定态度，坚定不移地把革命作为彻底推翻现存制度、对社会进行根本改造的唯一途径。虽然激进革命运动在不同阶段的主要倾向，及其代表人物的社会政治观点和道德面貌存在着差异，但就总体而言，作为现存制度的叛逆者、批判者、否定者和破坏者，他们具有一脉相承的革命激进主义特征。而在其不断激进化的过程中，可以发现一个规律性的现象，即纲领越激进，实现纲领的策略就越极端，因为理想的激进程度与现实的历史前提是成反比的。在意识到自己的乌托邦理想在通常条件下绝无可能实现的情况下，激进革命者便寄希望于非常手段和非常途径，试图通过密谋、暴力和恐怖来达到自己的目标。

（摘自《俄罗斯研究》2018年第5期；姚海：苏州科技大学历史学系教授。）

"气候—危机"模式再探
——以法国无夏的1816年为例

巴黎辐射圈是全国性市场尚未形成，交通、通信和国家治理手段落后的条件下，政府为维护政权稳定而沿用的旧制。这种顾此失彼的策略使中央、地方利益矛盾升级，地方行政长官常表达对中央政府的不满。在危机恶化、各地爆发骚乱之际，中央与地方政府的矛盾公开激化，部分地方官员抱怨中央固执地坚持"谷物自由流通"原则使局势升温，要求政府在动用军队镇压骚乱之前，考虑对小麦限价，以此平息民愤。

此外，巴黎辐射圈的运作使谷物未能按供需原则流通，而是流动到"政治优先"的城市，导致城乡谷物价格悬殊。为保证大城市的稳定，内政部派遣粮商前往产粮区市场大规模采购谷物，设立赔偿金制度补贴城市面包店主，造成城市谷物、面包充裕，且价格适中，乡村生计物资匮乏、价格高昂的现象。1816年农作物收获前夕，生计委员会派遣采购商前往西部的安德尔—卢瓦尔省（Indre‐et‐Loire）、维埃纳省（Vienne）、曼恩—卢瓦尔省（Maine‐et‐Loire）和旺代省（Vendee）采购，购得谷物的一半补给巴黎储备，另一半资助其他大城市如波尔多、马赛和鲁昂。政府这种顾此失彼的政策使得全国各地谷物价格的水平悬殊，巴黎辐射圈以外的阿尔萨斯地区小麦价格大大高于巴黎以及全国的平均水平。

由于气候异常，1816年法国大部分地区确实存在谷物减产的现象，但远未到颗粒无收的境地。饥馑问题是政府主导的巴黎辐射圈的产物，是一种极不公平的粮食分配体系造成的负面后果。该体系的高效运作使辐射圈内的农村居民损失惨重。这些地区的贫农在缴纳所有债务、税赋后所剩无几，无法参与营利性的商业活动，改善自身阶级状况。有的农民勉强维持生计，但被迫举债购买种子以应付来年的播种，经济状况雪上加霜。更多的农民则被迫放弃土地沦为无地的短工甚至乞丐。辐射圈范围内的富裕自耕农在满足生活需要和缴纳税赋之后仍有较多谷物盈余，他们等待最佳时机抛售余粮以赚取巨额利润。本地大部分居民深受高价之苦，甚至无法从当地市场采购生计物资，而富农的余粮仍源源不断地流向首都。谷物歉收的非常时期，上述过程在巴黎辐射圈重复上演，加速了财富的两极分化。

（摘自《世界历史》2019年第1期；周小兰：华南师范大学历史文化学院副教授。）

再论法国大革命的财政起源

历史学家一般将沉重的债务导致的巨额财政赤字看作旧制度末年财政危机的首要原因。实际上，18世纪法国发生过多次财政危机，此前政府均采取部分破产的方式缓解财政压力，将短期债务强行转为长期债务，降低利息支付，为何1788年的财政危机没有通过直接破产的方式来缓解压力？

1788年财政危机的源头在于为支持北美独立战争的大规模举债。战争结束后因征税不足，债务迅速累积，造成巨额财政赤字。如果对比英国的情况，借贷和赤字本身似乎并不是问题。英国参与战争的大部分费用都是议会通过借贷的方式支付的。1782年，英国债务累计23亿英镑，债务利息支付便高达900万英镑，占年度预算的70%。1788年英国的债务占本国GNP的182%，法国的债务仅占本国GNP的55.6%。为何高额的债务和利息支付没有压垮英国，却压垮了法国？

最直接的原因无疑在于两国财政信贷体系发展程度的差异。自"光荣革命"到18世纪，英国议会逐步取得对财政事务的控制权，通过改革税收和信贷体制，建立起一套以英格兰银行为中心的良性公共信贷机制。战争支出一般以短期债券方式获取，再将短期债务转换为长期债务，和平时期进行偿付；并建立专门的债务基金，将不同债务指定给专门的税收来偿付，很少发生拖欠。这使得政府得以依靠利率较低的长期债务来维系财政的正常运转。法国虽然在1776年建立了贴现银行（Caissed Escompte），但其发挥的作用非常有限。一直到大革命之前，政府都对中间团体尤其是对包税人和财政捐官所提供的短期借贷有着高度依赖，缺少一套有效的财政信贷体系实现短期债务向长期债务的良性转化。

因此，法国直到1788年都无法消化自身债务的原因，不仅在于沉重的债务本身，更主要的是在于高额的借贷成本，即还贷利率，致使国家财政不堪重负。18世纪80年代法国的借贷成本远高于英国，前者的平均借贷利率约为7.5%，后者仅为38%。这一高额借贷成本的形成,既受制于法国信贷体系自身的缺陷,也与此前的财政危机有着密切关系。

(摘自《史学月刊》2018年第11期;熊芳芳:武汉大学历史学院副教授。)

论点摘编·亚非拉史

全球史视野下的土耳其革命与变革
——以民族主义、独立革命与世俗化为例

从全球史角度讨论土耳其的世俗主义，强调其西方来源和普适性，并不意味着土耳其就是完全被动接受的一方。从社会生活的角度来说，最重要的世俗化影响是瑞士民法的采纳。这样一种外来的法律观念和实践，对土耳其社会造成了深刻影响。但不能说很多问题是纯粹由外来文化输入引起的。更合理的解释应该是，一些本土所具有的老问题，是在这样的一个新时代的情境和渠道下，获得了新形式。比如，有学者注意到共和国早期"私奔"现象的增多。在进行解释时，当然可以说是废除沙里亚（shaira，伊斯兰教法）的实践和引入新民法带来的，而且确实可以观察新的国家基层机构有意识地去帮助老百姓对抗根深蒂固的传统，但不能否认人们尤其是年轻女性中长期存在对传统包办婚姻的不满与反抗（新的外来世俗法律形态所带来的变化，是使当地人有了继续反抗传统的新工具和新框架，在这种内外互动的意义上讨论世俗化的全球史意义可能更为重要。

从全球视野看，土耳其的世俗主义不只是在精神根源上有一个外来的近代源头，而且它的世俗化政策也并非孤立的创举。几乎与土耳其同时，在1920年之后的苏俄统治下的穆斯林地区，世俗化运动蓬勃发展。"1920年之后，世俗化成为政府的方案和意识形态的一种强制性和持久性的特征。尽管偶尔会有让步，讲突厥语的儿童已经不能在学校里学习伊斯兰教，穆安津们（Muezzin，清真寺里的宣礼员）再也不能通过宣礼塔告知人们礼拜的时间；有些清真寺被关闭了；学生们也不被鼓励去上所剩无几的宗教学校。此外，1950—1927年，阿拉伯字母被拉丁字母取代，1937—1939年，又进一步被西里尔字母取代，这就导致俄国那些讲突厥语的穆斯林在文化上被孤立于其他穆斯林世界之外。"在这样一个更宏大的背景下看，土耳其20世纪20年代的世俗化变革当然不是孤立的，在关闭教团和宗教学校、实

行拉丁化等方面，凯末尔党人与苏维埃政府可谓遥相呼应。正如有学者所指出的，土耳其的世俗化改革为苏维埃政府的无神论政策提供了很多"便利的模式"。

［摘自《社会科学战线》2019 年第 3 期；昝涛：北京大学历史学院副教授。］

殖民时期法国对塞内加尔同化政策评析

同化政策建立在对殖民地剥夺基础上，是不得人心的，加之殖民地人民的反对，在塞内加尔最终必然遭到失败。首先，同化政策遭到土著传统势力的反对。在同化政策之下，是对传统酋长势力的打压。传统酋长势力的权力被剥夺，他们在殖民势力的淫威下暂时屈服，但一旦有机会，他们就要进行反抗。H. O. 艾迪乌（H. Oludare Idowu）认为，由于传统势力的制约，塞内加尔不像西印度那样被完全同化。其次，经济上推行单一产品经济，对殖民地有利，但对殖民地人民其实是有害的，必然引发反抗。塞内加尔农民主要种植花生，粮食需要进口，一旦国际市场上花生价格下降，他们就无力购买足够的粮食，会面临挨饿的危险。第三，文化同化和身份同化也是失败的。法国一心想将塞内加尔纳入自己的"大法兰西版图"之中，并在实行同化期间给予生活在塞内加尔四个市区的居民一定的公民权，但其效果并不理想，取得公民权的人数十分有限。不仅如此，塞内加尔伊斯兰教也是文化同化政策要面对的一股强大的力量，其并不愿意失去自己的文化传统而屈服于法国文化传统。

［摘自《上海师范大学学报》（哲学社会科学版）2019 年第 2 期；张弛：华东师范大学历史学系非洲史博士；沐涛：华东师范大学历史学系教授。］

中东城市化、市民心理危机与社会稳定

在中东，城市居民的生活保障大致包括两个方面：一是社会保障，即社会保险、公共扶助、社会服务；二是雇佣保障，即有关雇佣的相关政策。雇佣保障是生活保障的基础，将失业率控制在一个较低的水平，不仅贫困率会大大降低，政府的社会保障支出也将大大缩减，还可以维持社会稳定。这是一种积极的济贫制度。而社会保障、公共扶助则是解决城市居民因失业、疾病等风险导致不能得到稳定收入的最低生活保障。社会保障制度与济贫制度是维持城市社会稳定的"蓄水池"，通过政府的二次分配来实现社会的相对公平。此为消极的济贫制度。

在伊斯兰教的传统观念中，穷人也应该受到保护。《古兰经》的教义规定，富人应该意识到"乞丐和贫民应有的权利"。城市贫困的加剧和贫富差距的扩大不仅与伊斯兰教义相悖，而且滋生出宗教激进主义，严重影响城市的社会稳定和经济运行。从政治学意义上看，城市贫困问题的长期存在对社会价值观、道德观造成严重的负面影响。如果政府长期疏忽贫困问题，则可能造成社会成员平等、公正、同情、互助等意识淡薄，从而产生更多的社会问题。城市贫困现象与政府推行的一些失当的社会政策相关。因此，政府应该成为减贫方案的制定者、决策者和管理者，这是政府必须承担的责任。济贫制度不仅是中东城市得以持续发展的保障，而且是中东社会稳定的"安全阀"，具有重要的意义。奥科克指出，"从政策决定问题的意义上来看，贫困的界定通常取决于应对贫困的各项政策，于是政策和贫困就好像学术圈内存在着的'鸡和蛋'的谜面，理解贫困首先就要去理解政策"。这段评论恰如其分地说明了济贫制度与减少贫困之间的复杂关系。

（摘自《西亚非洲》2018年第6期；张丹：山西师范大学2016级博士生；车效梅：山西师范大学历史与旅游文化学院教授。）

冷战时期古巴"革命的国际主义"对外政策探析

无产阶级国际主义是卡斯特罗思想的重要组成部分。早在1947年,他就曾参加反对多米尼加的特鲁希略独裁政权的远征队,1948年,他还前往哥伦比亚的波哥大参加了抗议美洲国家组织大会的会议筹备活动,并参加了当地的反美斗争。卡斯特罗认为,对革命者来说,爱国主义和国际主义是统一的,各国的革命应该相互支援,没有深刻的兄弟般的相互支持和国际主义觉悟,就不能够想象一个更美好的明天,就不能够想象地球上会出现那个对所有人都公平的世界。2011年,在五一国际劳动节纪念大会上的讲话中,卡斯特罗高度概括了古巴革命所崇尚的爱国主义和国际主义道德情操和伦理价值观,他指出:革命是一种历史感;是变革一切可以变革的东西;是平等、充分的自由;是受到人的对待和作为人去对待别人;是依靠本身的努力,自己解放自己;……革命是团结,是独立,是我们为古巴和世界正义的梦想。这种梦想是我们爱国主义的基础。总之,冷战时期古巴的对外政策是与古巴的历史文化传统密切相关的,在冷战背景下卡斯特罗将这一传统进一步发扬光大。"革命的国际主义"对外政策体现在冷战时期古巴对外政策的不同阶段,并随着国际国内形势的变化而不断调整。

(摘自《理论学刊》2019年第3期;孙若彦:山东师范大学历史与社会发展学院教授。)

二战后巴西日侨社会乱象及其原因

二战后巴西日侨社会出现的乱象,一方面反映出日本移民社会内部的阶层分化。从表面上看,二战后巴西日侨社会"战胜派"和

"战败派"之间的博弈是围绕胜败问题的话语之争。但实际上,双方是在争夺日侨心中的权威地位,是一场日侨社会内部的权力之争。二战前,巴西日侨可以分为精英阶层和普通侨民。精英阶层主要指日本移民机构、商贸公司、文教机构在巴西的高层管理人员以及在巴西社会有一定影响力的日裔商人、律师和媒体人等群体。他们大多受过高等教育,居住在市区,能够熟练运用葡萄牙语,信息比较灵通,在当地具有一定的人脉和社会地位,家境比较殷实,因此又被称为日本移民社会中的"智识阶级、有产阶级"。而日侨中9成左右的人都是居住在边远农村拓殖地里的农民,他们构成了日侨主体。精英阶层是最早得知日本战败消息的群体,也是"战败派"的核心力量。巴日断交和日本驻巴西外交人员撤离后,日本移民社会的权威不复存在,如何在日侨社会中重塑权威成为一个难题。本身这个担子应该由精英阶层来承担,他们对时局有着清醒理智的认识,但是他们人数较少,又受到瓦加斯政府战时资产管制政策的影响,经济实力大为削弱,而且日文报刊被禁也使他们无处"发声",手上可利用的资源非常有限。更重要的是,精英阶层与普通日侨的生活圈几乎没有交集,换句话说,他们脱离底层侨民,因此缺乏广泛的群众基础。这就为"战胜派"领导人物提供了绝好的机会,因为他们本身就处于日侨社会的中下层,平常就与普通侨民打得火热,所以易于取得消息闭塞的侨民的信任。其通过文字、图片、影像等多种手法大肆炒作所谓的"日本战胜论",煽动侨民的民族情感,通过诈骗获取大量的宣传经费,印发秘密非法的刊物继续扩散错误观点,在骗取绝大多数普通侨民的支持后,又通过打击"战败派"精英来树立和维持自身存在的"合法性",企图将自己打造成日本政府在巴西的"新代言人"。除了上述一些因素,"战胜派"上层人物之所以能够在如此短的时间内迅速笼络绝大多数日侨,其根本原因就在于"日本战胜论"迎合了普通日侨的民族认同和心理预期。

另一方面,这种乱象也体现出日本移民社会的认同分化。如果我们把观察的视线再拉得长一点就会发现,民族主义是贯穿20世纪三四十年代巴西日侨与巴西主流社会之间关系的历史主线。"臣道联盟"的兴起以及"战胜派"与"战败派"相互倾轧的根源都是民族认同问题。

[摘自《四川大学学报》（哲学社会科学版）2019年第2期；杜娟：中国社会科学院世界历史研究所副研究员。]

权威重构与明治维新

开国签约和将军继嗣问题的同时发酵，成为压垮德川幕府独裁统治的最后一颗稻草。在开国签约问题上，"时势"与"民心"出现乖离，幕府从中国鸦片战争的"殷鉴"中知时势而开国，但昧于时势的大众却出于本能的民族自卫意识，压倒性地主张"锁国"和"攘夷"，结果"理性"的幕府陷于孤立，而盲目排外却形成了"多数的暴政"，想不出"夷""民"两全应对之策的幕府由此威信大跌；在将军继嗣问题上，祸起萧墙，德川氏家族内部的分裂，无异于自毁长城；幕府将两大难题交与朝廷和大名"公议"，不仅是思想上缺乏自信的表现，也是政治上自我破坏武、公家"法度"的自杀行为。由是，幕府权威走向解构，新一轮权威重构成为必然。

历时性审视新旧权威解构与重构的全过程可以发现，初期的权力之争是在幕府、朝廷和强藩等封建统治阶级上层展开，危机四伏的幕府希冀在"公武合体"的新体制下继续掌握实际统治权；见风使舵的天皇以复辟皇权为行为准则，其麾下的朝廷公卿在推动天皇主政上目标一致，但在攘夷抑或容夷、倒幕抑或存幕的路径选择上不无分歧；打着尊皇敬幕旗号的西南强藩，无非要在新体制下提高地位，分享部分权力；忧国忧民的下级武士，此时还只是跟在各自主公身后。但是，从1865年起，走上前台的下级武士把斗争方针由"尊王攘夷"变为"尊王倒幕"，组织领导了由草莽志士、朝廷公卿和西南强藩联手的倒幕同盟，从而迫使幕府将军"奉还大政"，一举实现"王政复古"。随后通过戊辰战争消灭幕府，通过"废藩置县"铲除地方封建割据势力，进而在高度集权的寡头政治体制保障下，推行了使日本迈入近代的"维新"。诚然，如此评价下级武士的领导地位，并不意味无视民众在倒幕维新中的作用。幕末席卷全国的市民暴动和农民起义，深刻撼动了幕府统治的基础，但是一个无法改变的事实是，冲在倒幕最前线并建立新政权的毕竟是下级武士及其精英。倒幕过程中，下级武士发挥主导作用的理论意义在于：比之于全民性参与，尽管下级武士主导的统治阶级内部权威重构斗争相当惨烈，但因占社会绝对多数的被统治民众相对处于"看客"位置，故无论时间还是规模，权威重构所带来的破坏和社会震荡还是要轻得多，这就大为减轻了近代转型的社会成本。

（摘自《世界历史》2019年第2期；杨栋梁：南开大学世界近现代史研究中心教授。）

明治维新时期日本近代国家转型的契约性

明治维新不是萨长藩等维新志士人为设计的制度变革，也不是由基层百姓直接发动的社会革命，而是主要政治权力主体之间围绕中央政权的权力重构和制度再建。明治维新虽然结束了长达二百六十多年的江户幕府统治，建立了以天皇为中心的明治新政府，废除了封建大名领国制和武士身份制度，但这些重大社会变革主要是通过政治协商完成的。作为幕末的主要政治权力主体，幕府将军、阁老、天皇、朝廷公家、诸侯大名、武士及后来的藩阀等，通过一系列的契约政治协商和契约政体构建，最终实现了中央政权的和平过渡和制度构建，平稳推动了日本的近代国家转型。

近代国家转型是指从封建国家向近代立宪国家的演进和变革。依据政治权力主体之间在近代国家权力重组和制度构建中的行动方式、政策手段及暴力程度，近代国家转型可以分为契约性转型和强制性转型。契约性转型是指政权权力主体之间主要通过协商、合作或同盟等形式进行权力重构和制度再建的转型模式。强制性转型是指主要依靠暴力革命手段，通过彻底推翻旧政权和建立新政权来实现国家政权更迭的转型模式。契约性转型与强制性转型是一个相对概念，事实上没有绝对的契约性转型，也没有绝对的强制性转型。相对于强制性转型来说，契约性转型主要依靠组织间协商等契约行为或缔结同盟协定等契约构建形式，较为温和、平稳地实现从传统政权向近代政权的过渡。但是，契约性转型并不意味着完全排除强制性、军事性手段。

明治维新时期日本的近代国家转型是一种典型的契约性转型，它为东方后进国家推动近代国家转型提供了一个契约性历史版本。从明治维新的历史演进可以看到，一个国家的近代转型，是走契约性转型之路，还是走强制性转型之路，主要取决于国家政权的组织结构强度、政治权力主体关系的变动性和转型目标的社会共识度三个因素。国家政权的组织强度是国家转型的制度前提，政治权力主体关系的变动性是国家转型的现实动因，转型目标的社会共识度为国家转型提供精神动力和社会基础。三者相互影响，互为条件，共同决定着近代国家转型的路径、方式和社会震荡程度。一般来说，国家政权的组织结构强度越弱，政治权力主体关系的变动性越低，力量差距越小，国家转型目标的社会共识度越高，则越易于实现契约性国家转型。

明治维新是日本近代国家转型的起点和重要路径。日本近代国家转型的结果并不能逆向推理近代转型的原因。日本近代的国家转型曾经面临多重道路选择，并不必然走向后来的"明治维新"。江户末期，日本既可能因为列强侵略而成为欧美等的殖民地，也可能因为萨长等的倒幕运动而陷入长期内战，还可能通过将军德川庆喜的主动改革而直接推进近代化。在日本近代国家转型的过程中，以萨长为首的西南诸藩，作为明治维新的主要推动者和制度变革的主宰者，其历史作用不可低估。幕府将军德川庆喜主动退出政治舞台的历史抉择，事实上直接改变了日本近代国家转型的发展路径。否则，日本近代国家转型可能以幕府与西南诸藩之间的大规模内战形式展开，"明治维新"的历史可能被完全改写。

（摘自《世界历史》2018年第6期；刘轩：南开大学世界近现代史研究中心副教授。）

论日本明治时期的民族平等意识及其变异

可以看出这一时期主张民族平等的日本思想家，大多仍是站在维护日本自身利益的立场，以图联合东亚其他国家对抗欧美列强的步步紧逼的扩张战略，维护日本自身的民族独立。当然也有人完全从伦理道德角度提出各民族平等的思想。这些意识本身存在一定的合理性，因为世界上任何一个民族都是首先考虑本民族的生存，不可能首先具备"国际主义情怀"。只要不是主张压迫其他民族，都是无可厚非的。

就当时整个日本民族的对外意识来考察，这种平等意识由于是在受到列强不平等条约压迫下产生的，所以虽然是以追求日本与欧美列强地位平等为主，但也注意到亚洲各民族保持平等关系的必要性。随着后来日本国力迅速增强，真正的民族平等思潮逐渐成为非主流意识，原有的平等意识开始出现变异。这种变异表面上仍在宣扬民族平等，实际上是为民族扩张主义寻找合法性借口。当民族扩张主义逐渐占据上风，成为整个日本社会对外交往的主流意识时，"大东合邦"之类的亚洲联合对抗欧美的思想，也成为日本以后对中、朝侵略扩张，建立所谓"大亚细亚""大东亚共荣圈"借用的"理论依据"。

综上所述，我们应当辩证地看待日本近代思想界出现的民族平等意识。它一方面客观反映出当时并非整个日本民族皆支持明治政府对外扩张的外交政策。这代表了日本民间追求民族平等的和平主义思潮，对后来军国主义盛行时期日本一些有识之士的非战、反战思想产生了深远影响。另一方面，在民族平等意识产生变异即宣扬亚洲联合的主张中，就已经包含着侵略甚至吞并其他弱小民族（国家）的隐意在内。今天看来，这种民族平等意识，虽然在日本明治前期似乎只是"灵光一现"，很快被淹没在民族扩张主义浪潮中，导致学术界对其也极少关注。但其符合世界发展总体潮流的民族平等精神，却是弥足珍贵的。同时，我们也要对打着"平等合作"旗号的民族扩张意图保持高度警惕。通过深度分析这种民族平等意识的客观存在及其变异表现和背后的真实意图，对于学术界全面认识明治时期日本民族主义思潮的复杂性，是颇有意味的。

（摘自《吉林大学社会科学学报》2019 年第 1 期；许晓光：四川师范大学历史文化与旅游学院教授，日本研究中心研究员。）

津田左右吉"东洋文化史观"的形成

津田在学术研究上继承了白鸟库吉（1865—1942）的中国传统文化否定论，也明显受到自我论述的日本文化史观及近代主义的影响。他反复主张中日文化各有其特异性，但无相关性的矛盾论述，主要想印证中日文化之间"有传承但无影响"的合理性。在东洋的传统与西洋的近代对比的紧张关系中，津田为自己如何新生而苦恼。在津田的眼中，当时的中国是落后的，而中国的落后并非时间所能解决，所以他提出"现在中日之间所产生的不同，是因为两个民族过去的生活与文化完全趣异所导致（原日文）"的解决办法。对于儒教道德的真意，津田则说："儒教在古代中国如何发生？具有何种意义？在中国的知识社会有何权威？就必须了解中国人与其社会、文化的真相，同时日本及其社会、文化是如何与中国不同？都必须考究（原日文）"，这是津田研究中国学的基本态度。

津田在《国民思想研究》中所提示的近代主义，是对自国过去的文化，朝着批判的方向走去，敏锐地对权威加以反抗，来作为面对近代的志向。津田之所以主观地批判、评价过去与现在的断层，是因为它能将过去独自的日本生活文化论述成内部的理解，而将独特的生活感情、生活意欲的世界存续下来。换言之，津田的思想含有"国民史观"的特色，藉由以西方文化作为普遍性来接受，把中国当特殊性来抗拒，目的是将日本文化与中国文化加以区隔。对此，早川万年提出批评，认为津田的古典研究应放在"思想发展史"中来做判断，这是"津田史学""俯瞰性的历史批评"的一大特征。亦即，津田无论是考察中国或日本思想的研究，皆归于前述"国民"的概念而建立，指出津田是以"国民"思想的发展为大前提，来批判典籍在思想发展史中所占的地位而已。

针对"津田史学"具有局限性的问题与其历史认知有关，早川万年认为津田研究的基本核心是其个人对日本国民文化及思想发展"历史"的绝对信心，以此作为史料批判的基础，因此其考察结果多难以摆脱主观认定之弊，无法真正地视史料典籍为"客观对象"。津田这种历史研究的提法也充分反映在其中国思想研究的范畴当中。

津田不承认日本以中国为文化母体，他以时代区分作论述，虽未将古代中国文化对日本的影响全盘否认，但只局限在贵族文化的范畴，这些影响自镰仓时代以降，即逐步脱离，经德川、明治至现代日趋明显，特别是近代日本对中国现状产生蔑视之后，开始与中国文化的关联性切割。除了极力批评儒教在日本社会的不适任性之外，企图建构日本文化是随着日本民族生活的特殊环境而形成，因此日本人所创造出来的文学、艺术、文化都与中国不同，甚至提倡汉字无用论，将日本文化、文字从"汉字文化圈"独立出来，重建日本文化的形象。

增渊龙夫认为津田的内在思想有两个世界，都是为研究对象——中国思想提出批判、否定的，但是它并未设定彼此相通的共同场域。津田的中国思想研究主要是建立在"中国如何与日本不同与日本没有关系"的思维逻辑之上，而其两个世界是西洋化的近代日本以及日本的风土与历史孕育出日本独特的生活感情、生活意欲的世界。"近代日本"的世界，占了津田内在思想相当大的比重，他以"西洋文化将世界文化年轻化"为由，套入"西洋文化从世界文化中存留下来"的思维来蔑视中国的国民自负作终结。换言之，津田在中国的外侧设定了上述普遍的规准尺度，将中国的特殊性呈现出来，而陷入中国思想非个性化的把握，而是当然类型化的把握之泥沼中，而且这个规准是以津田内在面思想"近代日本"的自我意识来支撑，这是津田的中国思想批判之类型化。

总而言之，津田反复强调日本的家族制度、社会组织、政治形态、风俗习惯等都与中国人无共通之处，道德或兴趣、生活的气氛也几乎不同，企图跳出中日文化连动发展的框架，也从"生活"的角度否认中日文化之关联性，藉以说明"东洋"并不存在的立场。津田之所以研究中国思想，主要是为了突显日本文化的特质，确立日本文化与中国文化之不同，显现出日本国民国家的日本文化形象，进而阐释自身对日本"国民国家"中所谓"国民"特性养成的理念。从上述津田研究历史的提法与态度，我们不难理解其"东洋文化史观"具有主观性与不确定性的性格。

（原载《外国问题研究》2018 年第 2 期；徐兴庆：中国文化大学日本语文学系教授。）

论点摘编·古代中世纪史

雅典民主政治发端之论争

当学者们在寻求雅典民主政治的发端时，雅典民主政治本身总是在被重新界定。从希罗多德到埃德，每个人心目中的民主政治都有自己特定的含义。只要人们对到底什么是雅典民主政治的定义不能达成一致，则雅典民主政治必然有诸多不同的起点。

另一方面，学者们对古代民主政治的界定，不可避免地与他们对现代民主政治的认识联系在一起。古代民主的价值在于，生活在当代的我们试图从雅典人那里获得某些启示与灵感。体现在搜寻民主的发端时，人们总是自觉或不自觉地把现代民主作为参照。对古代民主政治起点的寻求，很大程度上是现代与古代之间的对话。随着社会的发展以及学者们对现代社会的不同理解，古代民主政治的起点会继续摆动。

然而，这并不意味着学者们可以根据自己的观点，在民主发端问题上随心所欲。学者们搜寻民主政治起点的历史，也是史料不断变化和扩展的过程。格罗特发掘了希罗多德和修昔底德、柏拉图和亚里士多德等的史料；迈耶、贝洛赫等人首次把社会经济的发展与政治变动结合起来，莫瑞斯在考古材料中发现了中等阶级的意识形态。就文献史料论，哲学的、科学的、文学的等非传统的史料，甚至部分传统归于自然科学的材料，都成为建构依据。最近几十年中，图像材料受到重视。雅典民主研究的每一步发展，都伴随着对新史料的发掘，对传统史料新的解释。

最后，是社会科学方法不断被引入历史研究之中。民主政治既是历史发展的产物，也是社会科学重要的研究对象。对它的深入研究，必然是历史学与社会科学方法的综合。格罗特能够发现古代作家们的偏见，得益于他作为功利主义哲学家的信仰。芬利对古代政治的讨论，采用了政治学或社会学的框架，借用了社会心理学理论。女权主义、公共交往理论、政治文化和政治参与等概念的引入，加深了我们对古代民主政治的认识。他们的研究表明，适当借用社会科学理论和方法，不仅可以补充传统史学方法的不足，而且可以提出新问题。性别研究、大众传播、艺术史、法学等学科的范式和方法，越来越多地被应用到雅典民主研究之中，已经而且会继续对民主政治的研究产生直接或间接的影响。

[摘自《武汉大学学报》（哲学社会科学版）2019年第1期；晏绍祥：首都师范大学历史学教授。]

远征·漂泊·返乡
——对《吉尔伽美什史诗》中洁净场景的仪式化解读

在采得仙草后返回乌鲁克城邦的途中，吉尔伽美什于野外的池塘中进行了第三次也是最后一次洁净，不料蛇趁他在水中沐浴时偷偷叼走并吞吃了仙草。吉尔伽美什在不经意间丧失了永生的机会，功亏一篑，由充满希望再度陷入绝望。该情节是全文最后一个高潮，也是高潮的顶点，奠定了"史诗"的悲剧基调。

从过渡礼仪尤其是阈限理论的角度来分析这一场景，可将其解读为一道边缘或阈限礼仪。吉尔伽美什经过此次洁净后，从一个掌握永生奥秘、从而居于不朽的神与必死的人之间的边缘者，一个横跨神圣世界与世俗世界的阈限者，回落为一个生死有期的凡人。根据两河流域只有神才能不死的传统，吉尔伽美什的回落是一种必然，否则他就僭越了人神之间的根本界限，撼动了人神关系的基石。而他的第三次洁净就使得作品的情节发展能够遵循这一传统，同时造就了整部"史诗"的最高潮。吉尔伽美什追求永生的努力与传统背道而驰，是"知其不可而为之"，这是他本人和这部"史诗"悲剧性的根源。

综上所述，吉尔伽美什的三次洁净在"史诗"的情节发展过程中构成了重大转折乃至高潮。本文借助以范热内普和特纳为代表的过渡礼仪学派的分析工具对这三次洁净场景进行解读，力图展现它们与过渡礼仪模式中不同阶段或状态的对应并揭示吉尔伽美什在每次洁净前后的状态变化,为理解它们在情节发展中的作用提供一种新的解释路径。

[摘自《复旦学报》(社会科学版)2019年第3期;欧阳晓莉:复旦大学历史学系副教授。]

古埃及王权成因探析

概而言之,在探讨古埃及王权起源的时候,应该将视野扩大到旧石器时代,而非仅仅以新石器时代甚至前王朝末期为背景。经过几十万年的发展,到公元前4000年左右,古埃及先民创造的物质和文化成为王权得以形成的先决条件。到涅迦达文化Ⅱ时期,经济取得了相对更快速的发展,而社会复杂化的程度越来越强,王权遂得以在埃及各地形成,并很可能逐渐发展为全国性王权。这样,埃及王权的形成时间比那尔迈早近400—500年。然而,到涅迦达文化Ⅲ时期,国王的权力还不是很巩固,调色板和权标头场面反映的情况表明战争和仪式是当时社会生活的重要内容,战争和仪式使王权更加巩固。当然,战争和仪式只是若干因素当中的两个凸显者,还有其他很多因素,例如长期形成的关于王权的意识形态与仪式活动相辅相成的宗教信仰(尽管当时的宗教信仰还不像后来那样复杂),人口增加和农业产品的剩余导致的等级阶级分化,对于王权的合法化具有重要宣传意义的书面文字的发明与应用等。可以说,古埃及王权是古埃及史前历史长期发展的结果,是一种复杂历史情境当中诸多因素相互作用且长期积累的产物。

[摘自《陕西师范大学学报》(哲学社会科学版)2018年第6期;郭子林:中国社会科学院世界历史研究所研究员。]

中世纪欧洲工资劳动者收入与饮食消费水平的变化

综上所述,中世纪工资劳动者的消费水平经历了中世纪中期的下降和中世纪晚期的上升,其中黑死病前几十年实际工资已经出现上升,而黑死病延缓了这一进程,直到14世纪晚期工资快于物价增长,并持续到15世纪和16世纪第一个25年。应该说,罗杰斯开创的工资劳动者工资购买力的研究被后世学者批判地继承下来,对此戴尔评论道:"尽管我们不同意罗杰斯对整个中世纪工资劳动者的乐观主义观点,但他将15世纪视为英国雇工的'黄金时代'是一个重要思想,我们对这个时期的解释仍坚持这一点。"在近年发表的《"黄金时代"的再发现:15世纪雇工的工资》一文中,戴尔仍坚持15世纪和16世纪第一个25年为英国雇工的黄金时代的思想。他认为,在中世纪晚期既定的工资和物价下,每年工作天数决定了工资劳动者的年收入和消费水平。在工资劳动者中,木匠、石匠等技术工人每年受雇天数较长,而农业工人、妇女、儿童和建筑工人中的非熟练雇工等相对较短,因而两者的年收入和消费水平存在明显差异。他通过考察中世纪晚期后者的工资标准和年收入后总结道:"尽管'黄金时代'是一个夸大之词和容易使人在陈词滥调中思考,但工资劳动者中这几个较低阶层的生活状况的改善仍是中世纪晚期经济的显著特征。"应当说,黄金时代的概念不仅反映了中世纪晚期欧洲工资劳动者收入和消费水平的大幅度提高,而且成了未来几个世纪激励后人争取理想生活的奋斗目标。

(摘自《中国人民大学学报》2018年第4期;徐浩:中国人民大学历史学院教授。)

圈地运动的先声:中世纪西欧大垦荒

欧洲进入公元第二个千年即进入十一二世纪后,逐渐摆脱了它历史上最痛苦的时期：常态性的混乱和暴力，外族入侵骚扰和威胁，以及生产、商贸凋敝和文化荒芜状态等。伴随着欧洲封建制的确立，一种新的社会和生活秩序形成，并将其内在的原则和理念不断外化为颇具个性的精神产品和物质产品，无不深刻地打上欧洲文明的原始标记。于是人们看到：一种新型的自治城镇不断涌现，第一批欧洲大学创立，法律体系初见端倪，建筑、雕刻、文学和法学复兴即所谓第一次"文艺复兴"。同时人口逐渐繁庶与之相得益彰。据欧洲经济史学家统计，公元7世纪中叶欧洲人口为1800万，11世纪为3850万，增长到2倍以上，其中不列颠列岛人口增长到4倍。人口快速增长始于10世纪中叶的意大利，稍后遍及中欧和北欧。如意大利北部，在鼠疫来到之前，人口增长了3倍。在这段时期内，第一次出现2万人以上的城市，其中巴黎、伦敦、科隆、布拉格等都超过了3万人。农业经济得到复苏。轮耕制下的三圃制替代二圃制并流行开来，耕地面积得到更充分的利用。犁具和挽力改进，谷物单位产量和总产量都有所增加。与此同时，商贸也日渐繁荣，甚至影响到远距离的海外贸易的增长。正是在12世纪，欧洲重新启动了南北海外贸易，在南方是亚得里亚海的航运，在北方是波罗的海和北海的航运。布罗代尔曾对这一时期欧洲发展给予相当高的评价，他认为在11世纪和12世纪，在欧洲封建王朝的统治下，欧洲进入了它的第一个青春期，达到了第一个富有活力的阶段。

在欧洲第一波发展中，大规模的土地拓荒运动应当记入史册。法国历史学家布瓦松纳指出："这是历史上的重大事件之一，虽然历史学家们对它通常都不注意。"从11世纪至14世纪中叶，大约持续了三个半世纪的时间。垦殖面积如此之大，触动了西欧大部分土地。布瓦松纳告诉我们，在此之前，西欧的大部分土地都是森林、荒地和沼泽。在意大利，在基督教的西班牙，都只有很小一部分土地有人耕种。法兰西土地的一半或一半以上，低地国家和德意志土地的三分之二，英格兰土地的五分之四，都没有耕种。拓荒者是农村居民中的各个阶级，有领主，有修道院，有自治团体，更有成千上万的普通农民。他们被财产和自由所吸引，走向荒芜的田野，走向人迹罕至的森林、山地和沼泽，进行了一场史无前例的拓荒及移民。西欧的整个面貌改变了，在近代欧洲征服世界以前，"历史上任何其他时期都还没有人想象过这样伟大的事业，并使它得到那么完满和成功的实现"。

为什么这一时期欧洲发生大规模的垦荒？笔者以为，除一般性的原因外，还应当考虑土地产权变化的内在效应：人们对自己的土地越感到安全，对土地预期利益越有信心，越渴望得到更多的土地。否则有荒地未必开垦，有耕地未必承租，甚至为逃避苛重的租税宁可抛弃已有的耕地。在西欧，一个不可忽视的基本事实是，几个世纪以来佃农自由状况不断改善，对土地实际占有权不断强化，不论封臣对采邑的保有还是普通佃农对持有地的保有，都是如此。人口增长、经济发展固然要求更多的土地，但是无论如何不能漠视土地产权发展与拓荒运动的关系。人们不仅要求更多的土地，而且要求更自由的土地，要求进一步改善人与土地的关系，即契约关系逐步替代了人身依附关系。垦荒运动的结果也印证了这一点：它拓展了耕地面积，改变了欧洲地貌，同时也挑战了庄园—村庄共同体之下的土地产权和田制。在新开垦出的土地上，不论普通农民还是领主，几乎都不约而同地抛弃了传统的敞田制，垦殖者获得了更自由更接近市场的土地关系。可见，一旦生产者及社会环境具备了一定的条件，敞田制的瓦解是迟早之事。欧洲文明进入公元第二个千年后，内力初显端倪：社会表现出一种特殊的品格——可以在一定程度上为经济的自主发展提供包容性空间。大垦荒与农奴解放、新兴城市兴起一样，是自由劳动大潮的三大运动之一。不仅如此，"大垦荒"还是日后圈地运动的先声，其内在的逻辑联系不容忽视。

（原载《史学集刊》2018 年第 5 期；侯建新：天津师范大学欧洲文明研究院教授。）

论点摘编·史学理论与史学史

人写的历史必须是人的历史吗?
——"后人类史学"的挑战

首先,"后人类"状态的形成,将会改变历史研究和书写的对象。我们姑且不论环境史家如何描述地球的历史、动物史家如何讲述动物的故事,即使我们还是以人类活动为历史研究的中心,那么现代科技的发展,也已经让史家不得不重新审视研究的对象,因为人类所构成的原有的两性关系、家庭结构、群体意识和社会构成,本是历史书写的主要内容,但在现代都有了显著的改变。比如人的寿命之延长,已经促使人重新定义青年、中年和老年的区分。人际关系起始于家庭的构成(父母子女等),而在现代,除了有许多单亲家庭,还有不少同性的家长,也即两位同性恋者组成的家庭,其子女(常常从试管中诞生)与其家长的关系显然与众不同。还有"赛博格"等机器人的出现,已经参与、介入了人类的情感、家庭生活。现代有不少人选择与机器人相伴,而与其他人类疏远。这些新型的家庭、社会关系,将会成为未来史家注意、分析的对象,因为它们已经是社会和历史的一个自然组成部分了。

其次,如果"后人类"状况的出现,促使史家书写一种"后人类史学",那么这一史学的主题,即便还是以人的活动为重点,仍将会与之前的史学呈现相当大的不同。因为从历史学的起始,人类的生死搏斗和爱恨情仇,便是永恒的主题,经久不衰。西方的史学之父希罗多德写作《历史》,起因是想记录希腊人殊死反抗波斯帝国侵略的丰功伟绩,而司马迁的《史记》也以描述荆轲刺秦王、项羽乌江自刎等事件而流芳百世。但如果人的生死、爱恨及人的弱点、缺点都被现代科技所改造和克服——如有人选择与机器人生活,就是因为后者完全顺从人的意志——那么这些爱恨交织、荡气回肠的历史书写主题(如古希腊美女海伦背叛其丈夫而引起特洛伊战争的事迹),都必然会被取代。"后人类史学"的主题内容,更多会处理多种"物种之际"(interspecific)的历史。

复次,"后人类史学"在方法论上,也将有很大的改变,因其处理、描绘的对象,往往,甚至一定不被文献资料所包含。上面已经说到,近代历史学的发展,循着一条化约式的道路行进,其结果是将历史学的研究范围愈缩愈小,常常局限在政府档案所呈现的史实之内。而实际上,人类活动远远超出了这些范围,二战之后妇女史、劳工史、日常生活史等学派的出现已经对这种治史理念提出了强有力的挑战。而如果再进一步,从"后人类"的视角出发,将人类史只看作整个历史演变的一个部分,那么文献资料也就自然而然不是历史书写的主要依据了。如何扩大史料的范围,将挑战历史学的未来。

(摘自《史学集刊》2019 年第 1 期;王晴佳:北京大学历史学系教授。)

传统事例史的兴衰与近代早期西方史学的转变

从把"历史"(historia)等同于事件(events),在历史事例中寻求教益,到把历史看作一个整体,从而去追寻历史知识(historical-knowledge)的转变是近代早期西方历史学的重大变化。"在这个时期的开端,有存在于历史之中的知识,但并不存在我们可以称为'历史知识'的那种知识。"然而,从 16 世纪后半期开始,历史研究不再仅仅是用事例讲授道德哲学,历史学逐渐成为一个独立的知识学科。历史家既是历史的记录者,也是历史的解释者。正是在这样的意义上,"圭查迪尼的《意大利史》是古典历史学的最后一部伟大著作,又是近代历史学的第一部伟大著作"。

当然,"历史是生活的导师"这一传统主题的最后消解,事例史观念最终为把历史理解为进步或发展过程的近现代史学观念所取代,还有待更猛烈社会革命事件的震荡,与传统时间经验的彻底断裂。关于欧洲人在 18—19 世纪,历史时间经验的变化,德国历史理论家科泽勒克有精彩的论述。他认为从 1750 年到 1850 年,欧洲经历了启蒙运动和法国大革命等一系列震荡，以及技术变革所带来的加速体验，最终使过去的经验与未来的期待分离开来，不同时代之间不再只是"同"的连续性，而是强调不同时代的差异，历史被描述为从过去、现在走向未来的进步或发展的过程。因此，历史就不再可能是传统意义上的"生活的导师"了，它本身就是更大意义上的哲学，它不仅思考过去和人类理性的潜能，而且思考走向社会完美的人类未来。另外，18世纪中期以后，启蒙历史家也不再像传统历史家那样把"历史"等同于事件本身，历史逐渐与对历史的认识融为一体。事例史让位于对体系、方法、历史哲学和世界史的探究。凯利认为，对理性形式和"体系"的更大抱负不仅为启蒙时代的"推测性历史"（conjecturalhistory）和德国大学中发展起来的"历史科学"，也为世界史体裁奠定了基础。

（摘自《史学史研究》2019年第1期；徐波：四川大学历史文化学院教授。）

海登·怀特与半个世纪以来的英美史学理论研究

很大程度上，怀特正是凭借着揭示实践史家观念中幼稚和缺乏思考的那一层面而崭露头角的，这也预示着后者对怀特的长久批驳。1961年，33岁的怀特作为一名被批评者出现在《历史与理论》第1卷中。史学家布鲁斯·马兹里什（BruceMazlish）评论了怀特的译作《从历史学到社会学：德国历史思想中的转变》及怀特所做的序言。在序言中，怀特根据自然与历史之间的关系，将19世纪的历史主义思潮区分为以马克斯·韦伯为代表的自然主义的历史主义、以黑格尔为集大成者的形而上的历史主义和以布克哈特、尼采为代表的审美的历史主义。相较而言，怀特最倾向支持审美的历史主义，因为这种历史性的观点在看待统一的实在整体时给予了个别人类的创造性（意志的需求）和普遍人类的责任（理性的需求）以恰当的位置。但怀特批评它走得太远了，最终认为事实必须让位于创造性的想象，由此导致一种彻底的相对主义。在序言中，怀特还严厉批评了以兰克为代表的经验史家，这些史家仅仅满足于搜寻数据、讲述过去事件，拒绝对事件做任何阐释。"在任何明智的社会中，这类历史都会像印象派艺术那样很快消逝。"正是怀特对经验史家的这种敌视态度引起马兹里什的强烈不满，他用讽刺性的语调控诉了怀特的傲慢及其带有的偏见。马兹里什认为，正是得益于兰克对经验主义的强调，以及他们将实在定义为要像原本所是的那样描述在特定时空中发生的事件，历史主义才并非全然是"非理性"的，虽然它在方法上不像自然规律那样"理性"。历史学绝不能摒弃社会学和其他社会科学的帮助，而仅仅发展一种所谓"纯粹的历史学"，脱离科学和理性的指导。尽管在后文中马兹里什似乎仍然与怀特达成了某种共识，即认为历史是"艺术加学问"（scholarship），但马兹里什没有领会怀特批判经验史家的要点在于，他们不敢用一些全人类的普遍标准来判定整体生活。

（摘自《学术研究》2019年第4期；金嵌雯：北京师范大学历史学院博士生。）

阿杜·博亨与非洲史研究

阿杜·博亨是非洲国家独立之后的第一代历史学家，也是非洲民族主义历史学派的代表人物之一。他的历史研究具有开拓性。经过他的研究，清除了殖民主义者所鼓吹的非洲没有历史的错误观点。他运用口述资料和其他资料，努力恢复了殖民统治前的西非历史和加纳历史。阿杜·博亨因其在非洲史研究方面的贡献，尤其是他对于西非史和加纳史研究的卓越成就，被誉为"非洲史的教父之一"。非洲民族主义历史学派的一个共同特点是，对殖民主义历史学派加以否定，主张从非洲内部的视角来研究非洲历史。但非洲民族主义历史学派内部也是有区别的，伊巴丹历史学派与达累斯萨拉姆历史学派不尽相同，而阿杜·博亨所代表的加纳历史学派与前两者又有所区别。比如，达累斯萨拉姆历史学派的社会主义色彩比较浓厚，在评价殖民主义的时候多为全盘否定；而阿杜·博亨对殖民主义对非洲的影响，既肯定又否定，从历史的角度予以了全面评价。

非洲民族主义历史学派是时代的产物，产生于20世纪四五十年代，兴盛于20世纪六七十年代，与非洲民族独立运动相辅相成。一方面，非洲民族独立运动促进了非洲民族主义历史学派的产生；另一方面，非洲民族主义历史学派为非洲国家独立后恢复历史的集体记忆和民族建构做出了巨大的贡献。当然，非洲民族主义历史学派也有不足之处：一是容易陷入非洲中心主义倾向；二是往往被视为精英史学，脱离群众，对下层人民的历史关心不够。所以，20世纪80年代以后非洲民族主义历史学派趋于衰微，新史学在非洲逐渐兴盛，如社会史、经济史和环境史成为非洲史研究中的新热点。

［摘自《上海师范大学学报》（哲学社会科学版）2019年第3期；张忠祥：上海师范大学非洲研究中心教授。］

篇目推荐

欧美史

艾苏：《苏联分离主义的历史分期和特点研究》，《俄罗斯研究》2018年第6期。

陈晓红、于文龙：《斯大林的群众史观及其实践的异化》，《历史教学问题》2018年第5期。

董成龙：《雅斯贝尔斯的"轴心时代"与欧洲文明的战后重建》，《探索与争鸣》2019年第3期。

杜华：《废奴运动与内战前美国主流政治话语的变迁——以"奴隶主权势"观念为中心的考察》，《世界历史》2018年第5期。

傅泰鹏：《近代法国农民共用权利的衰落》，《历史教学》（高校版）2019年第1期。

傅益东：《论19世纪英国乡村医院的兴起》，《史学月刊》2019年第6期。

高麦爱：《燃煤使用与伦敦雾形成的历史渊源探究》，《史学集刊》2018年第5期。

谷继坤：《试论苏联对外蒙古封建主的政策演变（1921—1932）——基于俄国解密档案的历史考察》，《历史教学问题》2019年第1期。

何慧：《战后美国劳联—产联与美中关系——以乔治·米尼与沃尔特·鲁瑟的争论为中心》，《世界历史》2019年第2期。

何平、肖杰：《跨国史视野下的宗教改革运动》，《贵州社会科学》2019年第3期。

贺建涛：《19世纪后半期北美西部华人与印第安人关系及相互认知》，《历史教学》2019年第2期。

胡德坤、李想：《科尔贝改革与近代法国海权的崛起》，《武汉大学学报》（哲学社会科学版）2018年第5期。

胡浩：《德国浪漫主义思潮对犹太社会的影响》，《史学月刊》2019年第4期。

姜德福、梁月：《英国维多利亚时代的道德整肃——以〈帕尔摩报〉"现代巴比伦的少女献祭"系列报道为中心》，《史学月刊》2019

年第 4 期。

金德宁:《贵族视域下的中古政治危机——1258 年英国贵族改革运动的发生》,《中山大学学报》(社会科学版) 2019 年第 2 期。

金海:《〈杰伊条约〉与美国建国初期的美英关系》,《世界历史》2019 年第 1 期。

李莉:《从"失败论"到"迷思说":美国公共住房研究叙事模式的演变》,《世界历史》2019 年第 2 期。

李曙光、杨玲:《美国排华隐喻话语的认知批评分析》,《华侨华人历史研究》2019 年第 1 期。

李晓如:《简述苏联驻德军事管制机构对德国科学技术的转移——以机构发展、发明专利及人员转移为中心》,《历史教学》(高校版) 2019 年第 3 期。

梁红刚:《19 世纪俄国税收制度研究》,《史学月刊》2019 年第 5 期。

刘芳:《1900 年美国对中国领土的觊觎——以美国国家档案馆藏外交、军事档案为中心》,《史学集刊》2019 年第 2 期。

刘金源、杨义成:《从"光辉孤立"传统看英国脱欧》,《学海》2018 年第 6 期。

刘鹏:《英国议会请愿研究述评》,《贵州社会科学》2018 年第 11 期。

刘晓、张亚东:《19 世纪后期英国煤矿立法研究》,《学海》2018 年第 5 期。

刘玉宝:《苏联第一颗原子弹成功研制的决定性因素分析——基于苏联核计划解密档案文献资料的研究》,《史学集刊》2018 年第 6 期。

刘章才:《饮茶在近代英国的本土化论析》,《世界历史》2019 年第 1 期。

罗宇维:《在过去与未来之间:二十世纪德国国歌变迁》,《江苏社会科学》2019 年第 2 期。

马强:《当代俄罗斯国家节假日体系:仪式发明和传统再造》,《俄罗斯东欧中亚研究》2018 年第 6 期。

马原、沈亚平:《"学术遵从"原则的美国司法实践及其启示》,《南开学报》(哲学社会科学版) 2019 年第 2 期。

潘兴明:《欧洲帝国终结中的受迫迁徙探析——以二战后的非殖民化

为视角》,《史学集刊》2018 年第 6 期。

石庆环、方瑞华:《美国制宪会议议事规则对联邦宪法的影响》,《贵州社会科学》2019 年第 2 期。

史宏飞:《核恐惧与美国科学家对核能国际控制的追求(1945—1946)》,《世界历史》2018 年第 6 期。

孙立新、陈瑜:《二战期间同盟国空军对德国城市的大轰炸及其历史书写与争论》,《武汉大学学报》(哲学社会科学版)2018 年第 5 期。

孙群郎、郑殿娟:《美国金融机构的红线政策与中心城市的衰落》,《吉林大学社会科学学报》2019 年第 2 期。

孙小娇:《二战后法国农地产权政策初探》,《历史教学问题》2018 年第 5 期。

唐运冠:《法国中世纪至近代早期的游戏伦理》,《世界历史》2019 年第 1 期。

唐运冠、沈坚:《"文明化"视野下 16—18 世纪法国的拉伯雷阅读史浅析——兼论巴赫金的狂欢化理论》,《浙江大学学报》(人文社会科学版)2019 年第 2 期。

王广坤:《卫生下葬与情感升华:现代英国火葬文明的形成及其意义》,《世界历史》2018 年第 5 期。

王玖玖:《中世纪盛期西班牙犹太人与基督徒的族群融合》,《中山大学学报》(社会科学版)2018 年第 6 期。

王倩:《诸侯邦国立法与 16 世纪德意志的邦国构建》,《世界历史》2019 年第 2 期。

王学礼:《战俘劳动与战后苏联国民经济的恢复》,《史学集刊》2018 年第 6 期。

王英:《论 18 世纪英国学园的兴起》,《历史教学》(高校版)2019 年第 1 期。

王元天:《英国历史上公簿持有地的消亡历程》,《山东社会科学》2019 年第 4 期。

魏涛:《伯纳德·贝林与美国早期移民史研究》,《史学理论研究》2019 年第 1 期。

肖先明：《18 世纪苏格兰启蒙运动对"不列颠民族"认同的构建》，《贵州社会科学》2019 年第 2 期。

熊芳芳：《近代早期法国的赋税与王权——以弗朗索瓦一世时期的财政改革为例》，《历史教学》（高校版）2018 年第 11 期。

徐广淼：《浅论二战时期苏联的北极战场》，《史学集刊》2018 年第 6 期。

许二斌、杨慧英：《百年战争期间法国领土上的自由军团》，《厦门大学学报》（哲学社会科学版）2019 年第 3 期。

薛冰清：《美国革命史研究中时空维度的扩展及其意义》，《世界历史》2018 年第 6 期。

尹建龙、陈雅珺：《工业化时期英国企业家群体与自由贸易转向——以"反谷物法同盟"为例》，《江西社会科学》2019 年第 2 期。

雍正江：《中世纪晚期英国农奴主体权利的发展与福利保障》，《史学月刊》2019 年第 5 期。

余雄飞：《沃尔赛的"维京时代"与 19 世纪的丹麦民族主义》，《世界历史》2018 年第 5 期。

袁剑、刘玺鸿：《"科学边疆"及其实践——19 世纪后期英国围绕印度西北边疆的治理策略及其影响》，《世界历史》2018 年第 6 期。

翟强：《重新解读历史：越南战争研究的四个新视角》，《历史研究》2019 年第 1 期。

张昊琦：《俄罗斯"国家性"的历史结构》，《俄罗斯研究》2019 年第 2 期。

张丽娟：《波兰和乌克兰关于历史记忆的冲突》，《俄罗斯研究》2018 年第 6 期。

张文华、张广翔：《苏联核裂变材料的生产与核计划的实施（1945—1949）》，《史学集刊》2019 年第 3 期。

周小兰：《记忆与历史——基于法国共济会历史编纂学的考察》，《中山大学学报》（社会科学版）2018 年第 5 期。

朱华进：《非对称性：19 世纪晚期欧洲贸易战的一个特质》，《历史教学》（高校版）2018 年第 12 期。

庄宇：《苏联文化政策的转向（1946—1956）——〈电话谋杀案〉在

苏联的排演风波》，《俄罗斯研究》2019年第1期。

亚非拉史

安东强：《日俄战争前的路透社与清政府》，《中山大学学报》（社会科学版）2019年第2期。

毕健康、陈勇：《论当代埃及的社会结构与发展困境》，《阿拉伯世界研究》2019年第2期。

蔡晓荣：《清末民初上海会审公廨中美商民的混合诉讼及交涉》，《历史研究》2019年第1期。

陈太勇：《日本军部干涉郭松龄兵变始末》，《史林》2019年第1期。

陈天社、彭超：《穆巴拉克时期科普特人生存状况及困境》，《世界民族》2019年第1期。

戴宇、石瑜珩：《一战后美日外交理念的转变及其对两国关系的影响》，《吉林大学社会科学学报》2019年第1期。

方旭飞：《试析20世纪末以来拉美左翼执政对民主政治发展的影响》，《拉美研究》2018年第5期。

冯定雄：《社会思潮与史学研究：近代以来西方学界对希腊罗马世界中的埃塞俄比亚人研究》，《世界历史》2018年第5期。

高天宜：《从选举制度变革探析坦桑尼亚政党政治的演变》，《西亚非洲》2018年第6期。

高文洋、韩志斌：《摩洛哥柏柏尔问题的缘起与嬗变》，《阿拉伯世界研究》2019年第3期。

龚志伟：《伪证与真相东京审判被告南次郎的"华北事变"证词与侵略罪责辨析》，《史林》2019年第1期。

哈全安：《比较文明视角下的欧洲与中东：同源性与异质化的历史考察》，《光明日报》2019年4月15日。

韩志斌、高文洋：《图阿雷格人和马里政府冲突型民族政治关系探究》，《陕西师范大学学报》（哲学社会科学版）2018年第6期。

杭聪：《战后英属撒哈拉以南非洲帝国解体原因新探》，《苏州科技大学学报》（社会科学版）2019年第1期。

蒋俊：《"去族群化"：大屠杀后卢旺达身份政治的重建》，《世界民族》2019 年第 1 期。

蒋真：《乌莱玛在伊朗立宪革命中的作用初探》，《史学集刊》2019 年第 2 期。

快思：《喀麦隆和卢旺达：后殖民时代经济史的比较分析》，《历史教学问题》2019 年第 2 期。

李安山：《利比亚的部落因素与卡扎菲的民族政策》，《世界民族》2019 年第 2 期。

李福泉：《什叶派乌里玛与伊朗伊斯兰政权的演进》，《西亚非洲》2019 年第 1 期。

李睿恒：《美国对伊拉克库尔德问题政策的演变》，《美国研究》2018 年第 5 期。

李志芬：《以色列哈西德派初探》，《史学集刊》2019 年第 2 期。

梁娟娟：《身份政治：苏丹河岸部落实现优势地位的历史原因与影响》，《阿拉伯世界研究》2019 年第 2 期。

刘芳：《1900 年美国对中国领土的觊觎——以美国国家档案馆藏外交、军事档案为中心》，《史学集刊》2019 年第 2 期。

刘恒：《中印边界冲突与肯尼迪政府对印度的军事援助（1962—1963）》，《四川师范大学学报》（社会科学版）2018 年第 6 期。

刘萍：《战后中法引渡战犯问题交涉》，《南京师大学报》（社会科学版）2019 年第 2 期。

刘轩：《明治维新时期日本近代国家转型的契约性》，《世界历史》2018 年第 6 期。

刘轩：《日本战后改革中的财产税法及其政策价值》，《南开学报》（哲学社会科学版）2019 年第 3 期。

穆宏燕：《权力结构与权力制衡：反思伊朗伊斯兰革命》，《西亚非洲》2019 年第 1 期。

任雯婧：《20 世纪初法国西沙群岛政策的演变——基于法国外交部 20 世纪 30 年代西沙群岛档案的考察》，《海南大学学报》（人文社会科学版）2018 年第 6 期。

施建光：《国民政府对法国殖民军败退入境及战后重返印度支那问题的处置》，《民国档案》2019 年第 1 期。

时宏远:《非洲的印度移民及其对印非关系的影响》,《世界民族》2018 年第 5 期。

舒运国:《关于非洲经济史的历史分期》,《上海师范大学学报》(哲学社会科学版) 2018 年第 5 期。

孙晓光、张赫名:《试论冷战结束以来美国的南海政策》,《史学月刊》2018 年第 6 期。

孙壮志:《多元文明交融的中亚》,《光明日报》2019 年 5 月 13 日。

汪力:《日本知识分子对西安事变的评论——以与"中国统一化论战"的关联为中心》,《抗日战争史》2018 年第 12 期。

王格格、周棉:《日本早稻田大学清国留学生留言簿〈鸿迹帖〉释读》,《历史档案》2018 年第 4 期。

王猛:《南苏丹国家治理的历史考察》,《中东研究》2018 年第 2 期。

王楠:《巴勒斯坦民族主义运动特点探析》,《世界民族》2019 年第 2 期。

王晓德:《"雷纳尔之问"与美洲"发现"及其后果之争》,《世界历史》2018 年第 5 期。

吴光会、潘洵:《抗战大后方侵华日军无差别轰炸重大惨案的时空分布考察》,《西南大学学报》(社会科学版) 2018 年第 12 期。

伍伶飞、吴松弟:《产业政策与航运格局——以近代日本灯塔事业为中心》,《复旦学报》(社会科学版) 2019 年第 1 期。

徐兴庆:《津田左右吉"东洋文化史观"的形成》,《外国问题研究》2018 年第 2 期。

许晓光:《论日本明治时期的民族平等意识及其变异》,《吉林大学社会科学学报》2019 年第 1 期。

燕红、忠许晨:《日本不同殖民集团对我国东北货币本位政策之争 (1906—1933)》,《历史研究》2018 年第 5 期。

杨栋梁:《权威重构与明治维新》,《世界历史》2019 年第 2 期。

姚春海:《从气球到飞机的蜕变——近代日本军事航空力量诞生的历史轨迹》,《史学集刊》2019 年第 3 期。

袁剑、刘玺鸿:《"科学边疆"及其实践——19 世纪后期英国围绕印度西北边疆的治理策略及其影响》,《世界历史》2018 年第 6 期。

昝涛:《全球史视野下的土耳其革命与变革——以民族主义、独立革命与世俗化为例》,《社会科学战线》2019年第3期。

张弛、沐涛:《殖民时期法国对塞内加尔同化政策评析》,《上海师范大学学报》(哲学社会科学版)2019年第3期。

张象:《论非洲民族主义主旨泛非主义的演变及历史特征》,《安徽史学》2017年第3期。

张志勇:《赫德与中法越南交涉》,《近代史研究》2019年第2期。

张忠祥:《阿杜·博亨与非洲史研究》,《上海师范大学学报》(哲学社会科学版)2018年第5期。

赵俊:《族群边界、权力介入与制度化——卢旺达族群关系的历史变迁及其政治逻辑》,《西亚非洲》2019年第3期。

赵晓红、李鹏涛:《英属东非殖民地的昏睡病防治及其影响》,《安徽史学》2018年第6期。

赵轶峰:《清前期中朝关系与"东亚"秩序格局》,《古代文明》2019年第1期。

古代中世纪史

陈飞:《〈亚述王表〉与亚述王权》,《世界历史》2019年第1期。

陈思伟:《公元前4世纪雅典海上贸易借贷特征》,《世界历史》2018年第6期。

陈艳丽:《古巴比伦时期马瑞王室妇女地位研究》,《史学月刊》2018年第12期。

陈志强:《拜占庭知识分子的一般特征》,《南开学报》(哲学社会科学版)2019年第2期。

冯定雄:《古希腊作家笔下的埃塞俄比亚人》,《世界民族》2019年第1期。

顾銮斋:《在王权与教权之间——论欧洲中古后期教会学者的政治理论及其体系》,《文史哲》2019年第1期。

孔繁倩、郭丹彤:《古代埃及社会中的舍尔登人》,《世界民族》2018年第6期。

李丞欣:《早期基督宗教历史发展中的〈新约圣经〉手抄本:一种批

判性视角》，《世界宗教研究》2018年第6期。

李立华：《波斯帝国政制中的希腊流亡者探析》，《历史研究》2018年第6期。

李腾：《理查德·威廉·萨瑟恩及其对中世纪盛期思想世界的阐释》，《史学史研究》2019年第1期。

刘宇方：《11世纪拜占庭历史书写转型探析——以邹伊和塞奥多拉的"紫衣女性"形象为例》，《世界历史》2018年第6期。

吕厚量：《波桑尼阿斯的文化记忆与〈希腊纪行〉中的罗马帝国》，《史学理论研究》2018年第4期。

孟广林：《政治史研究的新贡献——读〈古代专制制度考察〉》，《史学理论研究》2019年第1期。

庞国庆：《时代之光：拜占廷〈法律选编〉中的公正理念》，《南开学报》（哲学社会科学版）2019年第2期。

王三三：《帕提亚与希腊化文化的东渐》，《世界历史》2018年第5期。

夏继果、王玖玖：《从"哥特神话"到"互动共生"：中世纪西班牙史叙事模式的演变》，《世界历史》2019年第2期。

徐晓旭：《历史语言学、考古学与希腊人种族起源研究》，《史学理论研究》2019年第1期。

雍正江：《中世纪晚期英国农奴主体权利的发展与福利保障》，《史学月刊》2019年第5期。

周繁文：《帝国以前的罗马城——从聚落到都城的考古学观察》，《中山大学学报》（社会科学版）2018年第6期。

史学理论史学史

陈怀宇：《动物史的起源与目标》，《史学月刊》2019年第3期。

初庆东：《英国马克思主义史学家群体的史学观——以英国共产党历史学家小组为中心》，《史学理论研究》2019年第2期。

邓京力：《跨文化的史学史研究范式》，《史学理论研究》2019年第1期。

侯深：《"例外的"自然：论中美比较环境史研究的重要性》，《学术研究》2019 年第 2 期。

贾珺：《一战西线老兵记忆的两种研究路径：从新军事史到军事环境史》，《史学理论研究》2019 年第 2 期。

姜永琳、［澳］普利娅·查柯、张旭鹏、［伊朗］西亚瓦什·萨法里、谢晓啸：《萨义德的"东方主义"及其当代价值》，《史学理论研究》2019 年第 2 期。

赖国栋：《创伤、历史叙事与海登·怀特的伦理意识》，《学术研究》2019 年第 4 期。

李文明：《日本明治维新史编撰与叙述中的史观问题》，《史学理论研究》2019 年第 1 期。

李孝迁：《观念旅行：〈史学原论〉在中国的接受》，《天津社会科学》2019 年第 1 期，

刘合波：《史学新边疆：冷战环境史研究的缘起、内容和意义》，《世界历史》2019 年第 2 期。

刘君：《近代欧洲艺术史典范的建构、传承与流变》，《历史研究》2018 年第 6 期。

吕和应：《海登·怀特在〈元史学〉中混用 interpretation 与 explanation 的动机探究》，《学术研究》2019 年第 4 期。

孟钟捷：《关于"西方史学史"未来发展的几点思考》，《史学理论研究》2019 年第 1 期。

庞冠群：《高等法院是否导致了法国旧制度的崩溃？——一个学术史的分析》，《浙江学刊》2019 年第 2 期。

钱乘旦：《新时代中国世界史学科建设问题》，《历史研究》2019 年第 1 期。

沈宇斌：《全球史研究的动物转向》，《史学月刊》2019 年第 3 期。

王晴佳：《人写的历史必须是人的历史吗？——"后人类史学"的挑战》，《史学集刊》2019 年第 1 期。

吴晓群：《无问西东：浅谈中国西方史学史研究范式的建构》，《史学理论研究》2019 年第 1 期。

肖琦：《法国比较社会史研究的兴起、方法与争论》，《史学理论研究》2019 年第 1 期。

徐波:《传统事例史的兴衰与近代早期西方史学的转变》,《史学史研究》2019 年第 1 期。

张宏宇、颜蕾:《海洋环境史研究的发展与展望》,《史学理论研究》2018 年第 4 期。

张旭鹏:《"人类世"与后人类的历史观》,《史学集刊》2019 年第 1 期。

张艳茹:《管窥二战前日本的国史研究流派——以〈日本近代史学事始〉为线索》,《史学理论研究》2019 年第 2 期。